鸣法体系校释

鸣法 衍象 枢要 括囊

[清]龍伏山人 ◎ 撰　劉金亮 ◎ 注　鄭同 ◎ 校

九州出版社
JIUZHOUPRESS

图书在版编目(CIP)数据

鸣法体系校释/(清)龙伏山人撰；刘金亮注；郑同校.—北京：九州出版社，2015.10(2024.3重印)

ISBN 978-7-5108-4006-7

Ⅰ.①鸣… Ⅱ.①龙… ②刘… ③郑… Ⅲ.①奇门遁甲—研究 Ⅳ.①B992.2

中国版本图书馆 CIP 数据核字(2015)第 254615 号

鸣法体系校释

作　　者	（清）龙伏山人 撰　刘金亮 注　郑同 校
责任编辑	王文湛
出版发行	九州出版社
地　　址	北京市西城区阜外大街甲 35 号(100037)
发行电话	(010)68992190/3/5/6
网　　址	www.jiuzhoupress.com
印　　刷	三河市九洲财鑫印刷有限公司
开　　本	787 毫米×1092 毫米　16 开
印　　张	52
字　　数	580 千字
版　　次	2015 年 11 月第 1 版
印　　次	2024 年 3 月第 4 次印刷
书　　号	ISBN 978-7-5108-4006-7
定　　价	198.00 元(全二册)

★版权所有　侵权必究★

序　言

矫氏一族，自有族谱记载至今，已历八代，祖制名序为：钧、玉、一、方、文、其、永、在。先祖矫钧璧生于山东黄县（今山东省龙口市）城西九里站矫家河。二世祖矫玉圣乾隆廿五年（1760年）生于山东黄县，乾隆五十四年（1789年）渡海迁居辽东海城，嘉庆七年（1802年）病故。三世祖矫一贵嘉庆四年（1799年）生于海城，一生教书，同治元年（1862年）病故。祖父矫子阳，名英方，又名廷曦、晨熹、晨熹。字子阳。号四大山人，又号卓卓子。又称龙伏山人、布衣子等。道光廿二年（1842年）九月十四日生出于海城，光绪卅二年（1906年）病故。

按宣统《海城县志》："矫晨熹，字子阳，号四大山人，又号卓卓子，原籍山东黄县。曾祖矫钧璧，刑科给事中。祖玉圣，拔贡生，始迁县境。父一桂，业儒。晨熹少孤，事母孝。初习贴括，既而厌弃之，专骛高远神奇之术。凡天文地理及医卜星相诸书，无不窥其奥妙。尤邃于易，受数理于戚允菴先生，术益精。平生特立独行，与世不苟合，遂以卜隐于世，推测多奇中。日得千钱，足以自给，即闭肆下帘，陶然读书自乐，有严君平之风。年六十五卒。著术学书甚多，经兵燹，遗稿散失，仅存《括囊集》、《食墨录》及《锦囊》等篇，待刊。"光绪廿二年（1896年），先祖矫子阳由于反对外国教会在海城设立教堂而遭清政府缉拿入狱，后经众士坤鼎力救助，方才获释。光绪卅二年，日、俄两国在我国东北发动了日俄战争，辽宁海城人民深蒙战争之苦，生灵涂炭。因受日军欺辱，先祖愤而不食，抱恨而终，享年六十五岁。

先祖矫子阳育有五子：长子矫文彦，次子矫文彪，三子矫文彬，四子矫文彧，五子矫文彤。1931年"九一八"事变，日本入侵东北，长子矫文彦携全家流亡北平。"七七"卢沟桥事变后，受党组织委派，携妻子李育华、长子其恒、次子其忞、三子其愈全家奔赴华北抗日战场，其中，矫其忞、矫其愈在与日寇激战中先后壮烈牺牲。次子矫文彪在奉天（今沈阳）开设"三仁公司"，因日本帝国主义侵略而倒闭，为抗日救国，将其长女丽君（杨华）、长子其志（乔正）、次子其豊也先后送往抗日战场。三子矫文彬之长子其懋（矫昆）参加中国人民的解放战争。四子矫文彧之长子其怡、次子其悦、三子其恺，先后参加中国人民解放战争和抗美援朝战争。纵观矫氏一族，历代都继承了中华民族的反帝反封建的优良传统，更有着热爱祖国、不惜为国捐躯的忠烈家风。

龙伏山人存世诸文稿甫撰于光绪廿三年，至今已一百一十周年。2013年，我等众孙、曾孙辈希望先祖毕生学问可以公诸于世，遂将其著作结集为《龙伏山人存世文稿》一书，于九州出版社出版，供热爱中华传统文化的学者们研究。是书面世后，学术界给予了积极关注和高度评价。与此同时，由于阅读习惯的原因，也有许多读者反映，对于繁体竖排没有句逗的影印手稿，存在着阅读和理解上的困难，难以全面理解和把握子阳先生的思想精髓和精微奥妙之处，希望能有适合普通读者学习和研究的注解版面世。值此抗日战争胜利七十周年之际，为了纪念牺牲于抗日战争中的矫氏先烈，并将先祖留给我们后人的弥足珍贵的精神财富和文化遗产世代传承下去，应广大读者的要求，我们通过郑同先生，特别请到著名学者刘金亮老师，在易儒王力军先生的指导下，将先祖子阳先生的四部著作加以注释，结集出版，以回报广大读者的厚爱，并作为对先祖永久的纪念。

众孙男：其恒　其懋　其丰　其恺　其魁
　　　　其士　其武　其海　其河　其湖
众孙女：爱君　瑞君　占君
曾孙女：继忞

2015 年 9 月 1 日

出版缘起

十多年前，在我供职于九州出版社从事易学图书的编辑出版工作时，有幸认识了易学泰斗、鸣法体系的传人王力军老师。时王老师成名已久，但谦冲平和，和蔼可亲，谆谆以教我。王力军老师1952年生于北京，自幼喜爱中国传统文化，醉心于三教经典，凡近四十余年。经过近四十年的潜心研究与求索创新，他深刻领悟了中国传统文化的精髓。其为人，谦虚厚重，奖掖后学；其治学，融贯古今，博大渊深；其处世，不忮不求，察微知显。成名以后，大江南北拜访求教者良多，请求指点者更众，无论驷马高盖的达官贵人，还是引车卖浆的平民百姓，王老师都广结善缘，多方施与，"不戚戚于贫贱，不汲汲于富贵"。凡我学人，莫不得其嘉惠，感佩非常。多年来，学术界因其非凡的人格魅力和深厚的国学功底，尊称其为"易儒"。儒者，行为万世师，言为万世法，学界之泰斗，后辈之楷模。

鸣法体系传世著作共有四部，即《鸣法》、《衍象》、《枢要》、《括囊集》。《鸣法》是理论体系和占法基础，《衍象》是分类占诀及应用指南，《枢要》是经验心得与融汇贯，《遁甲括囊集》则溯本求源、直指元微，为鸣法体系最完美的终极诠释。鸣法体系的源头，因资料的局限，目前无从可考，但其理法暗合古奇门一脉，理数和推衍暗合了宋代陈抟先生的河洛数理。同时，鸣法体系也与宋代邵雍先生的《皇极经世》理论有很深的渊源。从应用上来讲，鸣法体系兼六壬之精要，立根基于八卦；承五行之内涵，法阴阳之转变；事事具联三乙，处处皆显动静；明主客以辨彼我，视进退而控先机，真正体现了"八卦甲子，神机鬼藏"精要的古奇门理论。

我本人从上世纪九十年代起开始学习易学，专注于对《梅花易数》的研究，并不通奇门之学。但与王师的交往中，多次听到他对《鸣法》一书的推崇，但因机缘未至，并未对我进行过深入的讲解。按《鸣法》一书序言，鸣法体系一直于民间秘密以口传心授的形式传承。同治十年，天真子孙道一老人传至龙伏山人，始笔录注释成书，共有《鸣法》与《衍象》二部。光绪元年，龙伏山人所著《枢要》一书始成。光绪二十二年，《括囊》一书完稿。四书成书后并未付梓，始终以抄本的形式传承。

百余年来，我中华历经兵燹战火，其抄本大都湮没无存，要想寻见《鸣法》全本非常之难。上世纪九十年代初，辽宁省图书馆所藏的矫文彦本《鸣法》面世，有学者开始研究鸣法体系。2005年以后，《鸣法》的内容逐步公开于网络，学界形成了一股研习《鸣法》的热潮。一经入手，研习者均发觉鸣法奇门自成体系，奥妙无穷。可惜辽图本只是残本，仅有六卷，其中的《奇格篇》还缺了不少内容，后面的《遍干》、《週游》、《占法》三卷亦荡然无存。由于未见完整版本，大家所见所知有限，在学习时碰到了不少的困难，甚至走了不少弯路。二十年来，学者们为窥全豹，莫不孜孜以求，甚至于有人为求全本，开出了三百万的高价。其实，王老师早年就收藏有《鸣法》全本，却从未曾为利益所动而轻易示人。这个本子，由河北获鹿张东海居士于1932年手抄而成，保存良好，书法老练大气，字迹美观清晰。其价值之珍贵，难以用数字来衡量。2012年5月，王老师认为《鸣法》面世机缘已至，因此把珍藏的张抄本贡献出来，授权我正式出版，公诸于世。希望借此机缘，将毕生所学传于有缘，使奇门绝学发扬光大，造福社会。

张抄本分上、下二卷，共九篇。上卷四篇，为《入门》、《开端》、《用神》、《正格》；下卷五篇，为《辅格》、《奇格》、《遍干》、《週游》、《占法》。据序言记载，《鸣法》成书于清朝同治辛未年（1871）。庚午年（1870）冬，天真子孙道一老人，将得之于峨眉山宏农道人的心印口诀，传授给辽东的龙伏山人，龙伏山人笔录口诀并加以注释而成《鸣法》一书。是书自成体系，内容完备，理法俱在，其内容均为他书所未见，可谓"句句金销、字字珠铃"。

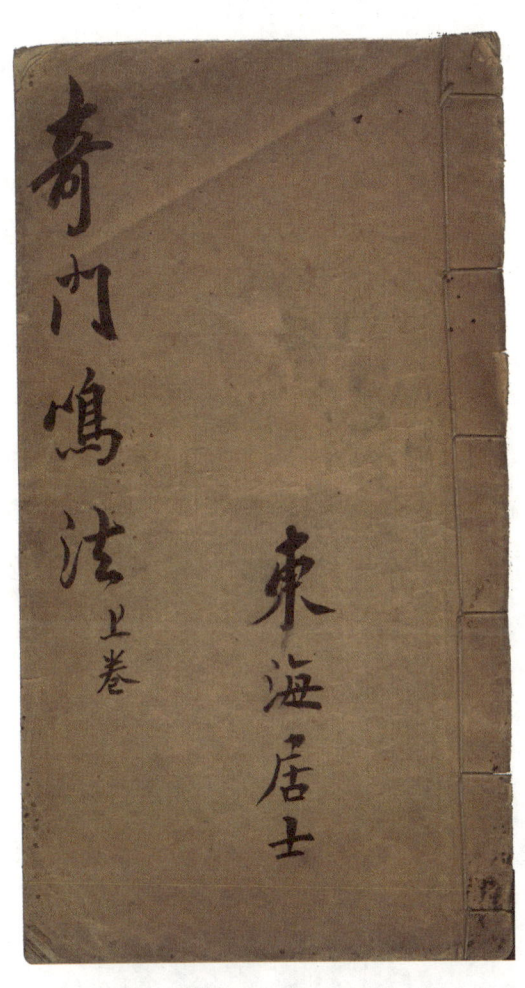

王力军老师藏张抄本《奇门鸣法》书影

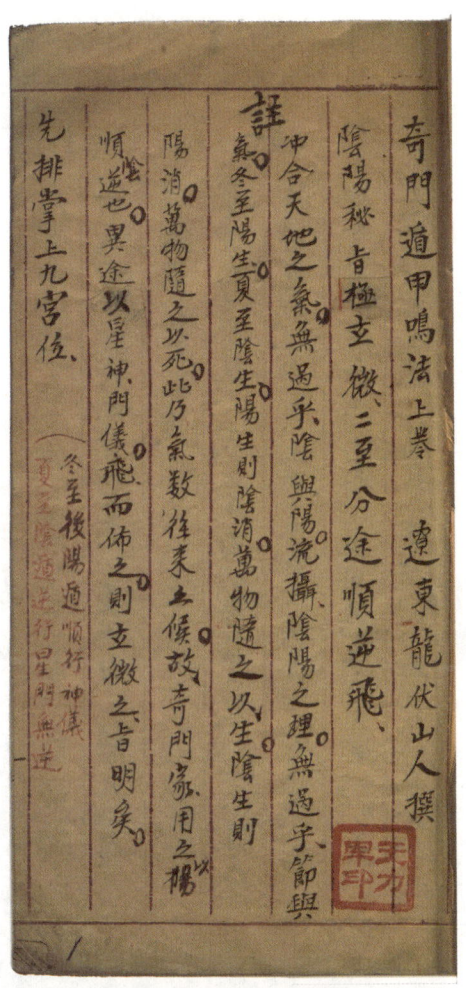

王力军老师藏张抄本《奇门鸣法》内文书影

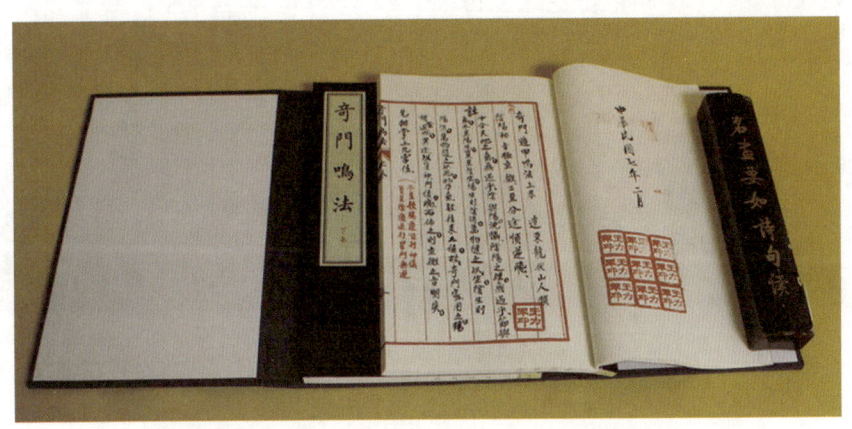

华龄出版社影印出版河北获鹿张东坡居士民国七年抄本奇门鸣法书影

出版缘起

2012年5月,张东海居士抄本在华龄出版社影印出版后,海内外学者得以一窥秘本,更期望鸣法体系的《衍象》、《枢要》二书能够快些面世,以成完璧。据当时所掌握的版本情况看,《衍象》主要分为两个体系,一个讲解人事,一个讲解国运及军事。两个体系各单独成书,均名为《奇门衍象》。最早得到人事占的版本出现于辽宁营口,底本为民国吴荣贵抄本,重庆陈剑先生购得后以校对整理,是为流传之源头。经霍斐然先生介绍,我得与陈剑先生联系并获赠《衍象》、《枢要》二书的底本及整理本。国运及兵占版本,当时只有黑龙江省绥化市所传出的丙寅本。云南李德启先生经多年孜孜寻求,终得其全本;另发掘出来自山东的《地理占》一书,内容虽略少于丙寅本,但抄写精良,可资校对,一并赠我出版之用。在众易友的支持下,我以营口本及绥化本为底本,《地理占》一书以及诸多搜寻的鞍山、营口民间抄本为校本,排印成《衍象》一书。

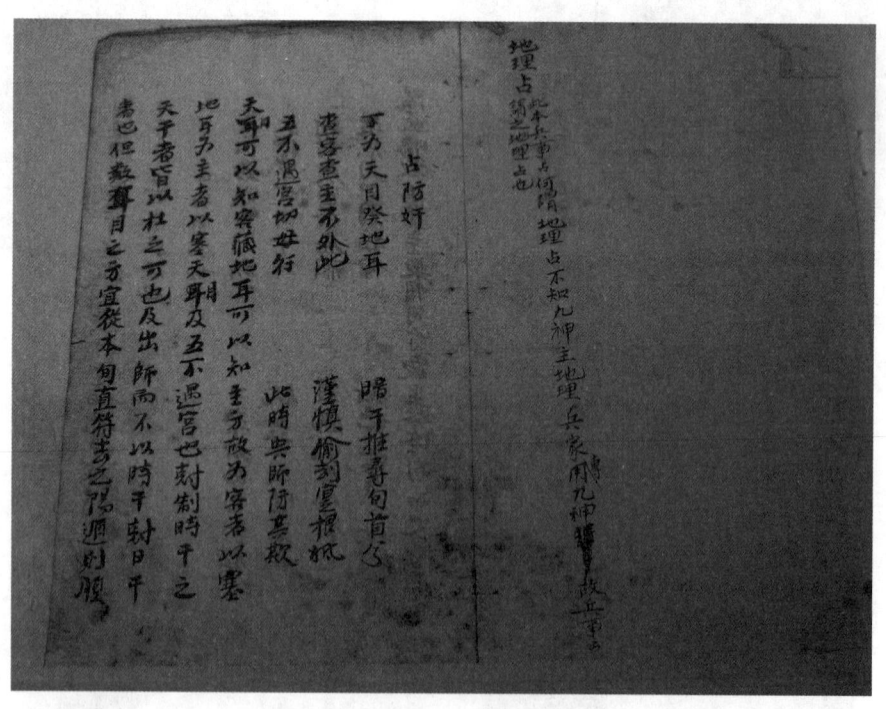

《地理占》书影

丙寅本《奇门衍象》书影

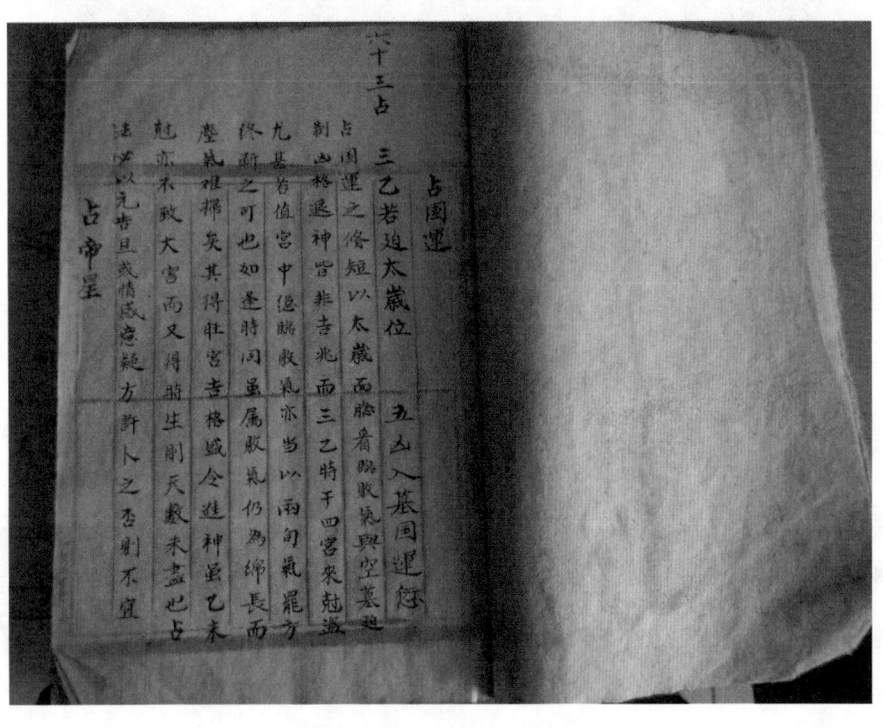

丙寅本《奇门衍象》内文书影

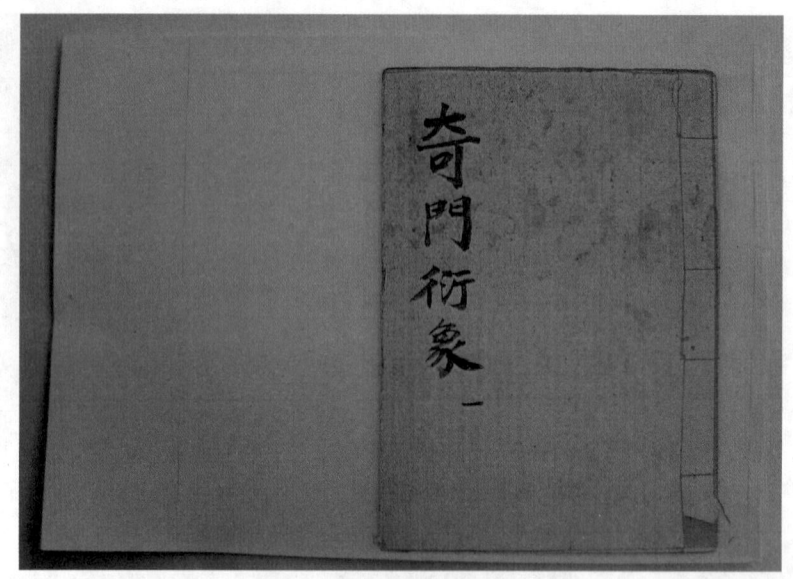

营口本《奇门衍象》书影

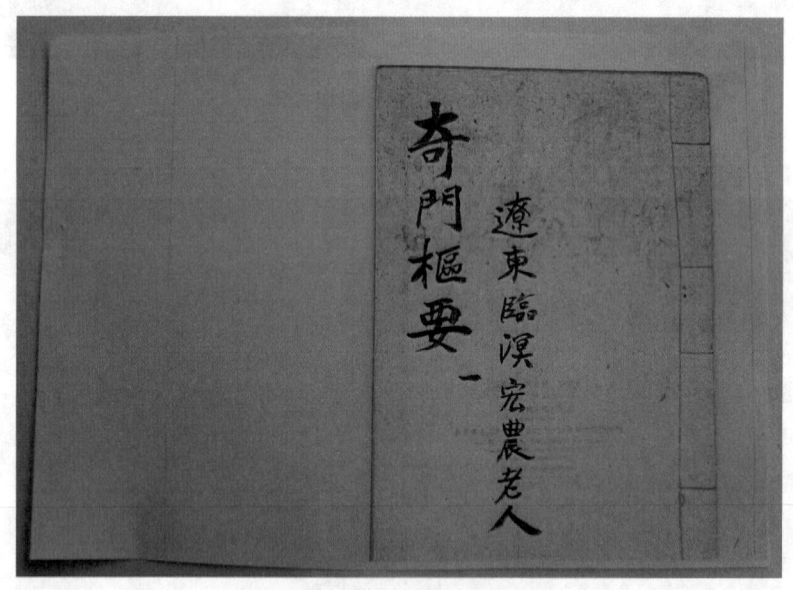

营口本《奇门枢要》书影

　　营口本《枢要》一书封面题有"辽东临溟宏农老人"字样。据书末所记，此抄本的底本当为民国十七年本，字迹工整，少有错字，行文流利，是质量非常好的转抄本。2012年，网络上出现了云南李德启先生收藏的朱格信笺纸抄写的《奇门枢要》照片版。在与营口本校对后，发现是另外的一个版本，与营口本不是同一个底本。我以营口本及朱格信笺本为底本，整理排印成《枢要》一书。

华龄版《奇门鸣法》、《奇门衍象》、《奇门枢要》书影

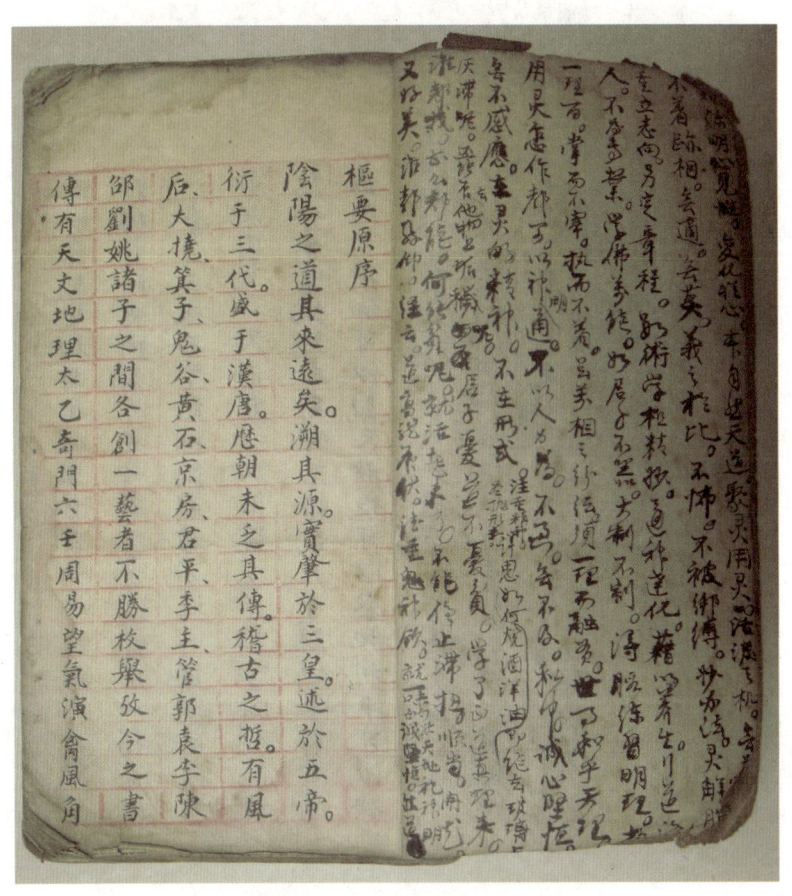

李德启藏《奇门枢要》内文书影

2012年10月，《枢要》与《衍象》在华龄出版社公开出版。由于所收集的传本有限，而且均为转抄本，二书的校对整理仍有不少缺憾。2013年初，王力军老师与我同赴沈阳，拜会了龙伏山人后人矫其魁先生。其魁先生年高德劭，慷慨示我鸣法体系家传诸真本以及《增注蒋公古镜歌》一册三卷。其中，《括囊集》及《古镜歌》二书为龙伏山人亲笔眷写校注的终稿本。各地的研究者们得知此消息后，强烈要求我推动家传本出版面世。与已经出版的版本相比较，家传本抄工精美，内容完整，彻底地解决了华龄版的传抄错误及内容阙失之处。

龙伏山人手稿本《遁甲括囊集》书影

家传本《鸣法》保存完好，内容完整，唯最后一节与张抄本不同，与张抄本可称双璧。《衍象》一书内容完整，殊堪称道，不仅增加了世所未见的奇门射覆的内容，更校正了华龄本的先天不足。最为珍贵的是，家传本《遯甲括囊集》一书是子阳先生亲笔书写校定的唯一定稿本，其书法之精工、内容之完美，当世无两。《遯甲括囊集》共三卷七章。第一章释入式起例之纲领，第二章释八门九星九神十干之所属所主、天文地理人物之用，第三章释十八局中七十二课卦体之吉凶并动静用象之机括，是为上卷。第四章释阴阳二使、四象两家、三垣六亲、地利人和、同异彼我、已往将来、晦明向背、男女老幼、虚实亲疏、升降存亡、贵贱高下、大小尊卑、六情衰旺、河洛开阖之机、阴阳用神之妙，第五章释主客命用各有恩用仇难之四般并各有旺衰生克冲合之六象及元运分野之定数，是为中卷。第六章释天文、地理、年时、人事诸门之断验并诸事用神占法，第七章释战守进退、攻城突围之秘义及出行、克应、覆射之情形，是为下卷。《遯甲括囊集》对鸣法体系作出了最完美的总结和终极诠释，溯本求源，直指元微，其珍贵价值不言而喻。龙伏山人第五孙矫其魁先生代表其后人，授权我在九州出版社影印出版其家传鸣法体系真本，共有四种：《奇门遁甲鸣法》、《奇门遁甲衍象》、《奇门遁甲枢要》、《遯甲括囊集》以及龙伏山人亲笔书写注释的堪舆秘本《增注蒋公古镜歌》，命名曰《龙伏山人存世文稿》，以纪念先祖，造福后世。

九州出版社出版：龙伏山人存世文稿（1）《奇门遁甲鸣法》

九州出版社出版：龙伏山人存世文稿（2）《奇门遁甲衍象》

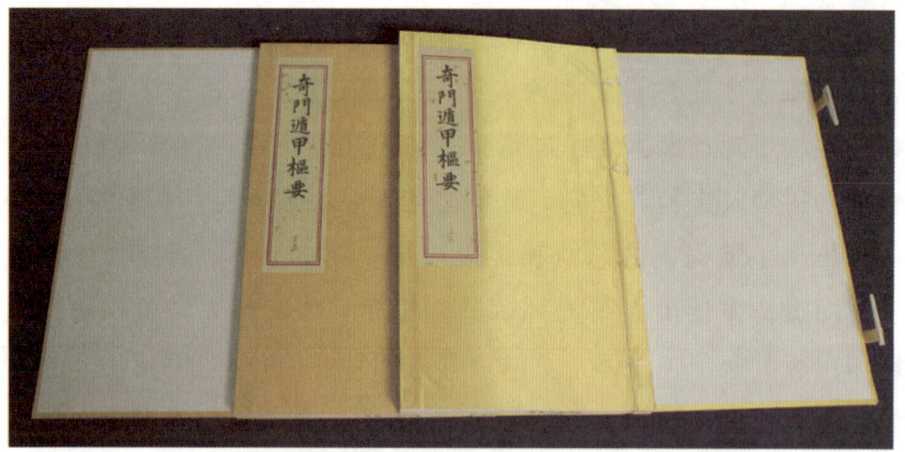

九州出版社出版：龙伏山人存世文稿（3）《奇门遁甲枢要》

九州出版社出版：龙伏山人存世文稿（4）《遁甲括囊集》

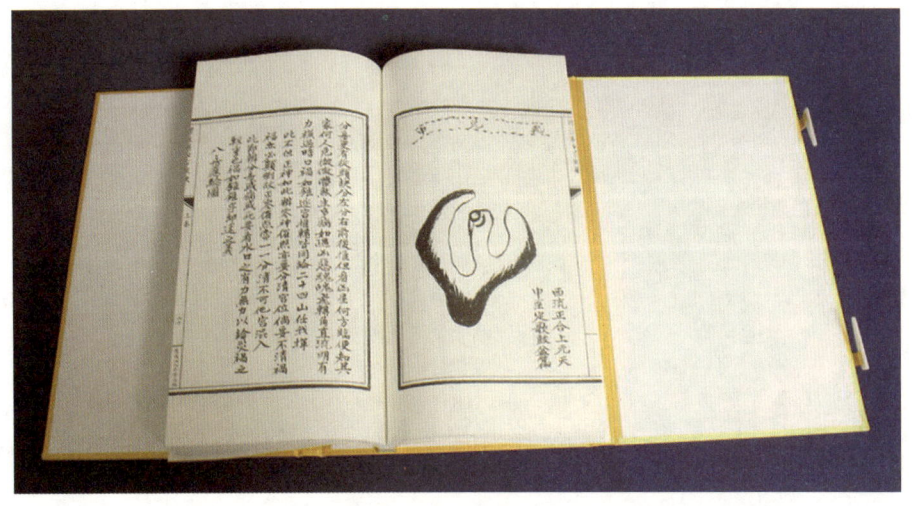

九州出版社出版：龙伏山人存世文稿（5）《增注蒋公古镜歌》

  2013年，《龙伏山人存世文稿》一书于九州出版社公开出版，海内外的研究者给予了极大的关注和赞扬。与此同时，由于阅读习惯的原因，也有许多读者对于影印手稿存在着阅读和理解上的困难，非常希望能有适合普通读者学习和研究的注解版面世。2015年初，我特别请到刘金亮老师为此四部著作加以注释，结集出版，并首次在附录中收入全部辽图本《鸣法》的影印本，以回报广大读者的厚爱，并以此书作为对子阳先生永久的纪念。

郑同

2015年9月8日

出版缘起

目 录

第一章 飞盘起局 ······ 1

第一部分 预备知识 ······ 1

天干、地支、六十花甲子 ······ 1

地支掌诀 ······ 3

六仪、三奇、旬首、旬空 ······ 4

干支历 ······ 6

八卦 ······ 13

九宫 ······ 14

八卦分布九宫 ······ 15

九宫掌诀 ······ 16

九星、八门、静盘、九神 ······ 17

局数 ······ 19

奇门遁甲定局分歧 ······ 23

第二部分 飞盘奇门遁甲起局 ······ 24

第三部分 掌上飞盘奇门 ······ 39

第二章 括囊起局 ······ 41

第一部分 括囊起局法秘法 ······ 41

第二部分 暗干、暗支 ······ 45

第三部分 空亡 ······ 47

第四部分 六亲 ······ 49

第五部分　暗值使	52
第六部分　旺动	54
第七部分　旺衰	56
第八部分　月建和日辰	59

第三章　奇门的象数理 ... 61

阴阳类象 ... 61

五行类象 ... 61

 五行的相互关系 ... 62

 五行的旺相休囚死 ... 64

 五行与季节、五方、数字 ... 65

 五行所代表的其他信息 ... 66

 五行与数字 ... 67

 五行信息象意总结 ... 69

天干类象 ... 69

 十天干的阴阳 ... 69

 十天干的五行、方位和季节 ... 69

 天干相合 ... 70

 天干相冲 ... 71

 天干与人体部位 ... 72

 天干与脏腑 ... 72

 十干类象总结 ... 73

地支类象 ... 87

 十二地支的阴阳 ... 87

 十二地支的五行属性 ... 87

 十二地支与季节、方位和地支三会 ... 87

 地支与十二方 ... 88

 二十四山图 ... 89

四墓 90

地支六合 91

地支三合 92

缺一待用 92

地支六冲 92

驿马 93

地支相刑 94

地支相破 94

十二地支分类象意 95

十二支类象汇总 100

六亲类象 118

十格类象 122

父母类象 122

官鬼类象 123

妻财类象 124

兄弟类象 125

子孙类象 125

十二长生 127

四大长生 127

十干长生 128

十二长生类象 129

长生 129

沐浴 129

冠带 130

临官 130

帝旺 131

衰 131

病 131

- 死 132
- 墓 133
- 绝 133
- 胎 134
- 养 134

六十纳音类象 135

八卦、九宫、九星、八门类象 138
河图与先天八卦 138
洛书与后天八卦、九宫 139
八卦、九宫、九星、八门类象 141
- 乾卦类象 141
- 坤卦类象 143
- 震卦类象 145
- 巽卦类象 147
- 坎卦类象 149
- 离卦类象 151
- 艮卦类象 153
- 兑卦类象 155
- 中五类象 157
- 九神类象 157
- 值符类象 158
- 螣蛇类象 159
- 太阴类象 160
- 六合类象 161
- 白虎类象 162
- 勾陈类象 163
- 太常类象 164
- 玄武类象 165

朱雀类象 ··· 167
　　九地类象 ··· 168
　　九天类象 ··· 168

第四章　鸣法格局 ··· 169

第一部分　正格 ··· 169

　　一、进茹、退茹格 ··· 169
　　二、前间、后间格 ··· 170
　　三、上合、下合格 ··· 170
　　四、五行合化格 ··· 171
　　五、正冲、背冲格 ··· 171
　　六、五行冲格 ··· 171
　　七、支破格 ··· 172
　　八、耗气、夺权格 ··· 172
　　九、交阴、交阳格 ··· 173
　　十、得母、获父格 ··· 173
　　十一、乘权、倚势格 ······································· 173
　　十二、外侵、内侵格 ······································· 174
　　十三、外害、内害格 ······································· 174
　　十四、外制、内制格 ······································· 174
　　十五、外乱、内乱格 ······································· 175
　　十六、入墓格 ··· 175
　　十七、秉空格 ··· 176
　　十八、主空、客空、中空格 ································· 176
　　十九、没首、失中、濡尾格 ································· 176
　　二十、年命空、用空、时空格 ······························· 177
　　二十一、无绪格 ··· 177
　　二十二、天盘空、地盘空 ··································· 178

二十三、六仪击刑 ·· 178
第二部分　辅格 ·· 179
一、曲直格 ·· 179
二、胎息格 ·· 179
三、兴创格 ·· 180
四、罹伐格 ·· 180
五、焚林格 ·· 180
六、炎上格 ·· 180
七、掩目灭光格 ·· 181
八、失光格 ·· 181
九、增辉格 ·· 181
十、斗力格 ·· 181
十一、稼穑格 ·· 181
十二、迫水格 ·· 182
十三、坏体格 ·· 182
十四、绝精格 ·· 182
十五、变象格 ·· 182
十六、从革格 ·· 183
十七、泄津格 ·· 183
十八、扬威格 ·· 183
十九、逢刃格 ·· 183
二十、结冤闭口格 ·· 184
二十一、润下格 ·· 184
二十二、绝迹格 ·· 184
二十三、败源格 ·· 184
二十四、通关格 ·· 184
二十五、灭润格 ·· 185
二十六、父健、母顺格 ·· 185
二十七、兄夺、弟争格 ·· 185

二十八、财摇格、妻动格	186
二十九、子任格、孙作格	186
三十、官兴格、鬼扰格	186
三十一、年命值六亲格	187
三十二、六亲利害格	187
三十三、返吟格	188
三十四、被迫格，又称迫宫格	189
三十五、受制格	189
三十六、交和格	189

第三部分　奇格 ·· 189

一、三奇得使格	189
二、三奇游六仪格	192
三、玉女守门格	192
四、日照门间格	193
五、月映当门格	193
六、青龙缠户格，又称天门分开格	193
七、地户蔽门格	193
八、太白入门格	193
九、白虎拦门格	194
十、玄武守门格	194
十一、螣蛇守门格	194
十二、九遁格	194
十三、三道格	197
十四、三诈格	197
十五、五假格	198

第四部分　遍干 ·· 200

一、天盘为戊遍干	200
二、天盘为己遍干	203

三、天盘为庚遍干 …………………………………… 205
　　四、天盘为辛遍干 …………………………………… 207
　　五、天盘为壬遍干 …………………………………… 210
　　六、天盘为癸遍干 …………………………………… 212
　　七、天盘为乙遍干 …………………………………… 214
　　八、天盘为丙遍干 …………………………………… 217
　　九、天盘为丁遍干 …………………………………… 219
　第五部分　周　游 ……………………………………… 221
　　一、戊周游九宫 ……………………………………… 222
　　二、己周游九宫 ……………………………………… 222
　　三、庚周游九宫 ……………………………………… 223
　　四、辛周游九宫 ……………………………………… 224
　　五、壬周游九宫 ……………………………………… 224
　　六、癸周游九宫格 …………………………………… 225
　　七、乙奇周游九宫 …………………………………… 226
　　八、丙奇周游九宫格 ………………………………… 226
　　九、丁奇周游九宫 …………………………………… 227
　第六部分　占　法 ……………………………………… 227
　　一、八门占法 ………………………………………… 228
　　二、门与格局占法 …………………………………… 230
　　三、九星占法 ………………………………………… 231
　　三、九神占法 ………………………………………… 232
　　四、内外远近 ………………………………………… 232

第五章　奇门遁甲鸣法诠释 ………………………… 233

　奇门遁甲鸣法序 ………………………………………… 233
　奇门遁甲鸣法目录 ……………………………………… 235
　郑序 ……………………………………………………… 236

奇门遁甲鸣法上卷 ··· 237
- 第一章　入门 ··· 237
- 第二章　开端 ··· 243
- 第三章　用神 ··· 246
- 第四章　正格 ··· 250

奇门遁甲鸣法下卷 ··· 257
- 第五章　辅格 ··· 257
- 第六章　奇格 ··· 264
- 第七章　遍干 ··· 269
- 第八章　周游 ··· 283
- 第九章　占法 ··· 285

第六章　奇门遁甲衍象诠释 ······································ 289

奇门遁甲衍象上卷 ··· 289
- 逃亡 ··· 308
- 捕逃 ··· 308
- 官讼 ··· 308
- 出行 ··· 309
- 行人 ··· 309
- 音信 ··· 309
- 访友 ··· 310
- 请客 ··· 310
- 遇伴 ··· 310
- 投宿 ··· 311
- 乘船 ··· 311
- 路途 ··· 311
- 析居 ··· 312
- 置产 ··· 312

家宅	313
回乡	313
作保	313
疾病	314
天花	315
请医	316
孕产	316
身命	317
寿元	319
求仙	319
自惊	319
闻声	320
水溢	320
失火	320
博戏	320
酒食	321
禽鸣	321
雀噪	321
梦疑	322
物动	322
脱货	323
劳金	324
渔猎	324
筌蹄	325

奇门遁甲衍象下卷 ... 326

何方兵起	326
州县灾祥	327
选将	330

练士	331
择吉	331
克择	332
出师	333
作用	334
防奸	335
兵将所居	336
粮草	336
野宿	337
登舟	337
观风	338
胜负	338
迎敌	339
三胜	339
五不击	340
投军	340
攻城	340
守城	341
贼去留	341
贼藏处	342
虚实	343
强弱	343
两军动静	343
两军勇怯	344
伏兵有无	344
埋伏前后	344
偷营有无	345
潜兵	345

军心顺逆	345
将心安否	346
差委将士	346
分旅	347
遣使	347
敌使	347
来降	348
追兵	348
失将	349
迷途	349
被困	349
逃围	349
急从神	350
月建	350
三私门	351
天马方	351
大难	351
天网	352
孤虚	353
觅水	354
劫粮	354
回军	354
定约	354
战期	355
察机	355
军中见异	356
旗摆	357
备窃	357

省候分野	357
军数	358
远近	358
风来何方	359
占天象	359
年时灾祥	360
占国运	361
占帝星	361
帝星何方	362
天后产	363
王师生	363
二者生处	363
九神	364
九星	364
八门	365
十干	367
德刑	367
射覆八门取象	368
射覆九神取象	372
射覆十干取象	373
射覆九星取象	373
结语	374

第七章 奇门遁甲枢要诠释 ……… 375

奇门遁甲枢要序 ……… 375

奇门枢要目录 ……… 377

  枢要上卷 ……… 377

  枢要下卷 ……… 377

奇门枢要上卷 ······ 378
原始篇第一 ······ 378
格式篇第二 ······ 383
动静篇第三 ······ 390
冲合篇第四 ······ 395
空墓篇第五 ······ 399
破刑篇第六 ······ 400
生克篇第七 ······ 402
旺衰篇第八 ······ 407
期应篇第九 ······ 409

奇门枢要下卷 ······ 418
推衍篇第十 ······ 418
杂事篇第十一 ······ 426
星命篇第十二 ······ 437
军制篇第十三 ······ 443
游戏篇第十四 ······ 446

第八章 遁甲括囊集校释 ······ 450

遁甲括囊集序 ······ 450
遁甲括囊集上卷 ······ 452
第一章 ······ 452
第二章 ······ 463
第三章 ······ 468
遁甲括囊集中卷 ······ 512
第四章 ······ 512
第五章 ······ 529
遁甲括囊集下卷 ······ 558
第六章 ······ 558

第七章 ………………………………………………………… 589
　　后跋 …………………………………………………………… 627
第九章　阳遁一二三局 ………………………………………… 627
第十章　阳遁四五六局 ………………………………………… 643
第十一章　阳遁七八九局 ……………………………………… 659
第十二章　阴遁九八七局 ……………………………………… 675
第十三章　阴遁六五四局 ……………………………………… 691
第十四章　阴遁三二一局 ……………………………………… 707
附录 ……………………………………………………………… 723
　　附录一　辽东龙伏山人年谱 ……………………………… 723
　　附录二　奇门遁甲鸣法辽图全本 ………………………… 727
　　附录三　记矫庸先生 ……………………………………… 757
　　附录四　家　谱 …………………………………………… 764
　　附录五　矫氏家族墓志 …………………………………… 765
　　附录六　1926年矫氏祖孙三代海城老宅合影 …………… 767
　　附录七　枢要心法备录 …………………………………… 768
　　附录八　《奇门枢要》篇末附记 ………………………… 769

第一章 飞盘起局

要使用奇门遁甲进行预测，首先需要起局，亦称起盘。奇门的起局好比六爻、梅花易数的起卦，或者六壬、金口诀的起课，因此奇门起局有时也称为起卦或起课。但反过来，六爻、梅花易数、六壬、金口诀没有起局或起盘的说法。故"起局"、"起盘"为奇门遁甲所独有的术语。

奇门遁甲所有断语都是根据起出来的局面、带入起局时的季节和时间参数做出的。因此，起局是奇门预测的基础，必须认真学习，否则预测无从谈起。虽然现在可以用电脑软件起局，学者可以用电脑起出来的局面，直接进入解读阶段。但是，起局过程包含着奇门遁甲的一些基本原理和实质性的信息，不认真研究起局原理，很难在奇门遁甲领域有精深的造诣和突破。因此还是需要先学会手工起局，并要熟练，然后再使用电脑起局。

奇门遁甲有转盘与飞盘之分，奇门鸣法属于飞盘奇门体系，本章先讲一般的飞盘奇门起局。

第一部分 预备知识

天干、地支、六十花甲子

天干共有十个，依次是：甲乙丙丁戊己庚辛壬癸。其中壬读作 rén，癸读作 guǐ。需要记住它们的序号：甲1，乙2，丙3，丁4，戊5，己6，庚7，辛8，壬9，癸10。

地支有十二个，依次是：子丑寅卯辰巳午未申酉戌亥。其中，巳读作 sì，酉读作 yǒu，戌读作 xū。需要记住它们的序号：子1，丑2，寅3，卯

4，辰5，巳6，午7，未8，申9，酉10，戌11，亥12。

十天干与十二地支依次相配，如天干的第一个是甲，配地支的第一个子，形成甲子。依次配下去，会有甲子、乙丑、丙寅、丁卯、戊辰、己巳、庚午、辛未、壬申、癸酉。至此，十个天干已经用尽，地支还有戌、亥两个未用到，就再从甲开始，配成甲戌，乙亥。这时十二地支用尽，但天干只配到乙，再接着用丙配子，形成丙子，丁丑，等等。一直配到壬戌、癸亥，恰好天干、地支都用完。一共形成60对干支，故称为六十花甲子。平时所称年逾花甲就是指人过了六十岁。

六十花甲子列表如下：

甲子	乙丑	丙寅	丁卯	戊辰	己巳	庚午	辛未	壬申	癸酉
甲戌	乙亥	丙子	丁丑	戊寅	己卯	庚辰	辛巳	壬午	癸未
甲申	乙酉	丙戌	丁亥	戊子	己丑	庚寅	辛卯	壬辰	癸巳
甲午	乙未	丙申	丁酉	戊戌	己亥	庚子	辛丑	壬寅	癸卯
甲辰	乙巳	丙午	丁未	戊申	己酉	庚戌	辛亥	壬子	癸丑
甲寅	乙卯	丙辰	丁巳	戊午	己未	庚申	辛酉	壬戌	癸亥

六十花甲子表

这个表需要反复读，仔细观察规律，直到别人随意说出一个花甲，你可以接出下一个，方为过关。起局时需要用到按顺序说出花甲名称的功夫。

还需要掌握六十花甲与1－60任意数字间的快速换算。

为了便于观察规律，我们把上面的六十花甲子编上序号：

1. 甲子	2. 乙丑	3. 丙寅	4. 丁卯	5. 戊辰	6. 己巳	7. 庚午	8. 辛未	9. 壬申	10. 癸酉
11. 甲戌	12. 乙亥	13. 丙子	14. 丁丑	15. 戊寅	16. 己卯	17. 庚辰	18. 辛巳	19. 壬午	20. 癸未
21. 甲申	22. 乙酉	23. 丙戌	24. 丁亥	25. 戊子	26. 己丑	27. 庚寅	28. 辛卯	29. 壬辰	30. 癸巳
31. 甲午	32. 乙未	33. 丙申	34. 丁酉	35. 戊戌	36. 己亥	37. 庚子	38. 辛丑	39. 壬寅	40. 癸卯
41. 甲辰	42. 乙巳	43. 丙午	44. 丁未	45. 戊申	46. 己酉	47. 庚戌	48. 辛亥	49. 壬子	50. 癸丑
51. 甲寅	52. 乙卯	53. 丙辰	54. 丁巳	55. 戊午	56. 己未	57. 庚申	58. 辛酉	59. 壬戌	60. 癸亥

六十花甲子序号表

小窍门：把数字化成干支很容易。分为两步：先确定天干。该数字的尾数即是天干的序数。比如46，尾数是6，根据上面的介绍，天干己的序数是6，所以，46的天干是己。在这一步，如果尾数是0，则其所对应的天干是癸。第二步是确定地支。只要将该数字除以12，取余数即可。如果余数是0，则其所对应的地支为亥。仍以46为例，46除以12的余数是10，根据上面的介绍，酉的地支序数是10。天干与地支合起来是己酉，故答案是：46所对应的干支是己酉。查上面的"六十花甲子序号表"，可以看到46号所对应的干支确实是己酉。

再比如，求数字20所对应的干支。先求天干，尾数是0，所以天干是癸。再求地支。用20/12取余数，余数为8。8所对应的地支是未。天干与地支合起来是癸未。所以答案是：20所对应的干支是癸未。

地支掌诀

六十花甲子是古人常用的一种纪时工具，如果过于复杂难以掌握，则会制约其广泛应用。于是古人想出一套简便实用的方法来进行计算，这就是地支掌诀。

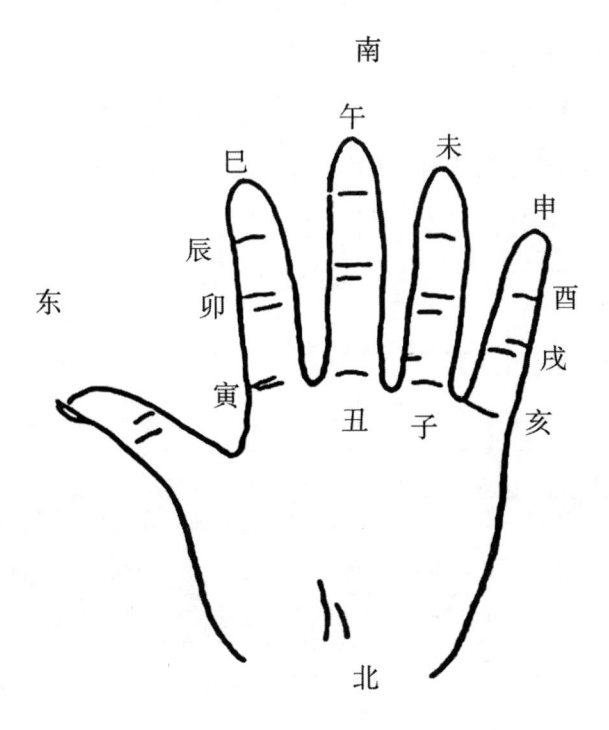

地支掌诀图说明：先用左手拇指点在左手无名指根部横纹，此处为十二地支的起点子，顺时针依次为子丑寅卯辰巳午未申酉戌亥。十二地支在手上的位置是固定的，读者需要牢记。反复在左手上练习，直到点任意一个指节横纹皆可不假思索讲出其地支，方为过关。

十天干则在手上没有固定位置，要用到六十花甲子，只需左手拇指点到子的时候，口中说甲子，点到丑的时候，口中说乙丑，如此这般拇指每往前移动一下，口中依次说丙寅、丁卯、戊辰、己巳、庚午、辛未、壬申、癸酉。至此，拇指点到无名指上面第一道横纹，下一个横纹戌，口中要说甲戌，然后是乙亥、丙子。读者应注意到，刚开始时，甲加在子上，这时甲加在戌上，因为地支有十二个而天干只有十个，轮到第十一个地支戌的时候，下一轮从甲开始了。一直轮到六十花甲子的第60个的时候，到了癸亥，地支是最后一个，恰好天干也用到最后一个。再开始的时候，又是甲子。

六仪、三奇、旬首、旬空

作为奇门遁甲起局的预备知识，读者需要熟悉六仪三奇。

所谓六仪，是指戊己庚辛壬癸六个天干。所谓三奇，是指乙丙丁三个天干。六仪三奇合称奇仪，一共九个，十天干中缺甲。这里涉及到奇门遁甲名称的由来。在奇门遁甲中，甲为至尊的主帅，庚为仇敌，主帅不能直接暴露在仇敌之前，他要隐蔽起来，隐蔽在哪里呢？请看下面的六十花甲子序号表。

1. 甲子	2. 乙丑	3. 丙寅	4. 丁卯	5. 戊辰	6. 己巳	7. 庚午	8. 辛未	9. 壬申	10. 癸酉
11. 甲戌	12. 乙亥	13. 丙子	14. 丁丑	15. 戊寅	16. 己卯	17. 庚辰	18. 辛巳	19. 壬午	20. 癸未
21. 甲申	22. 乙酉	23. 丙戌	24. 丁亥	25. 戊子	26. 己丑	27. 庚寅	28. 辛卯	29. 壬辰	30. 癸巳
31. 甲午	32. 乙未	33. 丙申	34. 丁酉	35. 戊戌	36. 己亥	37. 庚子	38. 辛丑	39. 壬寅	40. 癸卯
41. 甲辰	42. 乙巳	43. 丙午	44. 丁未	45. 戊申	46. 己酉	47. 庚戌	48. 辛亥	49. 壬子	50. 癸丑
51. 甲寅	52. 乙卯	53. 丙辰	54. 丁巳	55. 戊午	56. 己未	57. 庚申	58. 辛酉	59. 壬戌	60. 癸亥

六十花甲子序号表

我们注意到，左侧的第一列都是甲开头，甲子、甲戌、甲申、甲午、甲辰、甲寅，共计是六个甲，称为六甲。六甲各找一个六仪隐遁起来。

甲子的甲藏在戊下面，又称甲子遁戊，简称甲子戊。

甲戌的甲藏在己下面，又称甲戌遁己，简称甲戌己。

甲申的甲藏在庚下面，又称甲申遁庚，简称甲申庚。

甲午的甲藏在辛下面，又称甲午遁辛，简称甲午辛。

甲辰的甲藏在壬下面，又称甲辰遁壬，简称甲辰壬。

甲寅的甲藏在癸下面，又称甲寅遁癸，简称甲寅癸。

这就是"遁甲"的名称含义。"奇门"的含义要在后面介绍。

"身怀六甲"的成语大概也是从这里来的，指身体里面蕴藏着胎儿。

三奇下面不藏有甲。三奇各有名称，乙为日奇，丙为月奇，丁为星奇。阅读古书时需要用到这些名称。

奇门遁甲中在使用六仪三奇的时候，总是按戊己庚辛壬癸丁丙乙的顺序，注意是戊开头，顺布六仪；三奇则是逆布，不是乙丙丁，而是丁丙乙。读者一定要牢牢记住戊己庚辛壬癸丁丙乙，而且要牢记戊又称为甲子戊，也称为甲子遁戊。其他六仪仿此。至于六仪三奇的信息象意，我们放到后面奇门遁甲的解断中介绍。

在上面的六十花甲子顺序表中，左边第一列甲子、甲戌、甲申、甲午、甲辰、甲寅，六甲每行后面跟着其他九个干支，每行共计 10 个干支，称为一旬。六甲位于一旬之首，故又称旬首。要学会奇门遁甲，需要熟练掌握寻找旬首的功夫，即，任意给出一个干支，你可以迅速找到其位于哪一旬，或者其旬首是什么。比如乙未，它处在甲午旬，亦即其旬首为甲午，或称甲午辛旬。

小窍门：利用干支掌诀可以快速找到旬首。比如，求丁酉的旬首。我们先用左手拇指点在酉上，从酉上起甲，按地支掌诀图逆时针依次数到丁，看是何地支即为何旬。丁酉这个例子，从酉开始逆时针从甲数到丁，落在午上，可知丁酉在甲午旬。

下面介绍旬空概念。数术中都有旬空的概念，奇门遁甲也不例外。这是指天干在与地支相配的时候，由于天干有十个，地支有十二个，配到最后一个天干癸的时候，一旬十个干支已经配好，后面还有两个地支没有用到，这没有用到的两个地支就是称为旬空。每一旬的旬空都不一样，甲子旬中戌亥空，甲戌旬中申酉空，甲申旬中午未空，甲午旬中辰巳空，甲辰旬中寅卯空，甲寅旬中子丑空。

小窍门：通过地支掌诀可以快速求得每一旬的两个旬空地支。只要将左手拇指点住旬首的地支上，逆时针退两个地支就是旬空之支。比如甲午旬，只要将左手拇指点住午，则可以清楚看到，逆时针退两个地支分别是辰和巳，所以甲午旬中辰巳空。后面会介绍，在解断的时候，旬空有重要意义。这里只需要学会推算旬空即可。

干支历

干支历是指用天干和地支组成的六十花甲子纪年、纪月、纪日、纪时，这是奇门遁甲和其他许多数术必须用到的基本知识。

一、先讲干支纪年。干支纪年的基本原理是用六十花甲子循环使用，据说起点是黄帝继位元年公元前2697，是年为甲子年，下一年公元前2696年为乙丑年。如此这般一直排下去，到最后一个干支癸亥时，下一年再从头起甲子。这种起于黄帝元年说只是传说，历史学者认为干支纪年萌芽于西汉，始行于王莽，通行于东汉后期。汉章帝元和二年（公元85年），朝廷下令在全国推行干支纪年。

我们求当前年份的干支时有简便方法，不需要每次从黄帝元年或汉章帝元和二年开始推算。下面介绍简便推算方法。

公元后的干支纪年公式分为两步：

1. 先求天干：取（公元年份－3）的尾数所对应的天干。例如：求2012年的天干，套用公式（2012－3）＝2009，其尾数为9，9所对应的天干为壬。

2. 再求地支：求（公元年份－3）/12……余数，

例如：求公元后2012的干支，（2012－3）/12＝2009/12＝167……余数

＝5，5 所对应的地支是辰。

天干、地支合起来是壬辰，所以答案是：2012 年的干支是壬辰。

公元前的干支纪年另有公式，由于奇门遁甲中几乎用不到公元前的日期，所以这里不赘述。有需要的读者其实可以在上述公式启发下，自己找到推算公式。

二、干支纪月

干支纪月也分为两步，先求地支，再求天干。

每年同一个月份的地支都是相同的，每年从十二地支中的寅开始，注意不是从子开始，第一个月是寅，下一个月是卯，以下依次是辰巳午未申酉戌亥子丑。还有一点要注意，这里说的月不是阴历月份，也不是阳历的月份，是干支历。大家知道，一年分为 24 个节气：立春、雨水、惊蛰、春分、清明、谷雨、立夏、小满、芒种、夏至、小暑、大暑、立秋、处暑、白露、秋分、寒露、霜降、立冬、小雪、大雪、冬至、小寒、大寒。用大家都会背诵的二十四节气歌很好记：

春雨惊春清谷天，夏满芒夏暑相连。

秋处露秋寒霜降，冬雪雪冬小大寒。

节气历是这样的，24 节气中，从立春开始，每两个节气为一个月。即立春、雨水为寅月，惊蛰、春分为卯月，直到小寒、大寒为丑月。

每个月的地支也叫月建，因此有正月建寅，二月建卯，三月建辰，直到腊月建丑的说法。只不过这里说的正月并不是阴历一月，而是立春、雨水两个节气所指的时间段。月支就这样每年都在相同的节气时间段内都一样。

有了月支，再求月干。月干从年干通过著名的五虎遁求得。五虎遁歌诀是：

甲己之年丙作首，乙庚之岁戊为头。

丙辛必定寻庚起，丁壬壬寅顺行流。

若问戊癸何方发，甲寅之上好追求。

歌诀的意思是，年干是甲或己，则该年正月的月干为丙，以后各月的天干依次是丁、戊、己、庚、辛、壬、癸、甲、乙、丙、丁。前面已经求得每年的正月地支都是寅，这里求出天干为丙，则甲或己年的正月干支为丙寅。有了第一个月的干支，以下就按六十花甲表依次轮去，二月为丁卯，三月戊辰，四月己巳，等等，直到十二月为丁丑月。

同样道理，第二句歌诀的意思是，如果年干是乙或者庚，则该年正月天干是戊，以后个月依次是己、庚、辛、壬、癸、甲、乙、丙、丁、戊、己、庚。我们已经知道每年的正月地支都是寅，根据这里推算出的乙年或庚年的正月天干为戊，那么该年正月的干支都已经求出，正月为戊寅，以下依次是己卯、庚辰。等等，直到十二月为己丑月。由于五虎遁歌诀给出的是从五对十个年干推出正月建寅的天干，而按十二生肖，寅为虎，所以称为五虎遁。

以下各句歌诀的意思是：丙年或辛年正月的天干是庚，丁年、壬年正月的天干是壬，戊年或癸年正月的天干是甲。有了正月天干，其他各月天干可按天干顺序推算出。

举例，求2012年5月1日所在月的干支。首先，5月1日尚未交立夏，属于谷雨节气。按节气历，立春、雨水为正月，惊蛰、春分为二月，清明、谷雨为三月，立夏、小满为四月。5月1日还处在节气历的三月。而每年三月的地支都是辰。再求天干，前面已经知道2012年的天干是壬辰，根据五虎遁口诀，丁壬壬寅顺行流，即壬年的正月天干是壬。则正月为壬寅，二月为癸卯，三月为甲辰。那么答案是：2012年5月1日所在的月干支是甲辰。

小窍门：上面推节气历的时候是从立春开始两个节气为一个月，一对一对地往下排求出的。其实有简便方法，不需要这样从头排。由于阳历每个月都有两个节气，按数术讲，节是节，气是气，节气是节和气的合称。阳历每个月的两个节气，第一个节气为节，第二个节气为气。我们推算节气历的时候，分界点是节，不是气，所以只要知道一个日期在哪个分界点的节后面即可。而阳历交节的日期相对固定，上半年每月5日附近，下半年8日附近，前后相差不会超过一两天。只要一个日期在分界点之前，把阳历月份减去2，即得出节气历的月份；在分界点之后则减1即可。比如，上例5月1日，是上半年4—5日分界点之前，只需把阳历月份减去2，5－2＝3，故节气历的月份为3；再比如，求5月25日节气历，25日已经过了上半年的分界点，所以只需用5减去1即可，5－1＝4，所以节气历为四月，其地支为巳。

再举一例，求2012年10月20日所在月份的干支。由于10月处在下半年，每月交节分界点在8日附近，25日在分界点之后，只需用10减去1即可，10－1＝9，所以该月的月支是戌。再求天干。2012年的年干是壬，丁壬壬寅顺行流，则正月的天干是壬，二月癸、三月甲、四月乙、五月丙、六月丁、七月戊、八月己、九月庚。天干是庚，地支是戌，合起来该月的干支是庚戌。

如果恰好在分界点附近，则需要查一下万年历，看该月的哪天哪个时辰交节。比如求2013年4月5日所在月份的干支。由于上半年的交节分界点在5日，4月5日恰好在分界点附近，不知道是分界点之前还是之后，所以需要查一下万年历。查万年历得知，2013年4月4日23：00交清明节。所以4月5日已经在分界点之后，需要把4月减去1，4－1＝3，所以节气历为三月，即辰月。2013年的年干是癸，根据五虎遁，"若问戊癸何方发，甲寅之上好追求"，即癸年的正月是甲，二月是乙，三月是丙。所以4月5日处在丙辰月。

三、干支纪日

一般奇门遁甲书上都是让读者去查万年历才能得出日干支，这是影响奇门遁甲广泛应用的一个拦路虎，因为需要随身携带万年历，颇有不便。其实有简便方法，可以不必查万年历。本门派所传奇门遁甲只有在节气分界点附近才需要查万年历，而且每个月分界点附近你只需要查一次，记住交节时间即可，其他时间不需要。

日干支的计算公式是：

年系数＋月系数＋日数＋奇偶系数＋闰年系数，超过60的除以六十，取余数。

简化为：年＋月＋日＋奇＋闰，更简单的是：年月日奇闰

其中，年系数：每年1月1日元旦的日干支序数－1。例如，2012年的元旦是辛酉，其干支序数为58，58－1＝57。所以，2012年的年系数是57.全年都要记住这样57这个年系数。[补注：辛酉在60花甲中序数是58]

月系数，需要记住这样一个简单的口诀：一零二一，三负一，四五为零，六七一，八二九十三，十一十二四。闰年注意二月后，个月加一均需有。

这个月系数的口诀意思是，1月的月系数是0，2月是1，3月是－1，4、5月是0，6、7月是1，8月是2，9、10月是3，11、12月是4。如果是闰年，2月以后个月都要加一。这里的月都是阳历。

比如求7月的月系数。根据口诀，六七一，意思是6、7月的月系数都是1。

日数即是阳历的日数。比如求7月10日的干支，10就是日数。

奇偶系数，如果阳历月份是单数月，则奇偶系数为0，是双数月则为30.例如7月日单数月，其奇偶系数为0。8月为双数月，其奇偶系数为30.

闰年系数，闰年是指公元年数能够被4整除则为闰年。但是，如果年份结尾是00，则该年去掉末尾两个零能被4整除才算闰年。比如公元1000年能被4整除，但是这还不能确定它是否是闰年，因为它是以00结尾的年份。这是要去掉两个零之后，看剩下的数字能否被4整除。1000年去掉两个零之后剩下10，10不能被4整除，所以1000年不是闰年。再比如2000年，去掉两个零之后，剩下20，能被4整除，所以2000年时闰年。2012年是能被4整除的，又不是以00结尾，所以2012年是闰年。

下面举一个完整的例子。求2012年7月10日的日干支。前面已经知道，2012年的年系数是57。7月的月系数是1，日数是10，7月是奇数，所以奇偶系数是0，2012年是闰年，而7月在2月之后，所以闰年系数是1。那么根据公式：年＋月＋日＋奇偶＋闰＝57＋1＋10＋0＋1＝68，超过60则除以60取余数，69/60的余数是9，9所对应的干支是壬申。

再举一例，求2012年10月23日的日干支。2012年的年系数是57。10

月的月系数根据口诀"八二九十三",即8月是2,9、月10月都是3;日数是23;10月是偶数,所以奇偶系数是30;2012年是闰年,而10月在2月之后,所以闰年系数是1。那么根据公式:年+月+日+奇偶+闰=57+3+23+30+1=114,114超过60,就取除以60的余数,114/60余数是54,所对应的干支是丁巳。[补注:丁巳在60花甲中序数是54]

四、干支纪时

数术中按古代计时的方法,一天分为十二个时辰,每个时辰相当于现在的两个小时。每天十二个时辰的地支是固定的,其地支与现在24小时制的对应关系是:23－1点为子时

1－3点为丑时

3－5点为寅时

5－7点为卯时

7－9点为辰时

9－11点为巳时

11－13点为午时

13－15点为未时

15－17点为申时

17－19点为酉时

19－21点为戌时

21－23点为亥时

有了时支,再求时干。时干是根据著名的五鼠遁求出的。五鼠遁的歌诀是:

甲己还加甲,乙庚丙作初。

丙辛从戊起,丁壬庚子居。

戊癸何方发,壬子是真途。

五鼠遁给出的是从日干推算出当日子时的时干之法,按十二生肖,子为鼠,故称五鼠遁。

五鼠遁歌诀的意思是:甲、己日的子时天干是甲,乙庚日子时的天干

是丙，丙辛日子时的天干是戊，丁壬日子时的天干是庚，戊癸日子时的天干是壬。子时的天干求出之后，以下各时辰的天干就按十天干表依次往下轮去。

例如，求壬申日16点的时干支。根据五鼠遁口诀，丁壬庚子居，即丁日或壬日的子时天干是庚，而16点是申时。从庚子开始，下一个时辰是辛丑，以下依次是壬寅、癸卯、甲辰、乙巳、丙午、丁未、戊申。那么，申时的干支是戊申。

至此，我们可以举一个完整的求年月日时干支的例子。求2012年10月1日下午15：20的年月日时干支。

首先，求年干支（2012－3）＝2009，其尾数是9，9所对应的天干是壬，所以本年的年干是壬。2009/12的余数是5，5所对应的地支是辰，所以本年的年干支是壬辰。

再求月干支。10月4日在节气的分界点之前，所以10－2＝8，八月的地支是酉。有了月支，再求月干。根据五虎遁，丁壬壬寅顺行流，可知这年正月是壬寅，那么，二月癸卯，三月甲辰，四月乙巳，五月丙午，六月丁未，七月戊申，八月己酉。所以，10月1日的月干支是己酉。

再求日干支。本年的年系数是57；10月的月系数根据口诀"八二九十三"，即8月是2，9、10月都是3，则月系数是3；10月4日的日数就是4；10月是偶数，所以奇偶系数是30；2012年能被4整除，而10月在2月之后，"闰年注意二月后，个月加一均需有"，所以闰年系数是1。套用公式：年＋月＋日＋奇偶＋闰＝57＋3＋4＋30＋1＝95，超过60的取除以60的余数，95/60余数是35。所以，2012年10月4日的日干支是戊戌。

再求时干支。15：20为申时，时支就是申。本日天干是戊，根据五鼠遁，"戊癸何方发，壬子是真途"，则本日的子时天干是壬。那么，从壬子开始依次数到申，壬子、癸丑、甲寅、乙卯、丙辰、丁巳、戊午、己未、庚申。则此时的时干支是庚申。

至此，我们完整地求出了2012年10月4日15：20的干支：壬辰年己酉月戊戌日庚申时。

古时采用竖式书写，年月日时写成四个竖列，一列称为一柱，一柱有天干和地支两个字，共四柱八个字，合称四柱八字。这就是算四柱、批八字的由来。

八　卦

所谓八卦，是指乾（qián）、坎、艮（gèn）、震、巽（xùn）、离、坤、兑（duì）等八个卦。每个卦都有卦名和符号。卦名即是乾、坎、艮、震、巽、离、坤、兑。符号都由三条线组成，每条线称作爻（读作 yáo），即每个卦都由三个爻组成。爻分为阴爻和阳爻两种，阴爻用一条中间断开的短线（　）表示，阳爻用一条中间不断开的短线（　）表示。三个爻重叠组成一个卦，每个爻都有阴阳两种，那么总共能够组成 $2^3=8$ 个不重复的卦，这就是八卦符号。八卦的名称和符号分别是：

乾卦☰，坎卦☵，艮卦☶，震卦☳，巽卦☴，离卦☲，坤卦☷，兑卦☱。

读者既要按顺序记住卦名"乾坎艮震巽离坤兑"，还要记住八卦的符号。

小窍门：宋代大儒朱熹总结出一个简单的歌诀，帮助当时的读书人记住卦的符号，我们可以借用一下：

乾三连，坤六断。震仰盂，艮覆碗。离中虚，坎中满。兑上缺，巽下断。

读者边看解释边观察每个卦的符号即可很容易理解：乾三连，乾卦由三条相连不断的爻组成，请看☰。

坎中满，坎卦中间是满的，请看☵。

艮覆碗，艮卦象倒扣着的碗，请看☶。

震仰盂，震卦象仰面朝上的盂，请看☳。

巽下断，巽卦的下面是断的，请看☴。

离中虚，离卦的中间是虚的，请看☲。

坤六段，坤卦是由六段短线组成，请看☷。

兑上缺，兑卦上面有缺口，请看☱。

每个卦除了名称和符号之外，还有它们各自所代表的信息象意，即各自的象和数，象指形象，数指数字。象和数合起来，即是八卦所代表的一切形象和抽象的信息。比如乾代表天，代表首，代表领袖、领导、老总，代表父亲，代表老年男性，代表右腿，代表男性生殖器，代表肺，代表圆形，代表金玉，代表首饰，代表西北方，代表数字4、9、6，等等。这些信息象意，要到后面解读阶段再详细讲解。这里读者只需要记住八卦卦名顺序和符号，见到一个符号能马上说出其卦名，见到卦名能马上想出其符号即可。

九　宫

小学算术里都学过这样的九宫数学游戏：要求在一个由3×3九个小方格组成的正方形中，每个小方格中填上1－9中的一个数字，使该正方形中的方格横、竖、斜三个方向的数字相加都等于15。最后的答案是这样的：

4	9	2
3	5	7
8	1	6

这九个方格称为九宫，每一格为一个宫。这个九宫局面是必须熟练记住的。

小窍门：有一个歌诀可以很容易记住：戴九履一，左三右七。二四为肩，六八为足。五居中间。

请边读歌诀解释边对照上面的九宫格：戴九履一，指头上戴的是9，脚下踩的是1；左三右七，指左边写3，右边写7；二四为肩，指上面第一行2和4象肩膀一样；六八为足，指下面6和8象左右脚一样。五居中间意思很明白，指把5写在正中间。

除了按歌诀记住上面各数字所在的位置，读者还需要按1－2－3－4－5－6－7－8－9的顺序记住各数字的宫位。这就是著名的野马跳涧顺序，是奇门遁甲中多次用到的基本知识。

小窍门：用右手食指点着 1 所在宫位，再点 2 所在宫位，再点 3 所在位置，一直到 9 所在的位置。连续这样点几次即可熟练记住各数字的宫位，直到说出任何一个数字，你都可以准确指出其宫位在何处，是为过关。

八卦分布九宫

下面需要记住八卦分布九宫的局面。

从九宫格的右下角 6 宫开始，顺时针依次填上乾坎艮震巽离坤兑等八个卦。局面如下：

巽 4	离 9	坤 2
震 3	中 5	兑 7
艮 8	坎 1	乾 6

这就是著名的九宫八卦图。读者需要按顺序记住：坎一、坤二、震三、巽四、中五、乾六、兑七、艮八、离九。

小窍门：用右手食指野马跳涧，口中依次念坎一、坤二、震三、巽四、中五、乾六、兑七、艮八、离九，反复练习数次可以记熟。熟练后，还要倒过来练习，坎一、离九、艮八、兑七、乾六、中五、巽四、震三、坤二。要做到从任何一宫开始，你都能顺、逆飞去。

九宫八卦图是个时空结合的模式，它就是古代的地图。古代地图与现代地图的方向恰好相反，我们现在是上北下南、左西右东。古代则是上南下北、左东右西。即坎一宫为正北方，坤二宫为西南方，震三宫为正东方，巽四宫为东南方，中五宫为中央，乾六宫为西北，兑七宫为正西，艮八宫为东北，离九宫为正南。读者需要熟练记住这种倒过来的地图。

九宫方位地图：

巽 4 东南	离 9 南	坤 2 西南
震 3 东	中 5	兑 7 西
艮 8 东北	坎 1 北	乾 6 西北

从这里可以看出，坎卦位于正北，离卦位于正南，震卦位于正东，兑卦位于正西，此为四正卦。韩国国旗即取此四正卦而成。其余四卦为四隅卦，隅之意为角。

九宫掌诀

读者只需把前面在纸上练习熟练的野马跳涧法移至左手掌上即可，其图示如下。

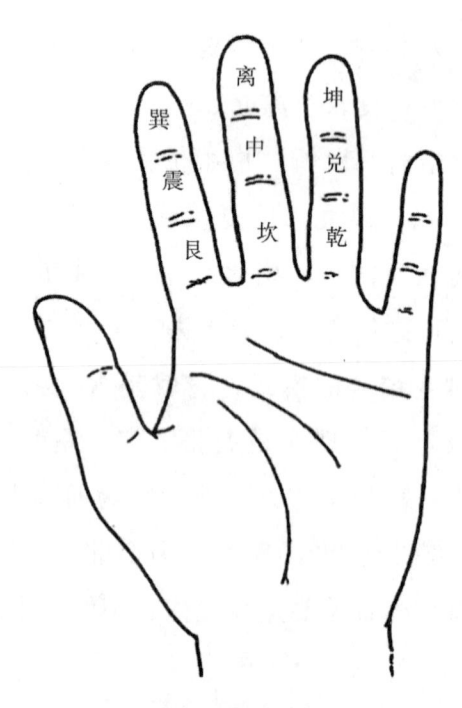

九宫掌诀图

在上手记熟九宫之后，下一些功夫，把二十四节气三元图也在掌上记住也不难。

九星、八门、静盘、九神

奇门遁甲是集数术之大成者，它不仅利用八卦、九宫、干支，还从八卦中派生出星和门两套体系，还引入神的体系。

先讲九星。奇门遁甲中星有九个，分别是天蓬星、天芮星、天冲星、天辅星、天禽星、天心星、天柱星、天任星、天英星，简记作蓬芮冲辅禽心柱任英，要把这个顺序记住。而且要做到提起任何一个星，你能脱口说出下一个星，方为过关。九星分别从八卦或九宫派生而来。天蓬星来自坎卦，或称来自坎一宫，天芮星来自坤卦或坤二宫，天冲星来自震卦或震三宫，天辅星来自巽卦或巽四宫，天禽星来自中五宫，天心星来自乾卦或乾六宫，天柱星来自兑卦或兑七宫，天任星来自艮卦或艮八宫，天英星来自离卦或离九宫。

以下是九星与八卦九宫对应图。

巽4辅	离9英	坤2芮
震3冲	中5禽	兑7柱
艮8任	坎1蓬	乾6心

下面讲门，飞盘奇门遁甲中门有九个，休门、死门、伤门、杜门、中门、开门、惊门、生门、景门，简单记作休死伤杜中开惊生景，要把这个顺序记住。而且要做到从任何一个门开始，你都能说出下一个门，方为过关。与上面所讲的九星一样，九个门分别从坎卦、坤卦、震卦、巽卦、中五、乾卦、兑卦、艮卦、离卦而来。其中，需要说明的是，门本来只有八个，中五宫没有门，需要空着，但为了运算方便，需要写成中五或简写作

中,也有写作无门或无。所以,我们有时说九门,有时也说八门。

八门与八卦九宫对应图如下:

巽4 杜	离9 景	坤2 死
震3 伤	中5 中	兑7 惊
艮8 生	坎1 休	乾6 开

把星和门合写在九宫八卦中可以得到下图:

巽4 辅 杜	离9 英 景	坤2 芮 死
震3 冲 伤	中5 禽 中	兑7 柱 惊
艮8 任 生	坎1 蓬 休	乾6 心 开

上面这张图即是著名的奇门遁甲静盘,又称元旦盘,是初始状态。读者后面会明白静盘的意义。

下面再讲九神。奇门遁甲中除了用干支、八卦、九宫、星、门之外,据说从诸葛亮开始,还引进了六爻和六壬中神的体系。六爻中有六神以配六个爻,六壬中有十二神以配十二个地支。由于奇门遁甲是建立在九宫格框架上的,一切要素的数目都是九,所以飞盘奇门遁甲中有九个神,以配九宫。这九神分别是:值符、螣蛇、太阴、六合、勾陈、太常、朱雀、九地、九天，简记作值蛇阴合勾常朱地天。有一点需要说明，九神当中勾陈和朱雀的名称有一点变化。勾陈在冬至到夏至之前称为勾陈，夏至到冬至之前称为白虎；朱雀在冬至到夏至之前称为朱雀，在夏至到冬至之前称为玄武。

局　数

奇门遁甲起局首先需要确定局数。局数分为阴遁和阳遁两种。从夏至开始到冬至之前为阴遁，从冬至开始到夏至之前为阳遁。阴遁有9局，阳遁有9局，阴阳遁共18局。拿到一个时间之后，首先确定它属于阴遁还是阳遁。例如，2012年1月5日。我们知道十几天前的12月22日已经交冬至，开始进入阳遁。具体是阳遁几局，需要根据24节气和日干支确定。

首先把一个节气分成上、中、下三元，即三个阶段。比如立春有立春上元、立春中元、立春下元，雨水有雨水上元、雨水中元、雨水下元，等等。二十四个节气，每个节气都分为上中下三元。那么，如何确定上中下三元呢？根据日干支确定。每五天为一元，以甲和己为一元的开始。这里先要介绍一下地支的孟仲季。十二地支中，子午卯酉为四仲，寅申巳亥为四孟，辰戌丑未为四季。从本日干支往回数，数到最近的甲或己日停止，看该甲或己后面的地支如果是四仲，则为上元；如果甲或己带的地支是四孟，则为中元；如果甲或己带的地支是四季，则为下元。例如，2012年1月5日，处在冬至节气内，首先确定为阳遁。此日的日干支是乙丑，往回数，离它最近的甲或己日是昨天甲子，甲后面带的地支是子，而子为四仲，故为上元，冬至上元。

再举一例。求2012年5月1日为何节气何元？我们知道，每年的5月5日左右交立夏，现在给出的日期是5月1日，还没有交立夏，是立夏前一个节气，即谷雨节。谷雨的哪一元呢？先算出日干支为壬戌，从壬戌往回数，离它最近的甲或己日是己未，而地支未为四季，故为下元。那么2012年5月1日为谷雨下元。

之所以要找甲或己，因为奇门的局面是一个时辰一换，一天12个时辰就有 12 个局面，5 天 60 个时辰，共 60 个局面，六十个花甲子用了一周。到第 6 天，又要从甲子时开始。根据五鼠遁，"甲己还加甲"，甲日或己日的子时都是甲子，所以找到甲日或己日，这天一定是换局数的日子。

确定了节气和元之后，我们就可以根据下面的口诀确定局数了。

阳遁：

冬至惊蛰一七四，小寒二八五。

大寒春分三九六，雨水九六三。

清明立夏四一七，立春八五二。

谷雨小满五二八，芒种六三九。

阴遁：

夏至白露九三六，小暑八二五。

大暑秋分七一四，立秋二五八。

寒露立冬六九三，处暑一四七。

霜降小雪五八二，大雪四一七。

即冬至、惊蛰的上元为阳遁一局，中元为阳遁七局，下元为阳遁四局；小寒上元为阳二局，中元为阳八局，下元为阳五局。其它依此类推。

小窍门：要记住上面的局数其实不难。首先，会打麻将的人都知道一四七，二五八，三六九这些三个一组的数字。这里的顺序与麻将的顺序不一样，这里的顺序有一个规律，凡是阳遁的，中元一定是上元数字上加 6，下元一定是中元数字上加 6，以 9 为周期，超过 9 的要减去 9。阴遁都是减 6。例如，只要你记住小寒的上元是 2，那么它的中元一定是 2＋6＝8 局；下元一定是 8＋6＝14，超过 9 就减 9，14－9＝5，所以小寒下元一定是阳 5 局。那么，如何记住小寒上元是阳 2 局呢？也有窍门，就是把 24 节气分配到九宫八卦图上去。

二十四节气三元图

这是把后天八卦、洛书、二十四节气相配，来确定每个节气中的三元局数。

这个图看上去复杂，其实很好记。它有几个规律：首先，从正下方的坎宫开始，左半边是阳遁；从正上方的离宫开始，右半边是阴遁。二、一圈八宫，每宫中有三个节气，故有一卦统三之说。三、记住八个大的节气的位置，这八个大节分别是：二至，二分，四立。二至指冬至和夏至，分别处在坎宫和离宫的第一个节气，冬至在坎宫右面第一个节气，夏至在离宫左边第一个节气。二分之春分和秋分，春分在左边震宫第一个节气，秋分在右边兑宫第一个节气。这样，二至、二分占据了四正卦。接下来是四立，指立春、立夏、立秋、立冬。这四立分别占据四隅卦，从艮宫开始顺时针转，立春占据艮宫，立夏占据巽宫，立秋占据坤宫，立冬占据乾宫。

欲求一个日期所在的节气元，只需先找到离该日最近的上一个八节落在哪一宫，即可知道所求日在哪一宫。比如，求2012年5月1日属何节气、该节在哪一宫。由于上半年每个月的21日附近交节气，5日附近交节气，5月1日还没有到5日这一分界点，显然还属于4月21日附近刚刚交过的谷雨节。谷雨节在哪一宫呢？离谷雨最近的八节是春分，春分处在震三宫，所以谷雨也必然处在震三宫。知道了一个节气在哪一宫之后，再求出该节气的上元局数即可，因为一旦知道一个节气的上元局数，其中元、下元局数可以通过阳遁加6、阴遁减6求出。推算一个节气的上元局数也有简便方法。不论阴遁阳遁，每宫中第一个节气的上元局数一定是该宫的数字。比如，冬至是坎一宫的第一个节气，冬至的上元局数就是坎一宫的一。再比如，春分是震三宫的第一个节气，那么春分的上元局数就是震三宫的三。同样道理，秋分是兑七宫的第一个节气，其上元局数就是七。知道第一个节气的上元局数之后，可以很快求出第二、第三个节气的上元局数。阳遁每宫中第二个节气是在第一个节气的上元局数上加一，第三个节气是在第二个的数字上再加一。超过9的要减去9。例如，坎一宫中，第一个节气冬至的上元局数是1，由于坎一宫位于阳遁范围内，所以以下两个节气的上元局数依次加1。那么，第二个节气小寒的上元是2，第三个节气大寒的上元是3。再比如，我们知道立夏是巽四宫的第一个节气，其上元局数就是4。由于巽四宫处在阳遁范围内，那么巽四宫的第二个小满上元就是4+1=5，第三个节气芒种的上元局数就是5+1=6。阴遁则依次减一，不够减时加9以补足。例如，秋分是兑七宫的第一个节气，其上元局数就是7。兑七宫的第二个节气是寒露的上元就是7-1=6局。第三个节气霜降的上元是6-1=5局。

至此，我们已经知道如何求出24节气任何一个节气的上元局数，在上元局数基础上阳遁加6，阴遁减6，可以求出中元局数。在中元基础上再阳遁加6，阴遁减6可以得出下元局数。都以9为循环周期，超过9的要减去9，负数或零的要加9来补成正数。

我们举一个完整的例子。求2012年7月1日所在的局数。我们知道下半年每月6日附近才交节气，7月1日还没有交下一个节气，还处在6月22日附近刚刚交过的夏至节气之内。夏至是八节之一，是离九宫的第一个节气，其上元是阴九局。下面需要求出7月1日的干支才能知道具体是夏至三元中的哪一元。2012年的年系数是57；7月的月系数是1，7月1日的日数也是1；7月是奇数，所以奇偶系数是0；2012年能被四整除，而且7月在2月以后，所以其闰年系数是1。那么2012年7月1日的干支是：年＋月＋日＋奇偶＋闰＝57＋1＋1＋0＋1＝60。60对应的干支是癸亥，即7月1日的日干支是癸亥。离癸亥最近的上一个甲或己日是己未，未为地支四季之一，所以是下元。那么2012年7月1日属于夏至下元。夏至上元是阴9局，中元是9－6＝3，阴三局。下元是3－6＝－3，－3需要加9补成正数，－3＋9＝6，所以夏至下元是阴6局。至此，完整的答案是：2012年7月1日处在夏至下元阴6局。

小窍门：上面那个二十四节气三元图其实也可以用九宫掌诀记住。

奇门遁甲定局分歧

奇门遁甲确定局数其实不止这一种方法，这里介绍的方法是折补法，亦称折补局。折补现在一般书中误作拆补。其他方法如置闰法、茅山道士法、天地全书法，等等。为了对奇门的根本原理有所认识，读者需要简单了解一下各种方法的分歧所在。分歧的焦点都是因为有正授、超神、接气现象的出现。接气上元第一天的日干支称为"符头"。比如甲或己加地支四仲，此为符头。如果符头恰好出现在交节气的当天，这种情况称为正授。比如，2011年7月23日交大暑，当日的日干支是己卯，恰好是符头，这就是正授。但正授的情况很少，一般都是符头不是在交节之前出现就是交节之后出现。符头跑到节气之前的称为超神，落在节气之后的称为接气。超神的时候，符头已经出现，但节气还没有到，那么这时的上元算是本节气的上元还是算即将出现的下一个节气的上元？接气时，节气已经交了，但上元还没有出现，还处在下元之中，那么这个下元算是上一个节气的下元，即上一个节气的尾巴，还是算已经交了节气的下元？各种定局方法的分歧都是在处理这个问题上出现的。我们前面介绍的折补法，是以节气为准。一旦交了节气，哪怕符头还没有出现，还处在下元之中，也算是刚刚交这个节气的下元。过几天，符头出现了，算是本节气的上元，等于是本节气的下元先出现，然后才上元、中元、下元。置闰法则以元为准，即使已经交了节气，如果日干支还处在下元之内，仍然算作上一个节气的下元。比如，2013年12月7日交大雪节，但此日的日干支是丁未，离它最近的上一个甲或己日是甲辰，是甲加地支四季，属于下元。按折补法，一交大雪节，7日丁未、8日戊申，都属于大雪下元，阴一局。9日己酉是符头，大雪上元才出现，这时当然按大雪上元算。但按置闰法，7日丁未、8日戊申，都是下元，一个节气不应该以下元开头，所以这个下元是大雪前一个节气即小雪的尾巴，是小雪下元，阴二局。

为什么叫置闰法呢？因为超神有时只超一两天，但会越超越多，超神超过9天的时候就要置闰。所谓置闰，就是在两个固定的节气中重复一次该两个节气的上中下三元。这两个固定的置闰之处是在阴遁和阳遁分界点夏至和冬至之前，夏至之前是芒种，冬至之前是大雪。所以，置闰是在夏至节即将来临时，发现超神超过9天，这时就需要重复一次芒种上元、芒种中元、芒种下元；同样道理，在冬至节即将来临时，发现超神超过9天，就把大雪节的上中下三元重复一次。如果该置闰而不置闰，将会出现以后很长时间内的局数全部错误。置闰法在应用的时候出错的概率较大。

其他几种方法都是为了解决超神、接气的问题而设立，此处不赘述。读者明白了症结所在，如欲深入研究，可以找相关的书籍参考。郭志诚、李至高的《揭开奇门遁甲之谜》介绍了茅山道士法，台湾张耀文的《奇门遁甲天地全书评注》介绍了天地全书法。

第二部分　飞盘奇门遁甲起局

有了上面这些预备知识，下面就可以进入起局阶段了。

飞盘奇门遁甲的起局分为九步：

1. 写出预测时年月日时的阳历、干支历、旬首及其所遁之六仪、旬空

2. 定出局数，并写出节气、元、局数

3. 画出九宫格

4. 布地盘六仪三奇

5. 布暗干支

6. 布地盘神

7. 确定值符、值使

8. 布八门

9. 布九星

10. 布天盘奇仪

11. 布天盘九神

下面举例分别讲解。

示例1：请起出2012年1月6日19：02的奇门遁甲局面。

1. 写出预测时年月日时的阳历、干支历。

这一步很简单。

计算过程：首先，需要求出干支纪年。由于干支纪年的每年正月是从立春开始，每年2月5日左右才交立春，1月6日尚未交立春，虽然阳历已经是2012年，但干支历还属于前一年2011年，所以年干支要用2011年求得。2011－3＝2008，尾数是8，所以年干是辛。2008/12的余数是4，所以年支是卯。合起来，年柱是辛卯。

再求月干支。由于1月6日是小寒交节气的分界点附近，需要查一下万年历到底何时交小寒。从万年历中查得1月6日06：48交小寒，预测时间是19：02，已经交了小寒，进入了十二月。每年的十二月地支都是固定的丑月。

再求月干。根据五虎遁，"丙辛必定寻庚起"，辛年的正月从庚寅开始，各月依次是庚寅、辛卯、壬辰、癸巳、甲午、乙未、丙申、丁酉、戊戌、己亥、庚子、辛丑，所以十二月的月柱是辛丑。

再求日柱。2012年的年系数是57。注意，求日柱要按阳历，不是象求年柱和月柱那样依据节气。根据月系数口诀，"一零二一三负一"，即1月的月系数是0，2月是1，3月是－1，我们要用的是1月的月系数0。1月6日的日数是6。1月是奇数，所以奇偶系数是0。2012年能被4整除，但是，闰年系数的口诀是"闰年注意二月后，各月加一均须有"，现在我们要求的是1月6日干支，不在2月之后，不需要加1，所以闰系数是0。合起来，年+月+日+奇+闰=57+0+6+0+0=63。超过60的要减去60。63-60=3，所以日干支是丙寅。

再求时柱。每天19：02都是戌时，所以时支就是戌。根据五鼠遁口诀，"丙辛从戊起"，即丙日、辛日的子时都是戊，丙日各时辰的干支依次是：戊子、己丑、庚寅、辛卯、壬辰、癸巳、甲午、乙未、丙申、丁酉、戊戌，可知戌时的干支是戊戌。

戊戌时属于甲午旬，甲午遁辛；甲午旬中辰巳空。

至此，第一步的全部计算已经完成，完整结果记录如下：

2012年1月6日19：02

辛卯年　辛丑月　丙寅日　戊戌时　甲午遁辛　辰巳空

2. 定出局数，并把局数写出来。

前面已经求得日干支是丙寅，所处节气是小寒。离丙寅最近的上一个甲或己日是甲子，甲子是上元，所以丙寅日处在小寒上元。那么小寒上元是几局呢？在二十四节气三元图中，小寒是坎一宫里的第二个节气。第一个节气是冬至，冬至上元是阳一局，第二个节气上元是在第一个节气的上元数字上加一，所以小寒上元是阳二局。第2步的完整结果是：

小寒上元　阳二局。

第1、2两步的结果是：

2012年1月6日19：02

辛卯年　辛丑月　丙寅日　戊戌时　甲午遁辛　辰巳空

小寒上元　阳二局

3. 画出九宫格

这一步很简单，只要画出一个正方形，里面有3X3个格子即可。一般九宫中的卦名和九宫数不必写出，那些是默记于胸的背景信息。这里为了便于说明，把九宫数写出来，但略去卦名。到本步骤为止的完整结果是：

2012年1月6日19：02

辛卯年　辛丑月　丙寅日　戊戌时　甲午遁辛　辰巳空

小寒上元　阳二局

四	九	二
三	五	七
八	一	六

4. 布地盘六仪三奇

前面预备知识部分已经介绍了六仪三奇的顺序是戊己庚辛壬癸丁丙乙。布地盘六仪三奇的方法是，依第2步求出的局数找到所对应的九宫，阳遁顺布奇仪，阴遁逆布奇仪。所谓顺布，指九宫数字从小到大的顺序，逆布指数字从大到小。以下各步所用到的顺布、逆布均仿此。第二步已经求出2012年1月6日19：02处于阳二局，于是，首先找到坤二宫，由于是阳遁，所以顺布六仪三奇，即在九宫格中按二三四五六七八九一的顺序飞布。坤二宫写上戊，震三宫写己，巽四宫写庚，中五宫写辛，乾六宫写壬，兑七宫写癸，艮八宫写丁，离九宫写丙，坎一宫写乙。至此步的完整结果如下：

2012年1月6日19：02

辛卯年　辛丑月　丙寅日　戊戌时　甲午遁辛　辰巳空

小寒上元　阳二局

四庚	九丙	二戊
三己	五辛	七癸
八丁	一乙	六壬

5. 布暗干支

根据第2步求出的旬首及所遁之干，甲午遁辛，找到辛字所在中五宫，即从此宫开始，阳遁顺布本旬的十个干支，阴遁逆布本旬十个干支。由于我们的例子是阳遁，所以顺布甲午、乙未、丙申、丁酉、戊戌、己亥、庚子、辛丑、壬寅、癸卯。最后一个干支癸卯是第10个，而宫一共有9个，所以第10个又回到了第一个甲午所在的中五宫。为了盘面清楚起见，我们就把最后一个干支略去不写。到第5步的完整结果如下：

2012年1月6日 19：02

辛卯年　辛丑月　丙寅日　戊戌时　甲午遁辛　辰巳空

小寒上元　阳二局

壬寅 四庚	戊戌 九丙	庚子 二戊
辛丑 三己	甲午 五辛	丙申 七癸
丁酉 八丁	己亥 一乙	乙未 六壬

6. 布地盘神

找到暗干支旬首所在的位置，从此宫开始，阳遁顺布九神，阴遁逆布九神。本例为甲午遁辛，旬首甲午在中五宫，所以，起点就是中五宫。本例是阳遁，所以顺布九神，即在九宫格中按五六七八九一二三四的顺序，依次填入值蛇阴合勾常朱地天。到本步骤为止的完整结果如下：

2012年1月6日 19：02

辛卯年　辛丑月　丙寅日　戊戌时　甲午遁辛　辰巳空

小寒上元　阳二局

壬寅 天四庚	戊戌 勾九丙	庚子 朱二戊
辛丑 地三己	甲午 值五辛	丙申 阴七癸
丁酉 合八丁	己亥 常一乙	乙未 蛇六壬

7. 确定值符、值使

找到暗干支旬首所在之宫，元旦盘此宫中的门即为值使门，元旦盘此宫之星即为值符星。注意，这个值符星简称值符，与九神的第一个同名。为了便于区分，一般把值符星称为大值符，把九神的值符称为小值符。本例旬首在中五宫，中五宫的元旦盘的门是中门，故中门为值使门；中五宫元旦盘的星为天禽星，故值符星即为天禽星。我们把本步骤计算结果写在九宫格的上方，紧接在局数之后。到本步骤为止的结果如下：

2012年1月6日 19：02

辛卯年　辛丑月　丙寅日　戊戌时　甲午遁辛　辰巳空

小寒上元　阳二局　天禽星值符　中门值使

壬寅 天四庚	戊戌 勾九丙	庚子 朱二戊
辛丑 地三己	甲午 值五辛	丙申 阴七癸
丁酉 合八丁	己亥 常一乙	乙未 蛇六壬

8. 布八门

从暗干支中找出与本时时柱相同的那一宫，从此宫开始，写入值使门，无论阴遁、阳遁均顺布八门。本例为戊戌时，暗干支戊戌在离九宫，所以从离九宫开始，把值使中门写在离九宫，在九宫格中按九一二三四五六七八的顺序，依次填写中门、开门、惊门、生门、景门、休门、死门、伤门、杜门，等等。到本步骤的完整结果如下：

2012年1月6日 19：02

辛卯年　辛丑月　丙寅日　戊戌时　甲午遁辛　辰巳空

小寒上元　阳二局　天禽星值符　中门值使

壬寅	戊戌	庚子
景门	中门	惊门
天四庚	勾九丙	朱二戊
辛丑	甲午	丙申
生门	休门	伤门
地三己	值五辛	阴七癸
丁酉	己亥	乙未
杜门	开门	死门
合八丁	常一乙	蛇六壬

9. 布九星

在地盘六仪三奇中找到本时时干，从此宫开始写上值符星，无论阴、阳遁均顺布九星。本例的时干是戊，地盘奇仪的戊在坤二宫，值符星是天禽，所以天禽写在坤二宫。在九宫格中，按二三四五六七八九一的顺序，依次填入天禽、天心、天柱、天任、天英、天蓬、天芮、天冲、天辅，等等九星。至本步骤的完整结果如下：

2012年1月6日19：02

辛卯年　辛丑月　丙寅日　戊戌时　甲午遁辛　辰巳空

小寒上元　阳二局　天禽星值符　中门值使

壬寅	戊戌	庚子
天柱	天冲	天禽
景门	中门	惊门
天四庚	勾九丙	朱二戊
辛丑	甲午	丙申
天心	天任	天蓬
生门	休门	伤门
地三己	值五辛	阴七癸
丁酉	己亥	乙未
天芮	天辅	天英
杜门	开门	死门
合八丁	常一乙	蛇六壬

10. 布天盘奇仪

找到值符星所在之宫，写入本时旬首所遁之干，阳遁顺布奇仪，阴遁逆布奇仪。本例值符星在坤二宫，本时为甲午遁辛，所以把辛字写在坤二宫，阳遁顺布奇仪。即在九宫格中按二三四五六七八九一的顺序，依次填入辛壬癸丁丙乙戊己庚，等等。由于在后面的判断中需要把天盘奇仪与地盘奇仪对照，所以，在格式上，最好天、地盘奇仪上下对齐。

至本步骤为止的完整结果如下：

2012年1月6日19：02

辛卯年　辛丑月　丙寅日　戊戌时　甲午遁辛　辰巳空

小寒上元　阳二局　天禽星值符　中门值使

壬寅 天柱癸 景门 天四庚	戊戌 天冲己 中门 勾九丙	庚子 天禽辛 惊门 朱二戊
辛丑 天心壬 生门 地三己	甲午 天任丁 休门 值五辛	丙申 天蓬乙 伤门 阴七癸
丁酉 天芮戊 杜门 合八丁	己亥 天辅庚 开门 常一乙	乙未 天英丙 死门 蛇六壬

11. 布天盘九神

布天盘九神的规则是"小值符加大值符"。小值符指九神的值符，大值符指值符星。找到值符星所在之宫，在此宫中写入值符，阳遁顺布九神，阴遁逆布九神。本例值符星天禽在坤二宫，于是把值符写入坤二宫。阳遁在九宫格中按二三四五六七八九一的顺序，依次填入值符、螣蛇、太阴、六合、勾陈、太常、朱雀、九地、九天，等等。到本步骤为止的完整结果如下：

2012年1月6日19：02

辛卯年　辛丑月　丙寅日　戊戌时　甲午遁辛　辰巳空

小寒上元　阳二局　天禽星值符　中门值使

壬寅 太阴 天柱癸 景门 天四庚	戊戌 九地 天冲己 中门 勾九丙	庚子 值符 天禽辛 惊门 朱二戊
辛丑 螣蛇 天心壬 生门 地三己	甲午 六合 天任丁 休门 值五辛	丙申 太常 天蓬乙 伤门 阴七癸
丁酉 朱雀 天芮戊 杜门 合八丁	己亥 九天 天辅庚 开门 常一乙	乙未 勾陈 天英丙 死门 蛇六壬

至此，奇门遁甲起局大功告成！

注意，门和星无论阳遁、阴遁，一律顺布；天地盘奇仪、天地盘九神则按阳顺阴逆飞布。

下面再举一个阴遁的例子。

示例2：请起出2012年9月11日上午08：25的奇门局面。

分步讲解如下。

1. 写出预测时年月日时的阳历、干支历。

此处略去推算年月日时干支的过程，直接给出本步骤的结果如下：

2012年9月12日08：25

壬辰年　己酉月　丙子日　壬辰时　甲申遁庚　午未空

2. 定出局数，并把局数写出来。

由于下半年每月交节气的分界点是 8 日或 23 日，前后不差一两天，9 月 12 日已经过了每月交节气的第一个分界点 8 日，不需要查万年历即可知道这时已经交了白露节。日干支是丙子，离丙子最近的上一个甲或己日是甲戌，甲戌的戌是十二地支中的四季，是下元，所以 9 月 11 日这个丙子处在白露下元。那么白露下元是几局呢？在二十四节气三元图中，白露是坤二宫里的第三个节气。坤二宫第一个节气是立秋，立秋上元阴二局；第二个节气上元局数在第一个节气的上元局数基础上减 1，是阴一局；第三个节气上元是在第二个节气的上元数字上再减一，1－1＝0。0 和负数需要用 9 来补足，0＋9＝9。所以坤二宫中第三个节气白露上元是阴九局。阴遁的中元是在上元基础上减 6，下元是在中元基础上再减 6。9－6－6＝－3。负数需要用 9 来补足，－3＋9＝6。所以白露下元是阴 6 局。第 2 步的完整结果记录是：白露下元阴六局。

到本步骤为止，结果是：

2012 年 9 月 12 日 08：25

壬辰年　己酉月　丙子日　壬辰时　甲申遁庚　午未空

白露下元　阴六局

3. 画出九宫格

到本步骤为止的完整结果是：

2012 年 9 月 12 日 08：25

壬辰年　己酉月　丙子日　壬辰时　甲申遁庚　午未空

白露下元　阴六局

四	九	二
三	五	七
八	一	六

4. 布地盘六仪三奇

前面预备知识部分已经介绍了六仪三奇的顺序是戊己庚辛壬癸丁丙乙。布地盘六仪三奇的方法是，依第 2 步求出的局数找到所对应的九宫，阳遁顺布奇仪，阴遁逆布奇仪。第二步已经求出 2012 年 9 月 12 日 08：25 处于阴六局。于是，首先找到乾六宫。由于是阴遁，所以逆布六仪三奇，即在九宫格中依六五四三二一九八七的顺序飞布戊己庚辛壬癸丁丙乙。乾六宫写上戊，中五宫写己，巽四宫写庚，震三宫写辛，坤二宫写壬，坎一宫写癸，离九宫写丁，艮八宫写丙，兑七宫写乙。至本步的完整结果如下：

2012 年 9 月 12 日 08：25

壬辰年　己酉月　丙子日　壬辰时　甲申遁庚　午未空

白露下元　阴六局

四庚	九丁	二壬
三辛	五己	七乙
八丙	一癸	六戊

5. 布暗干支

根据第 2 步计算结果，旬首及所遁之干为甲申遁庚，找到庚字所在巽四宫，即从此宫开始，阳遁顺布本旬的十个干支，阴遁逆布本旬的十个干支。由于我们的例子是阴遁，所以要在九宫格中按四三二一九八七六五的顺序逆布本旬十个干支：甲申、乙酉、丙戌、丁亥、戊子、己丑、庚寅、辛卯、壬辰、癸巳。最后一个干支癸巳是第 10 个，而宫一共只有 9 个，所以第 10 个又回到了第一个甲申所在的巽四宫。为了盘面清楚起见，我们就把最后一个干支略去不写。到第 5 步的完整结果如下：

2012 年 9 月 12 日 08：25

壬辰年　己酉月　丙子日　壬辰时　甲申遁庚　午未空

白露下元　阴六局

甲申 四庚	戊子 九丁	丙戌 二壬
乙酉 三辛	壬辰 五己	庚寅 七乙
己丑 八丙	丁亥 一癸	辛卯 六戊

6. 布地盘神

找到暗干支旬首所在的位置，从此宫开始，阳遁顺布九神，阴遁逆布九神。本例为甲申遁庚，暗干支旬首甲申在巽四宫，所以，起点就是巽四宫。本例是阴遁，所以逆布九神，即按四三二一九八七六五的顺序依次填写值蛇阴合白常玄地天。巽四宫写值，震三宫写蛇，等等。注意，阴遁勾陈换成白虎，朱雀换成玄武。

到本步骤为止的完整结果如下：

2012年9月12日08：25

壬辰年　己酉月　丙子日　壬辰时　甲申遁庚　午未空

白露下元　阴六局

甲申 值四庚	戊子 白九丁	丙戌 阴二壬
乙酉 蛇三辛	壬辰 天五己	庚寅 玄七乙
己丑 常八丙	丁亥 合一癸	辛卯 地六戊

7. 确定值符、值使

找到暗干支旬首所在之宫，看元旦盘此宫中为何门，此门即为值使门；此宫中元旦盘的星即为值符星。注意，这个值符星简称值符，与九神的第一个同名。为了便于区分，一般把值符星称为大值符，把九神的值符称为小值符。本例旬首在巽四宫，巽四宫元旦盘的门是杜门，故杜门为值使门；巽四宫元旦盘的星为天辅星，故值符星即为天辅星。我们把本步骤的结果写在九宫格上方，局数之后。见下：

2012年9月12日 08：25

壬辰年　己酉月　丙子日　壬辰时　甲申遁庚　午未空

白露下元　阴六局　天辅星值符　杜门值使

甲申 值四庚	戊子 白九丁	丙戌 阴二壬
乙酉 蛇三辛	壬辰 天五己	庚寅 玄七乙
己丑 常八丙	丁亥 合一癸	辛卯 地六戊

8. 布八门

从暗干支中找出与本时时柱相同的那一宫，从此宫开始，填入值使门，无论阴、阳遁均顺布八门。本例为壬辰时，暗干支壬辰在中五宫，所以从中五宫开始，把值使杜门写在中五宫。在九宫格中按五六七八九一二三四的顺序，依次填写杜门、中门、开门、惊门、生门、景门、休门、死门、伤门，等等。至本步骤为止的完整结果如下：

2012年9月12日 08：25

壬辰年　己酉月　丙子日　壬辰时　甲申遁庚　午未空

白露下元　阴六局　天辅星值符　杜门值使

甲申 伤门 值四庚	戊子 生门 白九丁	丙戌 休门 阴二壬
乙酉 死门 蛇三辛	壬辰 杜门 天五己	庚寅 开门 玄七乙
己丑 惊门 常八丙	丁亥 景门 合一癸	辛卯 中门 地六戊

9. 布九星

在地盘六仪三奇中找到本时时干，从此宫开始写上值符星，无论阴遁、阳遁均顺布九星。本例的时干是壬，地盘奇仪的壬在坤二宫，值符星是天辅，所以把天辅填入坤二宫。在九宫格中按二三四五六七八九一的顺序，依次填入天辅、天禽、天心、天柱、天任、天英、天蓬、天芮、天冲等等九星。至本步骤为止的完整结果如下：

2012年9月12日 08：25

壬辰年　己酉月　丙子日　壬辰时　甲申遁庚　午未空

白露下元　阴六局　天辅星值符　杜门值使

甲申 天心 伤门 值四庚	戊子 天芮 生门 白九丁	丙戌 天辅 休门 阴二壬
乙酉 天禽 死门 蛇三辛	壬辰 天柱 杜门 天五己	庚寅 天英 开门 玄七乙
己丑 天蓬 惊门 常八丙	丁亥 天冲 景门 合一癸	辛卯 天任 中门 地六戊

10. 布天盘奇仪

找到值符星所在之宫,写入本时旬首所遁之干,阳遁顺布奇仪,阴遁逆布奇仪。本例值符星在坤二宫,本时为甲申遁庚,所以把庚字写在坤二宫。阴遁逆布奇仪,即在九宫格中按二一九八七六五四三的顺序,依次填入庚辛壬癸丁丙乙戊己,等等。由于在后面的判断中需要把天盘奇仪与地盘奇仪对照,所以,在格式上,最好天、地盘奇仪上下对齐。

到本步骤为止的完整结果如下:

2012年9月12日08:25

壬辰年　己酉月　丙子日　壬辰时　甲申遁庚　午未空

白露下元　阴六局　天辅星值符　杜门值使

甲申 天心戊 伤门 值四庚	戊子 天芮壬 生门 白九丁	丙戌 天辅庚 休门 阴二壬
乙酉 天禽己 死门 蛇三辛	壬辰 天柱乙 杜门 天五己	庚寅 天英丁 开门 玄七乙
己丑 天蓬癸 惊门 常八丙	丁亥 天冲辛 景门 合一癸	辛卯 天任丙 中门 地六戊

11. 布天盘九神

天盘九神按"小值符加大值符"的规则飞布。找到值符星所在之宫,在此宫中写入值符,阳遁顺布九神,阴遁逆布九神。本例值符星在坤二宫,于是把值符写入坤二宫。阴遁按二一九八七六五四三的顺序,依次填入值符、螣蛇、太阴、六合、白虎、太常、玄武、九地、九天,等等。至本步骤为止的完整结果如下:

2012年9月12日08：25

壬辰年　己酉月　丙子日　壬辰时　甲申遁庚　午未空

白露下元　阴六局　天辅星值符　杜门值使

甲申	戊子	丙戌
九地	太阴	值符
天心戊	天芮壬	天辅庚
伤门	生门	休门
值四庚	白九丁	阴二壬
乙酉	壬辰	庚寅
九天	玄武	白虎
天禽己	天柱乙	天英丁
死门	杜门	开门
蛇三辛	天五己	玄七乙
己丑	丁亥	辛卯
六合	螣蛇	太常
天蓬癸	天冲辛	天任丙
惊门	景门	中门
常八丙	合一癸	地六戊

至此，奇门遁甲起局已经全部完成！

熟能生巧，读者需要反复在纸上练习，即可熟练掌握起局。

第三部分　掌上飞盘奇门

飞盘奇门遁甲的起局有掌诀，可以帮助我们快速起局，不需要纸和笔。其法如下：

在左手掌上，食指根部横纹为坎一宫，往上第二横纹为坤二宫，第三横纹为震三宫，顶部轮廓线为巽四宫；中指顶部轮廓线为中五宫；无名指顶部轮廓线为乾六宫，无名指上数第一横纹为兑七宫，上数第二横纹为艮八宫，无名指根部横纹为离九宫。图示如下：

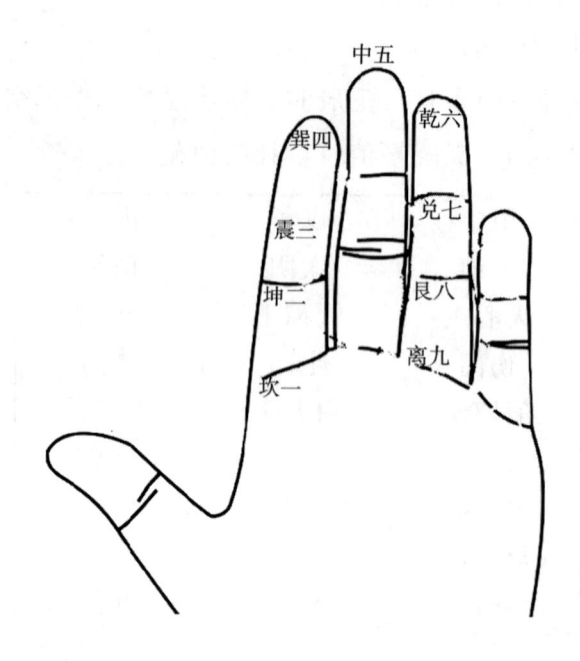

[图：手掌九宫图，标注中五、巽四、乾六、震三、兑七、坤二、艮八、坎一、离九]

用左手拇指反复在上述宫位顺逆飞转，直到任意说出一宫，你均可以马上指出其所在部位；反过来，任意点住一个宫位，你皆可马上报出其宫数，是为过关。有了这个基础，再把上面学过的起局各要素安在手掌上即可。你会发现，由于这种掌诀没有野马跳涧式的跳跃，而是按顺序轮去，很好记，很容易上手。

第二章　括囊起局

奇门遁甲飞盘起局在上一章中已经讲清，但读者可能不会想到，上一章介绍的只是市面上的飞盘奇门起局方法。奇门鸣法的起局远不止于此。如果拿一支枪作比喻，市面上的飞盘奇门起局法仅相当于一支最基本、最原始、最粗糙的枪，它还没有安准星，更没有瞄准激光，也没有安装保险，没有枪托和枪把，也没有注意事项说明。本章就把括囊体系的奇门起局秘法完全揭示出来。

第一部分　括囊起局法秘法

括囊体系用的是飞盘奇门，这一点毫无疑问，但它在具体起局过程中许多肯綮之处都另有一套秘法，不经师父口传身授外人难以窥其堂奥。

前面讲的起局看起来复杂，其实，只需要两个条件，一个是时柱，一个是局数，有此两个条件即可起局。这就好比一个公式，只要给定其中两个参数之值，整个公式即可得出答案。

一、用折补局

关于起局的第一个条件，即局数，目前坊间所流行的奇门有很大分歧，有用折补法，有用超神接气法，有用茅山道士法，有用天地全书法，等等，公说公有理婆说婆有理，莫衷一是。局数的确定是奇门遁甲中的一个重要岔路口，如果在这个岔路口上没有明确的路标，学者就会无所适从。奇门鸣法体系中，局数按折补法，即现在一般俗称的拆补法。《奇门遁甲鸣法》中是这样讲的"交气正时为心法，折补之局是妙机"。具体方法详见第一章。有此明确的路标，学者不必在局数的问题上困惑，这是奇门鸣法前辈的经验结晶，是经得起实践检验的正确路径。你用奇门鸣法，就要坚定地用折补法确定局数。

二、主要用随机抽取时柱，特定条件下用正时。

起局的第二个条件是时柱，这里括囊体系的秘法与市面流传的方法完全不同。目前坊间在这方面基本没有分歧，都是按正时时柱起局。所谓正时时柱，即占测时的时柱，比如现在是2011年5月10日11时55分，这个时间预测，四柱是：辛卯癸巳乙丑壬午，其中时柱是壬午，就按立夏上元阳四局壬午时起局。"阳四局、壬午时"就是给定的两个条件。

但是，关于时柱这个条件，括囊体系中却另有传承。《奇门鸣法枢要》中是这样讲的："人事制筹犹可测，天时地利正时专"。意思是，占人事的时候用"制筹"，只有占天时和地利的时候用正时，而不是像一般坊间奇门那样一律用正时。即，用正时是有条件的，其他绝大多数情况下都用"制筹"值符。什么是制筹？《枢要》的作者为每一句话都自己做了注解，关于这句话的注作者是这样说的：

> 凡掌卜者，预先按六甲，制筹六十，纳之硃筒以待。卜事人至，委其取筹一枝，掌卜者覰之，随即定局分符而决焉。要之，天文地理之垂象献形，卜者欲决其臧否，则以正时课起，不必求之于筹也。何谓也？然则，人事繁杂，天地简易。天法君政，地法国事。君政顺，天必假吉时以垂象；国事服，地必假吉时以现形。是以云尔，以告学者知之。

这段话若无人指点，我们很难理解其准确含义。根据王力军老师从王德荣老先生那里得到的亲传，这段话的意思是，事先准备六十根签子，每根签子上写上六十花甲子之一，六十根签子正好写完六十花甲子。把签子装在红色筒子内，有人来问卜，就让求测者自己从筒中抽一个签子，看签子上写的是哪个花甲子，就用该花甲子作为时柱。王老先生是这样传授的，他也是这样用的。他就预备60根签子，装在筒子里，有时让求测者抽，有时他预测师本人抽也可以。

仍以，2011年5月10日11时55分为例。此时虽然正时时柱是壬午，但如果求测人抽出的签子上写的是丙寅，就要用丙寅作时柱，尽管当天根本没有丙寅这个时辰。局数仍然用阳四局，只是时柱不用正时时柱而用抽签得到的时柱丙寅。示例见下。

我知道，关于时柱不用正时而用抽签而得的制筹之法，会在许多人心中引起困惑，因为大家都早已习惯奇门用正时起局，认为正时起局是奇门的独特之处，是金科玉律。关于这一点，笔者做了较为深入的研究，这里把我在2005年制作的幻灯片《关于抓机起局》整理成Word版本，略作修改，并把标题改为"抓机起局之妙"附在本章的后面，以彻底揭示奇门遁甲之奥秘。

三、星、门阳顺阴逆

在星门排布方法上，再次出现重大差异。市面上的飞盘奇门一般星和门都是阳顺阴亦顺，括囊体系里的星和门却遵循阳顺阴逆的方法，即夏至后阴遁之时，不仅地盘六仪三奇、地盘神逆飞九宫，九星要逆飞九宫，九门也要逆飞九宫。

下面以2013年8月10日14时31分农历：七月初四日预测、抓得时柱丁酉为例，局面如下：

2013年8月10日14时31分　农历：七月初四日

括囊测事：[金亮奇门系列软件]起局

癸巳年　庚申月　戊申日　己未时　抓得时柱：丁酉　阴八局　－8
立秋下元

值符禽星在2宫　值使中在2宫　　甲辰壬　寅卯空　癸空

地冲己 伤 蛇壬	阴柱癸 惊 常乙	值禽辛 中 合丁
天辅庚 杜 阴癸	朱芮戊 死 值辛	虎英丙 景 地己
合任丁 生 玄戊	蛇心壬 开 虎丙	常蓬乙 休 天庚

　　括囊体系的宗师矫子阳在前《鸣法》也是用与市面上相同的阳顺阴亦顺之法飞布星和门，但他在一生奇门终极著作《遁甲括囊集》中改为阳顺阴逆之法。

　　笔者觉得，从几个方面来看，这样的飞布方法更有道理。1. 从易理角度来讲，阳顺阴逆更符合道理。太阳直射点从交夏至那个时刻开始，就停止，开始掉头往南移，到冬至时则停止南移，掉头往北，模拟天地阴阳的奇门遁甲理应如实反映这一阳极而阴、阴极而阳的钟摆式过程；2. 从数学统计角度来讲，阳顺阴逆之法使局面更加复杂，反映的信息更加丰富。比如在采用阳顺阴亦顺之法时，一般天盘奇仪都与星从地盘带来的奇仪相同。在上例中，如果用阳顺阴亦顺之法，天禽星落在坤二宫，天盘干是天禽星从中五宫带去的辛，天心星落在震三宫，天盘干庚也是天心星从乾六宫带去的庚，等等。但在用阳顺阴逆的方法之后，天心星不落在震三宫，却落在坎一宫，坎一宫天盘干是壬，而不是天心星从乾六宫带来的庚。这样一来，只有天盘值符天禽星所落之宫仍然跟着它从地盘中宫带去的辛，其他各星旁边的天盘干都与其所来之宫地盘干不同，如此则盘面信息比原来丰富多彩起来。同样道理，天盘神也发生了同样的变化，用以前的方法起局只要确定天盘的星是什么，其旁边的干和它上面的神都是它与其所来之宫的地盘的神和地盘奇仪相同，而现在却只有天盘值符所在之宫相同，其他各宫全发生变化。门这一系列也发生了这样的变化，尽管盘面上并不把门从地盘带来的干写出来。

第二部分　暗干、暗支

飞盘奇门中有暗干和暗支，飞盘名著《奇门旨归》的案例中有用到暗干，但没有讲如何布暗干，也没有用到暗支。我曾下很大功夫试图破解《旨归》中的暗干，但只能说破解了一部分，后来经王老师点拨才彻底清楚。

原来，奇门括囊体系中不但有暗干，还有暗支，不但有天盘暗干，还有地盘暗干，不但有天盘暗支，还有地盘暗支，比市面上的奇门多出来四种要素，比《奇门旨归》多出三个要素。上一章讲到暗干支，其中的暗干即是《旨归》中的暗干，只相当于括囊体系中的地盘暗干。

天盘暗干布法：从天盘值符宫起甲，按阳顺阴逆顺序，依次分布十天干中的九个，即"甲乙丙丁戊己庚辛壬"。

天盘暗支布法：从天盘值符宫起本旬旬首之地支，如甲子旬则为子，甲戌旬则为戌，甲申旬则为申，甲午旬则为午，甲辰旬则为辰，甲寅旬则为癸。找到起始地支之后，按阳顺阴逆的顺序，分别填入十二地支中的九个。例如，甲戌旬，就依次填写"戌亥子丑寅卯辰巳午"。

地盘暗干布法：仿天盘暗干布法，只不过起始宫是地盘值符宫。

地盘暗支布法：仿天盘暗支布法，只不过起始宫是地盘值符宫。

人盘暗干布法：仿天盘暗干布法，只不过起始宫是值使所在之宫。

人盘暗支布法：仿天盘暗支布法，只不过起始宫是值使所在之宫。

兹举一例。

2012年12月6日10时32分　农历：十月廿三日

括囊测事：[金亮奇门系列软件] 起局

壬辰年　辛亥月　辛丑日　癸巳时　抓得时柱：癸巳　阴八局　－8
小雪中元

值符心星在3宫　值使开在6宫　甲午辛　辰巳空　壬空

天 禽己壬辰 生　丙戌 阴壬丙戌	合 英癸丁亥 伤　庚寅 玄乙庚寅	蛇 柱辛乙酉 休　戊子 虎丁戊子
值 心庚甲申 景　丁亥 合癸丁亥	地 辅戊辛卯 惊　乙酉 蛇辛乙酉	常 芮丙己丑 中　壬辰 天己壬辰
虎 蓬丁戊子 杜　辛卯 地戊辛卯	阴 任壬丙戌 死　己丑 常丙己丑	朱 冲乙庚寅 开　甲申 值庚甲申

说明：上例中每宫第三列上面是天盘暗干，中间是人盘暗干，下面是地盘暗干，右边第一列是上下两个地支分别是天盘暗支和地盘暗支。由于这是阴遁、甲申旬，所以天盘暗干从天盘值符所在的震三宫起甲，阴遁按三二一九八七六五四的顺序，各宫依次填写"甲乙丙丁戊己庚辛壬"，这就是天盘暗干。天盘暗支则从天盘值符宫开始，写入本旬旬首地支申字，然后按三二一九八七六五四的顺序，各宫依次填写"申酉戌亥子丑寅卯辰"，这就是天盘暗支。

地盘暗干和地盘暗支也按上面的方法，只不过起始宫是地盘值符所在之乾六宫。

第三部分 空 亡

上一章中已经介绍过如何计算旬空。我们已经知道，甲子旬中戌亥空，甲戌旬中申酉空，甲申旬中午未空，甲午旬中辰巳空，甲辰旬中寅卯空，甲寅旬中子丑空。但是，到底是求日柱的旬空还是时柱的旬空却有分歧。大六壬、六爻中都是用日柱的旬空，奇门遁甲却有用日柱和时柱旬空两种方法。

括囊中的空亡大有奥秘，概括起来一共有三点。1. 括囊的空亡用日柱求得。关于这一点，鸣法用时柱求旬空，但到了括囊这里，矫先生却改成了用日柱求旬空。2. 括囊既算干空又算支空。干空是指甲子旬中甲戌己空，因为甲子旬中戌亥两支空亡，甲子旬中计有甲子、乙丑、丙寅、丁卯、戊辰、己巳、庚午、辛未、壬申、癸酉十个花甲，接下来就是下一旬开始，即甲戌、乙亥等等，而下一旬开头的甲戌、乙亥是甲、乙与落空的地支戌、亥相配，即甲子旬中甲戌、乙亥空亡。由于甲戌遁己，故鸣法中称为甲子旬中甲戌己空，简称甲子旬中己空。同理，甲戌旬中庚空，甲午旬中壬空，甲辰旬中癸空，甲寅旬中戊空。如此则鸣法中的空亡不是指地支空，而是干空，或称六仪空。干空是在鸣法中就引入的概念，括囊里继承了这个概念，即在括囊体系中仍然计算干空，只不过是根据日柱推算，而不是根据时柱推算。3. 括囊中扩大了干空。鸣法中的干空仅限于下一旬旬首所遁的六仪空，并不涉及其他天干之空。但括囊在此基础上，还把任何与日柱空亡的两个地支相配的天干都算作空亡。例如，2013年8月10日21时1分抓得时柱是丙戌。这一天的日柱是戊申，属于甲辰旬，寅卯空、甲寅癸空；同时，抓得的时柱丙戌处在甲申旬，在甲申旬中有庚寅、辛卯两个时辰，由于其中的庚、辛与寅卯两个空支相配，所以庚辛也为空，那么在这个局面中，不论天地盘奇仪、天地盘暗干支，只要遇到癸、寅、卯、庚、辛，一律算作空亡。"金亮奇门系列软件"中用蓝色背景标出空亡，局面如下：

2013年8月10日21时1分　农历：七月初四日

括囊测事：[金亮奇门系列软件]起局

癸巳年　庚申月　戊申日　癸亥时　抓得时柱：丙戌　阴八局　－8立秋下元

值符心星在1宫　值使开在4宫　　甲辰壬　寅卯空　癸空

朱 冲乙庚寅 开　甲申 阴壬丙戌	蛇 柱辛乙酉 休　戊子 玄乙庚寅	天 禽己壬辰 生　丙戌 虎丁戊子
地 辅戊辛卯 惊　乙酉 合癸丁亥	常 芮丙己丑 中　壬辰 蛇辛乙酉	合 英癸丁亥 伤　庚寅 天己壬辰
阴 任壬丙戌 死　己丑 地戊辛卯	值 心庚甲申 景　丁亥 常丙己丑	虎 蓬丁戊子 杜　辛卯 值庚甲申

第四部分 六 亲

六亲也是飞盘奇门中一种秘传方法。飞盘名著《奇门旨归》中有《身命占》一节，其中提到六亲，但如何确定六亲的具体方法讲的并不明确，而且该书作者在实际案例中也没有用到，所以到底奇门六亲是怎么一回事成了谜。笔者曾经试图根据《奇门旨归－身命占》破解奇门六亲，但始终未能完全破解，直到王力军老师口传身授之后，才恍然大悟。后来发现《奇门鸣法》中也用到六亲，而且布六亲之法与《旨归》相同。

原来，鸣法是这样确定六亲的：以天盘时干为我，把九宫中每个宫里面天盘之干与时干进行生克关系比较，以确定六亲。生我者为父母，其中阳干为父，阴干为母，例如时干是己，己为土，丙丁火生土，丙火为阳干为父，丁火为阴干为母；我生者为子孙，其中异性之干为子，同性之干为孙，仍以时干己为例，己是阴干，土生金，庚金为阳，与己为异性，所以天盘庚所在之宫应标为子，而辛金为阴干，与己同性，应为孙宫；比和者为兄弟，其中在时干上一位者为兄，在时干下一位者为弟。仍以时干己为例，戊与己比和，而戊在十天干中是己的上一位，故为兄。兄弟也可以不加区分，而只写在"比"，意思是比和。克我者为官鬼，其中，同性为鬼，异性为官。若时干是己，己为阴土，甲乙木克土，其中甲为异性相克，为官，乙为同性相克为鬼。我克者为妻财，其中，同性为财，异性为妻。若时干是己，为阴土，克壬癸水，其中，己与人为异性，壬为己之妻；癸与己为同性，癸为己之财。

关于六亲的布法，鸣法中的歌诀是这样的。
皆以天干时作主，生克相验论兴亡。
生时干者即为父，克于时干作鬼官。
时干克者妻财位，时干生者子孙房。

若然皆与时干比，此乃兄弟一宫详。

但是请注意，上面以时干为"我"布六亲之法是鸣法和旨归①的用法，矫子阳先生在其奇门收山之作《遁甲括囊集》中有了变化，这里他用日干作为"我"，与天盘干形成六亲关系。

下面举一个日干是阳干的例子，六亲标在每个宫第二列最上面。

2012年12月3日14时43分　农历：十月廿十日

壬辰年　辛亥月　戊戌日　己未时

抓得时柱：己未　阴五局　－5　小雪上元

值符英星在4宫　值使景在4宫　　甲午辛　辰巳空　壬空

值妻 英癸甲寅 景　甲寅 常己己未	虎比 辅戊戊午 杜　戊午 值癸甲寅	阴父 芮丙丙辰 死　丙辰 地辛辛酉
蛇母 蓬丁乙卯 休　乙卯 玄庚庚申	天财 任壬壬戌 生　壬戌 虎戊戊午	朱孙 心庚庚申 开　庚申 阴丙丙辰
常劫 禽己己未 中　己未 蛇丁乙卯	合官 冲乙丁巳 伤　丁巳 天壬壬戌	地子 柱辛辛酉 惊　辛酉 合乙丁巳

---

① 旨归中有根据时干和年命两种求六亲法，用求测人出生正时局时，用其年命为"我"求六亲，否则，用时干为"我"。

再举一个日干是阴干的示例：

2012年12月4日14时43分　农历：十月廿一日

壬辰年　辛亥月　己亥日　辛未时

抓得时柱：辛未　阴八局　－8　小雪中元

值符任星在5宫　值使生在1宫　甲午辛　辰巳空　壬空

蛇比 英己乙丑 中　庚午 虎壬戊辰	常财 辅癸己巳 景　乙丑 天乙壬申	合孙 芮辛丁卯 惊　壬申 玄丁庚午
阴子 蓬庚丙寅 开　辛未 常癸己巳	值劫 任戊甲子 杜　己巳 合辛丁卯	地父 心丙辛未 死　丁卯 蛇己乙丑
朱母 禽丁庚午 休　丙寅 值戊甲子	虎妻 冲壬戊辰 生　甲子 地丙辛未	天鬼 柱乙壬申 伤　戊辰 阴庚丙寅

第五部分　暗值使

括囊中引入了阴值使和阳值使的概念。暗值使是在现有局面中增加一套九门，按阳逆阴顺的方法飞布九宫。括囊中把阳遁明值使称为阳值使，暗值使称为阴值使；阴遁中明值使称为阴值使，暗值使称为阳值使。为了阐述清楚，我们把前面讲过的值使等九门系列称为明值使，这里新增加的一套九门为暗值使，或暗门。

暗值使的排列法分为三步，1. 确定暗值使旬首宫及值使门。这一步很简单，明值使所在之宫即是暗值使的旬首宫，该宫元旦盘之门即是暗值使之门。例如，如果明值使落在巽四宫，则与之对冲的乾六宫即是暗值使的旬首宫，乾六宫元旦盘的开门即是暗值使。2. 确定暗值使飞到哪一宫。这一步也很简单，从暗值使旬首宫开始，阳逆阴顺从时柱所在之旬的旬首数到时柱即是。3. 从暗值使所落之宫开始，按阳逆阴顺的顺序把九门依次填入九宫之中。例如，壬戌时，该时属于甲寅旬，即从旬首宫从甲数到壬即可，只不过数的顺序不是我们已经熟悉的阳顺阴逆，而是阳逆阴顺。下面以2013年8月10日20：00的正时局为例：

2013年8月10日20时52分　农历：七月初四日
癸巳年　庚申月　戊申日　壬戌时
抓得时柱：壬戌　阴八局　-8　立秋下元
值符冲星在4宫　值使伤在4宫　　甲辰壬　寅卯空　癸空

值妻 冲癸甲寅 伤中甲寅 天壬壬戌	虎比 柱戊戊午 惊休戊午 合乙丁巳	阴父 禽丙丙辰 中伤丙辰 蛇丁乙卯
蛇母 辅丁乙卯 杜杜乙卯 值癸甲寅	天财 芮壬壬戌 死开壬戌 地辛辛酉	朱孙 英庚庚申 景生庚申 常己己未
常劫 任己己未 生景己未 虎戊戊午	合官 心乙丁巳 开死丁巳 阴丙丙辰	地子 蓬辛辛酉 休惊辛酉 玄庚庚申

说明：上例中，明值使伤门在巽四宫，那么，暗值使旬首宫在对冲的乾六宫，其中元旦盘的开门即为暗值使。暗值使开门要飞到哪里去呢？从乾六宫开始数，从甲数到时柱的天干壬，阳逆阴顺，由于本例是阴遁，所以要顺数，甲在乾六宫，乙在兑七宫，丙在艮八宫，丁在离九宫，戊在坎一宫，己在坤二宫，庚在震三宫，辛在巽四宫，壬在中五宫，所以暗值使开门就落在中五宫。从中五宫起开门，阴遁顺飞，按开惊生景休死伤杜中的顺序依次飞布五六七八九一二三四宫即可。

第六部分 旺 动

旺动是奇门鸣法中另一项秘传，这是其他奇门体系中，无论飞盘还是转盘中都没有的一种概念。

旺动是奇仪、星、门、神等各要素与落宫的关系产生的，主要是落在生我之宫或比和之宫为旺动，但伏吟或返吟不为旺动，而落在时干宫则全为旺动。

具体而言，旺动分为奇仪旺动、星旺动、门旺动和神旺动四种情况。1. 凡奇仪落在比和之宫为旺动，具体情况如下：甲乙均属木，如果天盘或地盘甲或乙落在震三宫或巽四宫，由于震三、巽四宫也同属木，为比和之宫，故为甲或乙旺动。同理，丙丁落离九宫，戊己落二五八宫，庚辛落六七宫，壬癸落坎宫，均为旺动。2. 门落在比和之宫或相生之宫为旺动，但如果是伏吟或返吟则不以旺动计。门伏吟之落在原宫不动，比如开门落在乾六宫，是伏在原宫不动，不以比和旺动计。门返吟是指门落在对冲之宫，如，生门落在坤二宫为返吟，不以生门与坤二宫之土比和而计作旺动。同样，死门落艮八宫为返吟，不以旺动计。那么，门旺动的情况如下：休门落在六七宫，生门或死门落在离九宫或中宫，开门落在兑七宫或二五八宫，惊门落在乾六宫或二五八宫，伤门落在巽四宫或坎宫，杜门落在震三宫或坎宫。3. 星旺动。九星落在相生宫或比和宫为旺动，但返吟不以旺动计。星返吟指星落在对冲宫，比如天任星落在坤二宫为返吟，虽然天任星与坤二宫之土比和，仍不以旺动计。同样，天芮星落在艮八宫亦为返吟，不以旺动计。那么，星旺动的情况如下：天蓬星落在六七宫，天英星落在三四宫，芮、任、禽星落在离九宫，天任、天芮落在中宫，天冲落坎宫或巽四宫，天辅落坎宫或震三宫，天心、天柱星落在二五八宫，天心落在兑七宫，天柱落在乾六宫，以上均为旺动。4. 神旺动。首先明确九神的五行属性如下：朱雀属火，天阴、九天属金，勾陈、九地属土，六合属木，太常属土，值符属火。九神落在比和或相生之宫为旺动，但居中伏吟或返吟不以旺动计，而且注意九神的旺动有些特殊之处，下面会在括号中提示。九神返吟指天盘神恰好落在地盘该神的对冲宫，伏吟指天地盘九神相同。那么，九神旺动如下：朱雀落三四九宫，太阴、九天落在六七宫（注意二五八宫不以旺动计），勾陈、九地落在离九宫或中五宫（注意未提二八宫），六合落在三四宫，太常落在中五宫（注意未提二八宫），白虎落在六七宫（注意未提二五八宫），值符落在离九宫（注意未提三四宫）。

此外还有一种特殊旺动，即"临于时上全为旺"，意思是，无论奇仪、门、星、神，只要落在时干宫中，全部以旺动论。

关于旺动，鸣法中有歌诀如下：

又有一般旺动章，震三甲乙巽边旁。
丙丁相见离九宫，戊己艮坤中五藏。
庚辛乾六七宫兑，壬癸同居在坎乡。
休在六七景三四，生死离宫及土场。
开惊土位并金位，伤杜水方与木方。
蓬星都来乾兑地，英宿震巽是威扬。
芮任禽星值火土，冲辅水宫乃栋梁。
心柱金处兼土处，朱雀震四南离方。
太阴九天七与六，勾地至强火中央。
六合三四常居五，白虎六七武水涨。
值符旺处离火上，伏返逢之则不祥。
临于时上全为旺，吉凶尽在此径量。

下面具体举一个例子。注意下面九宫中红色字体为旺动，比如中五宫的戊，兑七宫的庚、虎，艮八宫的己，乾六宫的辛等字均是旺动。时干宫中的所有字均为旺，这里未予标出。

2012年12月1日14时23分　农历：十月十八日
壬辰年　辛亥月　丙申日　乙未时
抓得时柱：乙未　阴五局　-5　小雪上元

值符芮星在6宫　值使死在1宫　　甲午辛　辰巳空　壬空

阴官 辅癸丙申 生伤庚子 地己辛丑	朱孙 任戊庚子 伤生乙未 阴癸丙申	虎比 心丙戊戌 休休壬寅 值辛甲午
合劫 禽丁丁酉 景死辛丑 天庚壬寅	蛇鬼 冲壬乙未 惊杜己亥 玄戊庚子	天财 蓬庚壬寅 中开丁酉 虎丙戊戌
地子 英己辛丑 杜惊丙申 合丁丁酉	常母 柱乙己亥 死景甲午 蛇壬乙未	值妻 芮辛甲午 开中戊戌 常乙己亥

第七部分　旺　衰

奇门鸣法体系中的旺衰是在《奇门遁甲鸣法》的姊妹篇《奇门枢要》中具体披露的，具体方法如下：

在下图中找到起局时所在节气落在哪一宫，就从这一宫起"旺"，按顺时针方向，把除中宫之外的八宫依次填上旺－相－胎－没－死－囚－休－废。其中的"相"读作 xiàng，"没"读作 mò。

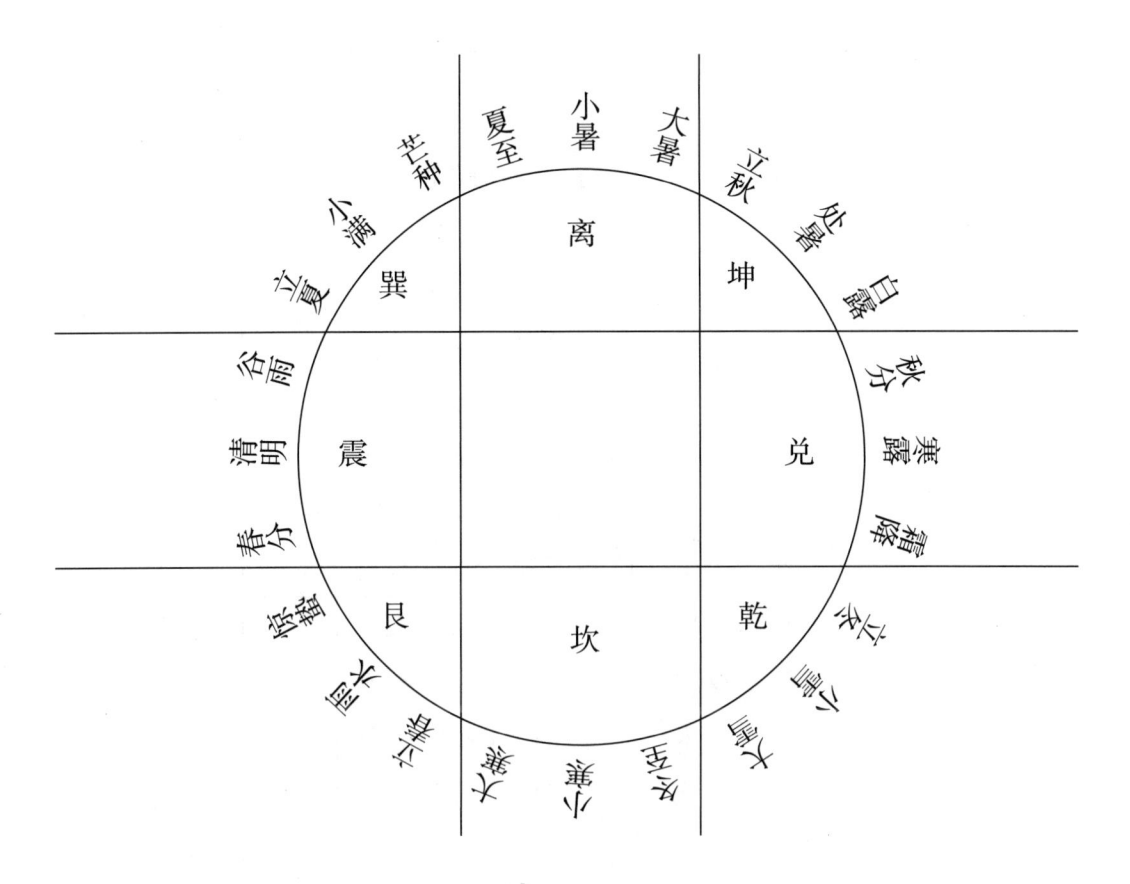

二十四节气旺衰

下面举一个示例。

2012 年 11 月 7 日 13 时 52 分　农历：九月廿四日

壬辰年　辛亥月　壬申日　丁未时

抓得时柱：丁未　阴九局　－9　立冬中元

值符禽星在 3 宫　值使中在 2 宫　　甲子戊　戌亥空　己空

死宫		囚宫		休宫
没宫	天母 辅辛壬子 伤休辛亥 蛇癸乙巳	合财 任丙丁未 惊开丙午 常戊己酉	蛇劫 心癸乙巳 中生甲辰 合丙丁未	废宫
	值比 禽壬甲辰 杜景壬子 阴丁丙午	地父 冲庚辛亥 死死庚戌 值壬甲辰	常鬼 蓬戊己酉 景杜戊申 地庚辛亥	
	虎子 英乙戊申 生中丁未 玄己庚戌	阴妻 柱丁丙午 开惊乙巳 虎乙戊申	朱官 芮己庚戌 休伤己酉 天辛壬子	
胎宫		相宫		旺宫

由于这个例子起局的时间处在立冬节气，从"二十四节气旺衰图"可以查出，立冬在乾宫，所以从乾宫起"旺"，顺时针坎宫为"相"，艮宫为"胎"，震宫为"没"，巽宫为"死"，离宫为"囚"，坤宫为"休"，兑宫为"废"。

注意，"旺相胎没死囚休废"的最后两个字，《奇门枢要》顺序是颠倒的，写作"废休"。但该书中有一处写在"休废"。其他数术体系中八个字里面后四个字的排列顺序都不太一致。《易隐》中是"休废"。关于这一点有待进一步考证研究，也有待于实践检验。

简便算法。读者在开始时可以通过查看上面的"二十四节气旺衰图"以确定从何宫起"旺"，明白该图的规律之后，不需要查图，简单推算即可。该图的规律是：是把二十四个节气分配在八宫中，从艮宫起立春，每宫三个节气，八个宫恰好二十四个节气。进一步观察规律，可以发现每个宫的第一个节气必然是二至或者二分或者四立。四正宫起二至、二分。四正宫指正南、正西、正北、正东，二至指冬至和夏至，二分指春分和秋分。正北坎宫起冬至，正南离宫起夏至，正东震宫起春分，正西兑宫起秋分。四隅宫起于四立，四隅指四个角，四立指立春、立夏、立秋、立冬。艮宫起立春，巽宫起立夏，坤宫起立秋，乾宫起立冬。每宫第一个节气确定之后，其他两个节气只需按二十四节气歌顺数下去即可。例如，现在是12月5日，处在小雪节，在二十四节气歌"冬雪雪冬小大寒"一句中，即立冬、小雪、大雪三个节气连在一起。按四立位于四隅宫，立冬是乾宫的第一个节气，小雪是乾宫的第二个节气，仍处在乾宫之内，所以从乾宫起"旺"字，各宫顺时针依次分布"旺相胎没死囚休废"。

第八部分　月建和日辰

括囊体系中在解断奇门局面时特别强调月建和日辰的作用。所谓月建是指月支，日辰又称日建，是指日支。为了防止顾此失彼，金亮奇门软件中把月建和日辰标在每一个宫的右上角，第三列最上面的字是月建，第四列最上面的字是日辰。例如：

2012年11月8日13时52分　农历：九月廿五日

壬辰年　辛亥月　癸酉日　己未时

抓得时柱：戊戌　阴九局　－9　立冬中元

值符心星在9宫　值使开在2宫　　甲子戊　戌亥空　己空

死宫			休宫
	常孙亥酉 芮乙己亥 杜景辛丑 阴癸丙申	值母亥酉 心辛甲午 生中丙申 玄戊庚子	地鬼亥酉 辅己辛丑 开惊甲午 虎丙戊戌	
没宫	朱官亥酉 冲戊庚子 中生壬寅 合丁丁酉	虎妻亥酉 蓬丙戊戌 伤休庚子 蛇壬乙未	阴比亥酉 任癸丙申 休伤戊戌 天庚壬寅	废宫
	蛇劫亥酉 柱壬乙未 景杜丁酉 地己辛丑	天父亥酉 禽庚壬寅 惊开乙未 常乙己亥	合财亥酉 英丁丁酉 死死己亥 值辛甲午	
胎宫		相宫		旺宫

说明：上例月建是亥，日辰是酉，每宫中右上角的两个字"亥酉"即是。

第三章 奇门的象数理

起出局面之后，需要对奇门遁甲的局面进行解断。熟悉奇门遁甲各种符号的信息象意是对奇门局面进行解断的必备知识和基本功。本章就系统介绍奇门遁甲的象与数，即各种符号的信息象意。

奇门遁甲囊括了阴阳、五行、天干、地支、八卦九宫、八门、九星、九神、六亲等九套数术工具体系，涉及面广，信息量大，是数术中的集大成者。每套工具体系中既有每个符号的信息象意，有的还有它们之间相互关系的信息象意。下面分别予以介绍。

阴阳类象

阴阳是中国哲学体系的基本概念之一，是古人对万事万物进行二分法的认识模型。

阴阳的属性是中国人的一般常识，比如高大属阳，低矮为阴；光明属阳，阴暗属阴；阳刚属阳，阴柔属阴；腹为阳，背为阴；山之南、水之北为阳，等等。

奇门遁甲中无处不贯穿着阴阳思想。比如，局数分阴阳，从冬至开始，到夏至之前为阳遁；从夏至开始到冬至之前为阴遁。阴阳遁决定了局数的计算和一些要素的飞布顺序。

再比如，天干有阴阳之分，地支有阴阳之分，九宫八卦、九星、八门、九神都有阴阳之分，这些内容会分别在各自相关各节中讲解，兹不赘述。

五行类象

五行学说也是中国哲学的基本概念之一，更是数术和中医中的重要工具。学者必须熟练掌握这里所讲到内容。

五行是指金木水火土。五行有相生、相克、反生为克、泄多为克、反克等五种关系；每种五行都有旺相休囚死五种状态。

五行的相互关系

1. 相生：木生火、火生土、土生金、金生水、水生木。

五行相生用图来表示如下：

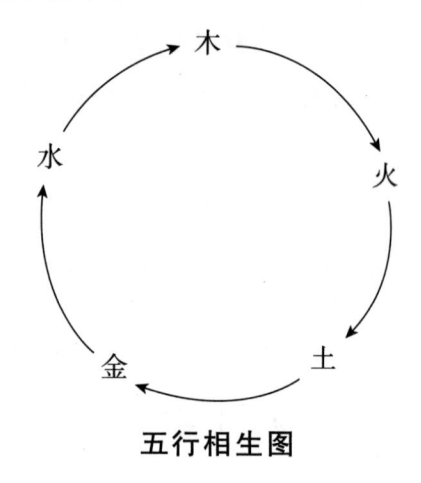

五行相生图

读者需要做到给出任意一个五行可以脱口说出其所生之五行，方为过关。以下各种关系都是这种要求。

2. 相克：木克土、土克水、水克火、火克金、金克木。五行相克图示如下：

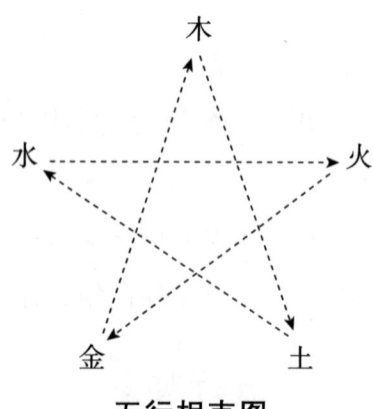

五行相克图

以上五行相生和相克关系如果画在同一个图上，其图示如下：

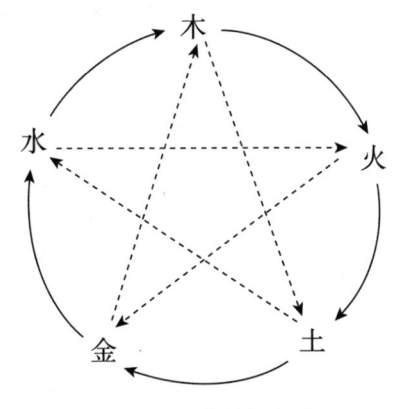

五行相生相克合图

3. 反生为克：金赖土生，土多金埋；土赖火生，火多土焦；火赖木生，木多火塞；木赖水生，水多木漂；水赖金生，金多水浊。

这个关系很好记，就好比父母对孩子过分溺爱，则对孩子成长不但不利，还反而有害是一样道理。

4. 泄多为克：金能生水，水多金沉；水能生木，木盛水缩；木能生火，火多木焚；火能生土，土多火灭；土能生金，金多土虚。

这个道理也很好记，生别人是对自己的损耗，损耗太过，自然对自己不利。

5. 反克：金能克木，木坚金缺；木能克土，土重木折；土能克水，水多土荡；水能克火，火烈水干；火能克金，金多火熄。

这个道理也好记，本来是克制别人，但别人实力过于强大之时，则不但不能克制别人，反而遭到反克，对自己有害。

五行之间的相生相克关系，是物质或事物存在的前提和基础。如果没有五行的生克关系，便没有发展、没有前进、没有退化，逐渐走入覆灭。五行之间的5种关系体现着中国古人的辩证法思想，凡事都是相对的，没有绝对的有利或有害；凡事都要有度，过犹不及。

在奇门遁甲中，五行的各种关系都是通过天干五行、地支五行、九宫八卦五行、星的五行、门的五行、神的五行来体现的。详情在下面各相关项下讲解，兹不赘述。

五行的旺相休囚死

五行的"旺相休囚死"是根据一年四季确定的。总的原则是，在春、夏、秋、冬四个季节里，每个季节都有一个五行处于"旺"，一个五行处于"相"，一个五行处于"休"，一个五行处于"囚"，一个五行处于"死"的状态。那末，什么叫做旺、相、休、囚、死呢？解释是：

旺：处于旺盛状态。

相：处于次旺状态。

休：休然无事，亦即退休赋闲状态。

囚：衰落被囚禁状态。

死：被克制而生气全无状态。

五行在四季的旺、相、休、囚、死简括如下：

春：木旺火相水休金囚土死

夏：火旺土相木休水囚金死

秋：金旺水相土休火囚木死

冬：水旺木相金休土囚火死

四季：土旺金相火休木囚水死

上表看上去复杂不易记，但在掌握这样两条规律之后可以很容易记住。规律1. 四季配五行。春天属木，夏天属火，秋天属金，冬天属水。由于季节有四个，而五行是五个，为了把季节与五行相配，古人想出把春夏秋冬四个季度中，每个季度拿出最后的18天，算作土。从立春到立夏之前的三个月为春季，属木，但立夏之前的18天属土；同样道理，从立夏到立秋之前的三个月为夏季，属火，但立秋之前的18天属土；从立秋到立冬之前的三个月为秋季，属金，但立冬前的18天属土；立冬到立春前的三个月为冬季，属水，但立春前的18天属土。

五行与四季的关系可以用二十四节气三元图来表示：

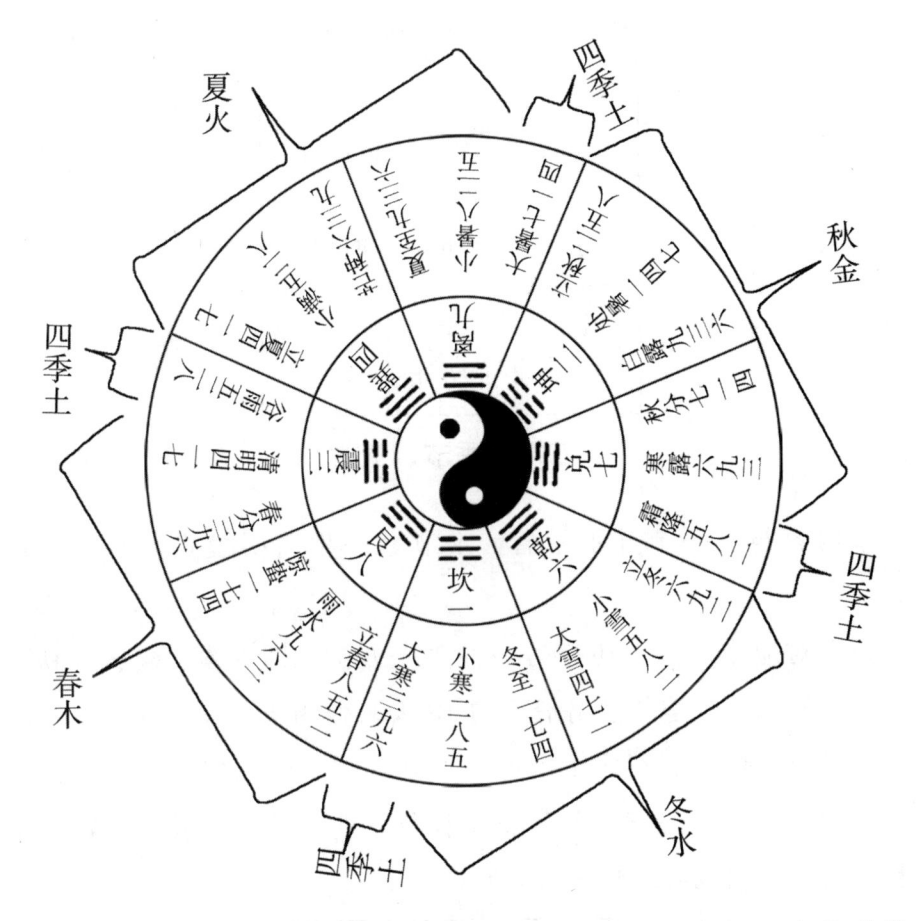

规律 2. 一年四季当中，与我同行即为旺，我生者为相，生我者休，克我者囚，我克者死。

有了这两个规律，可以很容易记住五行旺相休囚死表。例如，春季属木，与我同行者为木，故木旺；我生者为火，故火相；生我者为水，故水休；克我者为金，故金囚；我克者为土，故土死。其他各季度类推。

五行与季节、五方、数字

五行在于季节对应上，除了上述较为细致的对应关系外，还有一种简易对应关系：春季属木、夏季属火、秋季属金、冬季属水、四季属土。

五行还对应东南西北和中央五方。五行与季节、五方的完整对应关系是：春季东方木，夏季南方火，秋季西方金，冬季北方水，中央四季土。图示如下：

	夏 南方火	
春 东方木	四季 中央土	秋 西方金
	冬 北方水	

五行与季节、五方

本节内容与上一节并不矛盾，本节是一种简明模式，上一节是详细模式。

但是在对应季节上，还有另一种对应方法，即春木、夏火、秋金、冬水之外，不把每一个季节拿出最后的18天来作为土，而是在四个季节之外加上一个长夏，以应五行之土。那么长夏指哪个时间段呢？请找到二十四节气三元图，坤二宫的三个节气属于长夏，即立秋、处暑、白露三个节气为长夏。所以上图也可以画成如下形式：

	夏 南方火	
春 东方木	长夏 中央土	秋 西方金
	冬 北方水	

五行、五方、五季图

五行所代表的其他信息

五行学说在中国古代有广泛应用，尤其是在数术和中医中。两者很难说是谁借鉴了谁，倒不如说五行学说是中国古代哲学的工具，被中医和数术两门具体科学所借鉴。

五行除了代表方位和季节之外，还代表以下一些类别：

事物发展过程的五段论：中国古人认为事物发展有生、长、化、收、藏五个阶段，分别用木、火、土、金、水来代表。

五色：古人把颜色分为五类，青、赤、黄、白、黑，分别用木、火、土、金、水来代表。

五味：古人把味分为五类，酸苦甘辛咸，分别用木、火、土、金、水来代表。

五气：中医病因学说有外感六淫之说，即风、暑、湿、燥、火、寒。数术中把火与燥合并，分别用木、火、土、金、水来代表。

五脏：肝、心、脾、肺、肾，分别用木、火、土、金、水来代表。

五腑：中医一般讲五脏六腑，为了与五行配合，把三焦去掉，剩下五腑：胆、小肠、胃、大肠、膀胱，分别用木、火、土、金、水来代表。

五体：中医讲的五体指筋、脉、肉、皮毛、骨，分别用木、火、土、金、水来代表。

五志：五志系指怒、喜、思、悲忧、惊恐，分别用木、火、土、金、水来代表。

五官：目、舌、口、鼻、耳，分别用木、火、土、金、水来代表。

五行与数字

五行除了象，还有数的属性。水为一和六，火为二和七，木为三和八，金为四和九，土为五和十。

读者了解了五行数字的来源后即可很容易记住。五行数来自河图。古人认为，伏羲统治天下时期，黄河孟津曾有龙马出现，其后背上有图案。由于其图出自黄河，故称河图。伏羲氏研究河图，据以创立了八卦。汉·孔安国云："《河图》者，伏羲氏王天下，龙马出河，遂则其文以画八卦"。

河　图

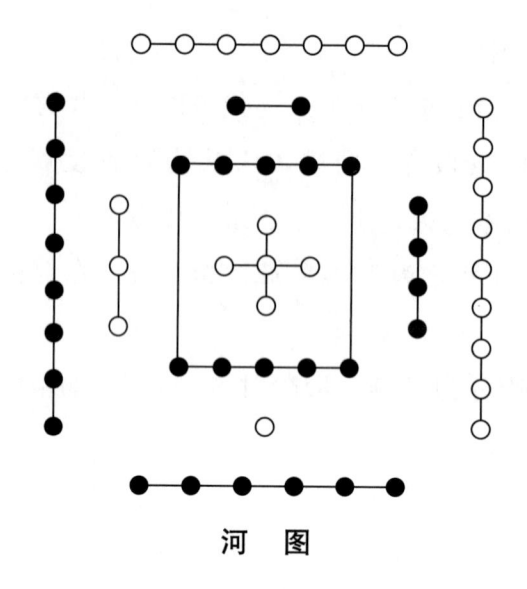

河图由四层组成，由内向外依次是：中间一层是五个白点，象征五为阳数；第二层是下面五个黑点、上面五个黑点，两五一十，为阴数，故黑点；第三层下面一个白点，上面两个黑点，左面三个白点，右面四个黑点；第四层，是各自第三层的点数加上5，比如第三层左面是三个点，第四层左面就是3＋5＝8个点。河图中奇数是白点，偶数是黑点。

把上面河图的数字放在五行、五方图中即可比较容易记住。

	2、7 南方火	
3、8 东方木	5、10 中央土	4、9 西方金
	1、6 北方水	

五行数字图

五行信息象意总结

五行	木	火	土	金	水
四季	春	夏	长夏	秋	冬
发展过程	生	长	化	收	藏
五色	青	赤	黄	白	黑
五味	酸	苦	甘	辛	咸
五气	风	暑	湿	燥	寒
五方	东	南	中	西	北
五脏	肝	心	脾	肺	肾
五腑	胆	小肠	胃	大肠	膀胱
五体	筋	脉	肉	皮毛	骨
五志	怒	喜	思	悲忧	惊恐
五官	目	舌	口	鼻	耳
五数	3、8	2、7	5、10	4、9	1、6

天干类象

我们已经知道，天干共有十个：甲乙丙丁戊己庚辛壬癸。

十天干的阴阳

按上面的顺序，逢单数为阳，双数为阴，即甲丙戊庚壬为阳，乙丁己辛癸为阴。

十天干的五行、方位和季节

十个天干每两个为一对，共分为五对，分别对应五行，对应春夏秋冬和四季，对应东南西北和中央五方。其对应规律是：甲乙春季东方木，丙丁夏季南方火，戊己四季中央土，庚辛秋季西方金，壬癸冬季北方水。

天干的五行、季节和方位图：

	丙丁 夏 南方火	
甲乙 春 东方木	戊己 四季 中央土	庚辛 秋 西方金
	壬癸 冬 北方水	

天干的五行和方位图

十天干当中，每相邻的两个干属于同一个五行，比如甲属木，乙也属木，甲是阳木，乙为阴木。甲木为大树、栋梁，乙木则为花木、软木条、藤条等等。其他各天干也是这样，每个五行都有一阴一阳两个天干。完整的天干五行、阴阳属性如下：

甲乙同属木，甲为阳木，属栋梁之木；乙为阴木，属花草之木。

丙丁同属火，丙为阳火，属于太阳之火；丁为阴火属灯烛之火。

戊己同属土，戊为阳土，属城墙之土；己为阴土，属田园之土。

庚辛同属金，庚为阳金，属于斧钺之金；辛为阴金，属于首饰之金。

壬癸同属水，壬为阳水，属于江河之水；癸为阴水，属于雨露之水。

天干相合

天干除了有各自的象，还有两两之间的相合和相冲的关系。本节先讲天干相合。

十天干中，每个天干与其隔四位的天干相合。即，甲与己合，乙与庚合，丙与辛合，丁与壬合，戊与癸合。用序数来讲，每个天干加5都是与之相合之干。如，甲序数是1，1＋5＝6，第6个天干是己，甲与己合。其他类推。或者，我们把十天干从第六个开始断开，写作两行，纵向念即是相合关系：

甲乙丙丁戊

己庚辛壬癸

读者其实已经对天干相合不陌生。五虎遁和五鼠遁都用到了两个相合的天干，复习五虎遁和五鼠遁则其意自明。

两个天干不但相合，还合化。所谓合化，即是两个相合的天干碰到一起之后，要化合成另一种五行。合化的口诀是：

甲己化土，乙庚化金，丙辛化水，丁壬化木，戊癸化火。

意思是：甲遇到己化合成土，其他类推。

奇门遁甲中，天盘奇仪与地盘奇仪相合为吉。具体何应，在解断的那一章详细讲解。

天干相冲

十天干两两之间还有相冲关系。天干相冲亦称相忌，是两个天干五行相克、阴阳属性相同。甲忌庚，乙忌辛，丙忌壬，丁忌癸，戊忌甲，己忌乙，庚忌丙，辛忌丁，壬忌戊，癸忌己。又可以反过来用冲来讲：庚冲甲，辛冲乙，等等。按天干序数来讲，每个天干序数上加6，即是与之相忌或相冲之干。如，甲序数是1，1＋6＝7，第7个天干是庚，所以甲与庚相冲，是庚冲甲，甲忌庚。

奇门遁甲中，遇到天干相冲或相忌是大凶之象。前面已经提到，"遁甲"之名称源自至尊之甲畏惧庚而隐遁之说。而"奇门遁甲"中的"奇"是指乙丙丁三奇。由于乙奇与庚相合，能使庚贪合忘克，可以解主帅甲之危，故为一奇；丙克庚，削弱主帅之仇敌，亦为一奇；丁也为火，同样可以对庚进行克制，削弱主帅之仇敌，故为另一奇。三奇以此得名，奇门遁甲之奇字亦源于此。古人比喻说，乙与甲同属木，乙为阴木，为甲之妹。甲把自己的妹妹嫁与仇敌庚，以缓和矛盾、牵制仇敌；甲又派威猛之丙火对庚进行克制，又派丁火进行克制。加上甲自身隐遁在六仪之下，四管齐下，保障主帅安全。

天干相冲有具体断法，后面会专门讲到。

天干与人体部位

十天干还代表人体部位，有歌诀如下：

甲头乙项丙肩求，丁心戊肋己属腹。

庚是脐轮辛为股，壬胫癸足一身覆。

此歌诀意思是甲代表头部，乙代表颈项，丙代表肩部，丁代表心脏，戊为胁肋，己为肚腹，庚是脐轮，辛为大腿，壬为小腿，癸为足。图示如下：

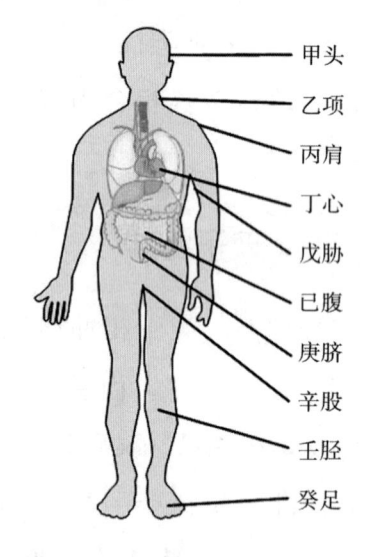

天干与脏腑

十天干还代表脏腑。歌诀如下：

甲胆乙肝丙小肠，丁心戊胃己脾乡，

庚是大肠辛属肺，壬系膀胱癸肾藏，

三焦变向壬中寄，包络同归入癸方。

这个歌诀借鉴自中医。中医称肝、心、脾、肺、肾为五脏，另有心包系于心下；胆、小肠、胃、大肠、膀胱、三焦为六腑。每一个脏对应一个腑，即一脏一腑为一对，有表里关系。脏为阴为里，腑为阳为表。

肝、胆为一对，同属木。胆为腑，甲木属之；肝为脏，乙木属之。

心、小肠为一对，同属火。小肠为腑，丙火属之；心为脏，丁火属之。

脾、胃为一对，同属土。胃为腑，戊土属之；脾为脏，己土属之。

肺、大肠为一对，同属金。大肠为腑，庚金属之；肺为脏，辛金属之。

肾、膀胱为一对，同属水。膀胱为腑，壬水属之；肾为脏，癸水属之。

心包、三焦为一对，同属水。三焦为腑，寄于壬水；心包为脏，寄于癸水。

由于五脏加六腑共 11 个，再加一个心包，共 12 个，而天干有 10 个。多出来的两个需要寄在两个天干之下，三焦寄在壬，心包寄在癸。

天干与脏腑表里列表如下：

天干	阴阳	表里	脏腑	寄
甲	阳	表	胆	
乙	阴	里	肝	
丙	阳	表	小肠	
丁	阴	里	心	
戊	阳	表	胃	
己	阴	里	脾	
庚	阳	表	大肠	
辛	阴	里	肺	
壬	阳	表	膀胱	三焦
癸	阴	里	肾	心包

十干类象总结

以下总结上面关于十天干的各种信息象意信息，还有所增加。有两个重要规律可以帮助我们理解记忆十天干类象：1. 天干类象都与各天干的阴阳、五行属性衍生有关。比如甲为阳，为木，它的基本类象皆由阳、木而来，指大树、乔木、栋梁，姓名上带木字等等；与甲相对应，乙属木，但为阴木，它的基本类象皆从阴木而来，指花草树木、禾稼、矮树丛，姓名上带草字头、禾木等等。2. 天干类象与各该天干所在宫位有关，比如甲乙木都在震宫，它们的类象都与震卦之象有关，可与本章将要介绍的八卦类象合参。3、天干类象还围绕各该天干的字音、字义、字形、带该字的词语等进行发散性思维。比如甲在序号上排第一，因此，甲的类象就代表第一、排头兵、标兵、状元、名列前茅、高档次、高端、元首、领袖、一把手等之意。再比如，乙字的形状曲曲拐弯，故象征弯曲之物，比如脖子、手腕、脚腕、管道拐弯处、道路拐弯处等。再比如，庚为刀剑、凶器、铁棍、钢管、手术刀等等，引申为用刀剑砍、刺，用凶器杀伤，动手术等等。掌握了这些规律，读者可以触类旁通。

一、甲阳木，对应震卦。

甲为首、为头、为尊、为长、为盖、为冠、为青龙、为贪狼；其形直、长方、国字脸。

天时：雷、木星。

地理：东方、京城、草木茂盛之所、人文聚集之地。

身体：头、发、头面、肝胆、指甲、甲状腺、眉、臂、肢体、经脉、神经、脑神经元。

人物：首长、首领、导师、队长、君子、楷模、标兵、长子、老大、头儿、冠军、尊者、上司、名人、创始人、栋梁、公门人、公务员、官吏、皮肤青白、筋骨强健之人。

人事：起初、开始、开创、正直、雷厉风行、顶天立地、领先的、大名鼎鼎、高端、前沿、先锋。

性情：宽仁、磊落、卓立、高贵；

时序：春天、正月、甲年月日时。

静物：家具、乐器、吉他、竹木、大树、高楼、楼梯、电线杆、栋梁。

动物：龙。

植物：松树、杨树、乔木、向日葵。

家宅：楼阁、山林之所、宅中有树。春吉、秋占不利，有虚惊。

饮食：山珍、佳肴、美味、蹄。

婚姻：声望门第、大户人家、君子、窈窕淑女。

求利：东方求财、山林竹木茶货之利。

求名：东方之任、发号施令之职、董事长、总经理、首席执行官。

出行：可行、宜向东方、利见大人。

生育：头胎生男、多生贵子、秋生防虚惊。

疾病：脚疾、胆病、头疼。

坟墓：东方、木形之山、山林之穴、庚山甲向。

方位：东方。

数目：一、三、十。

五音：角。

五味：酸味。

五色：青。

姓氏：王、高、李、杨、宋、林、华、柳、梁、尚、雷、樊等，带木旁姓氏。

特别说明：奇门遁甲中甲为天福贵人，代表首领、主要领导、大人物、将帅、老总。甲总是隐于六仪之下，其类象参看下文值符类象。

二、乙阴木，对应巽卦。

乙为颈、为项、为辅、为副、为承、为托、为六合、为小龙、其形曲。

天时：风、天王星。

地理：东南方、京畿、花木扶疏之所、风光旖旎之地。

身体：颈、项、脊柱、肝、手腕、脚腕、胡须、毛发、神经末梢、阑尾、头发、经脉。

人物：丞相、副手、助理、二把手、亚军、第二排、长女、继承人、第二人、依附者。身材苗条之人；驼背人；皮肤白嫩，骨肉松弛，瘦长脸之人；爱美之人、爱打扮之人。

人事：继承、依托、附和、和婉、屈尊降贵、趋炎附势、二传手、忍辱负重、甘拜下风、温和、顺从。

性情：朴实、善良、柔情、儒雅、仁慈。

时序：春天，二、三月，乙年月日时。

静物：家具、木器、丝绸、织物、纺织品、绳索、花园、公园、山林、栏杆、毛笔、织物、丝线、床、窗户、软木条、藤条、绿地、

动物：小龙、毛毛虫。

植物：花草、柳树、桂花、灌木、葡萄树、爬墙虎、藤萝类植物、牵牛花、农作物、庄家、棉花、花卉、中草药、禾苗、花木、蔬菜。

家宅：花果菜园、山林之居。春占吉、秋占不利，和气生财，以柔制刚。

饮食：鸡肉、蔬菜、酸菜。

婚姻：和气人家、仁人、温柔之女。

求利：东南方求财、利市三倍、园林花木蔬菜之利。

求名：东南方之任、辅佐之职、副经理。

出行：可行、宜向东南方、利见仁人。

生育：头胎生女、多生秀女。秋生损胎。

疾病：风疾、肝病、颈椎疼痛。

坟墓：东南方、木形之山、山林之穴、辛山乙向。

方位：东南。

数目：二、八。

五音：角。

五味：酸味。

五色：碧、绿。

姓氏：曲、屈、项、柳、温、毛、和、风、花、杜等，带草头旁姓氏。

特别说明：奇门遁甲中，乙、丙、丁三奇，是奇仪之中最吉利者。乙为日奇。乙还为中医的符号，在预测婚姻时，是妻子的符号。

三、丙阳火，对应离卦。

丙为光、为电、为明、为亮、为喜、为乐、为飞鸟、为朱雀、其形圆。

天时：光、白天、闪电、太阳

地理：南方、干亢之地、窑灶炉冶之所、向阳热闹之地、阳台、屋顶。

身体：额、肩、眼、目、视力、眼光、小肠、血压。

人物：喜神、文秘、中女、热心人、达人、体态丰满，圆脸，少胡须，短发，皮肤白里透红之人；不怒自威之人；威权人物、帝王、霸王、刚烈、威严、霸道。

人事：笑容满面、微笑服务、影视传媒、虚心好学、眼到心到、热情待客、欢乐、舒服、爽快、活跃。

性情：体恤、正面、多言、激情、心思、躁烈、热情但不持久；

时序：夏天，四、五月，丙年月日时。

静物：光碟、飞机、电器、圆形物、书籍、字画、邮件、邮包、短信、电话、球类、礼服、礼品、色彩、变幻、影视、传媒、信息、文件、合同、协议、电、电器、城门、宫室、剧场、炮火、火灾等。

动物：凤凰、各类禽鸟。

植物：太阳花、绣球、各种红色花木。

家宅：南向、温馨和暖、窗明几净之所。夏占吉、秋占不利，逢克有火灾。

饮食：红烧肉、炸酱面、蒸包、饼食、电烤、烧烤、烹煎之类。

婚姻：欢乐人家、中女之婚、阳光之女。

求利：南方求财、文书、影视文化之利。

求名：南方之任、文官之职。

出行：可行、宜向南方、不宜水路。

生育：头胎生女。冬生有损。宜南向安床。

疾病：目疾、心病、上焦不舒、暑热、时疫、上火、炎症、浮肿、高血压、烧伤、枪炮火器伤。

坟墓：南方、火形之山、阳明之穴、壬山丙向。

方位：南。

数目：三，二、七。

五音：徵。

五味：苦。

五色：红、赤。

姓氏：朱、焦、夏、景、明、向、阳、文、易等，带火旁姓氏，带光字、亮字。

特别说明：奇门遁甲中，丙为月奇，是三奇之一，为吉神。但丙同时为乱、悖乱、叛乱、麻烦。丙还代表男性第三者、情夫、奸夫、嫖客。

四、丁阴火，兼具离卦、坤卦、兑卦之性。

丁为火、为热、为星、为灯、为象、为色、为腾蛇、为鹰雀、其形"尖"

天时：星星、星光、雾、火星。

地理：西南方、干燥炎热之所、烟雾阴霾之地。

身体：眼睛、心、胸、血压、血管、舌头、牙齿、下巴、神经、神色、表情、体温体热。

人物：美女、模特、文人、作家、舞蹈家、次女、欲女、演讲家、广告人、辩才、侍者、演员、魔术师、术士、预测师、佛道等宗教人士。秀丽清高、肤白粉嫩、发细而长，额宽颔尖之人。

人事：虚伪、作派、忽悠、显摆、作秀、弄虚作假、装模作样、装腔作势、暧昧、挑逗、诱惑、奉承、谗言、魔鬼般的、妖娆、华丽、刺激、激情、热情、火速、速度、急切、荣誉、名望、文明、文化、文字、思想、医道、玄学、神学、内心。

性情：文雅、多思、神秘、智慧、不自私、利他、体贴、柔和、有心计。

时序：夏天，六月，丁年月日时。

静物：灯烛、灯火、烛光、蜡烛、火柴、香火、打火机。钉子、按钉、补丁。小刀、手术刀、子弹、炸弹。三角形物品，小花。电、电子、网络、讯息、文字、文书、手机、文章、书籍、报刊。

动物：螣蛇。

植物：辣椒、玫瑰、美人蕉、夜来香。

家宅：偏燥、豪华之居。夏占吉、冬占不利。演艺生财。

饮食：辣子、烹炸、热菜、面食、羊肉串、串烤物、烧烤。

婚姻：世情人家、俊男靓女。

求利：西南方求财、灯具照明、口才演艺之利。

求名：西南方之任、文艺、动口才、文化、外交之职。

出行：宜向西南方，利见儒人、文化人、演艺人。

生育：头胎生女、多生丽女、冬生损胎。

疾病：热疾、心病、血液病、炎症、心口疼痛、瘙痒、银屑病、烫伤、灼伤。

坟墓：西南方，火形之山，吉星之穴，癸山丁向。

方位：西南。

数目：四，二，三。

五音：徵

五味：辣味。

五色：紫、绛。

姓氏：丁、宁、焦、巴、于、仇，带火旁姓氏。

特别说明：奇门遁甲中，丁为至吉神。表面不吉之时，如果暗干是丁，则为凶中藏吉。丁代表女性第三者、情妇、妓女；少女、美女。

五、戊阳土，兼有坤卦和乾卦之性。

戊为土、为山、为屋、为坡、为墙、为台、为勾陈、为天空，其形方。

天时：彩霞、土星、太空。

地理：中央、宽广空旷之所、山地丘陵之处、高地、土包、土丘、山包、坟包。

身体：胁肋、鼻子、胃、腹、食道、皮肤、肌肉、突起物、鼻子、面容、身体各部腔体。

人物：山人、市侩、吝啬鬼、诈骗犯、大腹人。形体敦厚、四方脸，皮肤黄白，丰腴多肉。

人事：世俗、欺诈、说空话、吝啬、贪鄙、藏污纳垢、兼容并蓄。房地产。

性情：忠厚、慢性子、老成、痴呆、行动迟缓；另一极端是生硬、果敢、豪杰、刚烈；

时序：秋天，七、九月，戊年月日时。

静物：箱包、容器、陶器、仓库、货车、房产、建筑、各类广场。凸起物，高坡、护岸、城池、高台、城墙、砖瓦、寺院、建筑。旧物、古董、涂料、收藏品、完成品、政府。

动物：熊、狗。

植物：菊花、包心菜、地坪草。

家宅：明堂、阳台、高坡空旷之居。秋占吉、春占不利。

饮食：狗肉、米饭、甜品、甘菜。

婚姻：阻隔难成，利老男少女。

求利：西北方求财，土产建筑之利。

求名：西北方之任，杂务之职。

出行：宜向西北方。

生育：难产。宜秋天生产、春生不利。

疾病：胃疾、皮肤病、肿胀疼痛、瘟病、包块、肿瘤。

坟墓：西北方，土形之山，高旷之穴，辰山戌向。

方位：西北。

数目：五、十。

五音：宫。

五味：甘。

五色：黄、橙。

姓氏：房、熊、方、孔、盛、庄、宫、岳、邱、苟，带土字旁姓氏，带戌字，如戚、臧、成、盛。

特别说明：奇门遁甲中特别强调戊为钱财、财务人员，为投资、本钱、利息、利润、补贴、补助、额外收入等等。

六、己阴土，对应坤土。

己为地、为坛、为园圃、为田园、为乡居、为麒麟、为祥瑞。其形平，凹。

天时：云、地球。

地理：西南方，田野乡村，平安之所、纯和清静之地。田园、庭院、房屋、墓地、平原。引申：土产、农业、牧业。

身体：脾、胞肚、肌肉、胰腺、皮肤。

人物：老母、农夫、乡人、群众、记者、中间经纪人、调解人、主持人。形体单薄，柔弱，丑陋，抑郁忧愁，声音含糊；好静不好动，温顺沉静。

人事：中间、和善、和气、委婉、维和、持盈、守成。

性情：含蓄、谨慎、多疑。

时序：长夏，六，腊月，己年月日时。

静物：土地、围墙、坛场、圈子、布匹、地皮地产。水泥、建材。果实，财帛，粉尘；象己字一样回环曲折的格子、架子。

动物：牛。

植物：合欢、甘草、卷心菜。

家宅：田园别墅、乡村之居。冬夏占吉、春秋不利。和气生财。

饮食：牛肉、面条、白菜。

婚姻：和气人家、权威人士、温顺之女。

求利：中土或西南方求财，土地田园、隧道工程之利。

求名：西南方之任，主事之职、经理人。

出行：宜向中原或西南方，宜见权威人士。

生育：头胎生女，多生贵女。春秋不宜。

疾病：脾胃不和之疾、消化不良、腹痛。

坟墓：西南方、土形之山、环抱之穴、艮山坤向。

方位：西南。

数目：五、十。

五音：宫。

五味：甘味。

五色：褐。

姓氏：牛、云、安、纪、姚、平、田，带土旁姓氏，名称带己字。

特别说明：奇门遁甲从己为阴土引申出：地户、地沟、暗道、下水道、地下室、隧道、脏、斑点、自我、自私、私利。

七、庚阳金，对应乾卦。

庚为金、为车、为道路、为走廊、为运动、为白虎、为武备、其形棱。

天时：霜、金星。

地理：西方、通衢大道、高速公路、国道、省道、柏油路、四通八达之地。

身体：拳头、骨骼、骨钙、鼻窦、咽喉、嗓子、嗓音、呼吸道、大肠、肺、牙齿、脐。

人物：向导、路人、军人、军队、警察、强盗、劫杀、机械工人、外科医生、屠夫、刽子手、运动员、武术师、拳击、雕刻家、伐木工人、营销人员、猎头、英雄、大力士。瘦长，骨骼健壮，长脸白皮肤，筋骨强健之人。

人事：道路风波、交通事故、阻力、拦路虎、障碍、兵刃哭泣、死亡、威猛、强悍、蛮横、强硬的、势力、力量。

性情：刚强、刚健敏锐、威武、暴躁、固执、坚忍不拔、吃软不吃硬。

时序：秋天，七、八月，庚年月日时。

静物：车、巨石、健身器材、动力设备、刀剑、斧头、顽铁、铁器、利器、五金、钢材、凶器。矿物、矿山、机器。铸造、锻造、制造业、金融、医院。

动物：虎、豹、狮、猫。

植物：植物果实。

家宅：利西向。交通便利、靠近车站、路边。秋占利，春夏不安。

饮食：水果、坚果、栗子、排骨、馒头。

婚姻：军警之家、刚毅之人、女人硬配无刑。

求利：向西方，宜金属建材、钢铁矿石、金融之类。

求名：西方成名，安全护卫之职，利见威权之人。

出行：宜向西方、宜见武威人士。

生育：头胎生男，多生武贵。秋占吉，春夏次之。

疾病：咳嗽、喉咙干涩之疾、口腔炎、骨骼病、病毒性疾病、癌症、手术。

坟墓：西方，金形之山，狮虎之穴，甲山庚向。

方位：西方。

数目：七，四、九。

五音：商。

五味：辛辣。

五色：白。

姓氏：金、白、秦、刁、唐、尹、车、石，带金旁姓氏。

特别说明：奇门遁甲中庚为仇敌，为大凶之符号，表示阻隔、阻力、凶灾、手术、癌症、绝症。庚又为婚姻中丈夫的符号。

八、辛阴金，兼具乾卦和兑卦之象。

辛为金、为珠玉、为宝贝、为金融、为货币、为歌妓、为太阴，其形异、致密。

天时：露、泽、月球、冥王星。

地理：西方、沼泽、小路、胡同、荫蔽秘密之地。

身体：口、牙、肺脏、呼吸道、喉咙、鼻腔、耳朵。股骨、胯骨、肋骨、脊骨、筋骨、小骨骼、骸骨。

人物：少女、婢妾、伶人、音乐人、歌手、巫师、牙人、说客、中介、掮客、军警、间谍、情报人员、赌徒、明星、特异功能。身体修长，皮肤白嫩，长脸凹腮。

人事：小道消息、交通事故、阻力、绊脚石、障碍、嫉妒、排斥、兵刃、刑具、针具、阴谋、隐秘力量。

性情：为通达、温润秀气、灵动、好面子、虚荣、虚伪、意志不坚。

时序：秋天，八、九月，辛年月日时。

静物：小型车辆、钱币、金子、珠宝、奇石、玉器、钻石、金饰品、刀剑、剪刀、小刀、针、笔、化妆品、钟表、电脑、电冰箱、酒器、餐具、块状物、残缺之物、奖牌、晶体、乐器、骨头、骸骨。引申：金融、医药、精加工。

动物：母老虎、雌豹、羊、鸡。

植物：植物种籽。

家宅：利西向，交通便利，靠近胡同、小路边。秋占利，春夏不安。

饮食：果实、坚果、肉丁、水饺、羊肉、肌肉。

婚姻：宜军警、商贸珠宝之家，阴柔美丽之女。

求利：向西方、宜金属珠宝、金融货币之类。

求名：西方成名，金融证券、口才、演艺之职。

出行：宜向西方，宜见幕后人士。

生育：头胎生女，多生美女。秋占吉，春夏次之。

疾病：咳嗽、肺疾、骨骼病、呼吸道疾病。

坟墓：西方、金形之山、乙山辛向。

方位：西方。

数目：四、九，八。

五音：商。

五味：辛辣。

五色：白色、栗色。

姓氏：钱、辛、商、贾、姜、胡、段、殷，带口字旁姓氏、带西字。

特别说明：奇门遁甲中强调辛为罪人、嫌犯、犯错之人、法律。

九、壬阳水，对应坎卦。

壬为水、为江河、为水渠、为波浪、为弓轮、为智慧，其形躬、无规则、随圆就方。

天时：云海、冰霜、海王星。

地理：北方、大海、水泽、江河、湖泊、江湖、溪涧、沟渠、河流、流水之地。引申：航运、运输、贸易、水产、洗浴业、石油、水彩。

身体：耳、泌尿系、膀胱、前列腺、胫、口、血液、循环系统。

人物：中男、次子、渔人、船夫、退休人员、闲人、隐士、游客、消防人员。性猛而不收，难以回头，忠诚爽直，有智谋，纵欲任性。皮肤稍黑，大眼睛，走路摇摆，长发秀眉，可以苦乐与共。

人事：危险、险陷、漂泊、流动、旅游、赋闲、隐逸、慵懒。

性情：智谋、好动、任性。

时序：冬天，十月，壬年月日时。

静物：洁具、过滤器、饮水机、给排水设备。

动物：鱼。

植物：莲花。

家宅：利北方，不宜靠近垃圾站、废品收购点。

饮食：鱼、海鲜、饮料。

婚姻：利中男之婚，北方吉庆。

求利：向北方，宜求水产、鱼盐、茶酒、饮料、饮品之利。

求名：北方成名，鱼盐、水利、茶酒、饮料之职。

出行：宜向北方，宜见清闲洒脱之人。

生育：头胎生男，多生聪明之子。辰戌丑未月大忌。

疾病：耳疾、前列腺炎、尿路不畅、腿疾。

坟墓：北方，水形之山，近水之穴，丙山壬向。

方位：北方。

数目：七，四、九。

五音：羽。

五味：淡。

五色：玄、黑。

姓氏：张、孙、孔、任、江、汪、洪、冯、后、游、冼，带点水旁、三点水、两点水姓氏。

特别说明：1. 奇门遁甲中强调壬为天牢，是牢狱之灾的符号；2. 奇门遁甲从壬为水引申为流动、运动、变化、变故、变卦。

十、癸阴水

癸为水、为淫、为墨、为污浊、为偷盗、为渣滓、为垃圾，其形无规则、圆润。

天时：雨露、冰雪、霜雪、水星。

地理：北方、湖池井泉、卑湿之地、靠近垃圾场、污水。

身体：肾脏、生殖系统、体液、内分泌、精液、经血、津液、阴器、眼睛、骨髓、脑。

人物：盗贼、骗子、黑道、江湖人物、毒贩、吸毒者、流氓、人渣、侦探、参谋、智多星、策划人员、心理医生。阴柔怕事，多智谋，多愁善感，不能自主。矮小黑丑，脸圆肩瘦，声调不高。

人事：偷渡、走私、水货、贩毒、奸淫、盗窃、欺骗、苟且、私通、卑鄙、下流、丑闻、水产、洗浴业、玄学、智业、谋略、策划。

性情：智谋、聪明、机敏、温柔。

时序：冬天，十一、腊月，癸年月日时。

静物：垃圾、破烂、盗版物品、淫秽物品、毒品、废品、冰激凌、泉水、池塘、水池、水坑、水库、沼泽、结晶、眼泪、墨、脏水、污水、厕所。

动物：鱼、虾、龟、鳖、水中游动之物。

植物：落叶。

家宅：北方，保持浴厕清洁，家中防盗。

饮食：水果、鱼虾、冷食、零食、剩饭。

婚姻：利智慧之家，慧黠之女。

求利：向北方，宜鱼盐酒食、海鲜水产、垃圾处理、污水处理、环保之类。

求名：求名可成，顾问咨询之职，利见威权之人。

出行：宜向北方。

生育：头胎生女，多生慧黠之女。

疾病：肾病、畏寒、泄泻、便溏、腥臭腐烂之疾、妇科病、性病。

坟墓：北方，水形之山、水形之穴。丁山癸向。

方位：北方、后面。

数目：六、零、十。

五音：羽。

五味：咸。

五色：黑。

姓氏：袁、黑、凌、余、咸、孙，带点水旁姓氏，名字带癸字，如葵。

特别说明：奇门遁甲中癸为地牢或地网，亦为阻隔和牢狱之灾的符号。又代表性欲、性行为。还代表痦子、痣。

地支类象

十二地支的阴阳

与天干类似，地支也是奇数为阳，偶数为阴。即：子寅辰午申戌为阳，丑卯巳未酉亥为阴。

十二地支的五行属性

亥子属水，寅卯属木，巳午属火，申酉属金，辰戌丑未属土。

十二地支与季节、方位和地支三会

有了前面的五行与五方、季节的对应关系，又已经知道地支的五行和地支与十二个月的对应关系，地支与季节和方位的关系就很容易理解了。

正月、二月、三月为春天，而正月建寅，二月建卯，三月建辰，所以寅卯辰三个月为春季，春天属木。同样道理，巳午未三个月为夏，属火；申酉戌三个月为秋，属金；亥子丑三个月为冬，属水。

地支、季节与方位的图示如下：

	巳午未 夏 南方火	
寅卯辰 春 东方木		申酉戌 秋 西方金
	亥子丑 冬 北方水	

地支、季节与方位图

上图中的四组每一组又称为三会：

亥子丑会水局

寅卯辰会木局

巳午未会火局

申酉戌会金局

这些基础知识在奇门遁甲中都有应用，所以需要记住。

地支与十二方

地支与方位的对应除了上述简图之外，还有一种更为细致的对应图。它是把一个圆周等分为12份，每份用一个地支代表。十二地支从正北方的子开始，顺时针分布一周。

图示如下：

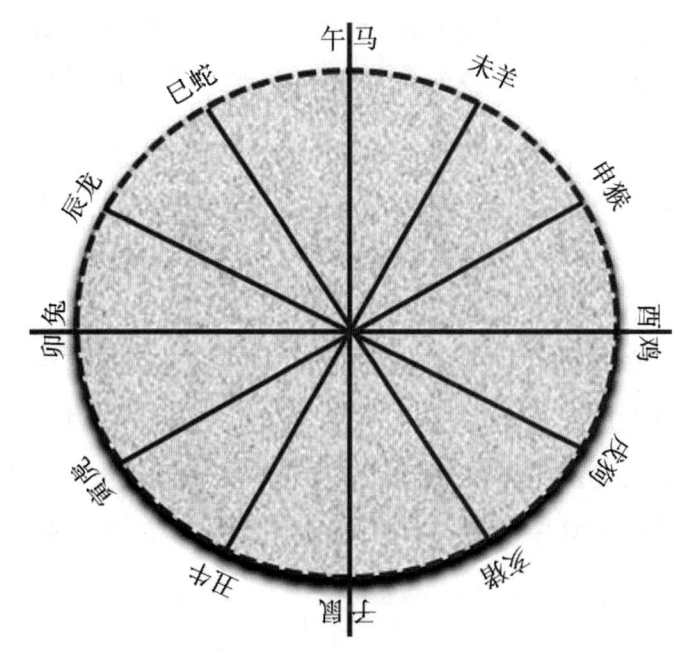

十二地支分布图

二十四山图

这里顺便把奇门遁甲和风水中都要用到的二十四山介绍一下。二十四山是古人把一周方位分为 24 等分的方法，图示如下：

二十四山图

第三章 奇门的象数理

有了前面的几项基础知识，此图不难记。它是把九宫图中的八方每个方位细分为三等分。我们已经记住九宫八卦方位，也已经知道天干和地支的粗略方位，甲乙东方木、寅卯东方木之类。二十四山正是把八卦、十天干、十二地支合起来，每个都有一个固定位置，而不是泛泛地讲甲乙东方木。8个卦＋10个天干＋12个地支＝26个符号，比二十四山多出2个，多出来的是戊己，应十天干与五方对应关系中的戊己中央土。

二十四山中还有以下两个特点：1. 四正宫不用八卦，而用地支作中间那个字。比如正北方坎宫，用的是"壬子癸"三个字，没有坎，中间那个字是地支子，两边是天干壬和癸。2. 四隅宫不用天干，用八卦之一作中间那个字，两边用地支。比如西北方乾宫，用的是"戌乾亥"三个字。

读者需要把每个宫中的三个字都按顺序记住，在奇门遁甲判断中需要用到。

四　墓

地支有四墓，又称四库。前面我们用到过地支的四季，辰戌丑未。它们就是四墓。其中，辰为水墓，戌为火墓，丑为金墓，未为木墓。四墓又称四库。比如，亥、子、壬、癸水落到巽四宫，即辰所在之宫，谓之入墓。同样道理，巳、午、丙、丁火落到乾六宫，即戌所在之地，谓之入墓。申、酉、庚、辛金落到艮八宫，即丑所在之宫，谓之入墓。寅、卯、甲、乙木落到坤二宫，即未所在之宫，谓之入墓。

小窍门：四墓都处在四隅宫中。放在二十四山图中很好记。

四墓图

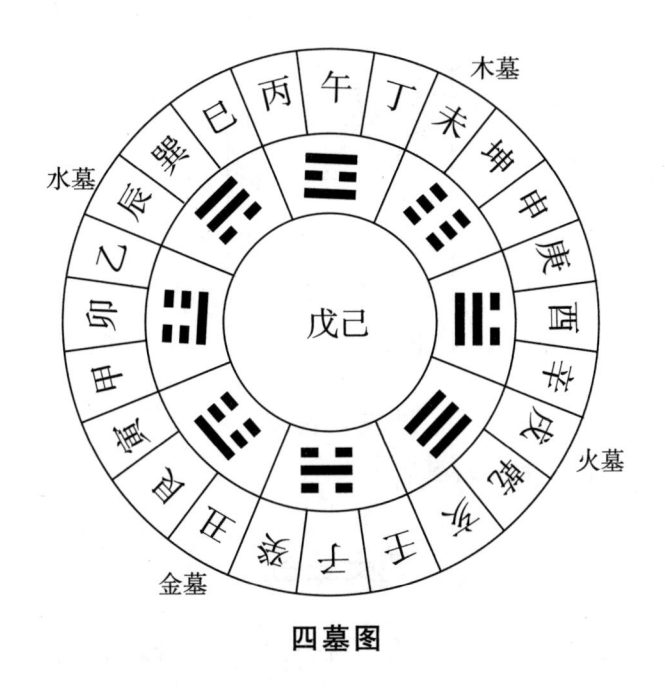

在奇门遁甲中，放在九宫图中更一目了然：

水墓		木墓
金墓		火墓

四墓在奇门遁甲中有广泛应用，读者需要熟练掌握。

地支六合

十二地支有两两相合的关系，共计六对，故称为六合。它们是：子与丑合，寅与亥合，卯与戌合，辰与酉合，巳与申合，午与未合。

六合在地支掌诀上很好记：

```
巳 午 未 申
辰─────酉
卯─────戌
寅 丑 子 亥
```

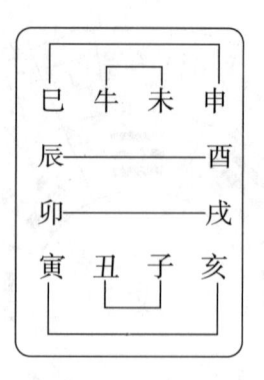

地支六合图

上图中画着连线的是一对六合。

地支三合

地支除了六合之外，还有三合，是三个字一合，共四个三合。每一个三合都成局。它们分别是：申子辰合水局、亥卯未合木局、寅午戌合火局、巳酉丑合金局。

地支的三合也好记，有几个规律：1. 每一个三合第一个字都是四孟之一，中间那个字都是四仲之一，最后一个字都是四季之一。前面我们学过，四孟指寅申巳亥，四仲是指子午卯酉，四季指辰戌丑未。2. 三个字是等差数列，其差总是4。例如，申子辰，申的序数是9，子是1，辰是5。1－9＝－8，负数要用12补足，－8＋12＝4；5－1＝4。其他类推。3. 所合之局都是中间那个字的五行。例如，申子辰合水局，因为中间那个字子属水。其他仿此。4. 最后那个字总是合局之墓。例如，申子辰合水局，辰为水墓。其他类推。

缺一待用

奇门遁甲和其他数术中经常用三合定应期，其用法是缺一待用。即，如果一个宫中有三合中的两个地支，比如有亥、未，缺一个卯字；或者有亥、卯，缺一个未字；或者有卯、未，缺一个亥字。所缺的那个字往往就是应期。

地支六冲

十二地支两个两个互相对冲，共有六对，故称六冲。子午相冲，丑未相冲，寅申相冲，卯酉相冲，辰戌相冲，巳亥相冲。注意，地支是相互对冲，子冲午、午冲子，与天干庚冲甲、甲忌庚不同。天干一般不言甲冲庚。

地支六冲在十二地支与方位对应图上看的很清楚：凡是用一条线穿起来、正在对面的两个地支互相对冲。

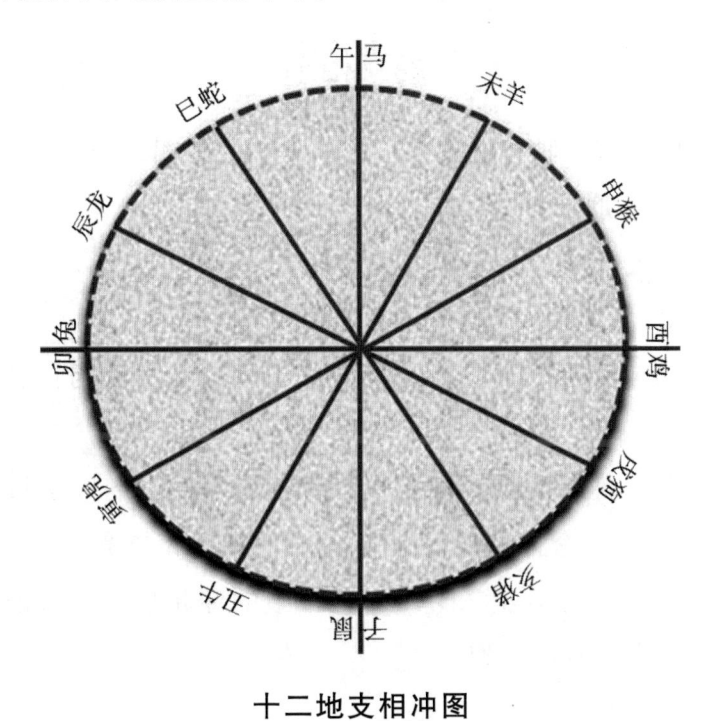

十二地支相冲图

相冲是奇门遁甲中常用的一种关系，必须熟练掌握。上图结合十二地支掌诀，可以很容易记住六冲。

驿 马

驿马是术数中常用的概念之一。口诀是：寅午戌马在申，巳酉丑马在亥，申子辰马在寅，亥卯未马在巳。

驿马歌诀释义：凡遇到寅、午、戌三支，其驿马在申；巳、酉、丑马在亥，申、子、辰马在寅，亥、卯、未马在巳。规律是：驿马根据三合局推算出来，马总是与三合的第一个字相冲之支。

奇门遁甲中主要从时支找驿马，比如时柱是戊戌，则由于寅午戌马在申，所以驿马在申，即在二十四山的申字，属坤二宫。为便于奇门解断，此时一般要在坤二宫表上"马"字，以免忽略该要素。

驿马类象：古时驿站为传递官方文件的机关，驿马为传递文书的交通工具，所以驿马通常是代表动态。宫中有驿马表示动、变动、动身、启动、出发、出门，等等。

地支相刑

十二地支中还有一种相刑关系。相刑关系分为四组：

1. 子刑卯、卯刑子，为无礼之刑。

2. 寅刑巳、巳刑申、申刑寅，为恃势之刑。

3. 未刑丑、丑刑戌、戌刑未，为无恩之刑。

4. 辰午酉亥自刑，即辰与辰自刑，午与午自刑，酉与酉自刑，亥与亥自刑。

奇门遁甲中，刑是重要凶格之一。著名的六仪击刑即是根据地支相刑得出。甲子遁戊，无论天盘戊还是地盘戊，如果落在震三宫，即为大凶，因为甲子戊所带的子与地盘二十四山震宫中的卯相刑。六仪击刑还有其他几种形式，下一章会专门讲到。

地支相破

指地支之间相互妨害，破坏。分六组：

1. 子破酉、酉破子；2. 丑破辰、辰破丑；3. 寅破亥、亥破寅；4. 卯破午、午破卯；5. 巳破申、申破巳；6. 未破戌、戌破未。

地支相破的规律：四仲内部相破，四孟内部相破，四季内部相破。没有四仲破四孟或破四季的关系。例如，子破酉、酉破子；卯破午、午破卯。这两对是四仲内部相破。其他类推。

地支相破图

十二地支分类象意

十二地支类象是六壬体系中的主角,因此,六壬对十二地支类象总结最为细腻全面。下面先介绍六壬中传统类象,下一节进行汇总,并作推阐至现代器物和人事。

(一)地支地理类象

子:湖海池塘。

丑:园圃田坟。

寅:山林桥梁。

卯:林木舟车。

辰:茔墓山岭。

巳:炉冶窑灶。

午:市道旌旗。

未:村寨井泉。

申:驿铺石径。

酉:岗城街巷。

戌:田垄营丘。

亥:江河港涧。

(二)地支人物类象

子:丫鬟、妇女。

丑:牧筑、耕夫。

寅：隐樵、书吏。

卯：船户、车夫。

辰：鱼翁、禁子。

巳：炉灶、窑工。

午：马夫、蚕妇。

申：铺兵、驿站。

酉：卑妾、娼妓。

戌：军丁、奴仆。

亥：道士、医伶。

（三）地支脏腑类象

子：膀胱。

寅：胆。

卯：肝。

辰戌：脾。

丑未：胃。

巳：三焦、小肠。

午：心。

酉：肺。

亥：阴、肾。

（四）地支饮食类象

寅卯：青色，春季所生之物。

巳午：赤色，夏季所生之物。

申酉：白色，秋季所生之物。

辰戌丑未：黄色，四季田园所生之物。

（五）地支器物类象

子：胭脂、簪环。

丑：帽子、腰带。

寅：桌子、椅子。

卯：家具、木器。

辰：量器、米尺、筛网。

巳：炉、扇、弓弩。

午：书画、旌旗。

未：餐具、布匹。

申：碾、磨。

酉：金银、珠宝。

戌：盔甲、印章。

亥：图画、雨具。

(六) 地支动植类象

子：鼠、燕、蝙蝠。

丑：牛、象。

寅：狮、虎、豹。

卯：兔、狐狸、驴、骡。

辰：龙、鱼、虾、鳖。

巳：蛇、蟒、蝈蝉。

午：马、鹿、獐。

未：羊、雁。

申：猴子、猩猩。

酉：鸡、鸭、鹅、鹌鹑。

戌：狗、狼、獾。

亥：猪、熊。

(七) 地支屋宇类象

子：后宫、后殿、内房、内室。

丑：圣殿、神祠、官署、宦地。

寅：客馆、山房、草房、茅舍。

卯：行室、雷庙、船行、木厂。

辰：龙庙、星宫、天牢、帅府。

巳：方店、炉店、炕房、厨房。

午：大堂、马厩、命馆、书斋。

未：酒店、茶房、典当、仓库。

申：碾坊、磨房、递铺、旅店。

酉：金银珠宝、铜锡铁铺。

戌：佛堂、禅房、营房、牢房。

亥：道观、仙宫、戏院、楼阁。

（八）地支室内类象

寅为箱柜卯为床，辰为盆瓮衣包箱。

巳为炉灶并火炉，午为衣架笼皮相。

未为中堂外为院，申为神祠供佛堂。

酉为凳子或刀剑，戌瓮仍兼吃物粮。

亥为灯台并帐布，盏瓶笼匣子为箱。

丑柜斛斗在其下，家中器物尽其祥。

（九）地支占坟外景类象

寅为花树卯桥船，巳坟高冈辰暗泉。

午岭横山未堤岸，申河石道有麻山。

戌骨臭秽破窑灶，亥地南还有水穿。

子坟地头如仰瓦，丑为平地坤下轩。

此是孙膑地行法，取法临用着意观。

（十）地支占坟内景类象

寅卯根绕似龙须，申酉铁器走耕梨。

巳午热气熏蒸苦，亥子蛇鼠孔迁居。

辰戌丑未土塞墓，此是孙膑妙法遗。

（十一）地支与人体

子丑为腿脚，寅亥为腿膝，卯戌为屁股。

辰酉为两臂，巳申为肩膀，午未为头面。

本歌诀按地支掌诀六合顺序，从下到上对应人体。

（十二）地支测病类象

子属膀胱水道耳，丑为胞肚及脾乡，寅胆发脉并两手，卯木十指内肝方。辰土为脾肩胸肋，巳为齿咽下肠肛，午火精神司眼目，未土胃脘膈脊梁。申金大肠经络肺，酉中经血小肠藏，戌土命门腿髁足，亥水为头及肾囊。

本歌诀主要是根据地支五行和脏腑五行而来，读者复习五行类象内容，即可理解并记住上述歌诀。比如，子在五行属水，所以对应膀胱、水道、耳。耳也属水，因为中医认为肾开窍于耳，肾属水，故耳亦属水。等等。

注意，上述歌诀不能与中医里的子午流注混为一谈。子午流注是确定某个时辰哪条经络气血旺盛的，与此歌诀完全不同。比如，子午流注歌诀中，"子胆丑肝寅肺卯大肠"，即子时胆经旺，丑时肝经旺，寅时肺经旺，卯时大肠经旺，等等，与五行没有关系。

（十三）地支测相貌类象

寅木代表的人个子高，脸形不好看，多为短圆形脸，头发有点黄。

卯木是桃花星中的一个，它所代表的人个高，喜欢打扮，因此比较漂亮。多为上宽下窄瓜子型脸。

巳火代表的人，面色红，头发少，脸型多为上尖下阔。

午火是桃花星中的一个，面色红润，肤内含肉而不臃肿，喜欢装扮，因此比较漂亮，多为上宽下尖脸。

申金代表的人脸形窄，多为上宽下尖形脸。

酉金是桃花星中的一个，它代表的人肤色白皙，漂亮有气质，多为方圆脸。

亥水代表的人黑胖，但是有灵气。代表女人时，则有风韵。脸型偏圆。

子水是桃花星中的一个，代表的人漂亮身材好。肤色偏黑。多为圆形脸，脸中间位置略凸。

辰土代表的人个子不高，肤色淡黄，多为圆形脸。

戌土代表的人个子不高，肤色淡黄，多为方形脸。

丑土代表的人个子不高，肤色淡黄，多为长形脸。

未土代表的人个子不高，肤色淡黄，多为长形脸或方圆形脸。

十二支类象汇总

十二支类象与十干类象一样，是奇门遁甲解读的必备基础知识，可以为我们断明事情的细节及事物发展的详细脉络提供依据。与天干类象一样，每个地支的类象首先与其阴阳、五行属性有关，与它们各自在二十四山的宫位有关、与十二生肖有关。比如子为阳，为水，子的类象都与阳、水有关；子在二十四山中位于正北，因此子代表北方；子在生肖中为鼠，故子代表老鼠、松鼠、鼹鼠。地支类象也同样利用地支各字的音、形、义进行推阐演绎。比如卯代表手指，推而广之，凡与手指有关的物品皆为卯字类象，如用手指点、抠、掐、捏、弹等动作，捏脊、点穴；进一步推广到用手指操作的器物，比如键盘、计算器、弹拨乐器等等。六壬中地支还另有一套名称：亥登明，戌河魁，酉从魁，申传送，未小吉，午胜光，巳太乙，辰天罡，卯太冲，寅功曹，丑大吉，子神后。这些名称也成为类象的灵感源泉，比如申传送引申为驿站，现代的物流、快递之类。

读者只要掌握了这些基本原理和规则，可以触类旁通。

一、子阳水，在坎宫。

子为头、为地主、为帝座、为宝瓶、为淫女、为暗昧、为神后、为水、为江河胡海。其形圆。

概念：领袖、名人、英雄、思考、智慧、冥想、圆融、年轻女人、性、淫乱、胎儿、遮光的、装水的、小动物。

天时：寒、雪、神后、华盖星、宿女、虚、危、宝瓶座。

地理：正北、北极尊位之地、和水有关的地方、涧溪、沟洫、瀑布、湖池、暗河、池塘、河塘、井、游泳池、湿地、水池、菜地、净化厂、水管、饮料厂、厕所、后宫、内室、洞房、妓院。

身体：外肾、泌尿系统、阴器、阳具、体液、精液、肾脏、耳、膀胱、血液、腰、喉咙、耳朵。

人物：后妃、淫妇、淫女、孺妇、水神河崇、风流男子、好色之徒、偷盗奸邪之人、江湖人士、文墨之士、玄学人物、圆润之人、聪明之人、有一技之长者、孩子、女人、丫鬟、保姆、艺人、画家、舞文弄墨之人、美容师、黑脸人、美人鱼、子弹。

人事：阴私、暗昧、奸邪、淫佚、偷盗、与女人有关之事。从水之特性引申：流动、流转、贸易。

时序：冬天，十一月，子年月日时。

静物：首饰、簪子、发卡、钗、耳环、坠子、珠子、绳子、座位、正座、卫生洁具、匙盏、泉水、冰、井、车船、水、露珠、颜料、胭脂、化妆品、饮料、水杯、酒、酒具、茶、茶具、壶、汤勺、桶、水缸、鱼缸、灯、首饰、交通工具、车、船、盐、糖果、豆子、筐、篮子、乐器、书画、鼠标、绳、丝绸、棋子、鞋、风筝、消防设备、箱子、灯箱、箱包。

动物：老鼠、田鼠、松鼠、袋鼠、蝙蝠、水里的动物、小型动物、夜间出没的动物、燕子、蝴蝶、蜻蜓、苍蝇、蚊子、蜗牛、鸳鸯、鱼、兔子、狮子。

植物：植物杈丫、喜水植物、汁多的植物、芦苇、水草、水稻、荷花、胡萝卜、水果、草莓、西瓜、桔子、火龙果、金橘、红薯、大烟花、种子。

家宅：利正北，近水之所，左右比邻而居。

饮食：水果、豆制品、腌渍品、泡菜、海鲜、水产。

婚姻：宜贵妇之家，忌淫邪之人，女人硬配无刑。

求利：正北方，宜鱼盐、茶酒、饮品、水利、水处理、贸易流转之财。

求名：北方成名，主持后宫之职，利见富贵妇人。

出行：宜向北方、有水之处。宜见贵妇。

生育：头胎生男，多生武贵，春夏不喜。

疾病：生殖系统之疾、性病、痢疾。

坟墓：正北方，水形之山、午山子向。

方位：正北。

数目：一、九。

五音：羽。

五味：腥、咸。

五色：黑。

姓氏：冯、齐、孙、谢、漆、沐、耿、聂，带点水旁姓氏。

二、丑阴土，在艮宫。

丑为井、为穴、为洞、为坑、为田宅、为佛堂、为地道、为大吉，其形丑。

概念：福德、正直、忠厚、贤惠、收获、看、吸引、暴露隐私、淫秽、肮脏、有缺陷的、诅咒、不和谐、突出。

天时：寒、冰雪、天耳、牵牛星、宿斗、牛、摩羯座

地理：东北方、池塘湖坝、仓库之地、礼堂、寺庙、宫殿、教堂、祠堂、监狱、仓库、银行、官署、办公楼、军营、厂矿、客厅、庭院、大地、原野、田园、桑园、麦田、菜地、河流、桥梁、坟墓。

身体：脾胃、肺、小肠、内分泌系统、足、腹、肌肉、肿块。

人物：地主、庄园所有人、僧尼、牧牛人、瘸子、矮子、匠人、泥瓦匠、建筑工人、物业维保人员、将军、智者、和鬼神打交道的人、孔子、老子、耶稣、僧人、清真教徒、地产商、种田人、农民、矿工、胖人、矮人、长者、丑陋的人、壮汉、女孩。

人事：举荐、保奏、诅咒、冤仇、与将军、女人有关之吉事。引申：黑暗、隐蔽、黑社会、私情、淫乱、玄学、抽象。

时序：冬天、十二月、丑年月日时

静物：金库、藏经楼、多宝阁、帽子、腰带、鞋履、斗秤、帷幕、圆环、匙盏、酒食、寒土、湿土、泥、沼泽、堤坝、田园、地下室、下水道、厕所、矿井、煤炭、坟墓、牢狱。珠宝、首饰、雕像、锁、尺子、鞋、寿星摆件、车、枯树、死尸、骷髅、大便。

动物：牛、蟹、羊、猪、驴、马、斑马、大象、骆驼、乌龟、鹅、天鹅、蜈蚣。

植物：腊梅、迎春、根茎植物、红薯、木薯、山药、土豆。

家宅：利东北、近水之所、靠近银行金店、富贵门户。

饮食：水果、酒食、酢酱、牛肉、面食。

婚姻：宜吃斋念佛之家、女人掌管府库。

求利：东北方、宜鱼盐水利、珠宝珍玩之财。

求名：东北成名、主持后宫府库、利见富人。

出行：可行、宜向东北方、田园宝库之处、宜遇僧尼。

生育：头胎生女、多生富贵、春产有难。

疾病：生殖系统之疾、性病、肠炎泄洩。

坟墓：东北方、金形之山、未山丑向。

方位：东北。

数目：二、八。

五音：宫。

五味：甜。

五色：绀。

姓氏：吴、牛、赵、田，带土字旁姓氏。

三、寅阳木，在震宫。

寅为山林、为广谷、为桥梁、为梯架、为木框、为家具、为功曹，其形大。

概念：欢乐、喜庆、高雅、祥和、奖励、婚姻、经济、文书、教育、发挥、艺术、表演、开始、变化、创意、化妆、木制品。

天时：北方寒、南方初暖、天风、三台星、宿尾、箕、人马座。

地理：东北方、电厂、井架、山林广谷之地、加热地、锅炉房、山林、花园、果园、公园、草坪、梯田、房、客房、山房、草房、茅屋、办公室、寺庙、亭子、桥梁、组织、政府机关、文化场所、山、丘陵。

身体：头、毛发、肝胆、三焦、手、手掌、尾椎、经络、肢体、指甲、脉、筋、神经。

人物：理事、助手、文秘、书吏、抄手、写手、打字员、账房、网管、桥梁工程师、电信、网络输送人员、领导、管理者、家长、教师、丈夫、朋友、文化人、演员、医生、木匠、教徒、警察、矿工、包着头的人、戴帽的人、淫乱之人、樵夫、打柴人。

人事：助理、辅佐、传递、传达、与桥梁、电信、网络工程有关之事。

时序：春天，正月，寅年月日时。

静物：床、桌椅、几案、橱柜、画框、炉灶、香炉、竹箱、箱子、柜子、梯子、花木、树木、山林、花木、木材、家具、神龛、堂庙、壶、碗、青铜器、便池、洗手盆、屏风、椅子、蔬菜、水果、衣服、帽子、袜子、鞋、奖状、书籍、画、伞、柱状物、横梁、栋梁、塔、电杆、华表、楼梯、台阶、桥、立交桥。

动物：虎、豹、猫、豺狼、猫、狗、狐狸、驴、猴、啄木鸟。

植物：报春花、香炉瓜、大树、竹林。

家宅：利东北、山林井架之地，靠近电厂、信号塔站。

饮食：干果、烧烤食品、米、面食。

婚姻：宜书香门第，佐吏之家，女人掌管信息。

求利：东北方，宜山林桥梁之利，家具木器之财。

求名：东北成名，佐理事务，宜见贵人。

出行：宜向东北方、山林广谷之处、电信传输之所。

生育：头胎生男，多生富贵，秋产有难。

疾病：筋脉之疾、胆病、三焦不适。

坟墓：东北方，木形之山，申山寅向。

方位：东北。

数目：三、七。

五音：角。

五味：酸。

五色：青。

姓氏：林、程、乔、杜、曹、苏、梁、曾，带木字旁姓氏。

四、卯阴木，在震宫。

卯为门窗、门户、家具、床帐、木器、庄稼、竹木、篱笆、琼林。其形冲。

概念：急速、快、流动、流浪、逃亡、摇摆、震动、盗窃、偷、偷看、文化、艺术、祥和、欢乐、柔术。

天时：雷、雨水，宿氐、房、心，天蝎座

地理：正东方、寺庙、景点、要冲要塞、往来出入之地、门户、关隘、草地、庄稼地、有小树的地、山林、公园、园艺、道路、风、桥、月亮、船厂、木场、家具厂、旅店、客店。

身体：肝脏、肝胆、双鬓、手指、手臂、颈椎、四肢、腰、筋、毛发。

人物：木工、船夫、水手、车夫、驾驶员、司机、术士、僧尼、淫妇、风流男人、小孩、长子、易冲动的人、开快车的驾驶员、劲女、富贵的女人、母亲、偷东西的人、艺人。

人事：舟车往来、征战用兵、淫乐及与淫妇、风流男人有关之事。

时序：春天，二月，卯年月日时。

静物：窗户、门、门楼、楼阁、帷帐、乐器、笙箫笛簧、吉他、打击乐器、弹拨乐器、键盘、计算器、衣架、木梳、经幢、幡旗、树木、木材、建材、草木、花木、灌木、绳索、木棒、兵器、织物、被子、毯子、建筑、车、船、街道、篱笆、网络、机构、摩托艇、竹制品、家具、椅子、床、报纸、图书、药材。

动物：兔、狐、貉、兔子、青蛙、松鼠、鹿、羊、螳螂、蜻蜓、蜘蛛、蚊子、蝴蝶、蝈蝈、马蜂、蚂蚁。

植物：柳、杏、桃、树木、芦苇、竹子、富贵竹、文竹、爬山虎、丝瓜、牵牛花、藤萝、菊兰、吊兰、兰花、荸荠。

家宅：利正东，靠近公园景点之所，交通要塞之地。

饮食：细蔬、羊肉、米粮、面食、兔肉。

婚姻：宜乐师技艺、吃斋念佛之家，忌风流淫逸。

求利：正东方，宜园林花卉之利、家具木器之财。

求名：东方成名，主持农事农艺、木工，利见闲人。

出行：宜向东方、园林景点之处。宜遇闲逸之人。

生育：头胎生女，多生淫逸。秋产有难。

疾病：神经系统之疾、肝病、四肢不利。

坟墓：正东方，木形之山，酉山卯向。

方位：正东。

数目：四、六。

五音：角。

五味：酸。

五色：青。

姓氏：柳、李、茅、杨、董、雷、卢、梁、带草头旁姓氏。

五、辰阳土，在巽宫。

辰为湿土、为港湾、为水库、为鱼塘、为坟茔、为牢狱、为天罗、其形圆。

概念：官司、词讼、牢狱、枪毙、自杀、死丧、仇恨、焦虑、惊恐、恐怖、困难、艰苦、凶恶、凶象、打斗、斗争、不屈、孕育。

天时：龙卷风、温、天罡星，角、亢宿，天秤座。

地理：东南方、游泳场、水库、池塘、浅滩、沼泽地、堤岸、沟渠、水井、田地、田园、水立方、屠宰场、垃圾站、港湾、政府机关、司法机关、监狱、拘留所、劳改场、医院、教堂、寺院、龙庙、破墙、走廊、泥泞的路、庄稼、土堆、坟地、建筑。

身体：胃、鱼尾、肋、左胸、肩、腹部、消化系统、膀胱、内分泌、肌肤。

人物：狱官、狱卒、渔夫、渔翁、渔民、垂钓者、屠夫、刽子手、大将军、军人、门卫、看门人、打更人、特工、间谍、黑社会、恶人、流氓、囚犯、杀人犯、医生、护士、病人、死人、捕猎者、大胸的人、斜视人、勾引人的人、用美色征服人的人。

人事：讼狱、捕捞、清洁、清洗，与将军、屠杀、屠宰、有关之事。

时序：春天，三月，辰年月日时。

静物：湿土、瓶子、盆、碗、瓦、瓮、缸、桶、罐、胸罩、药品、旗帜、花泥、卫生洁具、污水设备、土产、中药、牢狱、车辆、机器、大机构、旧物、思想、网络、度量衡器具、卷尺、筛网、箱包、行李箱、提包、手包。

动物：龙、鱼、金龙鱼、打斗的动物、虫子、蜥蜴、鱼类、蝴蝶。

植物：花、水葫芦、水生植物。

家宅：利东南，近水之所，及靠近湖面水景之所。

饮食：水菜、海鲜、水产、酒食、面食。

婚姻：宜司法刑狱之家，女人掌管说服教育。

求利：东南方，宜鱼盐水利、清洁、清洗之财。

求名：东南成名，利见主持刑狱、渔人、水产业、水处理业人士。

出行：宜向东南方，湖景水库之处。

生育：头胎生男，多生富贵。秋产有难。

疾病：神经系统之疾、性病、肠炎泄泻。

坟墓：东南方，土形之山，戌山辰向。

方位：东南。

数目：五、十。

五音：宫。

五味：甘、略咸。

五色：黄。

姓氏：郭、田、庞、陈、郑、袁、龙、鱼，带土字旁姓氏。

六、巳阴火，在巽宫。

巳为炉冶、为窑场、为火化场、为影视、为网络、为风扇、为铛锅、为小龙、为蛇。其形旋。

概念：炫丽多彩、光、光亮、玄光、变化、弯曲、摇摆、缠绕、花纹、网格、性感迷人、吸人眼球、魂牵梦绕、意乱情迷、狡诈、怪异、惊讶、惊恐、忧愁、诱惑、疑惑、思考、讨债、电子、信息、争斗、盯、祈索、乞丐、轻狂、流血。

天时：热、闪电、太乙星。翼、轸宿，室女座。

地理：东南方、邮传驿站之地、弯曲的河流、弯曲的路、化工厂、砖厂、窗、凉台、娱乐场所、赌场。

身体：心脏、小肠、血循环系统、三焦、咽喉、面、齿、眼目、神经、肛门。

人物：邮差、网络工程师、程序员、设计师、匠人、将军、跟火有关的、举火把的、抽烟的人、厨师、钢铁工人、锅炉工、窑工、陶瓷工、砖瓦厂工作人员、迷人的、吸人眼球的、漂亮女人、爱穿格子衣服的、头发卷曲着、摇摆的人、妖女、怪异的人、精神病、爱做梦的人、文艺工作者、歌手、乞丐、犯法的人。

人事：温暖、文化、思想、幻想、务虚、变化、炼钢、烧结、铸造、设计、演艺、与将军征战有关之事。

时序：夏天，四月，巳年月日时。

静物：灶具、厨具、铛锅、电机、电器、显示器、投影仪、管乐、道路、寺观、楼台、闹市、网络、文章、色彩、影像、灯火、烟、烟雾、烟囱、烟花、灯光、火光、灯、蜡烛、发热体、电子产品、电器、电线、绳索、网格状衣物、辣椒、文字、书、瓷器、瓦、塔、扇子、电扇、吹风机、弓弩、弓箭、空调、换气扇。

动物：蛇、鳝、蚯蚓、龙、蜥蜴、飞鸟、飞虫、蝉、蝗虫、荧火虫、蝌蚪、鱼、小狗。

植物：凤凰花、牡丹、杜鹃、开小红花的植物、藤蔓植物、爬山虎、果实、红豆、花朵、灵芝、樱桃、鸡蛋花。

家宅：利东南，多搬迁，靠近邮局车站之所、冶炼铸造之地。

饮食：麻辣面、鸡肉、面食、饼食。

婚姻：宜书香门第、儒士风雅之家。女人掌管网络信息。

求利：东南方，宜文化用品、礼品、烹饪、冶炼、焚化、火化、信息网络或钢铁金属之财。

求名：东南成名，利见主持礼仪宴乐、儒人、文化、信息媒体、影像、礼品、冶炼、焚化、火电、太阳能界人士。

出行：宜向东南方、信息影像之所、车站通达之地。

生育：头胎生女，多生温顺之女，秋产有难。

疾病：呼吸系统之疾、心病、肠炎、瘢痕。

坟墓：东南方，火形之山，亥山巳向。

方位：东南。

数目：六、四。

五音：徵。

五味：苦。

五色：红。

姓氏：朱、郝、楚、龚、焦、南、夏、耿、姚，带火字旁姓氏。

七、午阳火，在离宫。

午为眼、为额、为升降、为输送、为衣架、为旌旗、为笼屉，其形高。

概念：光、光明、光亮、光彩、火光、佛光、华丽、亮丽、吸人眼球的、化妆、美容美发、漂亮、怀孕、胎孕、好色、网络、信息、疑惑、诚信。

天时：炎热、干旱、天目星、柳、星、张宿，狮子座。

地理：正南方、光明、炎热、向阳之地、战场、高处、高地、山岭、歌舞场所、景色美的地方、大堂、敞亮之处、客厅、鸟巢、晚霞、彩云、冶炼厂、电影院、道路、马路、高速路、国道、省道、柏油路、水泥路、马厩、马棚、养马场、牧马场、图书馆、书店、书房、命馆、命相馆、起名工作室、周易预测工作室。

身体：额、眼、心、心包、上焦、小肠、舌、血液、神经、精力。

人物：文人骚客、画家、书法家、作家、先锋、传教士、骑士、驯马师、司仪、策划人士、谦虚谨慎之人、好打扮的人、漂亮的人、富翁、文艺工作者、歌舞表演者、舞女、演员、做广告的人、教徒、僧人、恐惧的人、流血的人、骑士、驯马师、马术运动运员、马术教练、武术运动员、散打运动员、秘书、情人、善良老人、父亲、母亲、少妇、孕妇、发烧者、烫伤者、养蚕人。

人事：文明文化、礼仪、娱乐、血光、热情、激动、冶炼、光彩、会见及与表彰有关之事、文联、作协、书法家协会。

时序：夏天，五月，午年月日时。

静物：衣物、衣架、火、灯、燃烧的、锅炉、炉灶、加热器、变压器、暖气、热水器、灯烛、酒食、食物、食品、厅堂、大厦、剧场、体育场、火器、电子产品、信息、广告、多媒体、文学、语言、文章、图书、吸人眼球的物品、烟花、炮竹、发出响声的、手机、电话、枪炮、裤子、丝绸、鸟巢、旗帜、旌旗、彩旗、书画。

动物：马、斑马、獐、鹿、蚕、螃蟹、贝类、甲鱼、乌龟、鸟类、猩猩、装饰好看的动物。

植物：含羞草、观赏植物、带花的植物、艳丽之物。

家宅：利正南、阳台、光明之所。

饮食：烧烤、凉面。

婚姻：宜文人之家，中女婚吉，女人掌管礼仪。

求利：正南方，宜文化用品、信息、文明礼仪之财。

求名：正南成名，主持礼仪，利见文人、媒体人士、冶炼焚化人士。

出行：宜向南方、首善之地、文明社区。

生育：头胎生女，多生文雅之人，冬产有难。

疾病：心脏血压之疾、眼病、肠炎、头肌炎。

坟墓：正南方，火形之山，子山午向。

方位：正南。

数目：七、九。

五音：徵。

五味：辣。

五色：紫红。

姓氏：马、许、冯、狄、朱、肖、姚、宁，带火字旁姓氏。

八、未阴土，在坤宫。

未为暖土、为木库、为厨房、为烟囱、为衣柜、为花园、为坟墓、为太常。其形迥。

概念：味道、食品、酒食、亲呢、吻、收获、喜庆、婚庆、宴会、会见、拜神、否定。

天时：暖、天酒星、宿井、鬼、巨蟹座。

地理：西南方、林场、田园、园子、公园、园林、村子、村落、屯子、寨子、山寨、赛场、羊圈、猪圈、庭院、井院、凉台、客厅、厨房、餐厅、起居室、大堂、酒店、茶馆、坑洞、地窖、水窖、地下室、寺庙、石柱、黄土地、监狱、水井、机井、泉眼、泉水、喷泉、堤岸、大坝。

身体：脾、腹、肠、消化系统、口腔、肌肤、脊梁、腕。

人物：园丁、农夫、庄园主、法师、牧羊人、匠人、主婚、祭祀之人、美食家、品酒师、品茶师、厨师、调酒师、茶艺师、肥胖的人、丰满的人、吹奏乐器者、化妆者、好打扮的人、亲吻的人、寡妇、鳏夫、妓女、教师、道人、皮肤干燥者。

人事：稼穑、种植、园艺、与酒筵、婚姻、休闲、陶冶、情趣、营造、祭祀有关之事。

时序：夏天、六月、未年月日时。

静物：木库、藏经楼、多宝阁、帷幕、布匹、绢帛、布料、印信、笙歌、木环、中草药、酒食、厨具、餐具、垣墙、仓库、庭院、墙堰、饰物、酒店、酒食、酒具、土产、建筑物、医药、化工、热毒、食物、香料、味精、瓷器、墙、砖、瓷砖、地板砖、瓦、炉、印、信、笔、衣裳。

动物：羊、鹰、犴、长颈鹿、海鲜、鱼类、骆驼。

植物：荷花、茶树、农作物、蔬菜、水果。

家宅：利西南、园林之所、靠近教堂、祭祀之地。

饮食：木果、酒食、辣椒、羊肉、面食。

婚姻：宜闹市、乡居、吃斋念佛之家、女人掌管府库。

求利：西南方，宜中草药、茶木蔬菜、婚宴祭祀之财。

求名：西南成名，主持大众仪式，利见文人儒士。

出行：宜向西南方，田园、宝库之处，宜遇司仪文士。

生育：头胎生女，多生平顺。冬产有难。

疾病：消化系统之疾、胃病、肠炎、腹疾。

坟墓：西南方，木形之山，丑山未向。

方位：西南。

数目：八。

五音：宫。

五味：甘。

五色：灰褐。

姓氏：朱、羊、高、魏、花、杜、井、章，带土字旁姓氏。

九、申阳金，在坤宫。

概念：动、传递、运输、运动、穿梭、伸展、舞动、打仗、战斗、交易、问题、阻碍、疾病、凶恶、玄妙、意识、境界、精神、神秘、时间、吃惊、裸体、好色、淫乱。

申为传送、为行人、为路人、为铁艺、为商贾、为骨骼、为走廊，其形转。

天时：秋、天钱星、阴阳宫、觜、参宿，双子座。

地理：西南方、矿厂、医院、西医、轨道、道路、城池、名都、祠堂、旅馆、旅店、宾馆、车站、交通枢纽、中转站、交通便利之地、快递公司、店铺、商店、超市、小卖部、悬崖、山崖、巨石、采石场、灵柩、墓地、神殿、机械厂、碾坊、磨坊、水之源头、河流、江河、河道。

身体：大肠、肺、骨、脊椎、腰椎、肾小球、内分泌系统、气管、食道、牙齿、骨骼、经络。

人物：行人、路人、旅行者、走夫贩卒、商贾、猎户、耍猴人、台柱子、传令兵、通讯员、交通员、快递人员、物流人员、接线员、运动的人、冶炼者、石匠、石雕艺人、玉石收藏之人、打架的人、恶人、警察、军人、武士、战士、漂亮的人、好色的人、魔术师、商人、企业家、医生、带孝的人、祭祀的人、僧人、神、神父。

人事：道路交通、商贾贸易、通讯传送之事、军队、司法、金融、快递、物流。

时序：秋天、七月、申年月日时。

静物：银行、神楼祠庙、碾、磨、给排水设备、传送带、矿物、机器、车辆、铁器、硬物、铲、车、兵戈、金属制品、金银、刀剑、武器、飞机、车、门、石头、石块、水泥制品、药物、医疗设备、孝服、经文、纱、羽毛、掸子、弹簧、蛋、路由器、服务器。

动物：猴、猿、猱、鸟类、虎、豹、豺狼、猫、狮子。

植物：葱、姜、蒜、大麦、核桃、板栗、榴莲、带刺的东西、仙人掌、芦荟、黄瓜。

家宅：利西南、多人际往来、靠近银行金店。

饮食：水果、酒食、果汁、饮料、面食。

婚姻：宜商贾之家，女人掌管票据、会计。

求利：西南方，宜商贸交易、中转之利，金属铁艺之财。

求名：西南成名，主持审计、监察，利见贵人

出行：宜向西南方，商贾云集之处。

生育：头胎生男，多生武贵，春产有难。

疾病：骨骼运动系统之疾、骨病、肠炎泄泻。

坟墓：西南方，金形之山，寅山申向。

方位：西南。

数目：七、九。

五音：商。

五味：辛辣。

五色：白。

姓氏：申、侯、袁、晋、商、贾、钱，带金旁姓氏。

十、酉阴金，在兑宫。

酉为牙齿、为肺脏、为钟表、为刃具、为酒器、为婢妾、为金银，其形矩。

概念：交易、金钱、金融、商务、密谋、策划、阴私、阴谋、暗中行

事、诱惑、赌博、淫欲、精致、完美、咬。

天时：躁、白露，胃、昴、毕宿，金牛座。

地理：正西方、山岗、城池、城市、城邦、道路、跑道、街巷、街道、沼泽之地、寺院、酒店、银行、妓院、房子、光滑的地、停车场、赌场、银行、证券交易所、广播电台、剧场。

身体：肺、唇齿、口、咽喉、呼吸系统、肋、小肠、耳朵、牙齿、骨骼、臂膀、精血。

人物：乐师、巫师、妓女、调酒师、姬妾、从事说教工作的人、教师、律师、歌星、性感的人、善于装饰的人、精致的女人、金融工作者、经纪人、商人、文静的人、少女、受伤的人。

人事：革新、秘密、通奸、婚外恋、信息、传媒、法律、律师、技术、隐学、玄学、机巧、奸邪、妓、说唱表演、翻译、金融、。

时序：秋天，八月，酉年月日时。

静物：银楼、金石、手表、金银、首饰、金属制品、金银、钱币、信用卡、珠宝、水晶、玉石、匙盏、酒食、剑戟、铲锄、器皿、碑碣、钟表、门、窗、乐器、刀具、枪、宝剑、玻璃制品、镜子、茶具、酒具、口罩、假牙、乐器、胸罩、皮革、羽毛、洗衣机。

动物：雉、鸡、鸟、大型的鸟、火鸡、善叫的鸟、鹦鹉、鸽子、海鸥、孔雀。

植物：小麦、银杏、刺激性的植物、葱、姜、辣椒、蒜、洋葱。

家宅：利正西，靠近银行金店，富贵之家。

饮食：水果、酒食、鸡肉、凉皮。

婚姻：宜喜乐之家，女人掌管金融。

求利：正西方，宜金融证券、珠宝珍玩之财。

求名：西方成名，主持金融府库，利见富人。

出行：宜向西方，银楼宝库之处。

生育：头胎生女，多生美女，春产有难。

疾病：呼吸系统之疾、肺病。

坟墓：正西方，金形之山，卯山西向。

方位：正西。

数目：六、十。

五音：商。

五味：辛。

五色：白。

姓氏：金、石、吕、乐、赵、辛、商、白、带金字旁姓氏

十一、戌阳土，在乾宫。

戌为火库、为燥土、为炉冶、为烧原、为寺庙、为天牢、其形虚。

概念：虚幻、幻想、虚无飘渺、茫然、虚伪、虚假、伪装、欺诈、深邃、思考、宗教、境界、精神。

天时：寒露、河魁、奎、娄宿，白羊座。

地理：西北方、草原、旷野、冶炼厂、窑冶、田垄、坟墓、土堆、土岗、岗岭、高岗、高坡、山岭、古物、庙宇、寺庙、加油站、电站、学校、编辑部、影院、闹市、市场、建筑、高楼、监狱、牢房、拘留所、劳改场、墙壁、堂屋、洗手间。

身体：命门、心、心包、背、胃、鼻、肌肉、腿、踝足。

人物：歌迷、戏迷、音乐人、演艺人员、守卒、门卫、养狗的人、善人、恶人、军人、士兵、警察、罪人、黑社会、强盗、义士、学佛的人、僧尼、居士、教徒、长者、猎人、建筑工人、农民、乞丐、奴仆、保姆、勤杂工。

人事：娱乐、冶炼、刑狱、刑法、歌舞、色情、化工、数学。

时序：秋天，九月，戌年月日时。

静物：炉子、窑、武器、军火、枪支弹药、打火机、火柴、燧石、液化气、天然气、铁石、煤炭、煤矿、盔甲、甲胄、钢盔、头盔、印章、印信、互联网、建材、骷髅、臭秽之物、烧制品、陶瓷、瓷器、坛子、缸、瓦、砖、玻璃制品、佛像、服装、鞋子、镣铐、锁、钥匙、充电设备、变压器、农具。

动物：狗、狼、豺、驴。

植物：沙棘、蒺藜、耐旱的植物、仙人掌、红柳。

家宅：利西北，音响、家庭影院，靠近娱乐场所

饮食：哈密瓜、烧酒、炸货、烤肉、面食。

婚姻：宜远方之家，女人能歌善舞。

求利：西北方，宜能源煤炭钢铁之利，珠宝珍玩之财。

求名：西北成名、主持资源开发、利见富人。

出行：宜向西北方、能源宝库之处。

生育：头胎生男，多生富贵。春产有难

疾病：呼吸系统之疾、肺疾、咳喘。

坟墓：西北方，土形之山，辰山戌向。

方位：西北。

数目：五、十。

五音：宫。

五味：甘。

五色：黄。

姓氏：黄、魏、宫、邢、秋、乐，带火，土字旁姓氏，带戌字，如戚、盛、臧等。

十二、亥阴水，在乾宫。

亥为神浆、为乳汁、为乳房、为葫芦、为玄机、为天门、为天皇，其形肥。

概念：害怕、胆怯、疑惑、惊讶、危险、恐惧、炫丽、炫耀、眩晕、醉、色情、性崇拜、淫秽、隐私、偷情、偷盗、偷看、肮脏、沉溺、流动、湿、洗澡、光明、黑暗中的光、漂亮、祈祷、祈索、召见、欺诈、争斗、圆形的。

天时：雨、寒、霜露、天耳星，室、壁宿，双鱼座。

地理：西北、江河流水、楼观道观、宝殿楼阁之地、有水的地方、河流、湖、瀑布、池塘、沟道、水井、菜地、湿地、游泳池、浴场、洗浴中心、庙宇、寺院、塔、亭台、洗手间、渡口、车站、蓬子。

身体：头、头发、乳房、内分泌系统、足、肾、膀胱、尿道、血脉、经血。

人物：贵夫人、奶妈、儿童、小孩、匠人、修行者、国家栋梁、智者、天真聪明之人、性感的人、风流人物、裸体者、醉酒的人、喝饮料的人、打伞的人、害怕的人、哭泣的人、乞丐、祈祷者、游泳的人、与液体打交道的人、学玄学的人、数术人士、命相人士、僧人、道士、医生、演员、艺人、养猪者、水利工作者、水手、船夫、渔人。

人事：欢宴、醉酒、淫逸、富贵征召及与女人有关之事、沈溺、心志、科技、运算、数字、思想、灌溉、水利、航运。

时序：冬天，十月，亥年月日时。

静物：笔墨、书契、书画、文字、车蓬、伞盖、帷幕、匙盏、酒、茶、饮料、酒具、茶具、碗、水产、水珠、珍珠、药汁、口服液、毒药、尿液、便池、雨具、斗笠、雨伞、雨衣、杯子、饮水机、被子、窗帘、灯罩、纱帐、帐蓬、墨镜、毛皮、帽子、鞋、网络、圆环、圆环的绳带、圆环、圆状物、秋千、猪肉制品。

动物：猪、鱼、熊、龙、蛟、熊猫、狡猾的动物、狐狸。

植物：葫芦、水中植物、藕、荷花、菱角、大王莲、水草、梅花。

家宅：利西北，近水之所，靠近政府驻地、富贵门第。

饮食：水果、酒食、奶品、酢酱、米盐。

婚姻：宜贵人之家，忌淫邪之人，女人掌管后宫。

求利：西北方，宜鱼盐水利，笔墨文章之财。

求名：西北成名，主持后宫之职，利见富贵妇人。

出行：宜向西北方，有水之处，宜见贵妇。

生育：头胎生男，多生文贵。春夏产有难。

疾病：生殖系统之疾、性病。

坟墓：西北方，水形之山，巳山亥向

方位：西北。

数目：一、六。

五音：羽。

五味：腥、淡。

五色：乳白色。

姓氏：张、王、鲁、范，带点水旁姓氏。

六亲类象

在数术中，六亲是指父母、兄弟、妻财、子孙、官鬼，实际上是五亲。这与社会学上的六亲，比如"六亲不认"的六亲，不完全相同。社会学上的六亲当今泛指亲属。但在历史上"六亲"有特定的内容，其代表性的说法有三种：1.《左传》六亲说：父子、兄弟、姑姐（父亲的姐妹）、甥舅、婚媾（妻的家属）及姻亚（夫的家属）。2.《老子》六亲说：父子、兄弟、夫妇。3.《汉书》六亲说：父、母、兄、弟、妻、子。后人比较赞同第三种说法，因为此说在血缘和婚姻关系中是最亲近的。

六爻、八字中六亲有重要作用，但在奇门遁甲中，转盘各流派一般不用六亲。本门所传鸣法飞盘奇门遁甲特别重视六亲，所以这里专门讲解奇门遁甲中的六亲。

前面提到，奇门遁甲中的六亲实际上是五对：父母、兄弟、妻财、子孙、官鬼。每一对都细分为两部分：父母细分为父和母；兄弟细分为兄和弟；妻财细分为妻和财；子孙细分为子和孙；官鬼细分为官和鬼。因此，鸣法体系中有时称六亲为十格。鸣法中的六亲是根据每宫天盘奇仪与时干的关系确定的。以时干为我，生我者为父母，与我同行者为兄弟，我克者为妻财，我生者为子孙，克我者为官鬼。

同时，奇门遁甲中也借用八字里面的概念，根据天盘干与时干的阴阳性质进行细分：

父母宫又称为印绶宫。父母之干与我之天干阴阳异性者又称为正印，与我阴阳同性者又称为偏印。

兄弟又称比肩、劫财，阴阳同性者为比肩，阴阳异性者为劫财。

妻财与我阴阳异性者又称为正财，阴阳同性者又称为偏财。

子孙与我同性者又称食神，异性者又称伤官。

官鬼与我同性者又称七杀，异性者又称正官。

	比和者		我生者		我克者		克我者		生我者	
	比肩	劫财	食神	伤官	偏财	正财	七杀	正官	偏印	正印
甲时	甲	乙	丙	丁	戊	己	庚	辛	壬	癸
乙时	乙	甲	丁	丙	己	戊	辛	庚	癸	壬
丙时	丙	丁	戊	己	庚	辛	壬	癸	甲	乙
丁时	丁	丙	己	戊	辛	庚	癸	壬	乙	甲
戊时	戊	己	庚	辛	壬	癸	甲	乙	丙	丁
己时	己	戊	辛	庚	癸	壬	乙	甲	丁	丙
庚时	庚	辛	壬	癸	甲	乙	丙	丁	戊	己
辛时	辛	庚	癸	壬	乙	甲	丁	丙	己	戊
壬时	壬	癸	甲	乙	丙	丁	戊	己	庚	辛
癸时	癸	壬	乙	甲	丁	丙	己	戊	辛	庚

六亲十格表

示例：

2012年9月12日08：25

壬辰年　己酉月　丙子日　壬辰时　甲申遁庚　（时空：午未）

白露下元　阴六局　天辅星值符　杜门值使

甲申 九地 天心戊 伤门 值四庚	戊子 太阴 天芮壬 生门 白九丁	丙戌 值符 天辅庚 休门 阴二壬
乙酉 九天 天禽己 死门 蛇三辛	壬辰 玄武 天柱乙 杜门 天五己	庚寅 白虎 天英丁 开门 玄七乙
己丑 六合 天蓬癸 惊门 常八丙	丁亥 螣蛇 天冲辛 景门 合一癸	辛卯 太常 天任丙 中门 地六戊

本例中时干是壬，即以壬为我。天盘壬字在离九宫，在此宫右上角标上"时"字，代表时干所在之宫。

壬属水，金生水，庚金、辛金生我，生我者为父母。其中，庚为阳干，为父；辛为阴干，为母。所以凡某宫中天盘奇仪为庚者当标为父，天盘奇仪为辛者当标为母。本例中天盘庚在坤二宫，所以坤二宫为父；天盘辛字在坎一宫，所以坎一宫当标为母。我为壬，是阳干，辛为阴干，与我异性，故为正印；庚干为阳，与我同性，故为偏印。

与我同行者为兄弟，壬属水，癸亦属水，与我同行，所以天盘癸所在之宫为兄弟。到底是兄还是弟？由于十天干顺序中癸在壬的后面，为弟。所以癸所在的艮八宫为弟宫。

我克者为妻财。壬水克丙火、丁火，所以丙、丁为妻财。其中，与我阴阳异性者为妻，阴阳同性者为财。丙与壬同为阳，所以丙所在之乾六宫为财宫；丁与壬阴阳异性，所以天盘丁所在之兑七宫为妻宫。

我生者为子孙。壬水生甲木、乙木。其中，阴阳异性者为子，阴同性者为孙。乙为阴木，与壬阴阳异性，故为子。这里涉及甲，需要解释一下。由于奇门遁甲中的甲总是隐遁在六仪之下的，天盘奇仪不会出现甲字。所以，只需在乙木所在之中五宫标上子即可。

克我者为官鬼。阴阳同性者为鬼，阴阳异性者为官。戊土、己土克壬水，其中戊为阳干，与壬干同性，为鬼；己为阴干，与壬干异性，故为官。同性者又称七杀，异性者又称正官。

把六亲或十格填入盘面中之后的完整局面如下：

2012年9月12日08：25

壬辰年　己酉月　丙子日　壬辰时　甲申遁庚　午未空

白露下元　阴六局　天辅星值符　杜门值使

甲申　鬼 九地 天心戊 伤门 值四庚	戊子　时 太阴 天芮壬 生门 白九丁	丙戌　父 值符 天辅庚 休门 阴二壬
乙酉　官 九天 天禽己 死门 蛇三辛	壬辰　子 玄武 天柱乙 杜门 天五己	庚寅　妻 白虎 天英丁 开门 玄七乙
己丑　弟 六合 天蓬癸 惊门 常八丙	丁亥　母 螣蛇 天冲辛 景门 合一癸	辛卯　财 太常 天任丙 中门 地六戊

十格类象

父母类象

父、母、正印、偏印共同类象

人伦类：长辈，贵人，师长。男命代表母亲，女命代表祖父，女婿。

文书印信类：印章、文书、证件、合同、协议，各种卡片，比如银行卡、优惠卡、充值卡等等。

文明类：智力、智能、知识、荣誉、奖励、后台、学术（正印为正统学术，偏印为非正统学术）、学位、执委、权力、名誉、地位、福寿等。

保护遮蔽类：事业、单位、工作场所、住宅、衣服、车、轿子、靠山、保护伞、自我保护、医药；

身体：头、头发、皮肤、四肢。

其他：劳碌奔波。

正印之类象

正印因是日主异性之生，其含义为"能使我生长，且与我关系良好的"。

正面心性：聪颖仁慈，淡薄名利，逆来顺受。正统、内向、不张狂、稳重、守常、喜静不喜动、仁慈、爱心、淡泊名利、忍耐、宽容、尊严、重名节，有操守、不擅奉迎、重感情、奉献、爱心、有修养、有宗教心、慈祥、忍辱负重、勤恳耐劳、缓冲、调济、厚重、没有意见、平安而有福气。

负面心性：易流于庸碌，思想保守、缺乏进取，反为迟钝消极。缺乏独立、随大流、无主见、缺乏情绪力、缺乏感触力、缺乏流畅性；知足、呆滞、犹柔寡断、领悟能力差。在没有压力（官杀主压力）的情况下，易流于懒惰。

职业：公务员、教师、文化人、宗教、慈善事业、护士等。

偏印类象

偏印又是与日主同性之生，是不情愿的生，"生我且斥我"，就如同跟继母生活在一起一样，日主的心性就会变得非常敏感，其心性含义为：

正面：有思考力与领悟力、敏感、灵活、机智、心眼多、精明、有谋略、脑子好、创意、发明、不爱学习教课书、不随大流、严肃、孤独、有宗教心。

负面心性：自私、懒惰、冷淡、福薄、挑剔、呆头呆脑、不通人情、无福享受。

职业：技术性的职务、医生、艺人、五术业、宗教、咨询师、律师、记者、编辑、情报员、侦察员、设计师、技术人员等。

官鬼类象

官、鬼、正官、七杀共同类象

职务、官职、权力、名望、管理、法规、官司、法院、牢狱、忌恨、官灾、财富；

人物：上司、老师、长辈、父亲、丈夫或情人（女命）、子女（男命）、敌人、小人、恶人、盗贼；

身体：神经、外伤、疾病。

其他：伤灾、官非。

正官之象

正官是与日主异性之克，有情之克，其含义为：约束力、规劝力和压制力。其性纯正，具有约身引善之能，是人立身之本。

正面心性：正统、守法、正道、规矩、传统、高贵、文雅、忠孝、自制、顺从、责任感、正义感、良知感、客观、理性、刻板、严肃、正规教育、学业、家教、德性、责任。

负面心性：胆小怕事、墨守成规、唯唯喏喏、自卑。

职业：公务员、文官、教师、法官、公职等。

七杀之象

七杀是与日主同性之克，无情之克，其含义为：打击、压制、暴力、权威。其性刚雄，具有叛逆称霸之性，须制化方可驾驭。

正面心性：心智、聪慧、欲望、权威、志气、努力、闯劲、气魄、好强、冲动、刺激、节制、规律、严厉、义气、洞查力、感动力、感召力、机警、敏捷、疾恶如仇。

负面心性：野心、专制、暴力、独断、霸道、匪气、压迫、打击、怨恨、仇恨、恶毒、脾气暴烈、心黑手狠、凶悍；或者多疑、惊悸、性格深沈。

职业：警察、法官、纪检、督查、军职、执法部门之官员、政治家、谋略家、律师、教师、医生等。

七杀逢凶格，则不能为公职，有可能走向坏的一面，如罪犯、匪徒、懦弱者、病人。

妻财类象

正财、偏财共有之象

钱财类：金钱、财物、房产、家业、一切值钱之物。

人物：下属、雇员、仆人、父亲、儿子、妻子或情人（男命）；

身体：一切分泌物与排泄物、饮食、血液、呼吸。

其他：欲望、情欲、享受、本事；

正财之象

正财为日主异性所克者，其含义为：我肉身所控制或限制，又与我关系亲密，能为我所享用之物或者人，且为我所珍爱。凡是正当的，名正言顺的受我支配的金钱、财物或人都属于正财。

正面心性：正常而不思非份、自足、正当、节俭、保守、重情感、珍爱、专一、执着、才气、沟通能力。

负面心性：患得患失、吝啬、不思进取，好逸恶劳、不爱学习（由于妻财克父母，而父母是学习、文化的符号）。

职业：工薪阶层、教师等。

偏财之象

偏财为日主同性所克者，其含义为：我所能控制的任何具体之物或事件，但却不执着在这个事或物上。偏财之财是一切非工薪所得，如股票、礼金、赠予、受贿、博彩、投机、借贷、中介、生意、谋营、非法之财、不义之财等。

正面心性：慷慨、大方、轻财、交际、手段、技艺、多情、浪漫、桃花。

负面心性：非份之想、意外、投机、欲望、好色、风流、伪装。

职业：生意人、企业家、服务业、证券业、咨询业、律师、演说家等。

兄弟类象

比肩与劫财共有之象

情势：合作、竞争、作为、机械、拐杖、竞技、运动；

人物：兄弟、姐妹、朋友、同伙、对手；

身体：手足、四肢。

其他：犯小人、生气。

比肩类象

情势：我去行使权力，也表示我的合作者。

正面心性：自尊、自信、自我意识、自主能力、主观性、主动性、独立性、个性、果断、冷静、亲为、忙碌、坚持、私心、协同、合作。

负面心性：个性固执、刚愎自用、任性、傲慢、自以为是。

职业：运动员、教练员、体力劳动者、中介业、生意人、司机、江湖人等。

劫财类象

劫财为与日主异性相同者，其含义为助我，但有代价，因为劫财要分夺我之财，以争夺为其目标。其心性含义为：

胆量、强悍、攻击性、不通融、投机、炒作、运作、冒险、吹牛、争强好胜、急切、冲动、不合作、嫉妒、侵害、抢夺、占有。

命中劫财为凶神，如有功用，可以助我得财；如无功用，反致我破财遭灾。

命中劫财有用，则可能从事的职业有：运动员、武人、军人、券商、股民、资本运营商、赌徒、骗子、偷窃贼等。

子孙类象

子、孙、食神、伤官共同类象

精神生活、欲望、玩乐、思想、文章、言语、作品、艺术品、财富、花朵、景致；

人物：子女、小孩、学生、晚辈、祖辈的女性、母亲（食神）；

身体：嘴巴、舌头、生殖器、女性乳房、精子、经血。

其他：安泰。

食神类象

食神为日主同性生者，生而有情于日主，其含义为我的付出或我的精神世界。食神表现温和而平谈。

正面心性：善良、温和、厚道、内向、文雅、涵养、知足、大度、正义、体恤、才华、学习、感悟、口才、思想、境界、情趣、欣赏、浪漫、感染力、说服力、名声、奉献、爱心、享受、快乐、乐观、自由、服务。

负面心性：贪图吃喝玩乐、好为人师、话多。

食神是口才、灵感的符号。

职业：学者、老师、医生、咨询师、宗教家、思想家、律师、记者、官员、作家、美食家、演说家、主持人、音乐家、演艺人、翻译等。

伤官类象

伤官为日主异性相生，生而无情于日主，其含义为自我的放任与娇纵，同样是精神的产物，却因过分执着于自我表现而变得不切实际，违反常规。

正面心性：想象力、表现力、手艺、艺术、绝活、聪颖、创意、开拓、新鲜感、不爱学习教课书、捣蛋、不喜拘束、不服管束、好胜、生动、富变化、胆小、不安于现状、夸大、主观、豪迈、激情、风流、好色、多言、自傲、自我标榜、出风头。

负面心性：反叛精神、离经叛道、易走极端、显示个性、放荡、不修边幅、尖酸刻薄、嫉贤妒能、傲慢无礼、诡计多端、投机取巧、不守规矩、甚至破坏法律与破坏伦理道德，有犯罪意识。

职业：艺术家、大师、设计师、演员、律师、手艺人、生意人、导游、作家等。伤官对官员和公务人员有威慑力，故又代表实权官员、纪检人员、反贪官员、纠风办工作人员。

十神类象简表：

	正印	偏印	正财	偏财	正官	七杀	比肩	劫财	伤官	食神
功用	我之气源且庇护我者		养命之源和占有之物		身份与地位，也为官灾、官非		为我用则能帮我、助我，为害则夺我之财		精神追求，有时也可获取功名、利益	
六亲	母亲 父亲	继母 祖父 外戚	妻子 父亲	父亲 妾	父亲 女儿	父亲 儿子	兄弟 姊妹	兄弟 姊妹	儿子 祖母 公婆	女儿 母亲 外婆
人物	长辈、师长		下属、仆人		领导、老师		朋友、同伙		学生、晚辈	
事物	文化、地位、权印		金钱、女人、财物		官职、官非、疾病		合作、竞争、帮助		精神、享乐作品	
身体	毛发、皮肤		精血、呼吸		外伤、疾病		手足、四肢		口、舌、窍	
场所	学校、医院、学术机构		经营场所、银行、交易所		政府机构、法院、监狱		竞技场、体育场		娱乐场所、休闲场所、厕所	

十二长生

五行有十二长生状态，因而具有五行属性的数术符号都有十二长生状态，比如天干、地支、八卦、九星、八门、九神，都有十二长生状态。十二长生是指：长生，沐浴，冠带，临官，帝旺，衰，病，死，墓，绝，胎，养等十二种状态。读者需要按上述循序就牢记十二长生。

推算长生的方法有两种，一种是四大长生，另一种是十干长生。

四大长生

先讲四大长生。四大长生其实就是五行长生。在地支掌诀上先记住五行的长生点，顺时针依次是长生，沐浴，冠带，临官，帝旺，衰，病，死，墓，绝，胎，养。请看下表：

五行	长生	沐浴	冠带	临官	帝旺	衰	病	死	墓	绝	胎	养
金	巳	午	未	申	酉	戌	亥	子	丑	寅	卯	辰
木	亥	子	丑	寅	卯	辰	巳	午	未	申	酉	戌
水、土	申	酉	戌	亥	子	丑	寅	卯	辰	巳	午	未
火	寅	卯	辰	巳	午	未	申	酉	戌	亥	子	丑

四大长生表

上表解释：例如金，长生在巳，顺时针以下依次是沐浴在午、冠带在未，等等，直到养在辰。其他类推。其他每一个五行都是单独有一个长生之位，但是，水和土的长生都在申，所以五行变成了四大。

凡是具有五行属性的符号都用四大长生，比如地支有五行，八卦有五行，九星、八门，甚至九神都有五行。比如，开门属金，它也一样遇到地支巳，以长生论。但是天干却还有另一种论长生之法，即十干长生。请见下节。

十干长生

它不是甲、乙木都以木论，而是分阴分阳，阴阳两干各自不但起长生的位置不同，连十二长生的顺序都不一样，阳干顺行，阴干逆行。十干长生表见下：

天干	长生	沐浴	冠带	临官	帝旺	衰	病	死	墓	绝	胎	养
甲	亥	子	丑	寅	卯	辰	巳	午	未	申	酉	戌
乙	午	巳	辰	卯	寅	丑	子	亥	戌	酉	申	未
丙	寅	卯	辰	巳	午	未	申	酉	戌	亥	子	丑
丁	酉	申	未	午	巳	辰	卯	寅	丑	子	亥	戌
戊	寅	卯	辰	巳	午	未	申	酉	戌	亥	子	丑
己	酉	申	未	午	巳	辰	卯	寅	丑	子	亥	戌
庚	巳	午	未	申	酉	戌	亥	子	丑	寅	卯	辰
辛	子	亥	戌	酉	申	未	午	巳	辰	卯	寅	丑
壬	申	酉	戌	亥	子	丑	寅	卯	辰	巳	午	未
癸	卯	寅	丑	子	亥	戌	酉	申	未	午	巳	辰

十干长生

上表解释：例如，甲木长生在亥，阳干顺行十二长生，所以子为沐浴，丑为冠带，等等，直到戌为养；乙木长生在午，阴干逆行，所以巳为沐浴，辰为冠带，等等。其他各干类推。

四大长生与十干长生的对应规律：阳干的长生起点和顺序与四大长生相同；阴干长生起点在阳干死（十二长生之一）的位置，即所谓阳死阴生。而且，阴干的长生顺序与阳干相反。

十二长生类象

长　生

概念：其包含有出生、生长、来源、起点、帮助、哺育、根子、根基、原始、苏醒、获救、救助、产生、寻找、得到、发生、吃饭、靠山、依靠、凭借、源泉、关爱、帮助、抚养、能力、诱惑力、有实力、享受、修炼、长寿。

地理：客厅、庭院、田间、充满活力的地方、公园、生活区、大自然。

动物：抚育的动物、喂养的动物、长寿的动物。

植物：正在生长的植物、依靠的植物、花叶贴在一起的植物。

静物：使人长寿的物品、长寿面、镜子、茶壶、伞。

人物：关爱他人的人、被人依靠的人、帮助别人的人、长寿的人、耶稣、寿星。

沐　浴

概念：洗澡、入水、裸体、淫乱、淫亵、两性关系、桃花、脱衣、暴露、大小便、光秃秃、光溜、光滑、睡觉、破败、难看、无耻、滋润、恩泽、好处、有利、享受、照顾、公开、坦诚、简单、单纯、目光短浅、被识破、失败、漂亮、吸引、调理、清理、清除、清洁、洗涤、娱乐、休闲。

地理：带水的地方、浴池、卫生间、美容院、洗浴中心、游泳池、更衣室、卧室。

动物：相恋的动物、刚出壳的动物。

植物：嫩的、脆的、刚经过风雨的植物、桃花、嫩芽。

静物：简单的物品、洗浴用品、坐便器、水龙头、粪便、咖啡、蜡烛、热水器、清理用品、垃圾筒。

人物：光身的、穿的少的人、清理工、失败的人。

冠　带

概念：包装、打扮、宣传、修饰、品牌、复杂、城府、伪装、遮盖、假的、深藏、深沉、穿衣、整装、和衣、装饰、衣服、升级、荣誉、戴帽、入伍、遮盖、外表、高贵等。

地理：装饰的、背阴的、遮盖的地方、被修饰过的地方、复杂的环境、被遮盖的环境、有广告宣传的地方、日食、白雪覆盖的地方。

动物：伪装的动物、竹节虫、变色龙、用修饰带来的漂亮动物、孔雀、隐藏的动物。

植物：经过修剪、修饰过的植物、遮盖的植物。

静物：遮掩的衣服、化妆用具、面具、装饰品、化妆品、梳妆台、帽子、包装品、隐藏复杂的东西。

人物：化妆复杂的人、戴帽子的人、正在修剪的人、园艺工、深沉的人、休闲的人。

临　官

概念：保护、禄、经济、领袖、正在工作的、当官的、旗帜、公家的、官府、有男人在身边、巴结当官的、阿谀奉迎、出仕、当官、拍马屁、有官运、有地位、公务员、自力更生、自我努力、成长、快要成功、国营、危险、有病、灾祸、离死不远等。

地理：工作场所、办公室、工作区、建筑区、车间、田间、机场。

动物：正在捕获的动物。

植物：正在捕捉的、含苞待放的植物。

静物：皇冠、帽子、带盖的东西、钥匙、锁、钱、货币、商品。

人物：正在工作的人、领导、保镖、秘书、耕种者、戴帽子的人、盘头的人。

帝　旺

概念：荣发、发达、得意、精神、兴奋、神气、有力、雄壮、高大、擅长、强大、辉煌、欣欣向荣、腾达、有权、极限、高潮、顶点、豪华极致、富有、巅峰、强盛、收获、完美、极为美丽、霸道、最高元首、领袖、血光。

环境：京都、会所、豪华极致场所、最美的地方。

动物：为王的动物、凶猛的、完美的动物、虎、狮子、蛇、蝎、鹰。

植物：名贵的花、高大的植物、霸王花、霸王鞭、帝王树、仙人掌。

静物：名贵、极致的物品、比较完美的物品。

人物：到达巅峰的人、最完美的人、国家领导人、指挥、球王。

衰

概念：无力、软弱、衰弱、衰老、虚弱、弱小、力小、矮小、胆小、疲倦、虚弱、脆弱、不景气、弱智、败落、失落、破旧、倒霉、退缩、没靠山、弱点、无能、没本事、不学无术、高不成低不就、不敢反抗、悲伤、哀思、哭泣、走下坡路、无能为力。

环境：败落的环境、落叶、破旧的场所、废弃的环境。

动物：弱、衰老、无能的动物、休息的动物、疲倦的动物。

植物：凋零、败落的植物、残枝落叶、枯木、被虫咬了的植物。

静物：破旧、破损的物品、使人伤感的物品。

人物：疲倦的人、受伤的人、衰老的人、无能为力的人、休息的人、哀思、哭泣的人。

病

概念：生病、疾病、病灶、瘟神、讨厌、憎恨、仇人、仇视、不足之处、缺点、欠缺、毛病、弱点、漏洞、把柄、要害、心病、腐败、问题、突出、特殊、特别、不正常、动、升迁、迁移、牵挂、思考、贫穷、损坏。

环境：有问题的地方、破损的地方、动的环境、破旧的场所、流水的场所、突出的地方、活动的场所、坟墓、车站、裂缝、被堵的路、干裂的土地、门。

动物：会动的、和水有关的动物、突出的动物、迁徙的动物。

植物：受损的、苍老的、突出的、凋谢的、会动的、有问题的植物。

静物：夸张的、突出的、显眼的、毁坏的、转动的、破损、有毛病的物品、门、窗。

人物：有问题的人、不正常的人、突出的人、病态的人、护士、医生。

死

概念：死亡、死心眼、教条、墨守陈规、保守、钻牛角尖、认死理、一条道走道黑、不灵活、不能变通、滞留、终结、完蛋、没有余地、不景气、无生气、无活力、呆板、笨拙、想不开、心胸狭窄、无退路、寂静、安静、可怕、恐怖、危险、黑暗、冷酷、灵异、死亡、屠宰、毁坏、死板、死气沉沉、执行、悲伤、沉静、静止、稳重、休息。

环境：土地、沙漠、药店、医院、太平间、坟墓、纪念死人的地方、屠宰场、纪念碑、监狱、刑场、寺庙、天空、宇宙、银河系、毁坏的环境。

动物：行动慢的动物、死的动物、乌龟、蜗牛、牛、海参、海星、海螺。

植物：枯死、果实结在地下的植物、死的植物、生长慢的植物、松树、柏树、红薯、土豆、花生、藕、荸荠。

静物：危险品、致人于死地的物品、武器、凶器、神佛用品、神像、玩偶、经书、祭文、陪葬品、墓穴出土物、锁。

人物：过世的人、教徒、怪异的、灵异的人、死人、装死的人、吊唁的人、恐怖分子、危险的人、休息的人、医生、护士。

墓

概念：包容、收藏、埋藏、关闭、收拾、存放、管理、管制、属于、控制、操纵、指挥、包含、囊括、陷阱、不自由、入迷、受管束、被约束、捆绑、关押、保护、护卫、围拦、仓库、权限、昏沉、糊涂、黑暗、不流畅、不畅通、结束、阻力、堵塞、遮盖、遮挡、隐藏、夜晚、黑暗、昏暗、阴暗、阴影、夜晚、看不清、模糊、老实、实在、能力未发挥。

地理：遮盖的地方、大雾、洼地、阴沟、暗沟、地下通道、地井、地下室、山洞、地穴、窑洞、坟地、关押的地方、库房、塔、黑暗的场所

动物：行动缓慢的动物、蜗牛、熊、甲鱼、娃娃鱼、牛、狗、企鹅。

植物：低矮的、潮湿的植物、地下产东西的植物、红薯、花生、山药、菱角、芋头。

静物：盒子、柜、箱、包、钱包、袋子、面具、墨镜、鞋、壶、粮囤

人物：藏起来的人、穿的严实的人、老实人、被关押的人、被捆绑的人、被束缚的人、技术能力未发挥好的人。

绝

概念：无退路、危险、绝地、绝境、悬崖、分手、断绝、背水一战、失望、心灰意冷、死心、无可救药、无能为力、无情、冷酷、不通融、停止、消失、无影无踪、阻隔、隔绝、断、灭绝、失踪、消失、珍稀、绝版、绝种、转换、独特、极致、绝顶、绝对、尽头、极端。

地理：断了的地方、悬崖峭壁、尽头、隔绝的地方、水岸交接线、两个事物的交界点、天涯海角、顶峰、闪电。

动物：灭绝的、极少的动物、珍稀的动物、极致的动物、恐龙、毒蛙、骆驼、熊猫。

植物：花谢而果尚未结时候、受孕的植物。

静物：极致品、稀世之物、坏了、断了、隔绝的物品、断开不能用的物品、转换器、烟花、锁。

人物：绝美的人、挑战极限的人、登山运动员。

胎

概念：怀胎、酝酿、初步打算、计划、形成、先天的、与生俱来的、天生的、本性难移、初级、勾连、牵挂、操心、想法、幼稚、弱小、年龄小、起步、蕴酿、孕育、蕴藏、思考、根源、内部、内心、内胎、内涵、怀孕。

地理：内部的环境、孕育着的地方、产房、卫生间。

动物：怀孕的、生仔、孕育的动物。

植物：含苞待放的、孕育的植物、玉米、向日葵。

静物：内部的物品、车胎、内衣、很薄的碗。

人物：孕妇、思考的人、蕴酿的人、穿内衣的人。

养

概念：出生、生长、寄托、收养、休养、疗养、休息、养生、修炼、气功、调理、调养、养精蓄锐、养育、护理、依靠、营养、滋养、扶助、怀疑、不放心、不踏实、心虚、操心、不安、过继、培养、养育、弱小、扶持、调整、修理、教养、调教、教育、培养、看护、学习、懒散、懒惰、基督、佛。

地理：美容院、休闲场所、调养室、养生馆、教堂、寺院、休养的地方、极致的仙界、大雄宝殿、练功场。

动物：休息的动物。

植物：花期。

静物：供人休养的物品、睡床、椅子、沙发、健身器材、茶壶、未使用的东西。

人物：拜佛的人、练功的人、休息的人、被调理的人、学生、美容师、气功师、教徒。

六十纳音类象

前面已经把五行、天干和地支的各种类象和它们之间的关系都作了系统的介绍。接下去介绍六十纳音。我们已经知道六十花甲子是由天干和地支相配而成，天干有天干的五行，地支有地支的五行，一个天干和一个地支配起来，它们又有了一个整体五行，这就是纳音五行。

六十纳音是把六十花甲子每两个一对配上一个五行，而且该五行还有具体名称，详见下表：

甲子乙丑海中金，丙寅丁卯炉中火。
戊辰己巳大林木，庚午辛未路旁土。
壬申癸酉剑锋金，甲戌乙亥山头火。
丙子丁丑涧下水，戊寅己卯城头土。
庚辰辛巳白腊金，壬午癸未杨柳木。
甲申乙酉井泉水，丙戌丁亥屋上土。
戊子己丑霹雳火，庚寅辛卯松柏木。
壬辰癸巳长流水，甲午乙未砂石金。
丙申丁酉山下火，戊戌己亥平地木。
庚子辛丑壁上土，壬寅癸卯金箔金。
甲辰乙巳覆灯火，丙午丁未天河水。
戊申己酉大驿土，庚戌辛亥钗钏金。
壬子癸丑桑柘木，甲寅乙卯大溪水。
丙辰丁巳沙中土，戊午己未天上火。
庚申辛酉石榴木，壬戌癸亥大海水。

上述歌诀的意思是：甲子、乙丑都属海中金，丙寅、丁卯都属于炉中火，等等。奇门遁甲中用暗干支和天盘奇仪、地盘奇仪与该宫的地支相配形成干支，看其纳音五行。纳音五行也有具体类象，详见下。

纳音五行由于内容丰富具体，比五行本身更容易把握，用得好可以断出很具体、细腻的信息。现代人对纳音类象总结得很全面，思路很开阔，既与现代生活和社会相结合，又不背离纳音类象的根本。下面是笔者收集到较为全面的版本：

海中金：珍珠、顽矿、金库、海船、石油，石油产品，海底文物宝藏、死绝为沉船。

炉中火：炉炭、灶、炉烟、厨房、死树木、柴草、炼钢厂、火盆、炊具、饭馆、街边小吃摊、大排档、火锅城。

大林木：山野、杂木、乔木、山花、野草、森林、神农架、林场、姓林、电线杆、木材批发部、苗圃。

路旁土：阡陌、干土、沃地、果实、街道、马路、路霸、街道清洁工、建筑工、垃圾堆、土匪、泥瓦匠、建筑工、街道马路。

剑锋金：宝剑、戈戟、椎盘、剑柄、凶器、晨炼者、古董店、军队。

山头火：夕阳、燎原、热气、烽火台、信息战、火山、高层霓虹灯广告、热电厂、烟囱。

涧下水：池湖、云、澄泓、灯油、自来水、自来水管、自来水厂、喷泉、酒店、小桥流水、小别墅、郊外、水的源头处、冷饮供应部。

城头土：堤防、城廓、山岳、败垣、城墙、高层宾馆、住宅、保卫国土、高楼大厦、广告业、户外广告、八达岭、长城旅游、雕堡。

白腊金：锡、蜡、玉、矿石、珠、手术刀、保安、假钞、首饰、护肤膏、化妆品、假首饰、伪币假钞、假枪、保安、熔化、化学。

杨柳木：杨柳树、柔木、花草、花园、灌木丛、没有立场、搔首弄姿的风骚女人、牙签、春天、公园、姓杨、姓柳。

泉中水：水井、溪沟、山泉、喷泉、湿润处、矿泉水、桶装水、打井、油井、矿井、姓名如：李井泉。地名如：酒泉、泉州、济南（趵突泉）。

屋上土：墩阜、瓦器、平原、砖瓦、飞贼、瓦片、墙壁、房子，装修业、广告业，房子盖了一半（烂尾楼）、坟墓。

霹雳火：雷、烟火、鞭炮、闪电、电焊、铁匠铺、高压电杆、火车、火箭、爆米花作业、闪电打雷、发电厂、高压线、变压器、火山、地震、恐怖分子（携带炸药）、火车（雷霆万钧）、火箭升空、导弹发射、油田爆炸、恐怖事件、火爆脾气、喷气飞机。

松柏木：松树、柏树、电杆、铁塔、烈士陵园、墓地、千古不朽、长寿、坚强、刚直、栋梁之材。

长流水：河流、溪水、水沟、珠江、河流、银行、工厂流水作业、水管漏水、流口水（小孩贪吃）。

沙中金：钻石、纯金、硬金属、合金、沙雕、淘金业、小首饰、沙漠、人才（沙里淘金）。

山下火：野火、路灯、萤火、香火、土窑，砖瓦窑，热电厂，炉灶。

平地木：梁栋、树木、建材业（平的铺地板的木）、枕木、木桥。

壁上土：屋宇、洞壁、坟墓、墙壁、装修业、壁画挂历、飞贼（飞檐走壁的土匪）、不管闲事（作壁上观）、壁上涂料、户外广告、招牌、玻璃窗。

金箔金：金饰、描金、镀金、铃铎、环钮、冥器店、装饰器、首饰、纸钱、表面风光。

佛灯火：灯烛、打火机、火柴、清风、灯光、电筒、佛堂、寺庙、灯火闪烁的舞厅、晚上的夜游神、路灯。

天河水：月轮、雨、水光、瀑布、水塔、晴朗的夏夜、牛郎织女（银河相隔感情好）、地名：天河区，加沙中土为沙河、大雨。

大驿土：稻田、大路、秋禾、坦途、空旷地、高速公路、马路边、路边土匪、车匪路霸、操场、球场、国道。

钗钏金：钗钏、首饰、钟鼎、珠宝、文物、古董市场、礼品商店、真首饰、金屋藏娇、唱戏者、首饰加工店、文物古董。

桑柘木：怕湿的树木、怕燥的树木、假山、养蚕业、丝绸、高档衣服、故乡（桑里）。

大溪水：雨水、河流、露珠、沟渠、洪水、大江、郊游、淋浴冲凉、水运。

沙中土：河谷、冲积平原、堤岸、湿泥、砂土、煲汤、海滩、阳光浴、沙浴、沙雕、紫沙壶、好喝茶、沙漠、穿山甲、古文物、埋没人才、埋没前程。

天上火：太阳、月亮、桂花、烈日高照、打雷闪电、空难、空战、恐怖事件、殒石、流星、火箭、飞来横祸、现代战争。

石榴木：石榴、打麻将、结石、牙齿、女孩、好色（石榴裙）、牙痛、牙医及其诊所、假牙、夜总会、水果店、各种结石病、肿瘤、青春痘、鱼卵。

大海水：海洋、浊水、渊海、百川、清水、游泳池、远洋轮、飘洋过海、放生、海量、酒量大、海派、上海、海南。

八卦、九宫、九星、八门类象

在详细介绍八卦、九宫、九星、八门所代表的类象之前，这里先介绍先、后天八卦。

河图与先天八卦

在有关五行数的那一节，我们介绍了河图。这里进一步介绍河图与先天八卦。

古人在河图的启发下，不仅得出了五行数，还研究出先天八卦。《易—说卦传》云："天地定位，山泽通气，雷风相搏，水火不相射"。后人认为此句内容与文王八卦不同，并把这句话表达的含义画成八卦图，称为伏羲八卦图，又称先天八卦图，与文王八卦图相区别，文王八卦图又称后天八卦图。

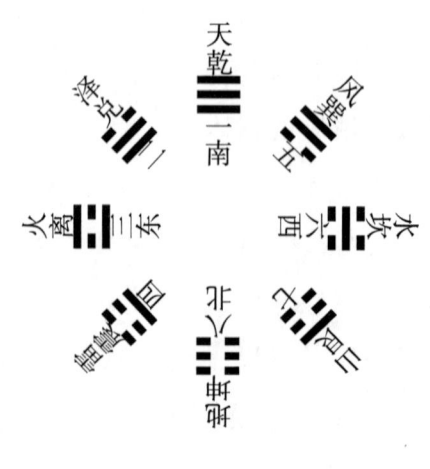

上图中，乾卦在正上方，按古代地图为南方，坤卦在正北方。乾卦代表天，坤卦代表地，一南一北，两极确立，古人说这就是《易》所说的"天地定位"；右下角是艮卦，代表山，对面是兑卦，代表泽，古人认为这就是"山泽通气"；左下角是震卦，震为雷，对面是巽卦，巽卦代表风，这就是"雷风相搏"；右边中间是坎卦，坎为水，它的对面是离卦，离为火，这就是"水火不相射"。

首先，先天八卦图与我们前面已经接触过的九宫八卦图（后天）在方位上不同。先天八卦图中乾南、坤北，离东、坎西，兑东南，巽西南，震东北，艮西北。学者既要记住后天八卦方位，也要熟悉先天八卦方位，因为后面判断时需要用到。

第二，先天八卦数与后天不同。先天八卦数是：乾一、兑二、离三、震四、巽五、坎六、艮七、坤八。见上图中八卦符号里面那一层所标数字。

第三，先天八卦图的次序有异。先天八卦是从乾卦开始，逆时针按一二三四走四卦：乾、兑、离、震，然后从右上角的第五卦巽开始顺时针而行，依次是巽坎艮坤。后天八卦图按野马跳涧顺序回环曲折。

第四，先天八卦每个卦的对面都是阴阳相对，即如果本卦从下面数第一爻是阳爻，则对面之卦第一爻一定是阴爻。第二爻、第三爻都有这样的规律。例如，乾卦三阳爻对坤卦三阴爻。读者仔细观察其他三对也可发现同样的规律。所以古人说"先天以明对待"，对待就是阴阳相对。

先天八卦的数字、方位在奇门遁甲中有时用到。除此之外，每个卦所代表的其他意象，先后天八卦一般都通用，奇门遁甲中处处要用到，必须熟练掌握。详见下。

洛书与后天八卦、九宫

前面学习起局的时候所接触到的九宫、八卦即是后天八卦。后天八卦据传说是由洛水里面出来的一只神龟后背上的图案演化而来。该图案又称洛书。洛书，古称龟书，传说有神龟出于洛水，其甲壳上有此图象，结构是戴九履一，左三右七，二四为肩，六八为足，以五居中。五方白圈皆阳数，四隅黑点为阴数。

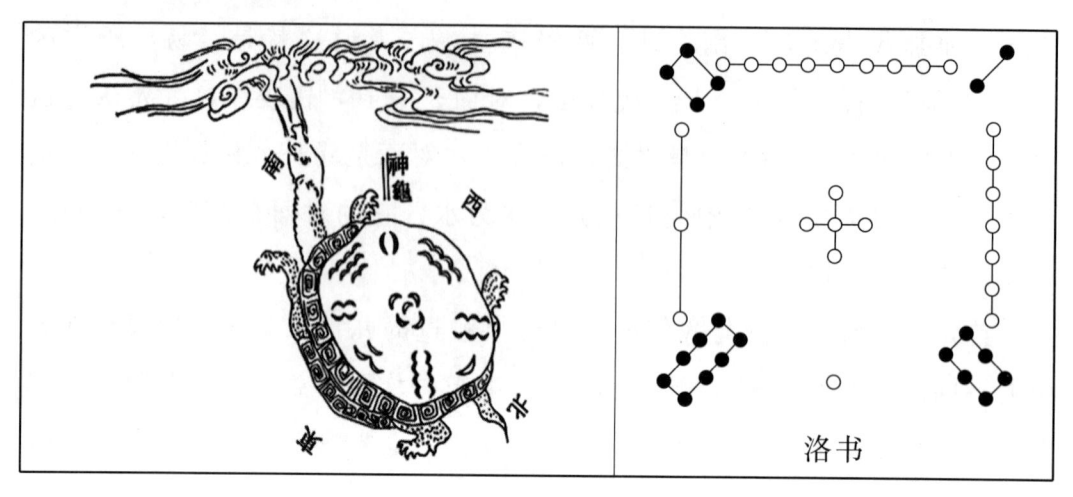

洛书图

读者仔细观察洛书中圆点所代表的数字，即可发现这就是我们前面学过的九宫格里面的数字。九宫格其实就是从洛书演化而来。

4	9	2
3	5	7
8	1	6

古人不仅从洛书中演化出九宫数，还把八卦分布到九宫中，这就形成了我们已经接触过的九宫八卦图，又称后天八卦图，只不过前面没有提到后天八卦这个名称。

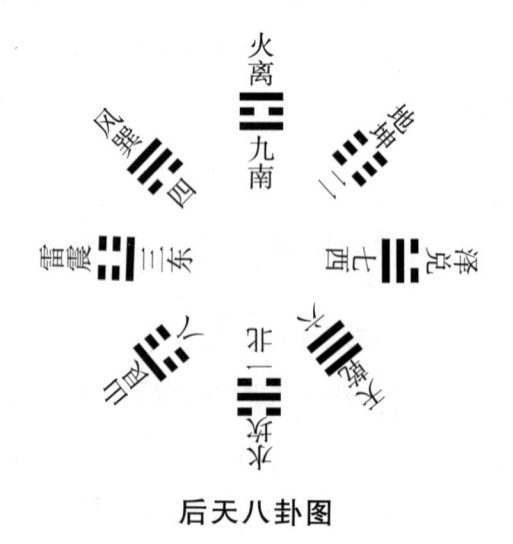

后天八卦图

我们已经知道后天八卦所代表的数字、方位与先天八卦不同。

在家庭成员中乾卦☰纯阳，代表父亲；坤卦☷纯阴，代表母亲；其他六卦根据其区别特征爻所在位置，在下为先、为初、为年长；往上依次为中、幼。所谓区别特征爻，指一卦三爻之中，阴阳占少数之爻，比如震卦☳，有两个阴爻、一个阳爻，阳爻占少数，该阳爻即为震卦之区别特征爻。

震卦☳一阳爻在下，在最初，故震卦代表长子；巽卦☴一阴爻在下，为长女；坎卦☵一阳爻在中间，为中男；离卦☲一阴爻在中间，为中女；艮卦☶一阳爻在上、在最后，故为少男；兑卦☱一阴爻在上，为少女。

其他更多的信息象意详见下节。

八卦、九宫、九星、八门类象

在起局的那一部分，尤其是元旦盘、静盘那部分，我们已经知道，九宫、九星、八门都是从八卦衍生而来。乾卦对应乾六宫、天心星、开门，亦即乾六宫、天心星、开门的信息象意都根源于乾卦的信息象意。同样道理，坎宫对应坎一宫、天蓬星、休门，艮卦对应艮八宫、天任星、生门，震卦对应震三宫、天冲星、伤门，巽卦对应巽四宫、天辅星、杜门，离卦对应离九宫、天英星、景门，坤卦对应坤二宫、天芮星、死门，兑卦对应兑七宫、天柱星、惊门，中五宫对应天禽星、中门。读者只要熟悉八卦类象，即可掌握九宫、九星、八门类象。但是，九宫、九星和八门是奇门遁甲特有的符号，它们突出强调八卦符号中的某些信息象意，下文会在八卦类象后面单独点出来。

乾卦类象

乾卦☰，三阳爻，纯阳刚健，故为天，故为圆，为运动不息。乾卦五行属金。天生万物，如君王管理万民，如父亲主管一家一样，故为君，为父。纯阳爻，刚强坚固之象，所以象金、象玉，象冰。阳盛则色极红，故为火红，大赤色。刚健为马，树上的果实圆形，故为木果。故凡是积极的、向上的、刚健有力的、权威的、圆形的、男性长辈、珍贵的、富有的、寒冷的、坚硬易碎的等等之类事物都归于乾卦。

本象：乾为天、为圆、为首、为君王、为父、为玉石、为金、为寒、为冰、为大赤、为良马、为木果。

人物：代表上层人物、有领导地位的人、起决定作用的人、有权的人、富有者、当官的人、神、君王、圣人、君子、祖父、父亲、家长、老人、军警、执法者、经济工作者、管钱的人、厂长经理、书记、一把手、名人、专家。凶格则代表过于傲慢专横不讲理者为恶人。也可能反过来，指过于自谦者，为乞丐、下人。

性格：刚健勇猛、果敢决断、重义气、动而少静、有威严、昭明豁达、自尊、正直、勤勉、骄傲、霸道、任性、惩罚、愤怒、侵略、制裁、强制、冷酷、过份、轻视、压抑、灾害、专横、专利、独善、独霸、死丧、老成、激烈、活动、迈进、决断、威严、功勋、统一、统帅、摄政、久德、行人、扩大、发光。

身体：头部、胸部、大肠、肺、右足、右下腹、精液、男性生殖器、身体健壮、体寒骨瘦之人。

疾病：头面之疾、筋骨病、肺疾、骨病、寒症、硬性疾病、老病、急性病、变化异常之病、结肠病、便塞壅结。

天象：太阳、晴、冰、雹、寒、凉。

物象：金、玉、珠宝、玛瑙、宝物玉器、高档用品、钱、钟表、镜子、眼镜、古董文物、神物、首饰、高级车辆、火车、飞机、水果瓜、珍珠、帽子、机器、实心金属制品、圆形物体、辛辣之物。

动物：龙、马、天鹅、狮，象。

场所、建筑物：皇宫、京城、都市、博物馆、寺院、名胜、古迹、政府机构、大会堂、广场、车站、弯曲的大道、郊野、远处、学校楼。

数字：四、九（金的五行数）；六或一（六为后天八卦数，一为先天八卦数）。

姓名：带金字，带日字，带玉字，带币字，带王字，带君字或尹字，带马字。或有寒冷、冰雪之意。常见姓氏：金，钟，王，马，阎，曾，章，尹，伊。常见人名用字：铮，玲，珍，琴，环，珠，瑜，瑶，璇，璐，琼，珉，珮，玖，珂，璋，瑛，琦，琬，珏，琮，琛，翠，旺，旭，增，昊，易，景，昭，君，群，骧，骥，显，章，星，明，春，昭，晓，晨，晖，智，果，晏，曜，乾，冰，寒，雪。

除此之外，奇门遁甲中，乾六宫、开门、天心星从乾卦衍化而来。这些衍生符号强调以下信息象意：

乾六宫：西北方，戌乾亥，立冬、小雪、大雪。

开门：开始、开端、公开、泄密、开通、通畅；机关单位、法院、商店、店铺、门市、学校、医院、事业、官运。奇门遁甲中，开门是测官运、事业、工作的符号；也是测开店、开办学校之类的符号。

天心星：医生、西医、老师、领导、老总。奇门遁甲中预知医生医道如何看天心星。

古人总结卦象歌诀：

乾卦

君父显官、重权威武、老人憎道、宝石铜铁、

金石丝声、方上康宁、庚辛白虎、冷暖刚金、

色白形圆、体坚多骨、首脑股筋、咳嗽肺疾、

刀针锤铃、眉舌头顶、马鹅味辛。

坤卦类象

卦象☷，为三阴爻，纯阴之卦，其数八，五行属土，居西南方，色黄。

坤卦纯阴，性柔顺，外象为大发，为万物之源。万物皆生于地。人资生于母、故也为母。阴柔故为布料。阴虚能容物，故为锅。阳大阴小，坤阴为小，故为吝啬；万物均生于地，故为均为全。坤为牛、生生相继，故为子母牛。地载万物如车载，故为大车。地生万物，故为众。操纵万物，故为柄。阴则暗，故为黑。由此可知，凡是消极的、阴柔的，方形的（古天圆地方）。软弱无力的、众多的、厚德的、承载的、辛劳的、静止的、裂开的（卦象三个阴爻中间全部断裂）等等事物都属于坤卦。

本象：坤为地，为母，为布、为釜。为吝啬、为均、为全、为母牛、为大舆、为文化、为众、为柄、为黑、为尸体、为死丧、为飞雀。

人物：皇妃、臣子、国民大众、祖母、老母、后母、妻子、女主人、妇女、阴气盛之人、忠厚之人、大腹之人、农夫、房地产者、泥瓦工、小人、俗子、小气者、消极者、胆怯者。

性格：多重性格、温厚柔顺、恭敬谦让、贞节、俭约、守信诚实、吝啬、懦弱、卑琐狭小、感情暧昧、虚耗、嫌恶、固执迟钝、邪恶、谨慎正直、勤劳忍耐、内心复杂、优柔寡断、封闭沉默、逆来顺受、懦弱迟缓、依赖性强、敬奉神佛、恭敬抚养、伏藏疑惑、思想狭隘。

身体：腹部、胃、消化器、肉、右肩。

疾病：腹部、肠胃、消化道之疾、饮食停滞、湿重浮肿、皮肤、肌肤病、湿疹、疣、晕病、中气虚弱、劳累疲乏、慢性病、癌症。

天象：云、阴天、雾气、露、潮湿气候、低气压。

动物：牛、母马、百禽、雌性百兽、地下虫类、猫类等夜行动物。

物象：城市居民、国邦、田、土、窖、方形物、柔软之物、布帛丝棉、衣服被褥、妇女用品、文章、书报、纸张、箱包袋子、轿子、大车、车轮、土中之物、陶器制品、石灰水泥、砖砂、五谷杂粮、牛肉野味、甘美之物、柄把。

场所、建筑物：国郡城廓、乡村田野、平原平地、郊外、牧场、庄稼地、原籍、老家故乡、操场、广场、空地、平房农舍、旧屋、粮库、贮藏室、农贸市场、市场、肉类加工厂、鸡窝猪舍兔笼等。

数字：土的五行数五、十，后天八卦数二，先天八卦数八。

姓名：带土字，带五字，带十字，带方字，带月字，带未字，带羊字，带申字，带衣补旁、示补旁，带绞丝旁，带民字。常见姓氏：周，赵，肖，胡，方，袁，朱，纪，伍，祝，祖，房，施，单，章，南，侯。常见名字：红，素，民，伍，五，洋，美，方，芳，福，继，堂，申，朝，礼，朗，基，卓，博，乾，旗，坤，垣，坦，增，墨，章，璋。

坤卦除上述类象之外，在奇门遁甲中，坤二宫、死门、天芮星从坤卦衍化而来。这些衍生符号各自突出如下意象：

坤二宫：西南方，木墓于此。

死门：奇门遁甲中，死门是死亡、土地、农业、心情抑郁、烦心的符号。

天芮星：奇门遁甲中，天芮星是疾病神。它还代表：修道的老师、朋友、毛病、故障。

古人总结的卦象歌诀：

坤卦

城隍司命、土社之神、嵩路田野、仓场窖库、

店业铺户、文章诗赋、云雾砂石、睿举老母、

算卜筮师、赢物山园、村女道姑、脾胃皮肤、

肿胀肚腹、思虑牢狱、符药丸子。

震卦类象

震卦☳，其数四，五行属木，居东方，色碧青。

震卦两阴爻在上，一阳爻在下，表示一种向上、向外发展的趋势。震为动、为雷。阴在上，有动荡不已的样子，为龙。天玄地黄，震，乾坤始交，故为黑黄色。一阳在下，二阴在上，故有大道之象。一阳在下专静而动，故为专。阳爻动于初，锐利进取，故决断躁动。震为青绿色，故为小青竹。芦苇上干虚，下茎实，象震阳在下，阴在上之象。动，马善动善鸣，为弁足。震阳刚，燥动，故健。初阳在下，故象花生，洋芋、地瓜之土中物。由此可知所有事物都是按卦象、爻象、爻位及卦之性来类比的。

本象：震为雷、为龙、为玄黄、为青、为大途、为决断躁动、为小青竹、为芦苇、为善鸣之马、为反生之物（果实在下，如为花生等）、为舟车、为大路、为健，上升、进步、出发、兴起、新生、勇敢、高、功名大、仁慈、追求、勤思、影响广、意气风发、好动、愤怒、惊恐、虚惊、粗心、轻举妄动、性急、冲突、夸大无礼、行走、出征、响动、高声等。

人物：长男、长子、大男、乘务员、指挥员、行政人员。

性格：动而少静、勤奋、有才干、好动、仁慈直爽、性急易怒、脾气大、心烦急躁、暴躁、倔犟、自尊心强、虚惊。

身体：足、腿部、肝脏、神经、筋、左肋、腰部、左肩臂、头发。

疾病：足疾、肝经之疾、肝火旺、肝炎、精神病、狂躁病、多动症、神经衰弱、歇斯底理症、癫痫病、神经过敏、惊吓病、妇科病、疼痛性症状、剧烈性症状、咳嗽、声带咽喉病症。

天象：雷、雷雨、雷鸣、地震、火山喷发。

动物：龙、蛇、鹰、善鸣弁足之马，善鸣之鸟、蜂、百虫、鹤、鹄。

物象：树木、竹子、鲜花、蔬菜、多节物、嫩芽、青绿色物、茶货、鞭炮、乐器、音响、广播、电话、车辆、船筏、舰船、火箭、飞机、飞船、大炮、枪、剑、武器、裙、裤、蹄、鲜肉、闹钟。

场所、建筑物：山林野地、林区、东向屋舍、茶地、菜市场、地震源、火山口、演奏会场、广播电台、邮电局、音像电器乐器店、歌舞厅、音乐茶座、杂技场、花店、闹市、噪声大之场所、喧哗地、游乐场所、大道、机场、发射场、邮购场、战场、军警公安部门、营房、军队、车场、车站。

数字：木五行数三、八；后天八卦数三；先天八卦数四。

姓名：带木字，带东字，带日字，带长字，带足旁，带马字，带争字，带龙字，带君或尹字，带路字，乐器名用字，雷字，震字，兵字，伯字。

常见姓氏：李，杨，柳，林，樊，马，杜，叶，朱，梅，雷，陈，张，龚，尹，伊，栾，柏，查，路，时，权。常见人名用字：龙，琴，杰，东，兵，柱，树，来，晓，梅，桂，栋，震，道，铮，筝，君，星，春，桃，根，业，枫，桥，荣，景，楠，旭，昶，易，昭，显，跃，曙，曚，昊。

除上述信息象意之外，奇门遁甲中震三宫、伤门、天冲星从震卦衍化而来。这些衍生符号突出强调以下意象：

震三宫：正东方，甲卯乙，春分、清明、谷雨。

伤门：奇门遁甲中，伤门是车的符号。还代表讨债人、猎人、军人、伤灾、车祸、转折点等。

天冲星：奇门遁甲中，天冲星代表军人、战士、转折点、冲突、生气打架等。

古人总结的卦象歌诀：

震卦

内翰禁庭、风雷恭肃、甲乙青龙、泰岳宫观、

山林震动、庙宇家神、舟船车马、林麓妖怪、

肝胆四肢、长男忧喜、游猎威声、相貌长大、

蒜菜瓜果、腥酸鲜味、巧样长物。

巽卦类象

巽卦☴，初爻为阴爻，二阳爻在上，其数五，五行属木、东南方，色白。

巽卦一阴爻在下，有一种深入地下，向内发展的趋势，表示一种飘动而有渗透性的事物。巽为木为风，树木根善伸入地下，风无孔不入，故巽为入。木又称为曲直，木匠用墨线绳取直制木，故巽为绳直，为工作工匠。风无色无味，在高空中飘拂，来往不定，故巽为高、为白。为进退、为不果、为臭。巽二阳一阴，阳多阴少，故为头发稀少，额宽大，眼白多。巽由乾卦初爻变阴而来，乾为金玉，故作生意能获三倍巨利。巽为震的旁通卦（即各爻阴阳相反），震阳决躁，故为躁卦。

本象：巽为木，为风、为长女、为绳索、为链条、为锁链、为工、为白、为长、为高、为进退、为木果、为实；其于人也，为寡发、为多白眼、为利市三倍。其究为躁卦。基础不稳、直爽、涣散、清洁干净、整齐、附和、传达、营业生意、繁荣昌盛、交流、新鲜、言语、书信、教令、捷报、号召、举荐、术数等。

人物：长女、处女、寡妇、僧尼、仙道之人、气功师、练功者、商人、教师、医生、技术人员、教室、手艺人、科技工作者、作家、宗教人员、设计师、公关交际人员、文秀之人、造谣者、传令者、外刚内柔、优柔寡断之人、额阔、头发细直而少者、下肢无力者。

性格：柔和、细心、责任心强、反复无定、不决断、心志不定、仁慈

直爽、薄情、极爱清洁、疑惑、说谎、奔波、薄情、悭吝、幻觉、忙碌、轻浮、扫荡、忧疑、烦躁、胆略魄力、多欲、权谋。

身体：头发、神经、气管、胆经、肱股、呼吸器官、食道、肠道、左肩、淋巴系统、血管。

疾病：胆疾、股肱之疾、中风、肠疾胀气、伤风、感冒、受风、风湿、传染、坐骨神经痛、神经痛、神经炎、寒痹症、抽筋、胯股病、支气管炎、哮喘、左肩痛、淋巴疾病、忧郁症、血管症、病情不稳定。

天象：刮风、各种大风、高空带长条的云。

动物：鸡鸭鹅、羽禽、山林禽虫、蚯蚓等地虫、蛇、带鱼、鳗鱼、鳝鱼等细长鱼类。虎、猫、斑马等条纹之兽、勇猛带响声之兽。蝴蝶、蜻蜓。

物象：木材、木制品、纤维品、丝线、绳子、麻、棉花、扇、邮件、旗杆、长条桌柜、床、标枪、笔、管形物、刀斧类、薄的器物、裤带、桑帛、气球、气艇、帆船、赛艇、飞机、飞船、救生圈、草木之香、有香味之花草树木、香料、草药、蚊香、花草、柴薪、竹、枝叶、海带、柳、羽毛、风机、干燥机等。

场所、建筑物：竹林草原、直而宽的道路、过道、长廊、寺观、各种线路、管道、通风、通气、出入通道、邮局、商店、码头、港口、机场、发射场、索道、升降机、传送带、工艺工厂、设计院。

数字：木五行数三、八；后天八卦数四；先天八卦数五。

姓名：带草字头，带辰字，带龙字，带巳字，带禾木旁字，带绞丝旁，带甫字，带长字，带文字，风字，雅，凤字，杜字。常见姓氏：刘，蔡，蒋，苏，萧，张，杜，薛，程，龚，栾，纪。常见人名用字：红，龙，震，芳，莉，萍，芝，芹，芬，英，葵，荣，素，雅，秀，茹，蓉，萱，莲，荷，蘭，风，岚，凤，绍，甫，辅，博。

除上述类象之外，奇门遁甲中巽四宫、杜门、天辅星从巽卦衍生而来。这些衍生符号的类象如下：

巽四宫：东南方，辰巽巳，立夏、小满、芒种。

杜门：奇门遁甲中，杜门代表堵塞不通、隐匿逃亡、技术。

天辅星：奇门遁甲中，天辅星是大吉之星，是文曲星，文化的符号，代表教育、文化、教师、文明、彬彬有礼。

古人总结的卦象歌诀：

巽卦

山林竹舍、进退藏匿、茅冈树蓬、长途远遁、

悬吊安柱、工巧机关、形长绳索、诸事不果、

秀士隐士、长女新妇、绝烟神庙、肱股手足、

风寒气症、肝胆眼目、鲜味木果。

坎卦类象

坎卦☵，阳爻居中，上下各为阴爻，五行属水，居北方，色黑。

坎卦阳爻居中，阴爻在上下，则外柔内刚，四面向中心性发展的趋势。坎为水，无处不流、无处不渗入，成为沟渎、隐伏、险陷、心痛的现象。水能任意曲直矫柔、弯弓车轮为矫柔所成，故坎又为车象、故为弓轮。五行水对应肾、耳，故坎为肾、为耳。坎卦夹在两个阴爻中间的阳爻指示中心、核心，故为核、为心、为心病。坎为水、为液体，故为血。坎从乾卦变化来，乾为大赤，故坎为赤。乾为马，坎得乾中爻来，坎阳在中为脊背，阳为美，故为美脊。阴爻在上，所以为首，阴爻在下，所以为薄蹄。水擦地而行，故为曳。对于车来说，坎为沟渎为险陷，故多凶。水流通畅，故坎为通。坎中满，又水寒，故为月之象，为盗贼。对于木来说，内阳刚在中，故有坚硬木心之象。

本象：坎为水，为沟渎、为隐伏、为矫柔、为弓轮、为床、为通、为月、为盗。其于人也，为忧、为心痛、为耳痛、为血疾。其于马也，为美脊、为下首、为薄蹄、为曳。其于木也，为坚多心。

人物：中男、江湖之人、船上工作人员、思想家、发明家、数学家、书法家、心理学家、安全保安人员、自来水公司工人、劳苦者、劳务者、印刷工人、贫困者、水货商、冒险者、酒鬼、病人、多情轻浮者、诱惑者、

诈骗者、有犯罪历史者、失败破产者、中毒者、淫妇、受灾者、流亡者。

性格：外柔和内刚厉、善谋多智、多欲。追求时尚、多心计、阴险卑鄙、城府深、奸诈、捧上压下、做事自有主见或是随波逐流。聪明、智慧、善谋、有主张、坚持不懈、以柔胜刚、心劳碌、曲折坎坷、漂泊多变、暗昧、灾难患病、哭泣、涕凄、欺诈狡猾、疑虑多心、阴冷会聚、喜算计、贪淫、好色、讼狱、狠毒、破坏、罪恶、进入、接纳、险、疾、难、法律。

身体：肾脏、膀胱、泌尿系统、性器官、血液、血液循环系统、耳、背、腰、背脊骨。

疾病：肾、膀胱、泌尿系统疾病、肾冷、水泻、消渴症、血液病、出血症、免疫系统疾病、遗精、阳萎、生殖器疾病、中毒、病毒性疾病、耳痛、腰背疾病、心脏病、水肿病、尿毒症、尿酸高、淋病、梅毒。

天象：雨、雪、霜、露、寒冷、阴湿、满月、积雨云、半夜、水灾。

动物：猪、鱼、水中物、水鸟、鼠、四足动物、脊椎动物、驾辕之马。

物象：带核之物、桃杏李梅果实、油、酒、醋、盐、饮料、脂肪、液体物质、染料、涂料、药品、毒物、流血、酒具、水车、车、车轮、弓箭、法律法则经典、刑具、冷藏设备、给排水设备、海味、淹藏物、潜艇、计算机、磁盘、录音录相带、激光视盘、黑色物、煤、弓形变曲物。

场所、建筑物：大川、江湖海河、溪涧泉水、湿地、泥泞地、水道、酒吧、冷饮店、浴所、澡池、鱼市、鱼塘、水厂、自来水公司、漆脂厂、冷库、水族馆、车站、车库、地下室、暗室、黑暗场所、牢狱、妓院。

数字：水五行数一、六；后天八卦数一；先天八卦数六。

姓名：带水字，三点水、两点水旁，带弓字，带曲字，带壬字，带子字，带癸字，带羽字，带雨字，带鱼字，带耳刀旁。常见姓氏：张，汪，潘，冯，洪，任，孙，孔，郭，邓，郑，邹，阮，翟，温，江，游，池。人名常用字：雨，雪，霜，雷，震，霖，泉，强，海，涛，洋，江，洪，泽，鸿，池，葵，洞，清，润，满，源，娣，弼。

除上述类象之外，奇门遁甲中的坎一宫、休门、天蓬星从坎卦衍化而来。这些衍生符号类象如下：

坎一宫：正北方，壬子癸、冬至、小寒、大寒。

休门：奇门遁甲中，休门是吉门，是休息、休养生息、休闲、休假、婚姻喜庆、人缘好的符号。还代表训练、练兵。

天蓬星：奇门遁甲中，天蓬代表大盗、杀人越货者、杀人犯、凶手、胆大妄为者、野心勃勃者。天蓬星也代表训练、练兵。

古人总结的卦象歌诀：

坎卦

太虚周易、雨路江河、壬癸玄武、轻微弯曲、

鱼盐茶酒、羹汤豕鱼、海味水物、井穴沟坑、

北道舟程、黑色咸味、酱糊水膏、水泻遗精、

耳肾腰疾、深听智谋、慢事曲折。

离卦类象

离卦☲，一阴爻居中，二阳爻居外，其数三，五行属火，居南方，色红。

离卦与坎卦旁通，即阴阳爻相反，一阴爻居中，二阳爻在外，为外刚内柔，外硬内软，有由中心向外发展的趋势、有离散之象。一切鳖、蟹、龟、贝类，士兵的甲胄、钢盔、防弹背心等等外刚内柔之物均归类于离卦。离为火，故为干燥卦。离中虚，对于人来说就象一个大腹便便者。它为日、为火，故象闪电。火性炎上，故对于树木而言，象枝干枯槁。

本象：离为火，为日、为电、为中女、为甲胄、为戈兵、为干燥、为鳖、为蟹、为蚌、为龟。为光明、进升、依附、华丽、鲜艳、文明、礼仪、明察、磊落、发现、扩张、蔓延、外强中干、焦躁、煽动、排斥、抗拒、否定、批判、流行、检举、侦察、轻浮、显示、自满、花言巧语、抗上、撒谎、干枯、枯燥、空虚等。其于人也，为大腹。其于木也，为干枯槁。

人物：中女、文人、大腹人、目疾人、戴头盔者、甲兵。

性格：重礼、好美、有依赖性、聪明好学、虚心处事、知书达理、内

心空虚、爱好书画和文章、性急、易冲动、孝顺、邪恶。

身体：眼目、心脏、视力、红血球、血液、乳房、上焦、头面、喉、小肠。

疾病：眼病、视力疾病、心脏病、火烧伤、烫伤、放射性疾病、乳腺疾病、发烧、炎症、血液病、妇科病。囊肿扩散性病疾、肥大症（前列腺肥大，增生、乳腺增生、心脏肥大）、血压疾病。

天象：晴天、热天、酷暑、烈日、干旱、丽日、彩虹、云霞、闪电。

动物：雉、孔雀、凤凰、美丽的羽毛类鸟禽、金鱼、热带鱼、"变色龙"、虾、蟹、贝类、龟、鳖、萤火虫、硬壳虫。

物象：文学艺术、美术字画、文科、医科、文件、文章、书报杂志、地图课本、文书印章、证件、证券、信、合同、契约、花、鲜艳物品、旗帜、广告、奖状、信息、电话、电报、火柴、打火机、锅炉、电动机、发动机、空船、玻璃门窗、火车厢、电车、轿车、火焰喷射器、燃烧弹、焊枪、干肉、果脯、煎炒、烧烤物品、液化气灶、烤箱、笼子、瓶罐、网袋、花衣服。

场所、建筑物：朝阳的土地、阳台、名胜地、圣地、教堂、殿堂、大会堂、学校、博物馆、展览馆、影剧院、证券交易所、银行、图书馆、书画店、电厂、印刷厂、医院、放射科、检验科、厨房、华丽的大厅、火山、喷火口、火灾场地、部队、军营、派出所、公安局、法院、检察院、窑炉、冶炼厂、仓库、空房屋、桥梁、立交桥、轿子、棚子、火车站、电车站、监视塔、电视台、广告塔（牌）、猎场、钓鱼场所。

数字：火的五行数二、七；离卦后天八卦数九；离卦先天八卦数三。

姓名：带火旁、带四点底、带日字、带亮字、带明字、带马字、带丙字、带丁字、带贝字、离字、丽字。常见姓氏：马，焦，贾，贺，顾。常见人名：贺，骥，骏，驹，灵，明，亮，焱，炎，耀，曜，烈，煮，曦，熙，燕，丽。

除上述类象之外，奇门遁甲中的离九宫、景门、天英星从离卦衍化而来。这些衍生符号的类象如下：

离九宫：正南方，丙午丁，夏至、小暑、大暑。

景门：奇门遁甲中，景门代表文章、文件、证件、卡片、方案、策划、策略、食物、酒食、血光之灾。

天英星：奇门遁甲中，天英星与景门一样，代表文章、文件、证件、卡片、方案、策划、策略、食物、酒食、血光之灾。

古人总结的卦象歌诀：

离卦

神圣公像、闪电荧烈、丙午朱雀、烦燥性热、

紧急勋蒸、劳苦冤结、祖先宗庙、宫观院馆、

焚炉场灶、文章词赋、眼目心血、膏末焙炎、

房舍火灾、带壳味苦、煎炒红物。

艮卦类象

艮卦☶，一阳爻在上，二阴爻在下，其数七，五行属土、居东北方，色黄。

艮卦一阳爻在上，二阴爻在下，表示表面实内里虚，上实下虚的事物。也表示事物一种向下的发展趋势，事物发展到了顶点，必须谨慎，否则就要向相反方向发展。并且表示事物有阻碍，困难，停止不前。艮为山、为止、为不见动静、为拖拉。一阳爻在坤土之上，故有小路，小石的象征。上画阳爻相连，下二阴爻中间虚空，就如门的象征。所以艮又代表门，门卫。门卫有阻止之责，故艮为止。木草的果实均在上部，不在根，为阳之象，所以艮卦为果实之象。手能止往物体，狗吠使人惊吓止住不前，故艮代表手、狗。老鼠牙齿尖刚，鸟刚在喙，均为艮阳爻在上之象。艮为小石，故坚硬多节的木象小石一样，故也为艮象。

本象：艮为山、为径路、为小石、为门、为果瓜、为阍寺（守门人）、为手指、为狗、为鼠、为黔喙之属。其于木也，为坚而多节。禁止、阻滞、阻挡、静止、慎守、界限、抑止、贞固、安居、沉着、冷静、更替、隐藏、固执、主观、任性、分水岭、重新开始、标准、独立、转变、转折、讼狱、

笃实、消亡、叮咛、等待、厚重、表皮、背、至少、顶多。

人物：小儿子、门卫、领头的。

性格：憨厚、安静、笃实、保守、固执、诚实、守信用、迟滞、审慎、乖戾。

身体：鼻、背、手背、指关节、骨、脾、趾、皮、手、脚背、膝关节、肘关节、左足、颧骨、乳房。

疾病：脾胃病、不食、虚胀、鼻炎、手脚背之疾、麻木病、关节病、手指疾、肿瘤、结石、消化系统病、气血不通症、血液循环不定。

天象：有云无雨、多云间阴、山风雾气、气候转折点。

动物：有牙、有角的动物，狗、鼠、狼、熊等百兽，喜鹊、鸳鸽等能喙之物，爬虫类、昆虫、家畜，有尾动物。

物象：岩石、石块、门板，凳子、床、柜子、桌子、碑、硬木、硬的果皮、土坑、柜台、磁器、伞、鞋、钱袋、列车、金库、坟墓、土堆、山坡、座位、屏风、手套、门坎、墙壁、阶梯、药。

场所、建筑物：山、土包、土墩、假山、丘陵、坟墓、堤坝、交汇点、最高点、境界、山路、小路、矿山、采石场、阁、房屋、门闩、贮藏室、宗庙、洞堂、帐蓬、蒙古包、城壁、围墙、大楼、仓库、银行、车站、岗位、监狱。

数字：土五行数五、十；后天八卦数八；先天八卦数七。

姓名：带土字，带艮字，带山字，带寅字，带牛字，带玉字，带生字，带门字，带寺字，带提手旁，带手字，带止字，带贝字，带小字，任字，春字，泰字，守字，卫字。常见姓氏：牛，孙，任，周，贾，门，阎，闫，颜，顾，郎，解。常见人名用字：正，政，征，守，卫，良，朗，银，春，泰，生，玉，承，振。

艮八宫：东北方，丑艮寅，立春、雨水、惊蛰。

生门：奇门遁甲中，生门是财星符号，代表利润、财。还代表玉石。

天任星：奇门遁甲中，天任星代表云雾、山、停止、静止、没有进展、拖拉缓慢。

古人总结的卦象歌诀：

艮卦

少男山冈、村居阻隔、径路岸石、山村寺观、

动止不常、生灭有时、坚硬多节、刚柔进退、

土石瓦块、鼻背手指、气血结积、疮泡肿毒、

色黄味甘、虎豹豺狼、狗鼠土物。

兑卦类象

兑卦☱，一阴爻在上，二阳爻在下，其数二，五行属金，居西方，色白。

兑卦与艮卦旁通，各爻阴阳正相反。一阴爻在上，二阳爻在下，表示一种向上发展的趋势的事物，外柔内刚，外虚内实之物、上有缺口之物。兑为泽，故有吸收功能，容易与外界周边事物信息沟通。兑为泽、为少女。少女快乐无忧，故为悦；阴爻见于外，兑为口，有口舌、口角之象。兑为跳大神的巫师，以其悦神之故。兑居西，为申酉金之秋月，故主肃杀，万物毁折，故兑为毁折；兑柔附于二阳刚上，故为附决。兑为金，为西方之卦，西方多盐卤地，故为刚卤。为少女，引申为妾。兑为悦，故于动物如羊的欢叫、活蹦乱跳。

本象：兑为泽，为少女、为巫、为口舌、为妾，为羊。为毁折、为附决。其于地也，为刚卤。兑为口、说、雄辩、讲演、告知、言谈话语、议论、笑、骂、吵闹、叹息、毁谤、叫卖。兑为仰视、魅力、爱欲、服从、口舌、不足、不便、商量、音乐、信仰、破损、刑、破坏、右边的、外软内坚实之物，上面开口的器物、敞开的器物、上面破裂之物。兑为神异。

人物：可爱的女孩，少女，朋友，与用口或说、唱有关的职业的人，娱乐性职业者，歌唱者、演员、钢琴家、音乐家、娱乐场所人员。巫师、巫婆、老师、教授、演讲者、解说员、翻译、外科、牙科医生、食品厂工人、饭店工人。破坏性职业者、拆迁作业人员。金器加工者。妓女、非处女、妾、亲戚、和蔼可亲的人、撒娇的人、性魅力者、小人、媒人、刑官

县令、副手、二把手、邻居、卫生清洁工、秘书、传达人员、服务员、话务员、小丑、歌女。金融界人物、经销人员、失败者、破坏者。

性格：喜悦、吵架、毁谤、拍马屁、卑劣、奉承、色情、亲热和乐、温和、善言、喜唱歌、活跃、温厚、重感情、感召力强、重义气、忧愁、破坏性、口谗。

身体：口、舌，肺、痰、涎、气管、口角、咽喉、颊骨、牙齿、右肋、肛门、右肩臂。

疾病：口、舌、喉、牙齿之疾。呼吸系统疾病、咳嗽、痰喘、胸部、肺部疾病、食欲不振、膀胱疾病、外伤、肛门疾病、性病、贫血、低血压、手术、金属刃具致伤、皮肤病、气管疾病、头部疾病、破相。

动物：羊、豹、猿猴、兔子、箔泽中之物。

天象：小雨、潮湿天气、低气压、短期气象情况、新月、星星，露水、邪雹。

物象：饮食用具、食品、盛水用具、金属币、刀剑、剪刀、玩具、开口瓶罐、破损物、欠缺物、修理品、无头物、装饰金属制品、软的金属、废物、乐器、带口的器物、石榴、胡桃、垃圾箱、成形器皿、各种计时器、瓷器。

场所、建筑物：沼泽地、沼泽、坑洼地、凹地、水井、浅沟、湖泊地潭、溜冰场、游乐园会议厅、音乐厅。饮食店、饭馆、门口、路口、垃圾站、废墟、井坑、旧屋宅、洞穴、巢穴、山洞、墓穴、山坑、山口、演出厅、工会、公关部、交谊所。

数字：五行金之数四、九；先天兑卦数二；后天兑卦数七。

姓名：带金字，带口字，带言字旁，带牙字，带齿字，带西字，带羊字，带女字，上面有缺口之字。常见姓氏：程，周，谢，姜，谭，覃，史，叶，商，贾，何，贺，哈，司，古，吉。常见人名用字：雅，吉，叶，同，君，喆，喜，善，嗣，嘉，茜，甜。

除上述类象之外，奇门遁甲中的兑七宫、惊门、天柱星从兑卦衍化而来。这些衍生符号的意象如下：

兑七宫：庚酉辛，秋分、寒露、霜降。

惊门：官司、口舌、惊吓、少女、律师、翻译、演说家、话筒等。

天柱星：顶梁柱、骨干、毁折。

古人总结的卦象歌诀：

兑卦

少女妓妾、诡言巫语、琢削补器、毁拆破损、

房门损破、缺地废井、溪泉屋舍、邪妖不正、

阴人非厄、口舌咽喉、鸡首雉肉、羊羔腿蹄、

猿鹭野味、泽中之物、刀针铜器。

中五类象

奇门遁甲中，宫有九个，而卦只有八个，中五宫没有专门的八卦与之相配。于是，不同的奇门遁甲门派出现不同的解决方案。一般转盘奇门遁甲中用寄宫之法，即中五宫寄在坤二宫，或寄在乾、艮、巽、坤四隅宫中。鸣法却采用另一种策略加以解决。在鸣法体系里，中五宫虽然无卦，却有天禽星、中门。

中五宫属土，居中央，元旦盘内有天禽星、中门。

天禽星主飞、动，是远行、行动、启动的符号。天禽还是禽鸟的符号，代表鸡、鸭、鹅、鸽子、鹌鹑之类。

中门或写作中五、无门。中门代表没有门、无法展开、不得其门而入、无法入门、没有头绪、无从下手之意。鸣法歌诀云：有门有路尚可游，无门无路休展步。中门也代表门口、交界处、尽头。

九神类象

在起局那部分，我们已经知道飞盘奇门遁甲中有九神。当时只是学到如何布九神，各种符号的信息象意都是留在本章集中讲解。神的体系在其他数术也有广泛应用，比如六爻中的六兽、六壬中的十二神与奇门遁甲中的九神类似。

九神也和天干、地支、八卦一样，其类象基于各自阴阳、五行属性。而且，九神也对应八卦。有了前面大量类象基础，把九神类象与阴阳、五行、八卦类象联系起来就容易理解和记忆。

值符类象

值符为天乙之神，诸神之首，所到之处，百恶消散。事急可从直符所临之方出，这就是所谓"急则从神"的说法。

五行：丑土，阴土。

概念：荣华富贵、高档、高雅、领导、领袖、管理、有能力、利益、财富、帮助、慈善、公益、救护、解救、捐助、施舍、关爱、看护、调解、直觉、欢庆、婚庆、喜庆、祈祷。

地理：道路、街道、高档住宅、别墅、寺庙、教堂、宫殿、阶梯、桥梁、坟地、神位、银行、华尔街、金融中心、好风水的地方、龙脉、龙泉阁、白云观、堤坎、田埂。

动物：名贵的动物、名贵的马、名犬、龙、牛、鳖、獬。

植物：名贵的植物、高贵的花卉、荷花、马蹄莲、君子兰、蝴蝶兰、兰花、牡丹、脱鞋兰、红杉树、紫荆花、紫檀、蘑菇。

静物：高档名贵的物品、真品、精品、名品、名贵瓷器、红木家具、黄金、首饰、珍宝、钻石、钱币、信用卡、财神、名车、名表、香水、文章、鞋、财富、钱财；酒店、装饰、装修；崭新；雅致、雅观、高雅、华丽；酒、酒食、宴会；赌场、赌局、赌具、游戏厅；林木、稼、粮食、五谷；春天。

人物：帝王宰相、宗教领袖、政治领袖、大德之人、管理者、名人、真主、孔子、尊长、耶稣、富贵之人、大款、高贵典雅之人、有气质的人、僧人、修女、学者、慈善家、调解员、有爱心的人、秃头的、有眼病的人、官长、大人、领导、一把手、大老板、顶头上司；监考官、裁判；原告、放债人；公务员、官差；

人事：行情；喜庆、婚庆、酒色、情欲、恋情、色欲、风流、优雅、高雅、端庄、能吟诗作画、志趣高雅；和气、和善、和言悦色、和谐。心软、慈详、多礼仪、礼貌、仁慈；爱美、爱打扮、油头粉面、衣冠楚楚；为人光明磊落、正直、公正、一心为公、公事；清秀、清廉、清高、志向高远、性喜自然、多老庄思想；贪杯好酒、饭局多；好赌博、赌徒；怀孕、添丁、生孩子。

疾病：痛苦难以忍受、病情明朗、易于辨别治疗。

其他：官禄、宗庙、神、地震。值符对应青龙，为左、左边、左方、左面等。

螣蛇类象

五行：巳火，阴火。

螣蛇禀南方火，对应离宫、丁巳。为虚诈之神，性柔而口毒，司惊恐怪异之事。出螣蛇之方主精神恍惚，恶梦惊悸，如果问病可能是受惊吓，夜多噩梦，又可能被疾病困扰，久治不愈。另外，当预测一个人的喜好时，如果此人上乘螣蛇的话，则表示他可能对神秘文化感兴趣，或是信仰佛道，或喜欢易学文化等等。

概念：五光十色、吸人眼球、光影、幻觉、幻化、梦境、迷惑、引诱、扰乱、干扰、网格状的、花纹、卷曲、弯曲、盘曲、捆绑、缠绕、上吊、拥抱、舔、颜色、黄色、黑白色、惊恐、怪异、变化、妖魔鬼怪、光滑、润泽、阴、阴暗、夜里、暗、难解难分、缠绵、缠住、牵扯住、丑、丑陋、不美观。

地理：炫丽的灯光、小路、羊肠小道、弯曲的路、弯曲的河流、高压线、烟雾。

动物：蛇、蜈蚣、蜥蜴、鹦鹉、蝴蝶、斑马

植物：藤蔓植物、长瓣的花、牵牛、爬山虎、紫藤、吊兰、黄瓜、菊花、狗尾草、卷曲的叶子、蕨菜、树干。

静物：文字、火烛、烟、灯、火光、光和影、影子、绳索、带子、链条、蛇形物、条纹衣服、纹身、中国结、电话线、网、曲线、吊环、吊坠、弹簧、面条、眼镜、丝绸、起重机、书法、草书、杂草、柔韧物、柔软物、长形物、长而曲、卷曲物、转来转去、胎产血光、釜鸣、风火、盗劫、时疫、旱、旱灾、暗道、毒、毒素、毒气、毒液、恶毒之口、毒药、毒品、虫毒。

人物：吸人眼球的人、穿的花里胡哨的人、穿网格衣服的人、纹身人、长发人、爱纠缠的人、旋转人、精神病人、爱蛇的人、耍蛇人、捕蛇人。

人事：官司，口舌，妇人，妊孕，丑陋人。为虚、多虚假、虚言虚信、虚情假意、虚诈、虚伪、狡猾、说话不算数、隐瞒、隐匿不报；疑、内心猜忌、担心、多疑、多用心机、忧疑、忧思缠绕、心中烦闷、心中烦燥很不爽快，或心乱如麻；多梦、怪梦、恶梦、梦中惊醒、床不安宁、难眠、失眠。为人难缠、很麻烦、抓住不放或八面玲珑、手腕高明。毒、狠毒、恶毒、投毒。性情善于作怪、作风行事怪异。阴私、阴邪、小人、暗算。

疾病：病情变化不定、表现惊疑扰乱、失眠、惊悸、梦多、怪异。

其他：虚誉，公信。

太阴类象

五行：酉金，阴金。

太阴禀西方阴金，为荫佑之神，性格阴匿暗昧。也有太阴对应巽卦、戊辰之说。太阴之方可以闭城藏兵、可以密谋策划、避难。太阴也表示有贵人暗中相助。

概念：提升、恩遇、喜庆、收获、赦免、创新、感觉、婚姻、财帛、怀孕、胎产、私通、幽会、隐私、淫乱、阴暗、阴谋、背光的、沉默、忧愁、冷淡、冷酷、欺诈、诅咒、冤仇、痛苦、哭泣、暗示、看不到的地方、另类。

地理：地藏王庙、阴曹地府、地下、地下通道、地铁、暗道、隧道、下水道暗洞、酒吧、湿地、坟地、阴间、阴天、月亮。

动物：夜行动物、猫头鹰、蝙蝠、臭虫、蟑螂、蚊子、蜗牛

植物：喜湿植物、苔藓、蘑菇树、芦苇、灵芝

静物：金银首饰、金属制品、刀、雕刻品、镜子、内衣、羽毛、冷饮。

人物：地藏王菩萨、通阴的人、巫师、第三者、律师、少女、小姐、酒吧女、忧伤的人、哭泣的人、孕妇、去世的人。

人事：密谋、策划、埋伏、阴私、喜庆、暗中相助。

疾病：病在内部、沉疴、虚弱无力、精神萎靡。用药效果要慢。

六合类象

五行：卯木，阴木。

六合禀东方木，对应震宫、乙卯，为护卫之神。性和平，性格开朗平和，司婚姻交易中间介绍、说和。六合之方宜婚娶、避害。六合代表中介人，婚姻，经纪人，行人走失方向，逃犯等。

概念：多、组合、合作、结合、团队、复合物、多个人、多件事、多部件、博弈、亲和力、默契、心心相通、和乐融融、乐善好施、亲密无间、亲昵、求爱、相融、爱护、理解、保护、欢乐、婚姻、亲吻、触觉、紧抱、依偎、求爱、交欢、怀孕、小孩、清纯的女孩、财物、逃亡、走失。

地理：庄稼地、长满绿草的地方、表示多的地方、道路变迁。

动物：兔子、数量多的动物、鸡群、羊群、腿多的动物、蜘蛛、蜈蚣。

植物：多的意思、葡萄、樱桃、梨、百合、菊花、柳树、笋、竹林、香蕉、南瓜、嫩芽、枣、西瓜、荔枝。

静物：窗、盒子、匣子、抽屉、棺材、桌椅、多角的、被子、壶、筐、画、伞、娃娃、书契、合约、木植、花草树木、车船。

人物：孕妇、恋人、拥抱者、结婚的人、胎儿、小孩、儿子、思考的人、合作之人、知识分子书画家、小说家、能工巧匠、魔术师、驾驶员、长兔牙的人、美女、术士、仁宦、媒妁、牙保、中介、掮客。

人事：婚喜、结婚、信息、胎产、走失、合伙、阴私、求望、交易、调解、说和。

疾病：复合症状、头晕、身痛、呕吐、麻木等多种疾病。多方治疗。

其他：工巧、花枝招展、鲜艳。

白虎类象

五行：申，阳金。

白虎禀西方之金，对应兑宫、庚申。为凶恶刚猛之神。性好杀，司兵戈争斗杀伐病死，交通事故等。得三奇、吉门无忌。如果用神临吉星、吉门、吉格，而又上乘白虎的话则可以作为吉神来用，表示此人长得白，性格刚烈，果断，有威严，有能力等。

概念：惊恐、凶猛、凶残、狠毒、恶斗、冷酷、灾难、阻隔、阻碍、恐吓、危险、破坏、伤痛、杀戮、流血、死亡、听觉、犯罪、战胜、白色、风骚、诱惑、车祸、虐待、枷锁、降服、响声、噪音、吵闹声、尖叫声、财帛、信息。

地理：自然灾害、水灾、冰雹、风、大风、狂风、台风、飓风、风波、地震、闪电、道路、关口、堵塞的地方、隔离带、房角、墙角、墙、门、凶地、法庭、水源。

动物：凶猛的动物、猴、恐龙、虎、豹、狮子、熊、狼、猫、凶猛的鹰、鳄鱼、犬、马。

植物：罂粟、大麻、带刺的、玫瑰、断肠草、沙漠植物、仙人球、猪笼草。

静物：核武器、武器、枪、虎符、刀剑、手术刀、子弹、凶器飞机、发射器、铁丝网、石制品、石狮子、碾子、骨骼、口红、锁、纽扣、蛋、金银、金属物、金银铜铁。

人物：威权人物、身材胖大之人、有杀气之人、武师、义士、恐怖分子、黑社会、土匪、流氓、狠毒的人、恶斗的人、医生、刑警、刽子手、打手、马仔、杀手、军人、警察、军警、特警、法警、宪兵、捕吏、保安人员、军人、武将。

人事：斗闹、打斗、兵戈动众、拼杀；官司、口舌；刑戮、宰杀、砍杀、屠杀、凶杀、杀伐；交通事故、手术、开刀、死丧病伤；白虎主血、见血、血光、血神、流血、月经、生育、临产、流产。白虎主灾殃，死伤，祸事，家有病人。惊人之举；兴师动众、开战。白虎为恶，狠毒、残暴、猖狂、凶猛、凶悍、凶残、暴虐。白虎为暴，性急、刚强、强悍、果断、豪爽、专制、暴燥、性野难驯、气势汹汹、锋芒毕露、棱角伤人、志短少谋（旺则城府深沉、善工心计）、行事露骨。

疾病：病入膏肓、伤灾、外伤、枪伤、刀伤、咬伤、摔伤、车祸、事故、灾难、皮肤病、疮疡。治疗难度大。

其他：白虎为右边，右面。

勾陈类象

五行：辰土，阳土。

奇门遁甲中阳遁用勾陈，阴遁用白虎，或上午用勾陈，下午用白虎，古人称为白虎下隐有勾陈。白虎属金，勾陈则具有地户己土性质。己土长生在酉，故隐于白虎之下。此方须防敌方偷袭。

概念：争斗、打斗、撕扯、勾心斗角、不忠心、博奕、赌博、犯法、官司、竞技、冷酷、残忍、凶恶、霸道、玩固、兵火、战争、争斗、勾引、田、土类、田园、田产、房屋、办公室、山地、土建、土木工程、起造、建造、动土、拆迁、修建坟墓陵园、农，农作物、食品业。

地理：土堆、坟包、土丘、坡地、岗岭、墙、房脊、土沟、田地、麦地、弯曲的路、海滩、沟渠、石滩、垃圾堆、碾磨、寺院、法院、竞技场、体育场、娱乐场、弯月、龙卷风。

动物：善于打斗的动物、凶恶的动物、龙、狼、猿猴、螳螂、斗鸡、斗牛、山羊、蟋蟀、金龙鱼、鲤鱼

植物：坚果类的植物、杏、核桃、银杏、松果、坚果类、桃、胡桃

静物：盆、罐、瓮、墙、瓦、金属制品、黄金、如意、钱、刀、剑、武器、带勾之物、倒勾、鱼钩、扁担勾、吊车勾、飞檐、诉讼状、传票、拘捕令、赌具、扑克牌、象棋。

人物：警察、军人、革命者、审判员、法官、囚犯、打官司之人、侠士、棋手、运动员、拳击手、足球运动员、斗牛士、裁判员、娱乐人员、

歌星、丑妇、斗鸡眼。

人事：勾陈为官非，官司、官方牵扯拘留、讼狱之事，如争执、争讼、词讼、兴讼、缉捕、缉拿、捕盗。引申为警察、公安、官方、衙门、拘留、扣押、关押、牢狱、劳改场等等；勾陈为斗，争斗、争战、战斗、打斗等。勾陈为稳，敦厚稳重、保守、顽固、规矩、死板、生硬、约束、不圆滑。安定、安宁、不变的、固定的；勾陈为黑、丑、实，其貌不扬、诚实、老实；勾陈为隐，隐伏不动，或不敢动，或被勾住、牵扯、牵制而不能动。不轻易表态；勾陈为迟，迟缓、拖拉、迟钝；勾陈为牵，勾扯、牵连、牵扯、牵挂、事多缠身、难脱身、难逃、陷入困境；勾陈为中，中间、中央等；勾陈为跌，跌倒、摔倒、绊倒、跌打损伤等。

疾病：勾陈为肿，肿胀、突出、包块、肿瘤，占病凶则为癌症等。

其他：勾陈为陈旧、姓名为陈、带秀、带竖弯钩等。

太常类象

五行：未土，阴土。

太常是五行所化之气，其性情好歌好饮，专司宴会祭祀、穿衣、吃喝之事。其随天禽星遍游四方，遇火则从火，遇金则从金，遇水则从水，遇木则从木，遇土则从土，与五行相合，其性无常，因此称之为太常。见吉门则吉，见凶门则凶。太常主文章印授、公裳服饰、绢帛、田地、五谷等信息。

概念：富豪、富贵、财帛、婚姻、提亲、说媒、喜庆、酒食、吃、食品、文章、文书、印、武职、军衔、职位、家畜、生活用品。

地理：庭院、客厅、厨房、酒店、酒吧、集市、商店、田园、学校、医院、幼儿园、游乐场、云。

动物：天鹅、大雁、家畜、牛、羊、鸡。

植物：小麦、高粱、谷子、稻子、玉米、蔬菜、木瓜、黄皮、葡萄。

静物：喜庆用品、食品、酒类、金银、财帛、信用卡、印信、印章、证件、农用机械、收割机、拖拉机、衣服、帽子、纺织品、布帛、布料、棉花、丝绸、田地、田产、土地、粮食、五谷。

人物：厨师、教师、购物者、家庭主妇、长寿人、寿星、牧羊者、牧马人、农民、武官、武警、学生、时装模特。

人事：服装秀、酒会、聚会、派对、饮酒、划拳、玩游戏、祭拜、祭祀、祭典。

玄武类象

五行：子水，阳水。

玄武禀北方水，为奸谗小盗之神。对应坎宫、癸亥。性好阴谋贼害，司盗贼、逃亡、口舌。玄武主男女暧昧之事，包括偷情，奸情。玄武在物品可能是腐烂变质或假冒伪劣商品；在人可能喜欢暗中行事，或是贪污盗窃犯，行贿受贿，阴险狡诈、不诚实，或是拈花惹草、风流放荡之人。但如果用神临吉星、吉门、吉格而却上乘玄武，则表示此人除有原则性以外，还具有头脑灵活的一面，处理事情必然会上下有情，内外称意。玄武主要是用来代表小偷小摸，小贪污犯的用神符号。

概念：玄妙、虚幻、错觉、玄光、太极、深邃、通灵、幽灵、鬼魅、聪明多智、暧昧、偷情、怀孕、色情、色欲、诱惑、春光泄露、好色、荡妇、忽悠、骗人、表演、炫丽多姿、晕、模糊、旋转、危险、涂抹、偷看、偷盗、黑暗、愤怒、哭泣、生活艰辛、乞讨、等待、水灾、江河湖海、波浪、水流、水利、洗澡、雨、湿、天气冷、下雨、水灾、冷淡、冷清、脏、不洁、不清洁、不干净、不卫生。

地理：大海、河流、洗手间、暗处、阴沟地井、探头煞、幽灵地带、寺庙、讲经场所、影院、弦月、悬空之地、墨水

动物：黑色动物、乌鸦、黑狗、黑马、黑豹、黑熊、夜行动物、蝙蝠、偷盗的动物、老鼠、黄鼠狼、松鼠、狡诈的动物、狐狸

植物：漂亮、绚烂艳丽的植物、水生的植物、桃花、蟹爪兰、大理菊

静物：水珠、液体、饮料、啤酒、酒类、洗漱品、色情物品、图片、地图、图画、文字、书法、照片、手印、电视、蛋、阴沟、厕所、卫生间、

粪便、拉圾、污水。

人物：哭泣的人、偷情者、色情的人、通灵者、巫师、钟馗、修道者、布道者、幽灵、鬼魂、笔仙、鬼魅忽悠的人、气功师、导演、演员、画家、作家、科学家、哲学家、脸色青白之人、目光呆滞之人、黑衣女、乞丐、孕妇、如厕之人、船员、水手、渔民、钓鱼人。

人事：玄武为睡，睡觉、睡神；头昏、醉酒、神志不清、神思昏倦、懒动、懒开目、想睡、贪睡等。常因神思昏沉、懒散和贪睡等误事或生灾。玄武又为聪明，圆滑，八面玲珑，多智，巧伎，求望，财物，干谒，失脱，盗贼，奸诈，小人，女子，阴私不明，偷骗劫夺。玄武为暗，阴暗、阴私、为黑、黑暗、不明不白、失踪、私情、私下、通奸、暗昧、不详、难以说明、不明不白、不公正、不光明、投机倒把、诈骗、奸诈、欺瞒、骗子、不真实、误导、制假售假、赌徒、走私、贪污、通奸、歪门邪道、行为不实、谋取不义之财。有玄武出现，需要防止上当受谝、防阴谋诡计、防暗害、暗算等。玄武为失，遗失、走失、失踪、消失、遗忘、偷偷摸摸、三只手、盗、小偷；流氓、匪、匪徒、抢劫者。得此神多遇小偷、流氓、匪徒等缠绕、抢劫甚至伤害。因此，此星和此星周围时常会出现官方人员，常出现违反国家利益和违反国家法律之事，易触犯法律、招来词讼、拘留、刑狱等。但是，另一方面，玄武也为智、聪明、多智、谋算、策划。玄武为忧，郁闷、阴沉。玄武为欲，主情感、情欲；对异性感兴趣、发生感情、相思缠绕、想入非非或色欲缠身、迷花恋色；男女之间多暧昧关系；为色、色欲、或风流好色；性欲易冲动、贪色、主男女性关系，例如男女性交、同居、性生活、不贞、嫖客、妓女、出示性器官、耍流氓、强奸、乱伦、风月场所。玄武为水，在人事为水险、投入水中、水电、行船、船业、水上运输、各种洗涮、清洁性等行业。

疾病：玄武代表眩晕、醉酒、糊涂、呕吐、怪异。治疗不对症。玄武属水，为肾，占病为失眠、性器官、血崩、遗精、性病、淋病、梅毒、肾虚、肾病等。

其他：玄武为后，后面、后头、后方等。古人有"前朱雀，后玄武，左青龙，右白虎"之说。姓名带三点水、两点水、雨、雷、泉、子、孔、孙等。

朱雀类象

五行：午火，阳火。

奇门遁甲中，玄武下隐有朱雀，阴遁用玄武，阳遁用朱雀，也有上午用朱雀，下午用玄武者。朱雀原来属南方火神，但北方玄武子水之位，正是丙火十二长生之胎地，故朱雀隐于玄武之下。朱雀之方须提防奸细盗贼。得奇门则无妨。

概念：声音、叫声、听觉、音乐、演奏、演艺、能说会道、吵架、文化、信息、消息、文字、飞翔、跳跃、发动机、发射、活泼、活跃、轻的、红色、赤黄、火、光明、热闹、火爆、图像、声音、电流。

地理：喧嚣场所、电影院、礼堂、家庭影院、音像室、集贸市场、商场、鸟巢、鸟巢式建筑、书房、图书馆、会客室、门、小房子、电信公司、邮局、传媒公司、

动物：飞鸟、鸽子、海鸥、天鹅、鹦鹉、飞虫、蝴蝶、蜜蜂、蜻蜓、蝇

植物：花类。

静物：口舌、唇齿、食物、美食、饮料、酒、声音、声响、歌声、音乐、噪音、吵闹声、音频、喇叭、乐器、铃铛、音响、电器、电灯、电脑、飞机、飞弹、飞行器、火箭、热气球、风筝、风车、文书、证书、书画、图景、图纸、视频、文章、文字、书信、蜂巢、鸟巢、文书纸类、书画、文件、合同、协议、电信、信件、邮包、邮件、短信、鞭炮、焰火、烟花、篝火、火堆、火场。

人物：音乐人、歌唱家、演奏者、音乐爱好者、演员、天使、体操运动员、高空飞行者、舞蹈者、跳跃者、跳高者、身轻如燕的人、读书人、活泼的女孩、美女、花枝招展的人。

物类：朱雀主说话、言辞、号令、音频、视频电话。朱雀为飞，代表飞鸟、空中之物。朱雀主火，为热。

人事：说话、演讲、呼叫、寻呼、打电话、寄信、邮递员、多话、善

言、巧辩、喋喋不休、以口为业者、呻吟、传声、播音、口舌是非、口角、吵闹、责备、争执、诽谤、流言蜚语、诅咒、言语冲突、熙熙攘攘、打斗、咬人、肢体冲突、干戈打斗、血光、杀伤、官司争讼、起诉、上诉、抗辩、对质、对簿公堂。朱雀为热，热身、热心肠。朱雀为急、为活泼、不安宁、多动、燥急、焦急如热锅上的蚂蚁、放火、火灾、飞行、快捷。

其他：朱雀为前、前面、前方。

九地类象

九地属土，对应坤宫、己未。九地具有坤土的性质，有厚载之德，故为万物之母，为坚牢稳固之神，性柔好静，滋生万物。九地之方，可以屯兵固守，潜藏万物，囤积居奇，坐地经商，播种养殖。阴曹地府，地下，长久，顽固，呆人，稳固，保守，耐心，包容。

物类：农场、养殖场、农作物；低洼之处、阴暗之处、地窖、地下室、矿井下、暗室、下水道、隧道、防空洞；衣服、稻豆；埋葬、死亡。

人事：农事活动、农民、女人、房地产业、打地基、挖掘、地下工作者、间谍、井下作业人员、买入货物、沉静、沉闷、死板、不活泼、忍耐、久拖不决。

疾病：代表病情逐渐稳定，阴症，表现血压低、昏迷、懒言少语等。

九天类象

九天属金，对应乾宫、辛酉。为天、为父，万物之父。古人称九天为威悍之神、扬散之神，性刚好动。九天之方，可以扬兵布阵，行军打仗，坐飞机。用神上乘九天吉神，可以主动出击，大展宏图。

物类：天上、高空、苍穹、制高点、飞翔、太空、宇宙、本源。

人事：远行、旅游、视察、云游、飞行、耀武扬威、好高骛远、鸟兽散。

疾病：九天代表病情逐渐加重，阳症、血压高、兴奋、多动。

第四章　鸣法格局

奇门遁甲中，格局是指两个或两个以上要素的组合含义。学过其他数术的人都知道，格局是其他数术中也有的概念，比如八字、六壬、风水中都有格局。从上一章我们已经看到，奇门遁甲中单个要素各有信息象意，比如天干有天干的象意，地支有地支的象意，八卦有八卦的象意，等等。这些要素组合起来还有组合的象意。

奇门格局有两个重要意义。一，格局象意大于各组成部分象意的简单相叠加。奇门格局象意往往都可以从组成格局的单个要素的象数理中推导出来，但自行推导有一些弊端，因为格局的象意不是各组成要素象意的简单叠加罗列，而是还要加上各要素之间关系的象意，即：格局象意＝各要素象意＋关系象意。二，格局往往是前人根据单个要素意象、关系象意及取象原理，多条线索交叉锁定，从而得出更加具体、更加细腻的象意，其取象之妙往往出人意表，为我们提供更多启发。

各门派奇门遁甲都有格局，但《奇门鸣法》中的格局要比其他门派多得多，取象细腻得多，象数理应用贴切得多。笔者绝无贬低其他奇门遁甲体系之意。没有比较就没有鉴别，读者如果以前学过其他门派奇门，而且下过大功夫，然后再学鸣法，你会真正体会到鸣法的优势。

下面按《奇门遁甲鸣法》体系，分门别类讲解飞盘奇门遁甲的格局。

第一部分　正　格

一、进茹、退茹格

构成：天地盘奇仪按数字顺序由小到大依次排列连续出现，则为进茹格，反向、逆向由大到小连续排列出现则为退茹格。例如：天盘干是戊，地盘干是己，简称戊加己，由于戊是天干第五位，己是第六位，按顺序排列故为进茹格；反之，己加戊则为退茹格。依此类推，乙加丙，丙加丁，辛加壬等均为进茹格。要点为数字顺序的连续排列。

意义：凡占测遇进茹格，不论吉凶，宜向前推进，事情往前递进发展，前进是为上策；凡遇退茹格，无论吉凶，宜向后撤退，以退为进，止步回撤。

歌诀：戊己庚辛壬下癸，进茹臧否喜来前。

辛庚己戊退茹是，休咎皆宜步回旋。

二、前间、后间格

构成：天地盘奇仪恰好中间隔一个天干，如果天盘与地盘是按十天干数字顺序正向排列则为前间格，逆向排列则为后间格。如天盘乙、地盘丁，简称乙加丁，中间恰好隔着一个丙，此为前间格；丁加乙，中间隔着丙，此为后间格。以此类推，甲加丙、乙加丁、丙加戊、丁加己、戊加庚、己加辛、庚加壬、辛加癸、壬加甲、癸加乙，都属于前间格。反之，甲加壬、乙加癸、丙加甲、丁加乙、戊加丙、己加丁、庚加戊、辛加己、壬加庚、癸加辛，均属后间格。

意义：前间格预示前进途中有阻拦，后间格预示后退途中有缠扰。

歌诀：乙丁壬甲前间格，进步中途有阻拦。

后间丁乙甲壬类，退后当中犯艰难。

三、上合、下合格

构成：天地盘奇仪构成六合，且两者是按十天干正向顺序排列，则为上合格，按逆向顺序排列则为下合格。例如，甲加己，两者相合，且甲在十天干中排在己前面，甲加己属于正向排列，故为上合格；己加甲则为下合格。以此类推，甲加己、乙加庚、丙加辛、丁加壬、戊加癸为上合格；反之，己加甲、庚加乙、辛加丙、壬加丁、癸加戊，均为下合格。

意义：上合格预示上亲下，长辈、上级亲近关照晚辈、下级；下合格则为下亲于上。

歌诀：上合乙庚甲与己，上亲于下下人欢。

　　　　下合壬丁癸加戊，下恭于上上保安。

四、五行合化格

甲加己或己加甲为合土格，宜耕种、农圃，与农业、农村、农民有关；乙加庚或庚加乙为合金格，宜于钱财、威武，与钱财、金融、军事有关；丙加辛或辛加丙为合水格，宜于漂泊、水利、淫私事；丁加壬或壬加丁为合木格，宜酝酿、初创、开张、交易；戊加癸或癸加戊为合火格，宜文书、音信、谋划、招贤纳士。

歌诀：合土耕种宜农圃，合金钱财宜兵权。

　　　　合水漂泊宜淫私，合木发生宜市廛。

　　　　合火文书与音信，功名筹策宜聘贤。

五、正冲、背冲格

构成：天地盘奇仪相冲，而且是按十天干正向顺序的为正冲，按十天干反向顺序的为背冲。即，甲加庚、乙加辛、丙加壬、丁加癸为正冲，反之庚加甲、辛加乙、壬加丙、癸加丁为背冲。

意义：正冲宜当面理论、正面交锋、勇往直前，不可畏惧他人。背冲宜背地攻击、侧击和追击、偷劫。

歌诀：正冲庚上忽加甲，对面交锋无拘牵。

　　　　背冲甲上庚相见，背地击攻可凯旋。

六、五行冲格

构成：天地盘奇仪相冲，以天盘奇仪之五行称谓五行冲，各有象意。

金冲：庚加甲、辛加乙为金冲。

意义：金为威。金冲格宜扬威振武，演阵教兵，征战斗杀之事也。

木冲：甲加庚、乙加辛为木冲格。

意义：木为义。木冲格宜用义宣扬，道义感化，行谦下士，丛林作伏，滚木作攻之事。

火冲：丙加壬、丁加癸谓之火冲格。

意义：火为文明、为谋划。宜行文召士，发布招聘广告，立词安民，运筹谋划，欺诈火攻之事。

水冲：壬加丙、癸加丁谓之水冲格。

意义：水为智、为饮料。宜用智行诈，酒食宴乐，调河开渠，水战水攻之事也。

歌诀：金冲先要扬威武，木冲须宜用义宣。

　　　火冲用文及用火，水冲行智并行船。

　　　甲去冲庚冲属木，庚来冲甲是金关。

　　　诸冲尽是此之类，一列其余莫疏玩。

七、支破格

构成：六甲旬每旬的旬首遁于六仪，亦即旬首跟随六仪一起运动。如：甲子戊、甲辰壬、甲寅癸等。天地盘仪奇互相加临形成所带旬首之地支相冲即为支破格。如：戊加辛，即是甲子戊加甲午辛，子午相冲，为支破格，其他类比。

意义：主谋为不就，诸事难成，破财荡产等事。

歌诀：支破即如庚加癸，谋为不就事虚然。

八、耗气、夺权格

构成：天地盘同为阳干，且上生下，此为耗气格；天地盘同为阴干，且上生下，此为夺权格。甲加丙、丙加戊、戊加庚、庚加壬、壬加甲为耗气格；乙加丁、丁加己、己加辛、癸加乙为夺权格。

意义：耗气格主耗我钱财、精力；夺权格主夺我之权利。

歌诀：耗气丙奇加六戊，我之财物不保全。

　　　夺权如乙加丁位，我之权衡被人夺。

九、交阴、交阳格

构成：天盘阳干生地盘阴干为交阴格，天盘阴干生地盘阳干为交阳格。乙加丙、丁加戊、己加庚、辛加壬、癸加甲均为交阳格；甲加丁、丙加己、戊加辛、庚加癸、壬乙均为交阴格。

意义：交阴格主隐匿阴私，利于伏藏淫邪等事。交阳格主消耗我之精力财物。

歌诀：丙加于己交阴象，隐匿阴私利伏藏。

丁加戊上交阳是，脱我精神我有伤。

十、得母、获父格

构成：天盘阳干得地盘阴干之生为得母，天盘阴干得地盘阳干之生为获父格。因此，庚加己，戊加丁，壬加辛，丙加乙，甲加癸之类，谓之得母格。己加丙，辛加戊，癸加庚，乙加壬，丁加甲之类，谓之获父格。

意义：得母格事虽属退，然家中和顺，大人庇荫，亦必所不免也。获父格主得大人之助，父老之护也。

歌诀：庚加六己为得母，家中喜悦庆嘉祥。

己加六丙谓获父，福德贵人在身旁。

十一、乘权、倚势格

构成：天盘阳干受地盘阳干之生为乘权格，天盘阴干受地盘阴干之生为倚势格。注意，乘权、倚势格均同时为后间格。庚加戊，戊加丙，丙加甲，甲加壬，壬加庚之类，为乘权格。丁加乙，乙加癸，癸加辛，辛加己，己加丁之类为倚势格。

意义：乘权格虽属后间，但宜进步而威扬。倚势格主赖他人之力而我得以显扬。

歌诀：庚加戊字乘权格，假势兴隆大吉昌。

丁加于乙是倚势，赖侍他人我得扬。

十二、外侵、内侵格

构成：上面天盘为外，下面地盘为内，阳克阴为侵。因此，上阳克下阴为外侵，下阳克上阴为内侵。甲加己，丙加辛，戊加癸，庚加乙，壬加丁之类，系天盘阳干克地之阴干，上克下，外克内，谓之外侵格。乙加庚，丁加壬，己加甲，辛加丙，癸加戊之类，乃下面阳干克上之阴干，以下克上，内克外，故谓之内侵格。注意，内侵和外侵格同时也是上下相合格。

意义：外侵格合中带克，不免有上人制下、外欺内。内侵格亦合中带克，但自内克外，故家中行欺，或内欺外，下制上。

歌诀：乙上加庚外侵局，外人欺我要提防。

庚上加乙内侵格，家中欺我意不良。

十三、外害、内害格

构成：天盘为外，地盘为内，阴克阳为害。乙加戊，丁加庚，己加壬，辛加甲，癸加丙之类，乃天之阴干，克地阳干，上阴克下阳，外阴克内阳，故谓外害格。

丙加癸，甲加辛，戊加乙，庚加丁，壬加己之类，乃地之阴干克天之阳干，下克上，内克外，故谓之内害格。

意义：外害格主外人欲来谋害于我，祸在他乡。内害格主在内之人要谋于我，或者祸在家中。

歌诀：六乙加戊为外害，灾殃陡起在他乡。

内害丙奇加在癸，是非口舌家内猖。

十四、外制、内制格

构成：天盘为上为外，地盘为下为内，阳克阳为制。因此，丙加庚，甲加戊，戊加壬，庚加甲，壬加丙之类，谓之外制格。甲加庚，丙加壬，戊加甲，庚加丙，壬加戊之类，乃地之阳干克上之阳干，内阳克外阳，谓之内制格。

意义：外制格，上阳克下阳，外克内，主外人制辖于我，而我之势力不能发挥。内制格主内人制辖，家里纷扰，我之志不能伸。

歌诀：丙奇加庚为外制，他人欺辖隐钩铤。

庚加丙上内制己，家里翻腾欲寻殃。

十五、外乱、内乱格

构成：天盘为上为外，地盘为下为内，阴克阴为乱。因此，乙加己，丁加辛，己加癸，辛加乙，癸加丁之类，乃天之阴干克地之阴干，上克下，谓之外乱格。己加乙，乙加辛，辛加丁，丁加癸，癸加己之类，乃下阴干克上阴干，为内克外，谓之内乱格。

意义：外乱格主他国寇兵侵犯我边疆，或外人结党来欺凌我。内乱格主内人纷纷，不受法度而欲作乱。

歌诀：乙加己位为外乱，外国来兵要侵疆。

己加乙字内人乱，家里纷纷无主张。

十六、入墓格

构成：甲乙属木，木墓在未，而未在坤宫，因此甲或乙落坤二宫为入墓；丙丁属火，火墓在戌，而戌在乾宫，因此丙或丁落乾六宫为入墓；戊己属土，土墓与火墓同在戌，故戊或己落乾六宫也是入墓；庚辛属金，金墓在丑，而丑在艮八宫，因此庚或辛落艮八宫为入墓；壬癸属水，水墓在辰，而辰在巽四宫，因此壬或癸落巽四宫为入墓。

意义：入墓之格大为不祥，诸事逢之，多遭蹇滞，暗昧不明，狐疑不决，病人死亡，词讼败诉，拘押判刑而无出头之象，谋事难成，多不遂意，失物难寻，寻人不见，必待冲墓之年月或日时始可以得好。

歌诀：又有一般入墓诀，学人不可不直说。

即如丙丁加乾六，甲乙二宫坤墓诀。

癸壬在四庚辛八，戊己亦同丙丁穴。

诸事逢之多蹇滞，病人亡命气已绝。

十七、秉空格

构成：秉空格者，即是干空，亦称六甲旬空。甲子遁戊旬中甲戌己空，简称甲子旬中己空。干空的简便算法是：旬首所遁天干的下一个天干空，戊己庚辛壬癸轮流循环，不使用甲乙丙丁四天干。例如，由于戊的下一个字是己，所以甲子戊旬中己空。以此类推，甲戌己庚空，甲申庚辛空，甲午辛壬空，甲辰壬癸空，甲寅癸戊空。以六甲值符落空推之。

意义：六甲落空主求谋不就，诸事不成之象，找人不在，等出空时才会出现转机。干空的讲究还有很多，详见下。

歌诀：甲子旬中忌见己，甲戌可畏甲申庚。

甲申遇辛便为空，甲午甲辰壬不精。

甲辰最怕甲寅癸，甲寅不宜甲子逢。

诸所谋求皆不就，秉空乃是格之名。

十八、主空、客空、中空格

构成：鸣法体系中特别强调三乙，天盘直符所在之宫为天乙，值使门所落之宫为太乙，地盘直符所落之宫为地乙。主空者，即地乙空；客空者即天乙空；中空者即太乙空。

意义：主空则为主者心怀诡诈之情，客空则为客者无真情实意，中空格主中人说谎、不实在。奇门中主客是重要概念，不仅是主人客人之意，而是先动者为主，后动者为客。比如交战或比赛中，先发动进攻者为主，后应起者为客；交易中的卖主为主、买主为客、中介为中人。在后面讲判断思路的时候会详细讲解。

歌诀：主空主人心虚诈，客空客意无真情。

太乙空字中人诞。

十九、没首、失中、濡尾格

构成：天乙乘空为没首格，值使逢空名失中格，地乙逢空为濡尾格。没首、失中、濡尾三格的构成与主空、客空、中空完全相同，但取象意义不同。

意义：没首格主初事不利，又有斩头之象；失中格，主半途而废，又有断腰之象。濡尾格，主最终落空，又有刖足之象。

歌诀：天乙乘空为没首，谋为一切始难通。

　　　值使落空名失中，半途而废枉用功。

　　　地乙若然值旬空，濡尾之格事无终。

二十、年命空、用空、时空格

构成：年命空指求测人出生年的年干乘空，用空指用神之干空，时空指时干落空。用神的意思在后面讲判断思路时要详细讲，这里读者只需要知道，奇门预测时需要根据预测事项取用神，比如测钱财、资本、本钱、资金以甲子戊为用神。如果戊落空，即为用神落空。测利润的用神是生门，如果恰好生门落宫中的天盘或地盘干落空，此亦为用空。

意义：年命空主虚惊之象，心神不定，进退不决。占病近则吉，久病则凶，天芮星空为吉。占事必待出空之日而可成。用空主求谋不遂，主意不定，欲行又止，进退徘徊之象。用神即如求财则必看生门，如空，虽求财而不能有，难如意，余仿此。时空主事无成，徒劳无益之象。落空之宫来生命宫，虽生亦无益。

歌诀：主空主心怀诡诈，客空客者无真情。年命空亡自虚惊。

　　　用空求谋主不定，时空跋涉枉费功。

　　　格中纵得生扶命，亦属枉然与秋冬。

二十一、无绪格

构成：天盘时干空为无绪格。

意义：天盘时干乃一卦之主宰，不可旬空，如空名无绪格，主妙策难行之象。此格构成与时空相同，两者从不同角度给出断语，时空格讲的是求测人徒劳无益；无绪格讲的所谋划之事会落空。

歌诀：天时若空名无绪，任君宏谋亦难行。

二十二、天盘空、地盘空

构成：天盘之干落空为天盘空，地盘之干落空为地盘空。

意义：若天盘奇仪值空，事犹可为，无关紧要。若地盘神空，而时干、年命、用神、三乙逢之，皆主不利，事无成就，谋为不遂。

歌诀：空值天盘为尚可，地盘偶遇定玲珑。

二十三、六仪击刑

构成：以下几种情况均为六仪击刑———甲子戊落震三宫为六仪击刑，因为子与宫中卯相刑；甲戌己落坤二宫为六仪击刑，因为戌与坤二宫中的未相刑；甲申庚落艮八宫为六仪击刑，因为申与寅相刑；甲申庚落巽四宫亦为六仪击刑，因为申与巽宫之巳相刑；甲午辛落离九宫为六仪击刑，因为午与离九宫之午自刑；甲辰壬落巽四宫为六仪击刑，因为辰与巽宫中之辰自刑；甲寅癸落巽四宫亦为六仪击刑，因为寅与巽宫中之巳相刑。

意义：六仪击刑是奇门遁甲大凶格局之一。主小人朦胧在内，大人刑害在外。口舌刑狱，是非词讼，必旋踵而起。占病者尤忌。

歌诀：六仪击刑更为凶，戊仪所行在于东。

己刑坤二庚八地，癸刑四宫壬亦同。

辛在南方午刑午，逢之小人在内横。

时干年命最忌此，官司唯恐犯官刑。

戊临三宫子刑卯，己临坤二未戌刑。

庚临八位寅申刑，壬到巽位辰自刑。

癸到四位寅刑巳，庚若来此巳刑申。

辛在南离午刑午。即此皆谓击刑格。

以上二十三种格局，从天地盘两干之间的先后顺序、中间间隔、相合、相冲、相生、相克、地支相冲、入墓、逢空、相刑等关系着眼，构成格局，充分体现"奇门乃天干之学"的特点。尤为可贵的是，这些格局除入墓格、支破格、六仪击刑格之外，均为奇门遁甲其他著作中所未见，无论飞盘还是转盘中都没有。这些格局都没有超出天干、地支关系的基本原理，但取象立意巧妙贴切，令人拍案叫绝。奇门鸣法体系丰富细腻、合乎数理的特点可见一斑。这些特点下文中比比皆是。

第二部分　辅　格

辅格也是奇门鸣法所独有，其他无论转盘飞盘中都没有这些格局。辅格是当天地盘仪奇任意一个出现落在每一个宫里都有一个专门的名称和相应的象意。三十六个辅格中的前三十二个是鸣法所独有，别的流派无论飞盘转盘中均未出现如此丰富细腻的格局。

下面这段《尚书·洪范》中箕子解释五行的话有助于理解奇门鸣法中的辅格："五行：一曰水，二曰火，三曰木，四曰金，五曰土。水曰润下，火曰炎上，木曰曲直，金曰从革，土曰稼穑"。意思是：水的特点是润下，火有炎上的特点，木有曲直的特点，金有从革的特点，土有稼穑的特点。从革的意思是肃杀。

另外，《易纬·乾坤凿度》五行配五常："木仁，火礼，土信，水智，金义"，也在辅格中有体现。

一、曲直格

构成：仪奇属木，又落在属木之宫，即甲或乙落在震三宫或巽四宫为曲直格，亦名仁寿格。

意义：取木逢春之象，故仁寿。主事情开始露出迹象、公开，发政施仁，哨探敌私，营谋号令事。

歌诀：甲乙若逢三与四，曲直格兮仁寿名。
　　　　大利兵家施号令，探听敌弊合经营。

二、胎息格

构成：甲或乙落到坎一宫为胎息格，又谓发生格。

意义：以木逢水生，一阳始生之意。主事情开始萌芽、孕育、策划；得贵人扶助，凡所谋求，速当进步。

歌诀：乙甲若然加一宫，此名胎息是发生。

　　　谋为从此当进步，君子欣欣事有成。

三、兴创格

构成：甲或乙落在三土宫，即坤二宫、中五宫或艮八宫，名兴创格。

意义：取木克土之象，土木之工，故主宜修造，建筑等事最佳。

歌诀：如或土宫逢甲乙，格为兴创定持衡。

　　　最佳造作与修筑，主客交锋不称情。

四、罹伐格

构成：甲或乙落在乾六宫或兑七宫，名罹伐格。

意义：因其木被金伤，主斗争，打架斗殴，利主不利客。不宜出兵动作等事，静守为吉。

歌诀：甲乙加于六七宫，号之罹伐动斗争。

　　　此时不利出军去，谋作交兵定震惊。

五、焚林格

构成：甲或乙落在离九宫为焚林格。

意义：因其木多成林遇火自焚，故为凶。只可耐守，动必有伤。容易发生火灾，或被火攻。

歌诀：九离之内逢甲乙，此为焚林一场凶。

　　　守旧为宜固本美，毋须前进并争锋。

六、炎上格

构成：丙或丁落在离九宫，名为炎上格。

意义：以火之旺禄在午，故主宜文书信息，献策求名，发布广告、信息，行军火攻等事。

歌诀：丁丙同来离九宫，格名炎上气虚冲。

　　　文书献策最为上，用火乘风可进功。

七、掩目灭光格

构成：丙或丁至一宫名掩目灭光格。

意义：以其火被水灭，故凶，不宜动作。又主眼疾，销声匿迹、偃旗息鼓。

歌诀：天盘之丙地盘丁，二物临于坎水宫。

　　　掩目灭光为其号，溺身死地犯刑狱。

八、失光格

构成：丁或丙至二五八宫，名失光格。

意义：用其火生土，盗泄元精，消耗精力，靡费钱财，故宜静守为吉。

歌诀：丙丁二字齐见土，局是失光莫登程。

　　　前进必然招脱耗，破财破产坏元精。

九、增辉格

构成：丁或丙至三四宫名增辉格。

意义：以其火被木生之意，主求取功名等事。主成名、辉煌、广为人知。

歌诀：震三巽四丁遇丙，格云增辉利飞腾。

　　　文章显达功名进，举火出军勃然兴。

十、斗力格

构成：丙或丁至六七宫名斗刀格。（斗力格）

意义：因其火克金，主口舌词讼之事。又主生疮、化脓溃烂。

歌诀：丙丁皆在六七宫，斗力之占事不宁。

　　　口舌兴词概因此，逢之迅速退步停。

十一、稼穑格

构成：戊或己至八五二宫名稼穑格。

意义：取其土行重重之意，主宜从事农业生产、守边驻防，安乐居业等事。

歌诀：戊己忽临五八二，格名稼穑宜躬耕。

　　　大力守边并下寨，安营乐业与雕甍。

十二、迫水格

构成：己或戊至一宫名迫水格。

意义：土来克水宫，主谋求费力无成，易发生水患，或招致官非。

歌诀：己戊并临于坎北，所云迫水慎招刑。

　　　田园致讼终耗力，交战出军损兵丁。

十三、坏体格

构成：己或戊至三四宫名坏体格。

意义：以其土被木克为凶，容易失身、受伤甚至丧命，又主辛苦费力。宜退不宜进。

歌诀：三四宫中逢戊己，其名坏体利坚贞。

　　　伤身殒命犹劳力，退守为宜毋进兵。

十四、绝精格

构成：戊或己至六七宫谓之绝精格。

意义：土去生宫，耗洩元气，故谋事无成之象。又主不通、堵塞、耗费精力、有失尊严、栽面子。

歌诀：若然戊己居乾兑，格谓绝精事不通。

　　　耗散元阳失本面，诸般谋作一场空。

十五、变象格

构成：戊或己至九宫，名之变象格。

意义：土逢火生为吉，所谋皆遂。主有重大转机、得到资助救济、功成名就。

歌诀：戊己离宫忽俱到，名之变象乃元亨。

资生万物而成器，进步方能万里程。

十六、从革格

构成：庚或辛至六七宫名从革格。

意义：以金逢比合，主宜演习、演练、训练、培训，又宜冲锋掠阵劫敌事。

歌诀：庚辛居于六七地，格名从革宜操矛。

教军演队当依此，劫敌发兵功最优。

十七、泄津格

构成：庚或辛至一宫名泄津格。

意义：主他人陷害我，耗财、琐事、烦恼忧愁。

歌诀：庚辛坎地忽飞走，格谓泄津是摠由。

此象须防人陷我，钱财败损又添忧。

注：摠，同总。

十八、扬威格

构成：庚或辛至二五八宫名扬威格。

意义：以其金逢土生，主演练、训练、培训、发兵、炼丹等事。

歌诀：庚辛八二游巡五，局乃扬威利建侯。

兴兵练阵皆为吉，乐道採丹向此修。

十九、逢刃格

构成：辛或庚至三四宫名逢刃格。

意义：金来克木，而只宜耐时，不可妄动。主打架斗殴、行凶伤人、致人死地。

歌诀：震三巽四庚辛游，逢刃之占有凶咎。

伤其体兮败其形，口舌争斗命残朽。

二十、结冤闭口格

构成：辛或庚至九宫名闭口格。

意义：金被火克，主有小人阴谋，暗陷赚我。又主无故招来是非，路途给养断绝，资金链断裂，所谋之事难成。

歌诀：辛与庚兮至离九，结冤闭口招狱囚。

他人闪赚机陷我，途道绝粮切勿谋。

二十一、润下格

构成：癸或壬至一宫名润下格。

意义：主行水路，游览水景，宜平治水道，乘船水战，斗智水攻事。

歌诀：壬癸行临坎北乡，格为润下宜含羞。

调河治水兼水战，斗智乘船向此游。

二十二、绝迹格

构成：壬或癸至二五八宫，受土之克，名绝迹格。

意义：主驳杂琐碎，忍耐为上。又主身体受伤、失身、疾病、官灾。

歌诀：癸壬二五八宫留，绝迹之占偏难酬。

伤其形质坏其身，疾病官灾否时来。

二十三、败源格

构成：壬或癸至三四宫，受木之盗泄，故名败源格。

意义：主源头枯竭，求谋无成，徒劳往返，归去空空。

歌诀：震巽之宫壬癸见，败源格局有忧愁。

诸般谋作徒劳力，归去空空似浮舟。

二十四、通关格

构成：癸或壬至六七宫，受金之生，故名通关格。

意义：主有人从中疏通关节、斡旋襄助，利谋划、迎敌，求财、求名遂意。

歌诀：兑七乾六壬癸守，名曰通关利策筹。

　　　迎锋见阵皆为吉，财利功名任祈求。

二十五、灭润格

构成：壬或癸至九宫，水克宫，名曰灭润格。

意义：主利私不利公，利于私情淫荡、暗箱操作，举义扬威、大张旗鼓之事则易遭拘押迫害。

歌诀：壬癸加来离九头，无荣灭润祸旋流。

　　　私情淫荡为最乐，举义扬威被贼囚。

二十六、父健、母顺格

构成：六亲之中，如果"父宫"天盘奇仪旺动则为父健格，"母宫"天盘奇仪旺动则为母顺格。

意义：父健主老父吉利，小儿欠康，故名为父健格；母顺主老母高寿，家中安乐之事。无论父健格还是母顺格，"父母"在数术中都代表音信、文书、庇护之所，包括房子、棚子、车子、伞盖；父母宫旺动都有不利于子孙的意象，因为父母必然克子孙。例如，时干是丁，则甲乙木为父母，戊己土为子孙，甲乙木克戊己土。

歌诀：父健文书与音信，椿树严严子欠康。

　　　母顺家中多喜乐，安安萱草庆高堂。

注：椿树代指父亲，萱草代指母亲。

二十七、兄夺、弟争格

构成：六亲中的"兄宫"天盘干旺动为兄夺格，"弟宫"中天盘干旺动为弟争格。

意义：兄夺格主上凌下并败财，弟争格主下竞上并散产。无论兄夺还是弟争，"兄弟"都有竞争对手、劫夺财产、破财、惹气不悦的象意，因为从五行生克角度来看，兄弟必然克妻财。

歌诀：兄夺败财上凌下，弟争财散下竞张。

二十八、财摇格、妻动格

构成：六亲中"财宫"中的天盘干旺动为财摇格，"妻宫"的天盘干旺动为妻动格。

意义：财摇格主财利顺心，求名夺魁。现在指事业有成，或应聘、调动、升迁成功，因为按五行生克，财生官，而官是功名的符号。妻动格主妇人当权，家道荒废。无论妻还是财，都不利于父母，因为妻财必定克父母。而父母代表长辈、音信、文书、庇护之所，包括房子、棚子、车子、伞盖。

歌诀：格透财摇最顺利，功名登榜姓名扬。

局安妻动妻宫旺，女子持家家道荒。

二十九、子任格、孙作格

构成：六亲中"子宫"天盘干旺动为子任格，"孙宫"天盘干旺动为孙作格。

意义：子任格主百祸消散，占病服药有愈灵，必得财。孙作格主诸事皆吉，后代绵远，唯功名不遂。无论子还是孙，都福神的符号，所以百祸消散、后代绵远。子孙尤其利于占病，但不利于功名（现代指应聘、补缺、提拔、升迁、调动），因为按五行生克之理，子孙必定克官鬼，而鬼是疾病、灾祸的符号，官是功名的符号。

歌诀：子任财兴身有脱，安居乐业祸消磨。

孙作传流皆吉泰，后人绵远福庆多。

三十、官兴格、鬼扰格

构成：六亲中如果"官宫"天盘干旺动，则为官兴格，"鬼宫"天盘干旺动为鬼扰格。

意义：官兴格主词讼得理，功名成就。鬼扰格主疾病灾咎，是非口舌。无论是官还是鬼，均不利于兄弟，因为按五行生克之理，官鬼必定克兄弟。

歌诀：官兴词讼功名就，鬼扰病灾与口舌。

三十一、年命值六亲格

构成：求测人生年年干天盘恰好落在六亲宫的父宫或母宫，统称为年命值父格；落在官宫或鬼宫统称为年命值鬼格；落在妻宫或财宫统称为年命值财格；落在子宫或孙宫统称为年命值子格；落在兄宫或弟宫统称为年命值兄格。

意义：年命值父主劳碌，值鬼主灾咎口舌，值财主得财，值子主安然太平，值兄主伤财、惹气。

歌诀：年命值父多劳碌，值鬼灾咎口舌罗。
　　　值财财顺利息得，值子安然太平歌。
　　　值兄伤财与惹气，但以天盘奇仪说。

三十二、六亲利害格

构成：根据五行生克原理，六亲旺动必然有利于一个六亲而同时有害于另一个六亲。例如，时干是乙，乙木的子孙是丙丁火，如果丙丁火旺动，就必然有利于妻财而有害于官鬼，因为乙木的妻财是戊己土、官鬼是庚辛金，丙丁火生戊己土而克庚辛金。其他时干也有这样规律，六亲利害格就是逐一揭示这种利害关系。子孙必然生妻财而克官鬼；父母旺动必然有利于兄弟而不利于子孙；妻财旺动必然有利于功名事业而不利于父母；兄弟旺动必然有利于子孙而不利妻财；官鬼旺动而必然有利于功名事业而不利兄弟；兄弟旺动必然有利于子孙而不利于妻财；

意义：子动财吉而功名无就，父兴兄泰而子孙消亡，财摇名成父母罹克，兄发子吉妻妾灾疾财消耗，官鬼兴则父病愈而姓名题，兄被刑而身滴血。

歌诀：子动财来功名克，父兴兄泰子孙绝。
　　　财摇名就母疾瘥，兄发子怡财消折。
　　　官鬼兴时可甲科，弟兄灾病身滴血。
　　　此是时干妙理歌，浪言传秘神仙诀。

注：原文"母疾瘥"的瘥字应系讹误，因为瘥的意思是疾病痊愈，而

实际上妻财旺动则不利于父母，不可能是母疾瘥，应该是"母罹疾"之类不好的事情。

兹将因时取象，以定六亲宫之旺动格，附列于下。

天干	壬水	癸水	丙火	丁火	戊土	己土	庚金	辛金
甲木	父健	母顺	孙作	子任	财摇	妻动	鬼扰	官兴
乙木	父健	母顺	子任	孙作	妻动	财摇	官兴	鬼扰
丙火	鬼扰	官兴	比	弟争	孙作	子任	财摇	妻动
丁火	官兴	鬼扰	兄夺	比	子任	孙作	妻动	财摇
戊土	财摇	妻动	父健	母顺	比	弟争	孙作	子任
己土	妻动	财摇	父健	母顺	兄夺	比	子任	孙作
庚金	孙作	子任	鬼扰	官兴	父健	母顺	比	兄夺
辛金	子任	孙作	官兴	鬼扰	父健	母顺	兄夺	比
壬水	比	弟争	财摇	妻动	鬼扰	官兴	父健	母顺
癸水	兄夺	比	妻动	财摇	官兴	鬼扰	父健	母顺

三十三、返吟格

构成：返吟格有四种情况，星、门、奇仪返吟。星、门返吟指天盘星、门恰好落在与地盘直接对冲之宫，即对面宫。例如，天盘天蓬星落在离九宫，由于天蓬星地盘在坎一宫，而现在天盘蓬星落在与坎宫正对面相冲的离九宫，此为天蓬星返吟。仿此，天芮星落在艮八宫、天冲星落在兑七宫、天辅星落在乾六宫、天心星落在巽四宫、天柱星落在震三宫、天任星落在坤二宫、天英星落在坎一宫，均为星返吟；同样道理，休门落在离九宫、死门落在艮八宫、伤门落在兑七宫、杜门落在乾六宫、开门落在巽四宫、惊门落在震三宫、生门落在坤二宫、景门落在坎一宫，均为门返吟。奇仪返吟指天盘奇仪地支与地盘奇仪地支相冲，如，天盘戊加地盘辛，由于甲子遁戊加甲午遁辛，其中的子与午对冲，所以称为戊与辛返吟。同理，辛加戊，癸加庚，庚加癸，己加壬，壬加己均为奇仪返吟。

意义：返吟主事无主张，进退徘徊不决，本来以为已经搞定之事还会变卦、反复，出行去而复返。

歌诀：蓬加九位生履坤，辛戊庚癸返吟神。

　　　占事逢之反复言，徘徊不定失筹策。

三十四、被迫格，又称迫宫格

构成：凡门克宫，谓被迫格，又称迫宫格。例如，开门加在震宫，开门属金克震三宫之木。

意义：主祸从外入，需要提防。

歌诀：被迫开门加震地，祸从外入要防之。

三十五、受制格

构成：凡宫克门谓之受制格，例如休门加在二五八宫，由于二五八宫均属土，而休门属水，土克水，故为受制格。

意义：主祸从内起。

歌诀：受制休加八五二，事之内祸将人欺。

三十六、交和格

构成：门生宫为交和格。例如，伤门加在离九宫，伤门之木生离九宫之火，此为交和格。

意义：主喜自外来。

歌诀：交和原是伤加九，喜自外来情便宜。

第三部分　奇　格

鸣法中的奇格包括转盘奇门中也有的三奇得使、玉女守门、九遁、三诈、五假格等，但还包括了其他门派没有见到的九个门户格（即某某守门格），而且九遁、三诈、五假的构成与其他门派不同，断语比其他门派细致许多。

一、三奇得使格

构成：乙加己、乙加辛，丙加戊、丙加庚，丁加癸、丁加壬均为三奇得使。注意，三奇得使是转盘奇门遁甲中也有的格局。

意义：主利阴私，纳婢、填房、设埋伏之事。

这个格颇有争议，因为三奇得使是吉格，但转盘奇门中"十干克应"（又称八十一格）里面，乙加辛为青龙逃走大凶之格、丙加庚为荧入太白大凶格、丁加癸为朱雀投江大凶格，与此处的三奇得使吉格吉凶正相反。《鸣法》中与转盘"十干克应"对应的是"遍干"（见本章第四部分），乙加辛、丁加癸、丙加庚也是凶格。那么如何解释这个吉凶自相矛盾的问题，转盘和飞盘各自做出了努力。转盘奇门名著《御定奇门宝鉴》作者认为，只有当天盘是乙地盘是己，同时地盘乙上面加的是辛，这才称为乙奇得使；同样，只有天盘丙加地盘戊，同时地盘丙上面是天盘庚，这才是丙奇得使；天盘丁加地盘癸，地盘丁上面是壬，这才是丁奇得使。由于这种条件限制，只有转盘中才会出现这种三奇得使。下面举转盘局面如下：

1. 乙奇得使

乙亥时　阳一局　甲戌己　申酉空

值符天芮星在9宫　值使死门在3宫

九天 天英　乙 惊门　辛	值符 禽芮壬己 开门　乙	螣蛇 空天柱　丁 休门壬己
九地 天辅　辛 死门　庚		太阴 空天心　癸 生门　丁
玄武 天冲　庚 景门　丙	白虎 天任　丙 杜门　戊	六合 天蓬　戊 伤门　癸

2. 丙奇得使例子：

乙未时　阳一局　甲午辛　辰巳空

值符天辅星在9宫　值使杜门在5宫

九天 空天冲　庚 　生门　辛	值符 天辅　辛 伤门　乙	螣蛇 天英　乙 杜门壬己
九地 天任　丙 休门　庚	 　 壬	太阴 禽芮壬己 景门　丁
玄武 天蓬　戊 开门　丙	白虎 天心　癸 惊门　戊	六合 天柱　丁 死门　癸

3. 丁奇得使例子：

乙未时　阳三局　甲午辛　辰巳空

值符天心星在2宫　值使开门在7宫

九地　马 空禽芮庚乙 　景门　己	九天 天柱　壬 死门　丁	值符 天心　辛 惊门庚乙
玄武 天英　丁 杜门　戊	 　 庚	螣蛇 天蓬　丙 开门　壬
白虎 天辅　己 伤门　癸	六合 天冲　戊 生门　丙	太阴 天任　癸 休门　辛

如果按《御定奇门宝鉴》这种解释，则飞盘奇门中永远也不会出现这种三奇得使的情况。但鸣法中也列出了三奇得使格，而且没有象《宝鉴》那种限制。可是，鸣法其实也解决了这个吉凶矛盾，因为鸣法认为三奇得

使只利阴私、埋伏之事，并非所有的事情都吉利。遇到其他事情，乙加辛、丙加庚、丁加癸仍以凶断。

《鸣法》注释中还对三奇得使为什么是吉格作了解释。"坤纳乙，而离巽辅之，乃与地支卦象符合之义也"。这里涉及八卦纳甲的概念，乾纳甲壬、坤纳乙癸、震庚、巽辛、坎戊、离己、艮丙、兑丁。每个卦除了乾坤各纳两个天干之外，其他六个卦各纳一个天干。上面所引《鸣法》中的那句话，意思是坤卦是母亲，有两个女儿巽和离辅佐，坤中所纳的乙得到巽中的辛和离中的己辅佐，所以乙加己、乙加辛为乙奇得使；同样道理，兑中所纳之丁得到父亲乾卦所纳之壬和母亲坤中所纳之癸辅佐，所以丁加壬、丁加癸为丁奇得使；艮中所纳之丙得到坎中之戊和震中之庚的辅佐，故丙加戊、丙加庚为丙奇得使。

歌诀：乙逢犬马丙鼠猴，玉女丁奇跨虎龙。

得使只宜纳婢仆，填房军旋须伏弩。

注：这里用十二生肖作隐语。犬，犬指戌，意思是甲戌己；马指午，意指甲午辛；猴指申，意指甲申庚；虎指寅，意指甲寅癸；龙指辰，意思是甲辰壬。

二、三奇游六仪格

构成：三奇加本旬值符，亦称三奇游甲格。

意义：利军训、训练、交战等军伍之事。

歌诀：三奇更有游六仪，大利交兵练营伍。

三、玉女守门格

构成：值使加地盘丁奇，号为玉女守门格。

意义：主利阴私和合事，指偷情野合之类。

歌诀：太乙加临地丁位，号为玉女守门扉。

若作阴私和合事，传来皆道此精微。

四、日照门闾格

构成：值使加地盘乙奇，谓之日照门闾格。

意义：主谋为多逢君子相助，有贵人，要大胆进取。

歌诀：乙奇之上逢值使，日照门闾要奋威。

　　　作用偏多君子遇，交锋迎敌任来归。

五、月映当门格

构成：值使加地盘丙，谓之月映当门格。

意义：主谋为多得阴人辅助，家中女人主事。

歌诀：太乙丙奇同一处，当门月映满庭扉。

　　　凡谋多得阴人助，家中妇人胜男郎。

六、青龙缠户格，又称天门分开格

构成：值使加地盘戊，谓之青龙缠户、天门分开格。

意义：主家中安泰，诸事称心。

歌诀：太乙加戊天门开，青龙缠户喜行奇。

　　　功名最显家安泰，诸事谋为无不遂。

七、地户蔽门格

构成：值使加地己，谓之地户蔽门格。

意义：主隐遁遮藏，安静守旧。

歌诀：地户蔽门使加己，行军不利教军宜。

　　　遁迹藏形为最善，安常守分亦娱嬉。

八、太白入门格

构成：值使加地盘庚，谓之太白入门格。

意义：主官事缠身，或遭盗贼，口舌是非，挑拨离间，不团结。

歌诀：太白入门家有祸，地庚上值太乙司。

　　　官事缠绵官贼盗，妇人口舌论离乖。

九、白虎拦门格

构成：值使加地辛，谓之白虎拦门格。

意义：旺则主交锋战斗，衰则主见到打架斗殴，或寻仇诉讼，凶。

歌诀：白虎拦门辛字上，屠人柳市动刀枪。

　　　旺则军机衰瞪斗，殴人争讼入公堂。

十、玄武守门格

构成：值使加地壬，谓之玄武守门格。

意义：主贼盗、刑狱之灾，占病难愈，凶。

歌诀：玄武守门凶且厉，宅中病者已膏肓。

　　　不然必定招贼盗，刑狱官灾到身旁。

十一、螣蛇守门格

构成：使加地癸，谓之螣蛇守门格。

意义：癸为螣蛇又为罗网。遇到螣蛇守门格，有遭捆绑之虞。需看何宫以定高低。一般落在六七八九宫为高，一二三四宫为低。网高宜外出或逃走，网低宜固守。

歌诀：守门螣蛇休言美，罗网高张无处藏。

　　　高则宜走低宜守，须防缧绁祸萧墙。

注：缧绁 léixiè，意思是绳索捆绑。

十二、九遁格

1. 天遁格

构成：丙加丁生门，落在三隐宫，名天遁格。三隐指太阴、六合、九地。

意义：宜耀武扬威、检阅、升迁、考学，练祭丁甲（法术）、捐神遣将、呼风唤雨等事，用此全吉。

歌诀：六丙临丁门上生，月精天遁可屯兵。

　　　耀武扬威从此数，升迁学业任游行。

2. 地遁格

构成：乙加己开门、三隐宫，名地遁格。

意义：宜土地、房屋交易，利建筑、安营扎寨、出逃、出征。

歌诀：乙奇临己开门并，地遁紫云蔽日精。

　　　田才交易与修筑，下寨逃形利出征。

3. 人遁格

构成：丁乙加休门见太阴，为人遁吉格。若丁到艮，乙到乾，皆为墓，休到离为迫，主凶。

意义：人遁主有喜事，或合伙求财遂意。若临墓、迫、旬空之宫，则有灾。

歌诀：丁乙休门遇太阴，人遁吉格喜气临。

　　　合伙求财多遂意，旬空墓迫患灾深。

4. 神遁格

构成：丙加乙乘开门，加六合，名神遁格。

意义：宜祈禳祭祀、烧丹、隐匿。

歌诀：丙乙开门六合兴，原来此格神遁宫。

　　　祈福消灾并祭祀，烧丹隐匿妙无穷。

5. 鬼遁格

构成：丁加丙，相乘开门，名鬼遁格。

意义：宜纳妾、私奔、布谣惑军，探路侦贼、伏兵劫盗，书符镇鬼事。

歌诀：丁加丙上开门立，若见太阴鬼遁通。

纳妾私奔并六甲，伏兵劫盗任私公。

6. 风遁格

构成：乙加丁乘开门三隐宫，或临巽宫，名风遁格。

意义：宜祭风、火攻，招安讨逆，捕捉逃亡需向树林中搜索。不利行舟。

歌诀：六乙丁开九天共，临巽即把风遁吟。

招安讨逆为决胜，捕捉逃亡要搜林。

7. 云遁格

构成：六乙加丙乘生门、三隐宫，临九天，名云遁格。

意义：宜劫营，路上晴雨不定。

歌诀：乙与生门加在丙，九天并临云遁从。

神仙异路皆得吉，乍雨乍晴半途逢。

8. 龙遁格

构成：甲加丙，乘休门，临九天或落在坎宫，名龙遁格。

意义：宜水战、冒雨劫营、祈雨，造船、兴修水利，应举、比赛。

歌诀：甲丙休门归一路，九天共处遁为龙。

乘而劫营并水战，造船应举利争锋。

9. 虎遁格

构成：六辛加丙乘生门，临九地为虎遁格。

意义：宜当兵入伍，扬威布阵、交兵，祭风镇邪，驱鬼安宅。

歌诀：生门辛丙地来同，报武充军气象雄。

此局原为名虎遁，扬威布阵宜交兵。

十三、三道格

乙丙互加，临生门、三隐，为天道；丙丁互加，临休门、三隐为地道；丁乙互加，临生门、三隐，为人道。详细情况如下。

1. 天道格

构成：丙加乙，乙加丙，乘生门，临太阴、六合名为天道吉格。

意义：宜应征召，炼道修真。

歌诀：乙丙生门丙乙朝，太阴六合庆征召。

　　　天道格上赴云霄，炼道修真玄妙高。

2. 地道格

构成：丁加丙、丙加丁，乘休门，三隐宫，名曰地道格。

意义：宜埋伏、逃遁、地下工程、填埋工程、土葬。

歌诀：丁丙丙丁三隐交，相共休门地道妙。

　　　隐埋兵旅上吉爻，逃形造葬乃枢要。

3. 人道格

构成：丁加乙、乙加丁，乘生门，三隐宫，名为人道格。

意义：利考取功名、应聘考试、嫁娶。

歌诀：丁乙乙丁生共邀，会同三隐来相照。

　　　功名嫁娶无不起，人道精微任吟箫。

十四、三诈格

三奇互加，临三吉门，合三隐之一为三诈格。三奇互加指乙丙丁三奇任意两个相加；三吉门指开、休、生；三隐指太阴、九地、六合。详情如下。

1. 真诈格

构成：开休生三吉门，逢乙丙丁三奇，与太阴同位，名曰真诈格。

意义：主施恩、隐遁、祈祷求仙，诸所谋求皆吉。

歌诀：三吉三奇太阴填，名为真诈宜济贫。

　　　隐遁求仙皆得顺，营谋求望任屈伸。

2. 休诈格

构成：三吉会三奇与九地同位，名休诈格。

意义：宜合药法符，治病救灾，祈神禳灾祭祀，皆大吉。

歌诀：九地逢之是休诈，驱邪祈祷百福臻。

　　　疗瘟救急皆为利，来财向喜主婚姻。

3. 重诈格

构成：三吉逢三奇与六合同宫，名重诈格。

意义：宜收降、添兵、招聘、进人口，纳财、袭爵、拜绶，吉。

歌诀：六合加来重诈格，取财受爵与添人。

　　　若非继室与生子，决定参谒礼神圣。

十五、五假格

五凶门会三奇加三隐之一为五假。五凶指伤、杜、景、死、惊五个凶门；三奇指乙丙丁；三隐指太阴、九地、六合。具体情况如下。

1. 天假格

构成：乙加丙、丙加乙乘景门三乙宫，名天假格。乙为德，丙为天威，丁为太阴。

意义：凡三奇之灵，宜上书陈述、见贵、求财、谋划。

歌诀：六乙景门同六丙，九天相共天假神。

见贵求财皆顺利，谋望生游须更新。

2. 地假格

构成：丙加丁、丁加丙乘杜门，三隐宫，名地假格。

意义：宜潜藏埋伏，遁迹藏修，及遣人行间谋，探私事等。货物宜脱手。地假格利于潜藏，故寻人、搜捕不易。

歌诀：六丙丁奇门遇杜，三隐逢之伏藏宜。

　　　货物逢之当脱卖，寻人地假枉奔驰。

3. 人假格

构成：丙丁互加，乘伤门三隐宫，名人假格。

意义：宜登台致祭，捕捉逃亡犯，索债讨账，拜师学艺。

歌诀：伤门丙丁九天集，人假登坛之时宜。

　　　捕捉逃亡为最利，求师学艺亦相宜。

4. 神假格

构成：丙丁相加乘惊门三隐宫，名神假格。

意义：神假格利祈祷祭祀神灵，埋葬，利大张旗鼓兴兵、演习。

歌诀：惊门六丙丁奇比，三隐宫加一处移。

　　　神假埋葬为大吉，兴师举武要扬麾。

5. 鬼假格

构成：丁丙互加，乘死门三隐宫，名鬼假格。

意义：利合伙求财，偷营劫寨，情人幽会，利超亡荐度等事。

歌诀：丁加于丙死门位，九地太阴六合随。

　　　鬼假求财合伙喜，偷营月下会佳期。

第四部分　遍　干

鸣法的遍干在构成上相当于其他门派里面的"十干克应"（又称"八十一格"），是天盘六仪三奇加地盘六仪三奇构成的九九八十一个格局。但是，在格局意义解读方面，鸣法的断语要明确的得多、细致的多。而且，鸣法的每一个格局都有一首七绝诗相配，其他门派的八十一格大多没有诗。鸣法作者还认真地把市面上常见的"十干克应"也列在各格之下，以资对照。鸣法断语侧重于取象，其他门派的断语侧重于断吉凶，例如，青龙入云格，转盘只说"天盘戊加地盘乙，为青龙入云格。门吉事吉，门凶事凶"。鸣法给出的是四句诗："青龙入云戊加乙，同人扶助事得全。若或门宫逢迫制，定然彼我自招愆"。这里不但把青龙入云的构成点出来，还明确点出，这是吉格，主要应在"同人扶助事得全"上；但是在两种条件，门迫或门制，则凶。凶也不是泛泛的凶，而是主要应在彼我自招愆上，即自找麻烦、自寻烦恼、自己造孽。不是"门吉事吉，门凶事凶"，那样的话等于青龙入云的吉凶取决于门的吉凶。

鸣法作者认为《奇门遁甲秘籍大全》的"十干克应"有张冠李戴、颠倒吉凶之处。他还指出，两者有不同之处，可查门星吉凶生克。

鸣法的遍干各格取名很有规律，一般均为天盘干加地盘干的名称，下面随文点出。

一、天盘为戊遍干

戊为青龙，所以天盘为戊的格局均称为青龙某格。

1. 青龙入云格

构成：天盘戊加地盘乙，为青龙入云格。戊为青龙，乙为云。

意义：有同人扶助，事得周全。但如果门宫迫制，则双方自招罪愆，陷入麻烦。

转盘格局：天盘戊加地盘乙，为青龙入云格。门吉事吉，门凶事凶。

歌诀：青龙入云戊加乙，同人扶助事得全。

若或门宫逢迫制，定然彼我自招愆。

2. 青龙返首格

构成：天盘戊加地盘丙，为青龙返首。

意义：龙返首格，若门宫相生合，则大吉，文明显达、声名远扬，饶有利益；但若逢旬空或门宫迫制，不但不吉，反而堪忧。

转盘格局：天盘戊加地盘丙，为青龙返首。动作大利。若逢迫制入墓击刑，吉事反凶。

歌诀：戊加丙字龙返首，门宫生合事更新。

文明显达多得利，被迫旬空亦忧煎。

3. 青龙耀明格

构成：戊加丁为青龙耀明。

意义：主有贵人暗助，平安顺利。但只有门宫相生才为上吉，若逢迫制，事反难办，易招是非。

转盘格局：戊加丁为青龙耀明，此格主谒贵求名吉利，若迫墓招是非。

歌诀：青龙耀明戊加丁，贵人暗动但安祥。

门宫相生为上吉，被迫交加事转难。

4. 青龙入地格

构成：天戊加地戊，青龙入地格，又天门重现格。

意义：翻来辗转，心神不定，徘徊犹豫，胸中起波澜，或事情一波三折。

转盘格局：戊加戊，谓之伏吟，凡事闭塞，静守为吉。

歌诀：天盘戊加地盘戊，青龙入地伏吟盘。

翻来辗转神未定，心意徘徊起波澜。

5. 青龙比合格

构成：天戊加地己，为青龙比和格。若迫、墓、克制及凶门，名贵人入狱。

意义：主婚姻之喜，有内外生扶，利家庭、家室。迫墓克制及凶门，名贵人入狱，公私不利，主有震惊之事。

转盘格局：戊加己，为青龙比和格，主婚姻之喜，公私吉利，迫墓克制。及门凶，名"贵人入狱"，公私皆不利。

歌诀：青龙比和戊加己，婚姻成就喜气盈。

内外生扶室家利，克战临来反震惊。

6. 青龙失利格

构成：戊加庚，为青龙失利格，又为青龙恃势、值符飞宫。

意义：主谋事纷争，难立名。易出现伤损、血光，但利于军事演习、武术操演、训练。

转盘格局：戊加庚为"值符飞宫"，吉事不吉，凶事更凶。

歌诀：青龙失利戊加庚，谋事纷争难立名。

逢之伤损休依恋，点点血光利操兵。

7. 青龙相侵、青龙折足、返吟格

构成：戊加辛，谓之青龙相侵格，又名青龙折足。

意义：吉门生助尚可谋为，若凶门迫制，主招灾、失财、足疾。当自守，不宜动作。

转盘格局：戊加辛为"青龙折足"，吉门生助尚可谋为，若逢凶门，主招灾、失财、有足疾。

歌诀：戊与辛金同一处，青龙相侵是返吟。

占之遇此当自守，动作必然是祸淫。

8. 龙入天牢、青龙入网格

构成：天戊加地壬，为龙入天牢格，又名青龙入网格。

意义：主口舌纷争，耗散破财，祸害颇深。

转盘格局：戊加壬为"青龙入天牢"，凡阴阳皆不吉利。

歌诀：龙入天牢戊加壬，诸谋耗散凶灾临。

口舌纷纭烟尘起，始终不利祸害深。

9. 青龙合和、青龙华盖格

构成：戊加癸为青龙合和格，又为青龙华盖格。

意义：主首尾相应，圆满喜庆，声名显赫。但若逢门宫迫制，反主奔波。

转盘格局：戊加癸为"青龙华盖"，吉门者吉，招福，门凶多乖。

歌诀：戊若加癸青龙合，首尾相应庆三多。

　　　明显光辉宜主客，门宫迫制反奔波。

二、天盘为己遍干

己为地户，又为明堂，又为墓或墓神，故天盘是己组成的格局一般均称为地户某格或明堂某格，偶尔称墓神某格。

1. 地中掩日格、墓神不明、地户蓬星格

构成：己加乙，为地中掩日格，或称墓神不明，地户蓬星。

意义：凡事暗昧不明，蹉跎空转，蒙蔽侵犯，宜安常守分，遁迹隐形，不利动作。

转盘格局：己加乙名为墓神不明，地户蓬星，宜遁迹隐形为利。

歌诀：己仪如然加在乙，地中掩日事蹉跎。

　　　安常守分寻旧路，动作灾殃似电过。

2. 地户埋光、火孛地户

构成：己加地丙为地户埋光格，又火孛地户。

意义：外不明而内明，别有洞天，利于创业、兴工。但容易恩中成怨，凡事阻屈难申。

转盘格局：己加丙名曰火孛地户，阳人冤枉相害，阴人必致淫污。

歌诀：地户埋光己加丙，外不明兮内生明。

　　　别有洞天真乐境，创业兴工与涧薆。

3. 地户星辉、朱雀入墓、明堂贪生格

构成：天己加地丁，为地户星辉格，又朱雀入墓格。丁为朱雀。

意义：词讼先曲后直，诸事暗中生扶，利经营、祈祷神灵。

转盘格局：己加丁名曰朱雀入墓，文状词讼，先曲后直。

歌诀：地户星辉己加丁，求谋诸事并经营。

　　　暗中即有贵人助，入庙最宜祷神灵。

4. 比合暗通、明堂从禄、犬遇青龙格

构成：己加戊为比合暗通格，又明堂从禄格、犬遇青龙格。

意义：明事不宜暗事宜，主男女私情。

转盘格局：己加戊（甲值符）为犬遇青龙，门吉谋望遂意，上人见喜，门凶枉劳心机。

歌诀：比和一气己加戊，明事不宜暗事宜。

　　占之男女约相会，暗地私情起阴合。

5. 伏吟逢鬼、地户逢鬼、地户伏吟、明堂重逢格

构成：己加己为伏吟逢鬼格，又名地户逢鬼、明堂重逢格。

意义：主有忧愁、不满，进退狐疑。病者必死，百事不遂。凡事屈曲难明，宜守分奈常。

转盘格局：己加己名为地户逢鬼，病者必死，百事不遂。

歌诀：天己若然加地己，地户伏吟事堪怨。

　　进退难明意不决，守分安常须待时。

6. 地户伏白、明堂生煞、刑格反名格

构成：己加庚为地户伏白格，又明堂生煞、刑格反名格。庚为太白。

意义：主事情驳杂，诸事似益终不益，有隐情不可不查。词讼先动不利，门凶有阴私谋害之情。

转盘格局：加庚名曰刑格，求名、词讼先动者不利，阴星有谋害之情。

歌诀：若天己干加在庚，地户伏白驳杂生。

　　诸事似益终不益，占之不可不查情。

7. 虎困穴中、天庭得势、游魂入墓格

构成：己加辛，谓之虎困穴中格，又天庭得势格，游魂入墓。辛为白虎。

意义：主争斗、伤财惹气，大人鬼魅相侵，小人家先为祟。

转盘格局：己加辛名曰游魂入墓，大人鬼魅，小人家先为祟。

歌诀：己如加在辛金上，虎困穴中起斗争。

　　伤财惹气终难免，乘武谋为小有亨。

8. 地牢冲破、地网高张格

构成：己加壬为地牢冲破格，又地网高张格。

意义：诸事无成有小侵，所谋之事多变，百事无成，参商各别，意即相隔甚远，或意见相左。狡童佚女，奸情杀伤。须查门宫生旺墓败，生年命者可称心。

转盘格局：己加壬名曰"地网高张"，狡童佚女，奸情杀伤。

歌诀：地牢冲破己加壬，诸事无成有小侵。

　　　　格中参差谋多变，门宫生命亦称心。

9. 地穴张罗、明堂合华盖、地刑玄武格

构成：己加癸为地穴张罗格，明堂合华盖，地刑玄武。

意义：主男女疾病垂危，词讼有囚狱之灾，望喜、求财皆不利，反而需防琐碎、死丧。

转盘格局：己加癸名曰"地穴张罗格"，明堂合华盖，地刑玄武，男女疾病垂危，词讼有囚狱之灾。

歌诀：己加六癸性沉沦，地穴张罗祸事临。

　　　　望喜求财皆不利，终防琐碎动哀音。

三、天盘为庚遍干

庚为太白，故天盘为庚所组成的格局一般称为太白某格。

1. 太白贪合格

构成：庚加乙为太白贪合格。

意义：诸事大吉，所为皆顺，太白蓬星，退吉进凶。

转盘格局：庚加乙为太白蓬星，退吉进凶。

歌诀：太白贪合庚加乙，若求婚姻分外奇。

　　　　合伙交游无不吉，安营下寨更相宜。

2. 太白入荧格

构成：庚加丙为太白入荧格，因庚为太白，丙为荧惑。太白、荧惑皆星名。

意义：主官刑、口舌、被人欺，事情变动、反复不定，破财，贼来入

室行窃。

转盘格局：庚加丙曰太白入荧，占贼必来，为客进利，为主破财。

歌诀：太白入荧大不利，官刑口舌被人欺。

事属变动多又复，家里贼来窃资财。

3. 太白入阴格

构成：天庚加地丁，为太白入阴格，又名太白受刑。

意义：有私情、女性搅扰，漂浮无定，始终无益，应息事宁人。

转盘格局：庚加丁曰亭亭之格，因私昵起官司，门吉有救。

歌诀：白入太阴庚加丁，谋为诸事若浮萍。

妇女阴私情搅扰，始终无益且息停。

4. 太白乘龙、太白逢恩、太白天乙伏宫格

构成：庚加戊，为太白乘龙格，又为太白逢恩、太白天乙伏宫。百事不可谋为。

意义：主追捕逃亡、两军对阵、征讨凶顽之事。

转盘格局：庚加戊（甲值符）曰太白天乙伏宫，百事不可谋为凶。

歌诀：庚金如或加戊上，太白乘龙姓名馨。

捕亡见阵征凶胜，驾木村夫在野停。

5. 太白经地格、刑格

构成：庚加己太白经地格，转盘称为刑格。

意义：有刀兵之乱，小为虽吉但宜安静，退步方能获宠荣。

转盘格局：庚加己曰名为刑格，官司被重刑。

歌诀：或如庚金加己土，太白经地做刀兵。

小为虽吉宜安静，退步方能至宠荣。

6. 太白重视、太白重逢、太白同宫格

构成：庚加庚为太白重视格，又称太白重逢、太白同宫格。

意义：主官灾横祸，兄弟雷攻，自相残害。

转盘格局：庚加庚曰太白同宫，官灾横祸，兄弟雷攻。

歌诀：太白重重庚加庚，伏吟本属是原名。

谋为内乱难行动，灾害提防自起兵。

7. 太白束虎、太白重刑、白虎干格

构成：庚加辛，为太白束虎格，又名太白重刑格、白虎干格、虎煞同宫格。

意义：正义战胜邪恶，但远行车折马死。

转盘格局：庚加辛曰白虎干格，远行车折马死。

歌诀：天盘六庚加地辛，太白束虎显神威。

　　　刚正伏柔弱前进，自然百事庆福臻。

8. 太白坐牢、太白入牢、太白退位格

构成：庚加壬为太白坐牢格，或称太白退位格。

意义：凡事多疑。只宜敛迹。远行失迷道路，男女音信嗟呀。

转盘格局：庚加壬曰小格，远行失迷道路，男女音信嗟呀。

歌诀：天盘六庚加地壬，太白入牢内事钦。

　　　人中少益多招损，诸般谋作费苦心。

9. 太白履网、太白刑隔、太白投罗格

构成：庚加癸为太白履网格，又太白刑隔格。

意义：诸事蹇滞，人情悖逆，难逃罗网，需防小人。

转盘格局：庚加癸名为大格，行人至，官司止，生产母子俱伤，大凶。

歌诀：六庚若然加地癸，寅申冲破不为祥。

　　　太白投罗事蹇滞，人情悖逆要谨防。

四、天盘为辛遍干

辛为白虎，为天庭，故天盘为辛的格局一般称为白虎某格，或天庭某格。

1. 白虎猖狂格

构成：辛加乙为白虎猖狂格。

意义：主破财、灾殃、功名不遂、出军失败、远行不利、官非。

转盘格局：加乙曰"白虎猖狂"，人亡家败，远行多殃，尊长不喜，车

船俱伤。

歌诀：辛与乙兮虎猖狂，内中财破起灾殃。

功名不遂出军败，所卜官非兴与亡。

2. 白虎逢朋、天庭得明、干合孛师、荧惑出现格

构成：辛加丙为白虎逢朋、天庭得明、干合孛师、荧惑出现格。丙为荧惑，星名。

意义：利讨债、催收账款。占雨无，占晴旱，占事因财致讼。鸣法中凡天地盘奇仪相合一般以吉论。

转盘格局：辛加丙曰干合孛师，荧惑出现，占雨无，占晴旱，占事必因财致讼。

歌诀：白虎逢朋格最良，天辛加在地丙乡。

宜掌威权讨账目，秉公最善收钱粮。

3. 白虎受伤、狱神得奇格

构成：辛加丁为白虎受伤格，又狱神得奇格。

意义：有始无终，事情乖张，家中耗散、内部纷争，前程不妙。

转盘格局：辛加丁曰狱神得奇，经商获倍利，因人逢赦宥。

歌诀：辛见丁兮虎受伤，无终有始事乖张。

家中耗散多竞闹，来问前程不共藏。

4. 虎龙争强、困龙被伤格

构成：辛加戊为虎龙争强格，又为困龙被伤格。辛为白虎，戊为青龙。

意义：诸事不和，求谋不通，争斗多事。但利于兴威举武。

转盘格局：辛加戊（甲值符）曰"困龙被伤"，官司破败，屈抑守分，妄动祸殃。

歌诀：天辛加在地盘戊，格取虎龙两争强。

欲问求谋争夺事，兴威举武是妙方。

5. 虎卧穴中、虎坐明堂、入狱自刑格

构成：辛加己为虎卧穴中格，又为虎坐明堂格。

意义：诸事隆吉，费力方成。利聚集粮草、军事训练。

转盘格局：辛加己曰入狱自刑，奴仆背主，讼诉难伸。

歌诀：穴中虎卧诚非宜，辛字来临地己场。

　　　所求虽吉终劳力，聚草屯粮教武昌。

6. 虎逢太白、白虎出力格

构成：辛加庚为虎逢太白格，又为白虎出力格。

意义：主反复争论，惊疑反复，革职丢官。

转盘格局：加庚曰白虎出力，刀刃相接，主客相残，逊让退步稍可，强进血溅衣衫。

歌诀：若或六辛乘地庚，虎逢太白格不精。

　　　凡事惊疑多反复，居官革职业难成。

7. 二虎相争、伏吟自刑、伏吟天庭格

构成：辛加辛为二虎相争格，又为伏吟自刑格。

意义：凡事自败，有势难成，狐疑颠倒，难得实情。

转盘格局：辛加辛为伏吟天庭，公废私就，讼狱自罹罪名。

歌诀：二虎争锋辛加辛，伏吟格局莫求伸。

　　　有势难成皆自败，狐疑颠倒性非真。

8. 虎入牢笼格、天庭逢狱、凶蛇入狱格

构成：辛加壬为虎入牢笼格，又为天庭逢狱，凶蛇入狱。

意义：凡事不利，所谋难成，兴师不利，被人擒住，隐昧忧心，需防诡诈，淫邪不端，两男争女，先讼失理。

转盘格局：加壬曰凶蛇入狱，两男争女，讼狱不息，先动失理。

歌诀：虎入牢笼辛加壬，兴师不利被人擒。

　　　隐昧忧生无善策，须防诡诈起奸淫。

9. 虎投罗网、天牢华盖、日月失明、误入天网格

构成：辛加癸为虎投罗网格，又为天牢华盖、日月失明、误入天网格。

意义：灾祸降临，宜守旧安常，隐匿山林，等待时机。

转盘格局：辛加癸为虎投罗网格，又为天牢华盖、日月失明、误入天网，动止乖张。

歌诀：如或六辛加在癸，虎投罗网祸来侵。

　　　逢之守旧为最善，安分待时遁山林。

五、天盘为壬遍干

壬为天牢，又为玄武，故天盘为壬的格局一般称作天牢某格或玄武某格。

1. 天牢囚贵、日入九地格

构成：壬加乙为天牢囚贵格。

意义：谋事有惊，占孕生子，动作营求起口舌，女人归来。

转盘格局：壬加乙名曰小蛇格，女子柔顺，男人嗟呀，占孕生子，禄马光华。

歌诀：天牢囚贵壬加乙，谋事有惊孕生子。

　　　动作营求口舌起，阴人得归成燕喜。

2. 玄武入狱、天牢伏奇、水蛇入火格

构成：壬加丙为玄武入狱格，天牢伏奇，水蛇入火。

意义：招惹官非词讼，有贼人擅入。

转盘格局：壬加丙名曰水蛇入火，官灾刑禁，络绎不绝。

歌诀：天盘壬字加地丙，玄武相同入月里。

　　　谋动多凶惹词讼，皇宫慎备贼人起。

3. 玄武谒贵、太阴破狱、干合蛇刑格

构成：壬加丁为玄武谒贵格，又为太阴破狱，干合蛇刑。

意义：主谒贵、求贤、招聘，有贵人相帮，利阴私之事，布阵埋兵需行诡诈。

转盘格局：壬加丁名曰干合蛇刑，文书牵连，贵人匆匆，男凶女吉。

歌诀：六壬若或加地丁，玄武谒贵求贤士。

　　　诸般得助利阴私，布阵埋兵须用诡。

4. 玄武化龙、小蛇化龙

构成：壬加戌为玄武化龙格，又为小蛇化龙。男人发达，女产婴童，凡事有始无终，求名吉。

意义：利官讼、求名、演队、交兵、建旌旗，有始无终。

转盘格局：壬加甲子戌名曰小蛇化龙，男人发达，女产婴童。

歌诀：玄武还有化龙格，天壬加临戌土中。

　　　最宜官讼求名事，演队交兵建旌旗。

5. 玄武入穴、天地刑冲、凶蛇入户格

构成：壬加己为玄武入穴格，又称凶蛇入户格。

意义：夫妇不和，盗贼入室。

转盘格局：壬加己名曰凶蛇入狱，大祸将至，顺守斯吉，词讼理曲。

歌诀：六壬忽然又加己，玄武深藏入穴时。

　　　夫妇家中多不睦，防备盗寇入房帏。

6. 玄武倚势、天牢倚势、太白擒蛇格

构成：壬加庚为玄武倚势格，又称天牢倚势、太白擒蛇。

意义：内里惊慌，反复多磨，利攻势。官司息讼，刑狱公平，立剖邪正。

转盘格局：壬加庚名曰太白擒蛇，刑狱公平，立剖邪正。

歌诀：玄武倚势壬加庚，消化官非词讼平。

　　　内里惊慌多复反，凡谋进步始能精。

7. 玄武乘虎、螣蛇相缠格

构成：壬加辛为玄武乘虎格。

意义：利交战、学武、求名，主加官进禄、得荣耀。注意，鸣法对这个格局的解读与转盘奇门相反。

转盘格局：壬加辛名曰螣蛇相缠，纵得吉门，亦不能安，若有谋望，被人欺瞒。

歌诀：若或壬辛同一位，玄武乘虎任纵横。

　　　交战学武求名利，进禄加官衣锦荣。

8. 玄武聚会、伏吟格、天牢自刑、蛇入地罗格

构成：壬加壬为玄武聚会格，又名天牢自刑，蛇入地罗。甲辰壬与甲辰壬，辰与辰自刑，故天牢自刑。

意义：主有破败之事，谋事不成，若要和平，需女人费力。

转盘格局：壬加壬名曰蛇入地罗，外人缠绕，内事索索，门吉星凶，庶免蹉跎。

歌诀：玄武聚会伏吟格，原是壬壬归一营。

破败之占谋不得，阴人费力若和平。

9. 玄武结义、阴阳重地

构成：壬加癸为玄武结义格，又名阴阳重地。

意义：家中安乐人情顺，图谋顺遂，事业有成。但若门凶迫制，则主幼女奸淫，家有丑声。凡事不宜图谋，计穷之象。

转盘格局：加癸名曰幼女奸淫，家有丑声，门星俱吉，反祸福隆。

歌诀：玄神结义格最亨，天壬加癸一宫行。

家中安乐人情顺，作用图谋事业成。

六、天盘为癸遍干

癸为天罗，又为华盖，又名九地，又为螣蛇，故天盘为癸的格局一般称为天罗某格，或华盖某格，或螣蛇某格。

1. 天罗蔽日、日沉九地、华盖蓬星格

构成：癸加乙为天罗蔽日格，又为日沉九地、华盖逢星格。乙为日奇，所以有天罗蔽日、日沉九地之名。

意义：主有灾祸起，交战两方俱凶，中途防盗窃。吉门生助，诸事有益，阳贵相扶，贵人禄位，常人平安。

转盘格局：癸加乙名曰华盖蓬星，贵人禄位，常人平安。

歌诀：天罗蔽日灾横起，交战必然两地凶。

盗劫中途须防备，癸同乙木一宫逢。

2. 螣蛇侵月、明堂犯字、华盖亭师格

构成：天癸加地丙，为螣蛇侵月格，又明堂犯字，华盖孛师。

意义：大盗蜂起，口舌牵连，家风败坏。但若逢吉门和义，诸事称遂，贵贱逢之，上人见喜。

转盘格局：加月奇六丙名曰"华盖孛师"，贵贱逢之，上人见喜。

歌诀：螣蛇侵月格最凶，癸加丙干是其宫。

　　　　须知大盗如蜂起，口舌牵连家败风。

3. 螣蛇妖矫格

构成：癸加丁为螣蛇妖娇凶格。

意义：百事不吉返凶，无主意，文书官灾，破财，家中不宁，火灾，邪魔鬼祟。

转盘格局：癸加丁名曰螣蛇妖矫，文书官司，火焚莫逃。

歌诀：螣蛇妖娇癸加丁，官事失财家不宁。

　　　　火怪飞灾连结至，邪魔鬼祟闹门庭。

4. 螣蛇交龙、天乙会合格

构成：癸加戊为螣蛇交龙格，又天乙会合格。

意义：财喜婚姻，吉人赞助成合，利私和、暗中谋划。伏兵动作要持火方吉。若门凶迫制，未免官非恩怨。

转盘格局：癸加甲子戊（甲值符）为"天乙会合"吉格，财喜婚姻，吉人赞助成合，若门凶迫制，反招官非。

歌诀：六癸如然加在戊，螣蛇格号交龙铭。

　　　　伏兵动作须持火，私合阴谋妙通灵。

5. 螣蛇入穴、华盖入明堂、华盖地户

构成：癸加己为螣蛇入穴格，又华盖入明堂，华盖地户。己为地户，为穴。

意义：求谋不遂，虽吉亦不无耗散，宜守旧安常。音信皆阻，躲灾避难吉。

转盘格局：癸加己名曰华盖地户，男女占之，书信皆阻，躲灾避难为吉。

歌诀：螣蛇入穴两相交，天癸加于地己巢。

　　　　凡谋不遂心和意，守旧安常勿动敲。

6. 网罗太白、太白入网格

构成：癸加庚为网罗太白格，又名太白入网。

意义：先易后难，求谋无益，作事刑害，以暴争讼力平。

转盘格局：癸加庚曰太白入网，以暴争讼力平。

歌诀：网罗太白何言利，癸水庚金一度标。

　　　先易后难其应事，格中暌阻不相聊。

7. 蛇神乘虎、华盖受恩、网盖天牢格

构成：癸加辛为蛇神乘虎格，又华盖受恩，网盖天牢。

意义：诸事遂心，安乐，灾祸消弭。注意，这与转盘格局吉凶相反。

转盘格局：癸加辛曰网盖天牢，占讼占病，死罪莫逃。

歌诀：癸干若入辛金地，乘虎蛇神格最超。

　　　诸事遂心安且乐，飞灾横祸霎时消。

8. 螣蛇入牢、天网覆狱、复见螣蛇格

构成：癸加壬为螣蛇入牢格，又天网覆狱、复见螣蛇格。

意义：凡谋不利，上下蒙蔽，暗昧不明，退守为吉。占罪莫逃，妻死续弦，出行折返。

转盘格局：癸加壬曰复见螣蛇，嫁娶重婚，后嫁无子，不保年华。

歌诀：六仪有个蛇入牢，癸壬之宫罪何逃。

　　　事多反复妻停续，回脚行来往最高。

9. 罗网重张、天网四张格

构成：癸加癸为罗网重张格，又名天网四张。

意义：重重关隘，难以冲破，隐匿私通，进退狐疑，徘徊无定。

转盘格局：癸加癸曰天网四张，行人失伴，病讼皆伤。

歌诀：天网四张癸癸来，重重关锁钥难开。

　　　阴谋隐匿私通利，进退狐疑意徘徊。

七、天盘为乙遍干

乙为日奇，故天盘为乙的格局一般称为日奇某格。

1. 两日同出、奇中伏奇、日奇伏吟格

构成：乙加乙为两日同出格，又为奇中伏奇、日奇伏吟。

意义：有外敌入侵或发生内乱。

转盘格局：乙加乙为两日同出格，又为奇中伏奇、日奇伏吟。不宜谒贵求名，宜安守身吉。

歌诀：乙奇若是加乙奇，两日同出地天离。

　　　如非敌国来侵占，定是中土起军师。

2. 日月合明、奇蔽明堂、奇仪顺遂格

构成：乙加丙，为日月合明格，又为奇蔽明堂、奇仪顺遂格。

意义：行事顺遂，但前进途中有参差。

转盘格局：乙加丙为奇仪顺遂，吉星迁官进职，凶星夫妻离别。

歌诀：乙奇合来丙日分，合明日月是共稽。

　　　凡事虽然至顺遂，前进未免有参差。

3. 日映太阴、奇助玉女、奇仪相佐格

构成：乙加丁为日映太阴格，又为奇助玉女、奇仪相佐格。丁奇又称太阴、玉女。

意义：有进得速之妙，阴人扶助之情，但小有消磨。

转盘格局：乙加丁为奇仪相佐，文书事吉，百事皆可为。

歌诀：日映太阴乙丁合，运中总进意婆娑。

　　　诸谋虽然君子助，亦难免去小消磨。

4. 日升天门格

构成：天乙加地戊，为日升天门格。戊为天门。

意义：利见大人之局，依尊附贵之情。门受制则利他人。

转盘格局：乙加戊为利阴害阳，门逢凶迫，财破人伤。

歌诀：日奇升在天门坐，乙木加之戊土窝。

　　　近尊辅贵多获吉，受制他人事始和。

5. 日入地户、日奇入露

构成：乙加己为日入地户格，又为日奇入露格。己为地户，又为露。

意义：先明后暗，二人并力相争衡。

转盘格局：乙加己为日奇入雾，被土暗昧，门凶必凶，得三吉门为地遁。

歌诀：日入地户谓丧明，天乙加临地己行。

事主先明而后暗，两人并力相争衡。

6. 云覆太白、日奇被刑格

构成：乙加庚为云覆太白格，又为日奇被刑。乙奇为云。

意义：以柔制刚事乃成，妇人聚集，婚姻和合吉。

转盘格局：乙加庚为日奇被刑，争讼财产，夫妻怀私。

歌诀：云覆太白乙庚映，以柔制刚事乃成。

内里偏宜妇人集，婚姻和合可称情。

7. 青龙逃走格

构成：乙加辛为青龙逃走格。奴仆拐逃，六畜皆伤，破财损失。

意义：主逃亡人口、丢失钱财。但若门宫相生，主有雨露恩泽。

转盘格局：乙加辛为青龙逃走，奴仆拐带，六畜皆伤。

歌诀：青龙逃走乙加辛，宫使相生雨露臻。

占课逃亡人口事，失却钱财门里邻。

8. 玄武捧日、日奇入地、奇神入狱格

构成：乙加壬为玄武捧日格。若门凶迫制，称为日奇入地，或奇神入狱格。

意义：利招安、举大事，主家庭和睦、声名远扬。

转盘格局：乙加壬为日奇入地，尊卑悖乱，官讼是非。

歌诀：玄神捧日格祯祥，乙木临之壬水旁。

最好招安举大事，家庭和顺姓名扬。

9. 蛇神拱日、奇逢罗网、华盖蓬星

构成：乙加癸为蛇神拱日格，或奇逢罗网、华盖蓬星格。

意义：利教化、创业，百事吉昌。

转盘格局：乙加癸为华盖逢星，宜遁迹修道，隐匿藏形，躲灾避难为吉。

歌诀：乙日加临癸水乡，蛇神拱日利门疆。

　　　占之教化为祥瑞，创业行师百事昌。

八、天盘为丙遍干

丙为月奇，又为孛师，又为荧惑，故天盘为丙的格局一般称为月奇某格，孛师某格，或荧惑某格。

1. 月明云白、月照沧海、日月并行格

构成：丙加乙为月明云白格，又为月照沧海、日月并行格。

意义：文章显达，喜事临门，龙凤呈祥。

转盘格局：丙加乙为日月并行，公谋私为皆吉。

歌诀：月明云白多康乐，天丙加在乙木上。

　　　文章赫变添喜色，龙凤呈祥好时光。

2. 荧惑重现、月奇孛师、二凤和鸣格

构成：丙加丙为荧惑重现格，又称月奇孛师格。若门星生合，则名为二凤和鸣格。

意义：势力辉煌宜举火，但需稳步，官灾口舌霎时降临。

转盘格局：丙加丙为月奇孛师，文书逼迫，破耗遗失。

歌诀：荧惑重重须稳步，丙奇加临丙奇乡。

　　　势力辉煌宜举火，官灾口舌霎时昌。

3. 日光星灿、星月光辉、朱雀贵人格

构成：丙加丁为日光星灿格，又名星月光辉、朱雀贵人。

意义：贵人襄助、功名得遇，利进步谋为。

转盘格局：丙加丁为月奇朱雀，贵人文书吉利，常人平静，得三吉门为天遁。

歌诀：月光星灿格宜美，丙月丁星处一方。

　　　贵人生合功名遇，进步谋为事事康。

4. 飞鸟跌穴格

构成：丙加戊为飞鸟跌穴格。

意义：宜上书献策、求名谒贵、学道修身。

转盘格局：丙加戊名飞鸟跌穴，谋为百事洞澈。

歌诀：飞鸟跌穴丙戊旁，上书献策亦嘉祥。

　　　求名谒贵无不利，学道修身最为良。

5. 荧惑入户、奇入明堂、火孛入刑格

构成：丙加己为荧惑入户格，又名奇入明堂、火孛入刑格。

意义：自犯虚惊，主军不吉客军吉，怨结恩消，灾祸降临。

转盘格局：丙加己为太孛入刑，囚人刑杖，文书不行，吉门得吉，凶门转凶。

歌诀：荧惑入户丙交己，兴师我自犯惊虚。

　　　主军不利客军吉，怨结恩消祸有余。

6. 荧入太白格

构成：丙加庚为荧入太白格。

意义：利出军交兵、除暴安良。但买卖经营不遂意，门户破败，盗贼耗失。若门宫吉，可以谋动。

转盘格局：丙加庚为荧入太白，门户破败，盗贼耗失。

歌诀：丙火来临庚字上，出军交战任卷舒。

　　　安良戳暴尤其善，买卖经营意不遂。

7. 荧惑遇合、奇神生合、合财得位格

构成：丙加辛为荧惑遇合格，又为奇神生合、合财得位格。

意义：占病沉重，状词得申，两恩互感，意气相投，气象一新。

转盘格局：丙加辛为谋事就成，病人不凶。

歌诀：荧入合神丙见辛，病人沉重状词伸。

　　　两恩互感成相济，同志情交气象新。

8. 月覆天牢、奇神游海、火入天罗格

构成：丙加壬为月覆天牢格，又为奇神游海、火入天罗格。

意义：祸患频发，妇人招惹风情，口舌官非来袭。诸事虽吉，但防不实。

转盘格局：丙加壬为火入天罗，为客不利，是非颇多。

歌诀：丙奇若遇壬仪会，月覆天牢祸患频。

　　　妇人招惹风情事，口舌官非婉转轮。

9. 飞鸟入网、奇逢华盖、华盖孛师格

构成：丙加癸为飞鸟入网格，又为奇逢华盖、华盖孛师格。

意义：祸事叠来，宜潜居退隐，不必营求。

转盘格局：丙加癸为华盖孛师，阴人害事，灾祸频生。

歌诀：鸟入罗网丙加癸，叠来祸事更相因。

　　　潜居隐姓为良策，何必营营苦染尘。

九、天盘为丁遍干

丁为星奇，又为玉女，又为朱雀，故天盘为丁奇的格局一般称为玉女某格，星奇某格，或朱雀某格。

1. 玉女乘云格

构成：天丁加地乙，为玉女乘云格。乙为云。

意义：谋为吉利，贵人迁职高升，官司消亡，事事遂意。

转盘格局：丁加乙为人遁吉格，贵人加官进爵，常人婚姻财喜。

歌诀：玉女乘云丁遇乙，谋为吉利又相宜。

　　　贵人迁职且高升，官事消亡事事随。

2. 玉女游月、奇神合明、星随月转格

构成：丁加丙为玉女游月格，又为奇神合明、星随月转格。

意义：宜缓缓施为，贵人扶持，受恩诏。

转盘格局：丁加丙为星随月转，贵人越级高升，常人乐里生悲。

歌诀：玉女忽来游月下，丙奇遇着见丁奇。

　　　缓缓施为多吉庆，贵人扶助受恩熙。

3. 朱雀叠来、奇神相敌、奇入太阴格

构成：丁加丁为朱雀叠来格，又为奇神相敌，奇入太阴。

意义：先举者利。若遇抢劫或劫持，主平安无恙，不必担心。

转盘格局：丁加丁为奇入太阴，文书即至，喜事遂心。

歌诀：天丁若是加地丁，朱雀叠来见火星。

　　　君子知机先举动，如然遇劫保安宁。

4. 玉女乘龙、青龙转光格

构成：丁加戊为玉女乘龙格，又青龙转光格。戊为青龙。

意义：官人加官进禄，立志清高，姓名登榜。

转盘格局：丁加戊青龙转光，官人升迁，常人威昌。

歌诀：玉女乘龙须待聘，丁奇俄在甲公厅。

　　　贵人迁职加级禄，立志清高姓勒铭。

5. 玉女启户、玉女施恩、火入勾陈格

构成：丁加己为玉女启户格，又玉女施恩、火入勾陈格。己为地户，又为勾陈。

意义：女性自愿私奔，为情夫留门、留宿，官司口舌缠身。

转盘格局：丁加己为火入勾陈，奸私仇冤，事因女人。

歌诀：天丁加在己干旁，玉女私奔自向前。

　　　启户留郎非凤缘，官司口舌如麻缠。

6. 玉女持锋、玉女制煞格

构成：丁加庚为玉女持锋格，又玉女制煞格。庚为煞，丁火克庚金，故玉女制煞。

意义：小心过错，凡事难谋不称意，是非颠倒祸牵连。

转盘格局：丁加庚为年月日时格，文书阻隔，行人必归。

歌诀：丁奇或与庚仪见，玉女持锋慎过愆。

　　　凡事难谋不称意，是非颠倒祸牵连。

7. 玉女骑虎、玉女伏虎、朱雀入狱格

构成：丁加辛为玉女骑虎格，又玉女伏虎、朱雀入狱。辛为白虎，又为天狱。

意义：求谋不利，防刑狱，谋事艰难又损人。

转盘格局：丁加辛名曰朱雀入狱，罪人释囚，官人失位。

歌诀：六丁若或加六辛，玉女骑之猛虎身。
　　　求谋不利防刑狱，谋事艰难又损人。

8. 玉女勾和、玉女乘龙、贵人和合、五神互合格

构成：丁加壬为玉女勾和格，又玉女乘龙、贵人和合、五神互合。

意义：万事得吉，百福来迎，贵人升迁，讼狱公平，私情和美。

转盘格局：丁加壬名曰五神互合，贵人恩昭，讼狱公平。

歌诀：勾和玉女丁壬撞，凡事皆遂无等双。
　　　贵人相遇升迁喜，美乐私衷弄好情。

9. 朱雀投江格

构成：丁加癸为朱雀投江格。

意义：文书遗失难寻，彼此惊疑，心神不定，为敌所败。

转盘格局：丁加癸名曰朱雀投江，文书口舌俱消，音信沉溺。

歌诀：丁见癸字雀投江，文书遗失寻难明。
　　　彼此惊疑心未定，敌军胜我不归降。

第五部分　周　游

鸣法中的"周游"是另一项独有的珍贵资料，其他奇门体系中无此项内容。它是把三奇六仪每一个天干与九宫逐一组合，各立为一格，有名称、有断语。市面上流行的奇门各派都有一个通病：吉凶断法头绪太多，此处言凶而彼处言吉，令人无所适从。鸣法较好地避免了这一弊病，格局一般用于取象，根据名称或断语的关键词取象、描述，而不是断吉凶。例如，戊加坎一宫名称是龙归海，断语是"谋为守穴亦悠哉"。得此格局，不要作吉凶判断，只说象龙归大海一样悠闲即可。其他仿此。即使断语中有吉凶字样，也尽量淡化，因为吉凶判断是个多要素全面考量的系统工程，不是根据一个格局所能作出的简单判定。下一章判断思路理会专门讲。

鸣法的周游格局有一个明显的规律，即每个天干落九宫所组成格局的名称、象意都围绕该天干的名称展开，比如，戊为青龙，所以戊落在每一

宫都以龙为核心，描述龙的处境，以此描摹求测人的状态。落一宫为龙归海，落二宫为在田，即青龙在田，化用《易经》的见龙在田，三宫为登殿格，指青龙登殿。。。戊落七宫为剥麟，全称当为"青龙剥麟"，指龙被剥麟，其痛苦之状、血淋淋的场面很形象，等等，下面随文点出。每个格局的解读均应从该格局的名称和断语中妙悟而得。由于周游的文字很简约，从每个格局的名称、原文的关键词玩味必有所得。有些格局只有名称，没有断语，仅名称也足资玩味。例如，丁加坎一宫为"星奇投江"，没有断语，但一颗星落在江里，这一意象已经很有意境。

一、戊周游九宫

戊为青龙，戊落九宫所组成的格局均围绕龙的处境展开。

戊加坎一宫为青龙归海格，谋为守穴，优哉游哉。

戊加坤二宫为在田格，多不吉。

戊加震三宫为登殿格，登高位。

戊加巽四宫为乘风，功名得地、名列前茅。

戊加中五宫为居都，不利外出。

戊加乾六宫为受困，有天灾。

戊加兑七宫为剥麟，凶灾立至。

戊加艮八宫为化蛟，主进山。

戊加离九宫为逢火，须搅动官府，改头换面、另行谋划展雄才。

歌诀：坎一戊加龙归海，谋为守穴亦悠哉。

坤二见田多不吉，震三登殿应三台。

巽四乘风上天玄，功名得第仲英魁。

中五居都休出外，六宫受困被天灾。

兑七剥麟凶立至，化蛟艮地进山埃。

九离逢火须脱骨，改面谋为是宏才。

二、己周游九宫

己为地户，即地穴、坑子、地道、隧道等等。己周游九宫的格局名称、象意均围绕地户的状态展开。

己加坎一宫为地户渐开格，平顺安常，求神有灵。

己加坤二宫为渐闭格，不顺利。

己加震三宫为破门格，有灾祸。

己加巽四宫为交冲格，防有疾病。

己加中五宫为守静格，祈祷、谋划。

己加乾六宫为封户格，收闭。

己加兑七宫为敛户格，聚财宝。

己加艮八宫为开户格，多茂盛，趁热打铁，积极进取。

己加离九宫为内外通畅格，可进可退，可屈可伸。

歌诀：己在一宫户渐开，乘机耐业福天来。

二宫渐闭休言顺，三震破门起祸胎。

巽四交冲防病至，五黄守静宜祈谋。

乾天封户当收闭，敛户七宫聚宝财。

艮山开户多茂盛，进步谋为趁春栽。

九离内外皆通畅，进退屈伸任徘徊。

三、庚周游九宫

庚为太白，星名。庚周游九宫的格局均围绕太白星的主题展开。

庚加坎一宫为不芒格，诸事潜藏。

庚加坤二宫为渐明格，稍可进

庚加震三宫为无辉格，思量进退。

庚加巽四宫为渐晦格，求谋不利。

庚加中五为守晦格，不可扬。

庚加乾六宫为经天格，兴军武。

庚加兑七宫为荒闭格，进退皆宜。

庚加艮八宫为宝石中玉格，颐养。

庚加离九宫为火灭光凶格，凶，改弦更张。

歌诀：太白坎宫谓不芒，逢之诸事宜潜藏。

　　　坤二渐明稍可进，无辉震地宜忖量。

　　　巽风渐晦何求利，守晦中黄不可扬。

　　　乾六经天兴军武，七宫芒角进步良。

　　　艮山养宝石中玉，离火灭光凶更张。

四、辛周游九宫

辛为白虎，周游九宫时均围绕白虎的意象展开。

辛加坎一宫为忍饥格。

辛加二宫伸爪格，伏雄姿，吉。

辛加震三宫为食素格，不吉。

辛加巽四宫为咳齐格，需等待时机。

辛加中五宫伏穴格，宜高卧。

辛加乾六宫为金毛格，有威仪。

辛加艮八宫为窜山格，跳涧驰骋。

辛加离九宫为脱落格，容貌丑陋，宜静守潜藏。

歌诀：白虎一宫之忍饥，二宫伸瓜伏雄姿。

　　　震三食素何言吉，巽四咳齐可耐时。

　　　五宫伏穴宜高卧，乾六金毛有威仪。

　　　七宫得鹿扬神武，艮土窜山跳涧驰。

　　　离南脱落容貌丑，回身静守潜林宜。

五、壬周游九宫

壬为元武，本名玄武，为避一些帝王之讳有时改为真武、神武或元武，系一种灵龟，也有说是龟与蛇合一的一种灵物。壬周游九宫均围绕这种动物的意象展开。

壬加坎一宫为结群，谋为进步要修文。

壬加坤二宫为被水格，难以显扬。

壬加震三宫为散伙格，各自散去。

壬加巽四宫为变民格，须固守。

壬加中五为深藏格，要耕耘，与农耕、土工有关。

壬加乾六宫为撒马格，当前进。

壬加兑七宫为练武格，总领大军。

壬加艮八宫为被击格，遭官司。

壬加离九宫为焚身格，温热为灾。

歌诀：玄武一宫为结群，谋为进步要修文。

二坤被蔽难扬显，散伙震三宜星分。

巽四变民须固守，深藏中五要耕耘。

六宫撒马当前进，练武兑宫统大军。

艮山被击遭官累，离九焚身灾在温。

六、癸周游九宫格

癸为螣蛇，是一种灵蛇。癸周游九宫均围绕螣蛇这种动物的意象展开。

癸加坎一宫为变龙格，雄起之象。

癸加坤二宫为脱身格，威风不再。

癸加震三宫为惊动格，少安稳。

癸加巽四宫为藏草格，失去洞穴。

癸加中五宫为思饥汤格。

癸加乾六宫为足食格，色泽荣。

癸加兑七宫为腾跃格，多欢畅。

癸加艮八宫为螣蛇受困格，固穷。

癸加离九宫为身死格，形已灭，迅速归来要守中。

歌诀：螣蛇坎北变龙雄，脱角坤宫少威风。

震三惊动少安稳，藏草巽兮失洞宫。

五黄穴内忍饥渴，足食乾天色泽荣。

兑金腾跃多欢畅，受困艮山且固穷。

九宫身死形已灭，迅速归来要守中。

七、乙奇周游九宫

乙为日奇，代表太阳，所以乙奇周游九宫均围绕日的象意展开。

乙加坎一宫为反阳天格，进步谋为名利全。

乙加坤二宫为灭辉格，多悔吝。

乙加震三宫为日奇登殿格，镇三台。

乙加巽四宫为全阳格，光辉普照。

乙加中五宫为养心格，利安眠。

乙加乾六为分尸格，有大险。

乙加兑七宫为日奇灭光格，受阴缠。

乙加艮八宫为现仪格，小吉。

乙加离九宫为腾辉格，宜招贤。

歌诀：日奇坎水反阳天，进步谋为名利全。

　　　坤二灭辉多悔吝，震三升殿必高迁。

　　　巽四全阳须普照，养心中五利安眠。

　　　乾六分尸有大险，灭光兑泽受阴缠。

　　　艮八现仪为小吉，腾辉离九利招贤。

八、丙奇周游九宫格

丙为月奇，故丙奇周游九宫均围绕月的象意展开。

丙加坎一宫为月奇灭光格。

丙加坤二宫为值晦格，有忧亡。

丙加震三宫为月奇东升格，圆体。

丙加巽四宫为阴生格，吉祥。

丙加中五宫为守穴格，守穴方可免失光。

丙加乾六宫为日奇入墓格，有祸殃。

丙加艮八宫为月奇脱弦格，小吉昌。

丙加离九宫为月明八方格。

歌诀：月奇坎一谓灭光，值晦二宫有忧亡。

　　　东升雷震乾圆体，巽四阴生亦吉祥。

　　　五宫不利失光矣，入墓乾天有祸殃。

　　　兑金亏气防伤损，艮土脱弦小吉昌。

　　　九宫明照八方映，吉庆之占福不量。

九、丁奇周游九宫

丁为星奇，丁周游九宫均围绕星的意象展开。

丁加坎一宫为星奇投江格。

丁加坤二宫为履地格，欠安康。

丁加震三宫为星奇雷霆格，宜谋起。

丁加巽四宫为御风格，火辉煌。

丁加中五宫为星奇入狱格，其观乐。

丁加乾六宫为亡命格，失家乡。

丁加兑七宫为偷私格，有灾害。

丁加艮八宫为登山格，当宝藏。

丁加离九宫为耀明格，从此谋为可名扬。

歌诀：星奇坎水投江位，履地坤宫欠安康。

　　　震三雷振宜谋起，巽四御风火辉煌。

　　　五黄入狱无欢乐，亡命乾天失家乡。

　　　七兑偷私有灾害，登山八艮当宝藏。

　　　耀明离九文书美，从此谋为可名扬。

第六部分　占　法

鸣法的"占法"部分讲的是门与宫的关系、星与宫的关系、九神的用法、门与格局的关系，等等。

一、八门占法

门与宫有比合、交和、结义、被迫、受制等五种关系，简称"比和义迫制"。宫与门五行相同为比合；门生宫为交和，宫生门为结义，门克宫为被迫，宫克门为受制。例如，休门属水，临坎宫为比合；临三四宫水生木，为交和；临六七宫金生水，为结义；临九宫水克火，为被迫；临二五八宫土克水，为受制。

比、和、义为吉，迫、制为凶，具体应验何吉何凶，以门的象意作为指引方向。

注意，鸣法认为，"比和义迫制"有应用条件，这一点在其他奇门典籍中都没有明确点出来。应用条件共三个：（1）看年命宫中的八门。（2）看时干宫中的八门。（3）看旺动宫的八门。

下面是各门与宫的关系：

1. **休门**。休门比、和、义。构成：年命宫休门落坎一宫为比合，落三四宫为交和，落六七宫为结义。意义：财喜、婚姻、合伙。

休门迫、制。构成：休门落离九宫为被迫，休门落二五八宫为受制。意义：阴私淫乱，赌博，输钱，喧闹。

歌诀：休门和义值年命，财喜婚姻合伙言。
　　　迫制阴私淫乱事，玩钱赌博戏声喧。

2. **死门**。死门比、和、义。构成：年命宫死门临五八宫为比合，六七宫为交和，九宫为结义。意义：可以吊孝奔丧。

死门迫、制。构成：年命宫死门，落坎一宫为被迫，三四宫受制。意义：吊孝哀恸，行刑杀戮之事缠身。

歌诀：死门和义又临年，吊孝奔丧可超前。
　　　迫制哭哀声必动，行刑杀伐必来缠。

3. **伤门比和义迫制**。伤门比、和、义。构成：年命宫伤门临九宫为交和，四宫为比合，坎为结义。意义：利捕捉、寻人、讨债。

伤门迫、制。构成：年命宫伤门临二五八为被迫，乾兑为受制。意义：

伤财、惹气、人物离散、祸事缠身。

歌诀：伤门和义命宫见，捕捉寻人并讨债。

迫制伤财并惹气，人物离散祸相缠。

4. **杜门**。杜门比、和、义。构成：年命宫杜门临九宫为交和，三宫为比合，一宫为结义。意义：利逃难、躲灾。

杜门迫、制。构成：年命宫杜门落二五八宫为被迫，六七宫为受制。意义：利固守，潜居乐业，隐忍。

歌诀：杜门和义乘年命，避难逃形任盘桓。

迫制关阑当固守，潜居乐业耐风寒。

5. **中门**。中门比、和、义。构成：年命宫有中门，临六七宫为交和，临二八为比合，九宫为结义。意义：即使来问灾殃，也可保平安。

中门迫、制。构成：年命宫有中五，临坎为被迫，三四宫为受制。意义：遇到困境，不如意。

歌诀：中黄和义年命就，来卜灾殃保晏安。

迫制遭困无进路，莫如塞牖效神州。

6. **开门**。开门比、和、义。构成：命宫中有开门，临坎为交和，兑为比合，二五八为结义。意义：宜谒贵、求名、应聘考试、开张店铺。

开门迫、制。构成：命宫有开门，临三四宫为被迫，九宫为受制。意义：主招讼诉，争输赢。

歌诀：开门值命义还和，谒贵求名开铺宜。

迫制必然招讼事，输赢两字惹风波。

7. **惊门**。惊门比、和、义。构成：命宫得惊门，临一宫为交和，乾为比合，二五八为结义。意义：主讨要、争讼虚惊、同胞相煎。

惊门迫、制。构成：命宫得惊门，临三四为被迫，九宫为受制。意义：斗殴、口舌、疾病、凶灾。

歌诀：惊门值命和义得，词讼虚惊胸内罗。

迫制斗殴并口舌，疾病凶灾眼前过。

8. **生门**。生门比、和、义。构成：命宫得生门，临乾兑为交和，二五为比和，九为结义。意义：利求财、经营蚕茧、营育婴儿。

生门迫、制。构成：命宫得生门，临坎为被迫，三四宫为受制。意义：主伤财、病苦、堕胎。

歌诀：生门和义利求财，蚕茧经营育婴孩。

迫制伤财多病苦，尤虚孕妇堕其胎。

9. 景门。景门比、和、义。构成：命宫得景门，加二五八为交和，至三四宫为结义。意义：主行人、音信文书、张灯结彩、装饰装潢。

景门迫、制。构成：命宫得景门，六七宫迫制，加一宫为受制。意义：主伤财、书信、功名不第、应考落榜。

歌诀：景门和义行人问，音信文书彩象谈。

迫制失伤书信事，功名不第化尘埃。

二、门与格局占法

奇门遁甲优势在于信息量大，但这个优势极容易变为头绪繁多、无所适从的劣势，例如，天地盘干所组成的格局吉，门凶，门与宫比和，这种吉凶互见的局面如何判断吉凶？《鸣法》却明白无误地为我们点出窍要：格局、门、门宫关系三大要素之间有先后和轻重次序，天地盘干所组成的格局先应，然后是门的吉凶，最后是门宫关系吉凶。格局吉凶权重最轻，门之吉凶次之，门宫关系权重最大。

具体而言：

吉门、吉格、和义，三者全吉，自然大吉；

吉门、吉格、迫制，内中难免有其不尽人意处。

吉格、凶门、和义，凶中而后吉。

吉格、凶门、迫制，是非颠倒终无益。

凶格、凶门、和义，命中仍属有灾累。

凶格、凶门、迫制，大凶，须防备灾祸。

凶格、吉门、和义，反凶为吉乃祥瑞。

凶格、吉门、迫制，一公难掩众疑忌。

歌诀：吉门吉格得和义，谋为吉利事熙熙。
　　　吉门吉格逢迫制，内中难免有其瘟。
　　　吉格凶门和义推，凶中而后为吉利。
　　　吉格凶门迫制交，是非颠倒终无益。
　　　凶格凶门和义施，命中仍属有灾累。
　　　凶格凶门迫制持，大凶灾祸须防备。
　　　凶格吉门和义制，反凶为吉乃祥瑞。
　　　凶格吉门迫制欺，一公难掩众疑忌。
　　　辨透神仙微妙诀，洪荒虽广掌中记。

三、九星占法

《鸣法》把九星比喻为守门人，主门外之事，非家事。《鸣法》还提出生入、克入、生出、克出、内外和合、返吟等六种概念，认为明白此六者，则吉凶霎时可辨。九星生宫为生入，克宫为克入，生入克入均为进神，凡事宜进不宜退；宫生星为生出，宫克星为克出，生出克出均为退神，凡事宜退不宜进；宫与星比和为内外和合，此为最吉；九星加在对宫为返吟，例如天蓬星加在离九宫，主反复不定，以下反上，不能自主、外来因素干扰等等。

若吉星临年命，不受迫制，乃天助其成。凶宿值命，乘旺相欲行凶，则谋为亦凶。如自己来卜旁人，若年命之星不吉，而时干宫之星乘旺相生我者，亦天助成事，若克我，乃获罪于天，无可祷也。

歌诀：九星乃是守门人，外事交来自不亲。
　　　生宫克宫名为进，克出宫生是退神。
　　　与宫若或同相比，内外合和事最醇。
　　　彼此返吟无定意，家奴反主坏人伦。
　　　谋为成败非以我，动作行止旁有因。
　　　吉宿时干皆拱我，惟凭天助不依人。
　　　生我亦须仿此断，两般克我若天瞋。

生我克我皆决此，得失凭天是玉津。

三、九神占法

《鸣法》认为，以格局吉凶决进退，当进者，虽凶亦宜乘值神所主而进；当退者，格局虽吉，亦当乘其值神所主而退。"乘值神所主"指按九神所代表的意象采取行动，如值符，主富贵功名，腾蛇主奇怪烟火，太阴主妇女阴私，六合主交游合和，勾陈主繫捕争斗，白虎主武政兵革，太常主酒食宴乐，朱雀主文词说卜，玄武主偷盗劫夺，九地主隐藏机谋，九天主正明扬威。

歌诀：原是九神观动作，可行可止以详说。

乘吉值神从吉铃，凶神乘得自凶强。

四、内外远近

各派奇门都有内外远近之说，阳遁以坎艮震巽四宫为内，为近，阴遁为外为远，离坤兑乾为外为远，阴遁为内为近，仿此推之。

歌诀：内主近兮外主远，内为家兮外为邻。

阳遁在内阴在外，阴在内来阳外巡。

内外能知明远近，乾坤到处都是春。

第五章　奇门遁甲鸣法诠释

奇门遁甲鸣法序

[按] 此序据矫氏后家人传本录入校正。开篇注明"矫文彦本"，与辽图本为同一源头。此本《奇门鸣法》，分上下二卷，九章全。封面署"陈乃赓"，首页有"乃赓"阳文印章。抄工精良，与河北获鹿县张抄本相得益彰，可称双璧。按宣统《海城县志》：矫晨熺，字子阳，号四大山人，又号卓卓子，原籍山东黄县。曾祖矫钧璧，刑科给事中。祖玉圣，拔贡生，始迁县境。父一桂，业儒。晨熺少孤，事母孝。初习贴括，既而厌弃之，专骛高远神奇之术。凡天文地理及医卜星相诸书，无不窥其奥妙。尤邃于《易》，受数理于戚允菴先生，术益精。平生特立独行，与世不苟合，遂以卜隐于世，推测多奇中。日得千钱，足以自给，即闭肆下帘，陶然读书自乐，有严君平之风。年六十五卒。著术学书甚多，经兵燹，遗稿散失，仅存《奇门括囊集》、《食墨录》、《鸣法》、《衍象》、《枢要》及《青囊》、《锦囊》等篇，待刊。

曾用名：廷嘻、晨熺、晨憙。字子阳。号四大山人，又号卓卓子。又称龙伏山人、布衣子等。

矫文彦 (1890—1971)，名庸，乃龙伏山人长子。

陈乃赓，或为其甥，或为其再传弟子，无考。

数术之学，唯奇门一家非它技可比。征之于数，实出于河图洛书、九宫八卦；征之于理，实系于天地人文、阴阳消息。但历年悠远，真经久佚，尤兼古昔圣王，止传真其心，未明发其口；继世贤哲，止著其粗，未笔明其精。虽言传有风后神章、子房秘旨，亦只耳聆其音，并未面睹其色也。

况又杜撰由唐吕，罹火自秦皇，则应前代之成规，荡然绝灭；后世之伪篇，倏忽施张。至业是学者，尊讹说如准绳；习是术者，法谬言似纪纲。以妄导妄，以盲引盲。所以则伪本随时而日兴，真旨随时而日妄矣。

予自弱冠，攻乎是技，遍访明师，博求诸史，购尚数十余极，读止千百卷已，未有不北辙南辕，此臧彼否，换段移条，摘章更旨也者。其规则清纯，理论不杂，从未之有也。以是志稍有怠。噫！形愈悴，心愈专；道愈迷，力愈进。手不释卷，十数年之鸡窗；寝不就枕，百余月之辛勤，亦良可惜耳！奈心志未甘，苟闻讲究奇门之书者，精研奇门之术者，毋拘险阻，必谒求之。既谒之人，既求之书，亦皆予胸中了了，竟无有超出于某腹外之也。

意三生有幸，宿世有缘。庚午之岁秋七月，街市偶来一卖卜人邹妙峰者，精于此术，相与友善，仅出只字片言，则较比俗本，大为详确，盖少有矛盾，亦不待辨焉。今祀冬日，俄降天真子孙道一老人于卜庐之下，时遭骤雨，高座清淡。老人启悬河之口，开混沌之天，发青囊之秘，倾黄册之玄，句句金销，字字珠铃。思之其胸罗日月，掌握乾坤者欤！想慈颔虎额，龙目鹤姿；伟躯丰颐，隆准庞眉；神光灿灿，苍髯垂垂；形容古峭，貌像异奇，决非庸常之器，因而拜之。老人大发婆心，即命润笔修笺，详录与予，曰："此峨眉山宏农道人之心印，而口授于我者也，命我毋须妄传。今观子形若槁木，心若死灰，芳年未壮而甘隐于卜筮，是必达时知命、修身炼性之人也，故可以授之，戒慎勿遗匪人。幸甚苟有良善之士志于斯者，亦不可吝焉。"予览其诀，伏首拜谢，畔心悟之，慌（通"恍"）然有得。可谓辨伪于千年之前，指南于百代之后；万古之津梁，奕世之宝筏；渡生出苦海之间，济难离网罗之穴，乃为大有益于天下者。予故不敢自善，亦不敢行欺，谨遵师教，结撰九篇，聊备高明同志云尔。

时同治辛未仲冬五日
辽东龙伏山人自序于乐道书斋之南牖下

奇门遁甲鸣法目录

上卷　第一章　入门
　　　第二章　开端
　　　第三章　用神
　　　第四章　正格
下卷　第五章　辅格
　　　第六章　奇格
　　　第七章　遍干
　　　第八章　周游
　　　第九章　占法

郑序

余习《易》廿五载矣，习奇门遁甲已逾二十年矣，得习《奇门鸣法》三年余。纵观《鸣法》、《枢要》、《衍象》三书，乃是迄今为止世传奇门书籍所不能超越者之经典。何也？一者体系完备，二者传承完善，三是道出惊世骇闻之奇门要理。是书之现世，于研习奇门者言，无疑是一大幸事。余不多赘，观之自明也哉！

关外山人郑殿威于林海雪原
壬辰年辛亥月戊戌日壬子时于灯下

奇门遁甲鸣法上卷

辽东　龙伏山人撰

第一章　入门

阴阳秘旨极玄微，二至分途顺逆飞。

［注］冲和天地之气，无过乎阴与阳；统摄阴阳之理，无过乎节与气。故冬至阳生，夏至阴生。阳生则阴消，万物随之所以生，阴始则阳息，万物随之以死。此乃气数往来之候，故奇门家用之以阳顺阴逆也。顺逆异途以星神、门仪飞而布之，则玄微之旨明矣。

［按］郑同按：凡［释］中文字，家传本所无。据此判断，当为张抄本所加。本次整理，加以区别，以备读者详考焉。《奇门鸣法》张抄本之文字整理，主要由郑殿威先生完成，郑同重校。

先排掌上九宫位，

［注］九宫者，坎一白、坤二黑、震三碧、巽四绿、中五黄、乾六白、兑七赤、艮八白、离九紫。

次按节下三元推。

［注］按冬至小大寒起一二三为上元，立春雨水惊蛰起八九一，春分清明谷雨起三四五，立夏小满芒种起四五六为上元即冬至惊蛰一七四、小寒二八五同推、春分大寒三九六、立春八二五相随、谷雨小满五二八、雨水九六三为法、清明立夏四一七、芒种六三九为宜，十二节气四时定，上中下元是根基，此为阳遁顺行九宫也。

又于夏至小大暑起九八七、立秋处暑白露起二一九、秋分寒露霜降起七六五、立冬小大雪起六五四即夏至白露九三六、小暑八二五之间、大暑秋分七一四、立秋二五八遁还、霜降小雪五八二、大雪四一七相关、处暑排来一四七、立冬寒露六九三，此是阴遁起例法，节气推移细心参。此为阴逆布九宫也。以故五日为一元，尽六甲之数，十五日为三元，尽一气之数，而以甲己加子午卯酉为上元，加寅申巳亥为中元，加辰戌丑未为下元，上元则用上局，中元则用中局，下元则用下局。既而布之，自甲子冠首迄癸亥终止，则三元三局自随此解矣！

　　交气正时为心法，

　　[注]认局之法，当以气候之正时为定。而分三局，上中下，上元用上局，下元用下局，中元用中局矣，随时而布之，不必拘于超接、置闰、正授之局也。

　　折补元局是妙机。

　　[注]拆补者，总以交气之时在何甲旬内，上元上局，中布中，下布下，斯局定矣。

　　拆补局法，盖不必拘泥上中下之排，或上之中下、或中之上下、下之上中皆有之，是故谓之拆也。夫即拆何云补？然交气之时，非果居于上矣，或中或下亦多有之，在中必得拆自于中，在下当自于下，即自此候之下中局，而拆必得于此候之中下局而补之也，是以谓补。

　　夫天地之大，本者气也，气已来，而万物随之，所以起，气已往，而万物随之所以伏，是故当来之气未有不发生者也。当往之气，未有不收敛者也。天地之中只此气而已矣！一消一息，万化备俱，而未有超出其范围者哉！况奇门之数乃理数之学也，古昔圣人，法消息盈虚而衍之，冬至后用为阳遁，顺而布之；夏至后用为阴遁，逆而推之；以十五日有奇，分为三侯，别为三局，顺甲子为首至癸亥为止，周而复始，终无了竭。岂有今之俗本，以气已至而局不交，气未至而局先换之论乎？是此以伪乱真，大失根本，根本既失，则若人有手无足、有目无口，欲使其言语动作则必不可得也，用之岂能响应乎？故当从拆补之法为的。

　　冬至十二为阳遁，夏至十二阴遁名。

　　[注]冬至十二谓：冬至、小寒、大寒、立春、雨水、惊蛰、春分、清明、谷雨、立夏、小满、芒种为阳遁十二节气，乃阳遁也。夏至十二谓：夏至、小暑、大暑、立秋、处暑、白露、秋分、寒露、霜降、立冬、小雪、

大雪、为阴遁十二节气。

辨却阴阳分局布，

[注] 谓已明阴阳遁数之理，须于每节气之中分定三局，察其某局以某宫，而起甲子时也。

六仪三奇一时移。

[注] 此承上节而言，然已明阴阳局法，则布起甲子戊、甲戌己、甲申庚、甲午辛、甲辰壬、甲寅癸之六仪，乙日、丙月、丁星之三奇矣。

要将六仪值符取，须以八门值使随。

[注] 六仪即为值符，而同其六仪之宫、八门者，即为值使也。

值符加于时干上，值使加之在时支。

[注] 以值符加于地盘时干之宫，以值使加于旬下时支之上，假如阴遁二局，甲辰壬用丙午时，则地盘丙字加在巽四宫，即将甲辰壬加于其上，是谓值符加时干也；再将自地盘兑七宫甲辰壬，逆数，辰巳午时，即甲辰在兑七宫、乙巳在乾六宫、丙午在中五宫，即将惊门加在中五之宫，是谓值使加时支也。若阳遁二局则不然，而以甲辰壬加地盘九宫丙奇上，复以开门加地盘八宫，是为值使，即甲辰壬在乾六宫，乙巳在兑七宫，丙午在艮八宫是也，为值使宫，余仿此。此论以值符地盘门，无论飞到何宫，就是值使，阴阳遁同是。

阳遁顺仪奇逆布，阴遁逆仪奇顺推。

[注] 阳遁则顺布六仪逆布三奇、阴遁则逆布六仪顺布三奇。总以捷法，戊己庚辛壬癸丁丙乙飞宫而定，则终无谬亦。

九神顺逆随遁转，

[注] 九神者，值符、螣蛇、太阴、六合、（勾陈）白虎、太常、朱雀（玄武）、九地、九天是也。阳遁顺飞，阴遁逆飞，与奇仪无殊。但勾陈有用白虎、朱雀有用玄武之时，是因事而用之，不必拘泥于阳遁用勾陈、朱雀，阴遁用白虎、玄武之野谈可矣！

八门九星顺宫驰。

此象列宿天旋转，九宫无逆是根基。

[注]八门者,即休、死、伤、杜、中、开、惊、生、景也,九星者,蓬、芮、冲、辅、禽、心、柱、任、英也,然则八门九星无管阴阳皆要顺去,何谓也?盖九宫无逆,八门九星出自九宫之使焉,亦象列宿天左旋也,七政有顺无逆,有进无退之说而。

八门九星飞排定,五随五布六七宜。

中宫盖皆无值使,值使为五人罕知。

总然八门临在五,何必寄宫于四维。

[注]八门皆要随宫飞排若临五宫盖即自五布去,而向六七宫焉,至中五皇极,虽无门使,则当以五为值使,而逐位飞之,若天子巡狩,百官从之,是以不必据俗本之春季寄艮用生、夏季寄巽用杜、秋季寄坤值使用死、冬季寄乾值使用开之谚语耳。

日课一年两气应,

[注]法以子、丑、寅、卯、辰、巳年为阳遁局,午、未、申、酉、戌、亥年为阴遁局,子起冬至、小寒,丑起大寒、立春,寅起雨水、惊蛰,卯起春分、清明,辰起小满、立夏,巳起谷雨、芒种是为阳遁局;午起夏至、小暑,未起大暑、立秋,申起处暑、白露,酉起秋分、寒露,戌起霜降、立冬,亥起小雪、大雪是为阴遁局。于此六十日有奇为一元,冬至、雨水、谷雨、夏至、处暑、霜降六日乃为换元之日也,所以年有二气,而备六局之数,十二年有二十四气,而备七十二候之数,一一挨去,周而复始,其日局之法可知矣。

月法半世三局持。

[注]法以十二世为定。一世应一辰,次六十月为一局,合七十二局即七十二候,四千三百二十月为一阴阳遁,十五年为一气,一世而主二气,即冬至、小寒在子宫,大寒、立春在丑宫是也,所以一运之中而数备矣。则国朝乾隆九年是甲子年、甲子月,盖冬至一局,甲子课耳,二十四年己卯年,甲子月,则小寒上元甲子局也。然均以五年为一月局,十五年应三局之数,三十年则六元焉。甲午年甲子月,乃大寒三局,甲子月课,己酉年甲子月则立春上元,甲子局耳。嘉庆九年,甲子年象雨水,己卯年象惊

蛰，道光甲午年甲子月，乃春分上元，二十九年己酉年，甲子月乃清明上元，同治三年，甲子年，象谷雨上元，光绪五年己卯，甲子月立夏上元五局，十年甲申象中无局，乃中元四局，十五年己丑甲子月，乃下元局，二十年，甲午象小满上元，今岁辛未年十一月乃谷雨二局辛未庚子月也。八年己未象下元，至十三年甲子，乃夏至上元，阴遁九局。

年依运计十有二，

[注] 法以十二运为定，一运应一辰，次六十年为一局，四千三百二十年为一阴阳遁，一运而主二气，即冬至、小寒在子宫是之。一会之数，乃如两年半耳，故当年午会十一运，盖霜降、立冬之二气，今则十二运，乃小雪、大雪主矣。同治十年在小雪二局，辛未年一课也，至民国十三年，甲子在大雪上元阴四局也，甲子年课也。

世从会算六元为。

[注] 法以十二会为定，一会乃（应）一辰，次六十世为一局，四千三百二十世为一阴阳遁，即十二万九千六百年，盈天地始终之数也。每会有二气，六局定之。计帝尧舜世课，阳局之极，盖芒种九局癸巳，己未世课；虞舜乃壬戌、癸亥局焉，今自夏禹起算，布夏至阴九局，甲子世课，推至大明洪武十七年，甲子年换夏至六局，甲子世课，迄今同治甲子年，则己仪庚辰一世课局也，至清光绪二十年甲午年乃辛巳世课，今民国十三年甲子岁，乃布壬午世课也。

二十四气考分野，世年月日献安危。

[注] 每于节气交时，各命一盘，以参星宿分野定也，则知某州之祸福，某省之安危，皆可以洞悉耳。再详世年月日时之局，其治乱兴衰于何世，灾祥于何年，何时之灭贼、何月之除乱，祸福何日，则莫不了然于胸中矣。

盘盘皆有支神位，甲子起子己戌施。

[注] 法以甲子戊旬，于地盘戊宫起甲子，甲戌己旬，于地盘己宫起甲戌，顺逆飞布，则刑、德、神煞可知矣。

复自甲而数至癸，旬位暗干可知之。

[注] 法以甲子戊旬于地盘戊宫起甲子至癸酉，甲戌己旬于地盘己宫起

甲戌数至癸未。余甲亦然，顺逆飞排，与时支同行。验其暗干居生旺衰弱之地，动与不动，并用神、命宫之勃格、吉凶、及暗中之小人、暗里之机密，无不洞然前知矣。

　　暗支可以知神煞，暗干可以晓公私。

　　神煞公私皆知已，要明星神与门仪。

[注]此承上节而言，申明暗干、暗支之义也。

　　戊己庚辛壬癸仪，乙丙丁干是三奇。

　　六仪除戊为五凶，三奇总言吉而宜。

　　甲乙丙丁戊阳长，庚辛壬癸己阴资。

　　盖然戊寄在于艮，己寄于坤是衰时。

　　六甲隐藏六戊下，遁甲有声从此始。

[注]此言以阳长阴消，分定吉凶之名，非臆度所能知也，至于三奇六仪，前已注明，不必复赘焉。

　　八门休死伤与杜，开惊生景中续五。

　　开休生兮为吉门，伤杜景死惊凶户。

　　惟有中五无吉凶，逢之仍属没门路。

　　有门有路尚可游，无门无路休展步。

[注]开阴极阳生，休一阳复来，生开阳发资物，三者皆阳气之动，故谓之吉也。伤阳泄精华，杜阳极阴始，景一阴始结，死阳气已消，惊阴气肃杀，此五者乃阴气之凝，故谓之凶也。中五皇极之位，安宁之阙，与百官之巡狩八方，所以在处即帝座宫宸，而常人遇之非吉之有。但又无门无路，而步则何由得展也。故以避之为宜。

　　九星蓬芮与冲辅，禽心柱任天英布。

　　大凶大否蓬芮宫，次凶次否英柱度。

　　辅禽心星上吉方，天冲天任小吉路。

　　凶逢生处旺更凶，吉至克宫喜转怒。

　　吉得生乡大吉昌，凶临弱地凶不顾。

凶星失地变吉星，吉宿非时凶似蛊。

九星之吉凶，本璇玑与玉衡，但凶星亦有吉时，吉宿亦有凶时。谓其得地失地、生宫克宫是之。假如天蓬临于坤艮宫，受土之克何凶之有？至逢春夏之际，为死囚之地，时值衰替，纵得生扶则害亦难成焉。其吉星之臧否概仿诸此耳！

九神值符腾蛇是，太阴六合勾陈次。

太常朱雀九地天，午后白虎玄武治。

值符九天吉且怡，太阴六合九地利。

勾陈腾蛇为最凶，白虎玄武乃灾祟。

朱雀旺则小吉云，失地之时转为凶。

太常五行化气神，吉凶无应皆不喜。

明得星神门仪奇，格局吉凶要周备。

[注] 九神之吉凶，盖本八卦之性情而来也。其用勾用虎，用玄用朱，有阴遁阳遁、午前午后之别。并有因事用虎、因事用勾，或因事用朱、因事用玄之意哉。在学人按经会悟、依干求支者焉。

右第一章，释入门布局之义也。

第二章　开端

欲晓要明开口旨，天盘发用时干藏。

时干乃是主宰神，格局吉凶考臧否。

吉则吉兮凶则凶，进退存亡泄咫尺。

[注] 时干乃一时之主宰，一卦之纲领，事之祸福，为之成败，盖皆前见。而可进可退，当存当亡，无不了然在目。与天乙、太乙、地乙互相生克，并与用神、年命校对，其初末之应、休咎之验而全在兹矣。

次便详察天乙宫，应事以来为初起。

太乙人盘事应中，家门吉凶要详细。

地盘地乙末缘由，所主之事是归计。

[注]天乙者，天盘值符也，主事之初应；太乙者，人盘值使也，主事之中应并家内之妍媸；地乙者，地盘值符也，主事之末应。皆以其宫格局吉凶而论之，及参合时干、年命、用神生克以决焉。

四宫定兮年命推，所卜用神要参契。

假若来人问求谋，时干年命定隆替。

[注]四宫者，即天盘时干宫及三乙落宫也，年命者即本人之年命宫也。假如戊年生人，则看天盘戊字宫。甲年生人亦然。用神者，即求谋，以时干宫，与年命宫生克决之。余仿此。

年克年命年内凶，月克年命月内厄。

日生年命日内昌，时生年命时内美。

年月日时四天干，天盘奇仪九宫旨。

与命生克相较看，祸福吉凶可启齿。

[注]卜年命、运、月命、日下时间，皆察此四干之宫而与年命之宫生克决矣。

若论生克二者间，克我吉凶在用矣。

我若克他乘问言，他来脱我终非喜。

[注]无论何事，总以他来生我为吉。若来克我，须详所问之事，如我去求他的文艺财物，虽属克我，主我之所得必速，则亦不谓之凶；若非此类，再逢凶格，其害必速矣。若我克他，亦察其问事，若彼人来向我求财求物，而我虽克他，不免与他人之财物，若非此类，再得吉格，其吉可言也。至于我去生他，其中必是耗我之神气，我难获其善，则不可不慎。学者如此决断，则无不中矣。

用主用客非似此，地盘地乙是主司。

天盘值符名天乙，九宫以斯为客基。

中人都来观太乙，生克彼我验醇疵。

[注]以地盘值符为主，以天盘值符为客，以人盘值使为中人，征主客之生克，考中人之偏正，明心会悟，以悟了然。则开口取断，无不立竿影

见矣！

　　休咎定自天盘时，主客分明虚与实。
　　时生地符主军兴，时生天符客军吉；
　　若然值使时生兮，中人分外心自逸。
　　其或主客同受生，两造吉凶法归一。
　　克客盗客客非宜，盗主克主主有失。
　　主客若皆克时干，此事搅扰无头绪。
　　主克时干主不情，客克时干客先举。
　　太乙或来克其时，中人是非无定许。
　　至他年命与用神，与时生克亦此语。

　　[注] 主客虽定，而时干之宫尤为最要！然时干生克、盗泄年命、太乙、主客、用神，及受年命、太乙、主客、用神之盗泄生克，则不可不一一详之。

　　夫时干者，一卦之主宰，万卜之提纲，上帝之座，人王之位也。故民得其庇荫者吉，受其衍责者凶；得其生扶者存而兴，受其克盗者亡而败。所以，时干制我谓之天逆人，我制时干谓之人逆天。天逆人而我存诚补过，尚可矣。人逆天安可乎？要人之力以胜天，非德不立。如不修德，而我总以神机巧妙，夺其造化，天岂能容之耶？是以告，凡占者务主时干，则事之可不可，必昭然而定。苟自负其才以悖天理，其不遭过愆者，则吾不信焉。

　　时值天蓬勿问晴，盗贼蜂起喜筑城。
　　天芮多主奸臣起，雾漫天昏乐埋兵。
　　雷霆震动天冲位，投武雪冤有权衡。
　　访道兴师修与造，辅星所主巽风鸣。
　　祭祀皇天与埋葬，天禽战胜任纵横。
　　书符合药求神圣，雪霰飘来心有声。
　　如或天阴小雨泽，阴谋固守柱边营。

云生气施逢天任，谒鬼禳神此处精。

举火问晴兼献计，亢旱推之在天英。

[注] 此上乃九星值时之应，以主天时之事。

九天时值好扬兵，九地潜藏可立营。

伏兵且审太阴地，六合交来利埋兵。

朱雀之时要调说，火攻螣蛇喜怪魔。

勾陈决定遣人捕，白虎交锋死斗戈。

玄武逢之劫寨去，太常以酒迷娄罗。

值符最贵招安好，此是九神运用歌。

[注] 九神专司地理，故兵家主之以克时干之值。

[释] 九神观地理吉凶，以时干方位定之。

时值开门辨官合，求名应试定甲科。

休为喜乐和美事，生生耕耘并医瘵。

伤宜捕猎兼讨债，杜好藏形与遮那。

破阵投书须验景，行刑吊死荐边过。

惊能擒讼行欺诈，中五无门宜守窝。

八门九路时宫考，祸福忧虞可奈何？

[注] 八门主人事克，应乘之时干，而忧虑祸福可知矣。

[释] 八门主人事，亦以时干所临之门而定之。如此天地人三才既备，潜心推测，日久便有灵机。

右第二章，释开端主客四宫之秘也。

第三章　用神

又有用神法一端，求财谋所生上观。

行市升降亦依此，货殖兴衰细心参。

[注] 占求财须观生门宫，格局吉凶与年命宫，生克盗泄决之。若生门宫生命、克命，比命其财必得，若命宫克生门生财反是。其行市涨落，只

以生门宫格局吉凶、迫制、和义及旺衰断之，则不必与年命参矣。占买卖货物、利息有无、并谋生财之所，亦仿诸此也。

功名词讼向开干，生克主客年命观。

[注] 如占功名以开门与命宫生克、盗泄决之。而占词讼胜负，则以开门为官星与官长，察其生克主客而断之。盖原告为主，被告为客是矣。

捕人讨债都三位，寻物伤门要验看。

[注] 捕人以伤门与六合论之。讨债以伤门与天乙论之。寻物以伤门与年命论之是也，则无不验矣。

家中否泰察值使，

[注] 占家宅之吉凶，盖以守门之奇仪为定。即玉女守门、太白入门之类是矣。

[按] 值使加地盘丁为玉女守门，值使加地盘庚为太白入门。

六合逃亡定安危。

[注] 男为六合、女为太阴。如占盗贼、走人盖向六合宫觅之，走失亦然。

涉水婚姻休上遇，

[注] 占婚姻，以休门为喜神。值符为男家，地乙为女家，六合为媒约，男命为男，女命为女，验其生克，考其醇疵。总以休门为主决之可耳。涉水行船则年命与休门参焉，详其生克、盗泄则祸福吉凶可知矣。

潜行避难杜边占。

[注] 如我要避难、潜形，须详杜门之与我年命宫生克、盗泄决之。大约以生我为吉，我生为凶，克我为忧，我克为虞矣。

信息文书推景上，朱雀之位相兼看。（朱雀乃系丁奇）

[注] 如问文章之醇疵，信音之动止，并有关乎文字之者，全在乎景门宫、朱雀宫之与年命生克、旺衰决之也。

病症病人之本命，芮星可决死生年。

[注] 占病以病人年命宫与天芮宫、并生死二门宫格局生克参看。其病症之在脏在腑，则以奇仪定之，甲胆乙肝丙小肠，丁心戊畏己脾乡，庚属

大肠辛是肺，壬水膀胱癸肾脏。

[按]病在外盘，表面病症以宫位断之，内里疾病，以克制天芮宫的宫位奇仪、五行所属断之。

口舌斗殴并擒讼，惊门生我定占先。

占口舌、斗殴、擒讼之事，俱观惊门宫与年命宫格局吉凶生克断之。惊门值朱雀，因口舌而起词讼，惊门值白虎则斗殴矣，总以惊门为词讼、开门为长官，生克主客、年命决之。

若欲安居须审五，五宫生命福绵绵。

[注]若问安居吉凶，须审中五宫，若五宫生我比我命宫，必属吉庆。克我则不必然矣。何谓也？然五者，居于八宫之中，为皇极之位，极乐之境，虽无门路，但处静修业，得是宫生之，则所以吉矣。

雀噪但详朱雀位，

[注]占雀噪，须观朱雀所临之宫，格局吉凶与年命宫生克盗泄断之。

禽鸣须按禽之缘。

[注]禽谓凤凰、鹤、雕鹏、鹰、雁、鹊、鸡、鸭、鹅、鹦鹉及一切禽鸟之属是也。若此俄来而鸣，则按天禽星宫，格局吉凶与家主年命断焉。

路途动静决白虎，大小风声此宫研。

[注]欲知道路吉凶，须观白虎宫与命宫生克决之。若欲占风之大小，来之南北方向，亦概详此耳。窃按途中吉凶虽决之白虎，亦必兼之玄武，以占盗贼之有无。占风之大小，查虎之旺衰，落何宫断何方。

交易须先详主客，谋事成败验三传。

[注]占交易以地乙出货者为主，天乙纳货者为客，以值使为中人，以两家生克定其成败。谋事以命宫为主，与时干、三乙四宫生克、详之格局吉凶，而成败存亡可知焉。

卜雨天蓬壬癸地，

[注]占雨有无，则察天蓬、壬、癸所落之宫旺衰断矣，及得生、得克、临于九宫，以参详焉。

田禾要向任星躔。

[注] 占田禾之收否，须察天任一宫之吉凶，与太岁宫生克决之，及三直宫之初中末祥之。

英星可以辨晴日，

[注] 如问晴否？须看天英之生旺，天英之下所值何干，即逢地盘壬字，则壬日晴之类是矣。若英星失陷，须待水神废没之令可以晴朗断之则是。

玄武能知贼后前。

[注] 占被窃，须详玄武宫与命宫生克决之，则前后可知矣。

大盗须占六庚下，

[注] 占盗贼虚实、来去，皆以天盘六庚所临，入墓空亡断焉。

攻城要将开字看。

[注] 如占攻城下寨，要决开门。临中五、三、七之宫断之。

禽宿丙奇为我将，敌宫受制他胆寒。

[注] 丙奇、天禽皆为主将，以克制敌宫为宜。

如占国运征其岁，治乱三传亦共参。

[注] 占国运以太岁为气运之神，格局吉凶而详察之也；再以时干、三乙宫生克冲合以参之，而因革治乱，则必倏然而定矣。

应期皆在用神下，

[注] 欲知应期，须看用神之下所值奇仪是之，查其所值何干奇仪以决日期，假如问求财何日得？看生门之下临何干，若或临地盘丙字，即断以丙日财得也，余仿此。

数目尽从五行谙。

壬癸乃云一六水，甲乙三八木之谈。

戊己本为五十土，丙丁二七火包含。

庚辛欲问何所属？四九之金在此呼。

[注] 如占求名榜次，要看景门所临何宫旺衰，及天地二干数目，数目多寡，尽在五行，旺则多，衰则半数，如占求财、问科甲名数，均以此论。

如景门为用神，看景门宫，如天盘为癸，地盘为丁，癸为六数、丁为二数，共八数，以八名，十二名，八十名断之，余仿此。

动静之间皆可卜，惊闻之间亦须占。

[注] 凡我动静之间，忽有所闻，忽有所感，及闻之非常令人诧异而震我心神，见之非常令人惊愕而惑我志意，则皆可以卜之，其祸福休咎吉凶，兴衰隆替均知，不必拘泥于有事也。

借问此人来与否，与命相生必至然。

[注] 此方之人来与不来，其方与命宫相生、及格局进茹、和义则必然至矣。

狂风凛冽云出岫，日月交蚀正时铃。

[注] 若或云气非常，风雷奇异，及日蚀月蚀，蚩尤彗星、珥晕、反朝，草木非时，并与人间之罕闻、罕见，山川之忽崩忽竭，皆以所见之日正时课起，则祸福休咎必昭然于目也。

右第三章，释卜每事而用神必观之义。

第四章　正格

戊己庚辛壬癸仪，进茹臧否喜来前。

[注] 天盘戊加地盘己，至庚加辛、壬加癸、乙加丙、丁加戊之类，皆谓之进联茹课，凡谋为之事，不论吉凶，均宜进步为上。

辛庚己戊退茹是，休咎皆宜步回旋。

[注] 天盘辛加地盘庚，至己加戊、乙加甲、丁加丙之类，皆谓之退茹格，无拘吉凶，宜退步为美。

乙丁壬甲前间格，进步中途有阻拦。

[注] 天盘乙加地盘丁，至壬加甲、庚加壬、癸加乙、丙加戊，戊加庚，甲加丙之类，皆谓之前间格，主前进中途有人阻拦之象也。

后间丁乙甲壬类，退后当中犯艰难。

[注] 天盘丁加地盘乙，至甲加壬、壬加庚、庚加戊、戊加丙，丙加甲、乙加癸之类，皆谓之后间格，主后退当中，有人缠扰之象也。

［注］奇仪顺逆之进茹退茹诀，言事物之变化，人事之进退。

上合乙庚甲与己，上亲于下下人欢。

［注］如天盘乙加地盘庚，及甲加己、丙加辛、丁加壬、戊加癸之类，皆谓之上合格，是以上亲下之象，大人见喜而下人吉耳。

下合壬丁癸加戊，下恭于上上保安。

［注］天盘庚加地盘乙，及壬加丁、癸加戊、辛加丙、己加甲之类，皆谓之下合格，是以下敬上之象，而上者吉也。

合土耕种宜农圃，

［注］合土格者谓甲加己、己加甲相合化土是也，宜农圃之事。

合金钱财宜兵权。

［注］合金格者谓乙与庚、庚与乙相合化金是也，宜钱财、威武之事。

合水漂泊宜淫私，

［注］合水格者谓丙加辛、辛加丙相合化水是也，宜飘荡、淫邪之事。

合木发生宜市廛①。

［注］合木发生格谓丁加壬、壬加丁相合化木是之，宜经营、动作之事。

合火文书与音信，功名筹策宜聘贤。

［注］合火格谓戊加癸、癸加戊相加化火是之，宜文书谋略筹策事。

［释］奇仪合格诀，化合五行为真五行，故应所主事物之宜忌。

正冲庚上忽加甲，对面冲锋毋拘牵。

［注］正冲格者谓甲与庚、乙与辛、壬与丙、癸与丁是也，宜对面理论、冲锋比武，不可畏惧他人。

背冲甲上庚相见，背地击攻可凯旋。

［注］背冲格谓反正冲者是也，宜背地攻伐偷劫寨之事。

金冲先要扬威武，

［注］天盘庚加地盘甲及辛加乙谓之金冲格，宜扬威振武，演阵教兵，争战、斗杀之事也。

---

① 卖东西的店铺。

木冲须宜用义宣。

[注] 天盘甲加地盘庚及乙加辛谓之木冲格，宜用义宣扬，行谦下士，丛林作伏、滚木作攻之事。

火冲用文兼用火，

[注] 天盘丙加地盘壬及丁加癸谓之火冲格，宜行文招士，立词安民，运筹谋划，欺诈火攻之事也。

水冲行智并行船。

[注] 天盘壬加地盘丙、及癸加丁谓之水冲格，宜用智行诱，酒食宴乐，调河开渠，水战水攻之事也。

甲去冲庚冲属木，庚来冲甲是金关。

诸冲尽似此之类，一列其余莫疏顽。

[注] 此上言冲格之属，以一作例而余可尽知也。

支破即如庚见癸，谋为不就事虚然。

[注] 支破格即庚加癸、癸加庚、寅申相冲，壬加己、己加壬、辰戌相冲，戊加辛、辛加戊、子午相冲是之，主谋为不就，诸事难成，破财荡产之事。

耗气丙奇加六戊，我之财物不周全。

[注] 丙加戊、戊加庚、庚加壬、壬加甲、甲加丙乃天盘阳干生地盘阳干谓之耗气格，主耗我之元阳，而伤我之财物也。

夺权如乙加丁位，我之权衡被人夺。

[注] 乙加丁、丁加己、己加辛、辛加癸、癸加乙乃天盘阴干生地盘之阴干谓之夺权格，主被人夺我之权衡也。

丙加于己交阴象，隐匿阴私利伏藏。

[注] 丙加己、戊加辛、甲加丁、壬加乙、庚加癸谓之交阴格，主隐匿、阴私、伏藏之象，利于妇女淫邪之事。

丁加戊位交阳是，脱我精神我有伤。

[注] 丁加戊、己加庚、辛加壬、癸加甲、乙加丙谓之交阳格，主损我精神之象，事虽主进，未免有伤我之精血也。

庚加六己为得母，家中喜悦庆嘉祥。

[注] 庚加己、戊加丁、壬加辛、丙加乙、甲加癸谓之得母格，主事虽属退，然家中之和顺，大人之庇荫，亦必所不免矣。

己加六丙谓获父，福德贵人在身旁。

[注] 己加丙、辛加戊、癸加庚、乙加壬、丁加甲谓之获父格，主得大人之助，父老之护也。

庚加戊字乘权格，假势兴隆大吉昌。

[注] 庚加戊、戊加丙、丙加甲、甲加壬、壬加庚谓之乘权格，虽属后间，但宜进步而威扬之也。

夫甲隐戊宫，何由辨之？甲加壬、丙加甲也。然则甲加壬非戊加壬，丙加甲非丙加戊，是以辨之。所以六甲之时，用甲之事，及占人之年命属甲者，盖以甲谓之也。如非甲之事（时），而人之年命又不属甲，岂有作甲之论乎？所以《易》曰：神而明之，存乎其人。此之谓也。

丁加于乙是倚势，赖恃他人我得扬。

[注] 丁加乙、乙加癸、癸加辛、辛加己、己加丁谓之倚势格，主赖他人之力，而我得以飘扬也。

乙上加庚外侵局，外人欺我要隄防。

[注] 甲加己、丙加辛、戊加癸、庚加乙、壬加丁谓之外侵格，天盘阳干克地盘阴干、上克下、外克内，故谓之外侵格，然克中带合，仍不免有上人之制，是以云尔。

庚上加乙内侵属，家中欺我意不良。

[注] 乙加庚、丁加壬、己加甲、辛加丙、癸加戊是也。地盘阳干克天盘阴干、下克上、内克外，故谓之内侵格，然合中带克，但自内克外，故云家中之人行欺耳。

六乙加戊为外害，灾殃陡起在他乡。

[注] 乙加戊、丁加庚、己加壬、辛加甲、癸加丙是也。乃天盘阴干克地盘阳干、上克下、外克内，故谓之外害格，主外人欲来谋害于我，而我祸在他乡也。

内害丙奇加在癸，是非口舌家内猖。

[注]甲加辛、丙加癸、戊加乙、庚加丁、壬加己是也。乃地盘阴干克天盘阳干、下克上、内克外故谓之内害格，主内人要谋害于我，而祸在家下也。

丙奇加庚为外制，他人欺辖隐钩铦。

[注]甲加戊、丙加庚、戊加壬、庚加甲、壬加丙是也。乃天盘阳干克地盘阳干、上克下、外克内故谓之外制格，主外人制、辖于我，而我之势力不能奋也。

庚加丙上内制己，家里翻腾欲寻殃。

[注]甲加庚、丙加壬、戊加甲、庚加丙、壬加戊是也。乃地盘阳干克天盘阳干、下克上、内克外故谓之内制格。主内人、制辖于我，家里纷扰，而我之志不能伸也。

乙加己位为外乱，他国来兵要侵疆。

[注]乙加己、丁加辛、己加癸、辛加乙、癸加丁是也。天盘阴干克地盘阴干、上克下、外克内故谓之外乱格，主他国寇兵，外人结党，欲凌我边疆之义也。

己加乙字内人乱，家里纷纷无主张。

[注]乙加辛、丁加癸、己加乙、辛加丁、癸加己是也，乃地盘阴干克天盘阴干、下克上、内克外故谓之内乱格，主内人纷纷，不受法度，而欲作乱之也。

夫阳受阴克为害，阴受阳克为侵，阳受阳克为制，阴受阴克为乱。又以上克下为外，下克上为内，此所以明生克之奥妙焉。其耗气、夺权、得母、获父等等之格名，亦莫不法是矣。盖阳者，刚健之气所成，阴者，柔弱之气所化。故喻于人，凡刚而中正者为君子，柔而淫私者为小人。是故，君子制人莫不以法度，小人害人莫不以偏邪。斯格之定，可谓高出诸奇门家之论，诚得其真铨之旨矣。望后学留意焉。

又有一般入墓诀，学人不可不分别。

即如丙丁加乾六，甲乙二宫坤墓决。

癸壬在四辛八艮，戊己亦同丙丁穴。

诸事逢之多蹇滞，病人亡命气已绝。

[注] 入墓一格，大为不详，诸事逢之多遭蹇滞，病人死亡，官讼被狱，谋事难成多不遂意，而无出头之象也。必待冲墓之年月或日时，始有救焉。

甲子旬中忌见己，甲戌可畏甲申庚。

甲申遇辛便为空，甲午辛符辰壬空。

甲辰最怕甲寅癸，甲寅不宜甲子逢。

诸所谋求皆不就，乘空乃是格之名。

[注] 乘空格者，即六甲旬空是也。六甲落空主求谋不就，诸事不成之象。

主空主心怀诡诈，

[注] 主即地乙也，主乃主人也，主人心怀虚诈不实也。

客空客者无真情。

[注] 客空格即天乙空也。主客人无真情实意也。

太乙空者中人诞，

[注] 中空格者即太乙空也。主中人荒诞不实等情。

年命空亡自虚惊。

[注] 年命乘空主虚惊之象，心神不定之意，主进退不决。占病近则吉，久病则凶。芮星空多吉。占事必待出空之日方可成也。

用空求谋主不定，

[注] 用空格者，即用神值空也。主自己求谋不遂，主意不定，欲行又止，进退徘徊之象。

时空跋涉枉费功。

[注] 时空格者，即时干落空也。主事事无成也，徒劳无益之象。

格中纵得生扶命，亦属徒然无始终。

[注] 然旬空之宫，纵生扶主宫、命宫，亦属无益也。逢空，吉凶不成之象，即值符前逆也。逢之须待出空之日期也，方可决其事可否为之成败也。

天乙乘空名没首，谋为一切始难通。

[注] 天乙乘空名没首格，主初事不利，斩头之象也。

值使落空名失中，半途而废枉用功。

[注] 值使落空名失中格，主事半途而废，前功尽弃，断腰之象。

值符如或值空位，濡尾之格事无终。

[注] 地乙落空，名濡首格，主事无归着，截足之象。

天时空陷名无绪，任君宏谋亦难行。

[注] 以天盘时干乃一卦之主宰，不宜旬空。如空，名无绪格，主事无头绪，失其主宰，任尔有宏谋广智，妙策多端，而上天不佑，则亦难行也。

空值天盘为尚可，地盘偶遇定玲珑。

[注] 若天盘奇仪值空，事犹可为，无关紧要；惟地盘神空，而时干、年命、用神、三乙逢之皆主不利，而事终无成就，谋为不遂者也。

六仪击刑更为凶，戊仪所刑在于东。

己刑坤二庚八位，壬癸同刑在巽风。

辛在南方午刑午，小人在内作朦胧。

年命时干最忌此，官司惟恐犯官刑。

[注] 戊临三宫子卯刑，己临坤二未戌刑，庚临艮八寅申刑，壬到巽位辰自刑，癸到四位寅刑巳。庚若来此巳刑申，辛在南离午刑午，即此皆为击刑格。主小人朦胧、在内，大人刑害，在外口舌刑狱，是非词讼必旋踵而起也。占病者尤忌。击刑者官灾伤病，大凶之象耳。

右第四章，释干生克之义而云正格者也。

奇门遁甲鸣法下卷

辽东　龙伏山人撰

第五章　辅格

甲乙若逢三与四，曲直格分仁寿名。

大利军家施号令，探听敌弊合经营。

[注] 甲加乙、乙加甲至三四宫名曲直格。取木逢春之象。故仁寿、主发，政施仁令，哨探敌私，营谋，号令事。

乙甲若然加一宫，此云胎息是发生。

谋为从兹当进步，君子欣扶事有成。

[注] 甲乙加至坎一宫，名胎息格，又为发生格，以木逢子水，一阳始生之意，主得贵人扶助，凡所求谋，速当进步。

如或土宫逢甲乙，格为兴创宜持衡，

最佳造作与修筑，主客交锋不称情。

[注] 甲乙相加二五八宫，名兴创格，取木克土，以象土木之工，故主宜修造、建筑等事最佳。

甲乙加于六七宫，号之罹伐动斗争，

此时不利出军去，谋作交兵定震惊。

[注] 甲乙相加至六七宫，名罹伐格，因其木被金伤，主斗争，利主不利客，不宜出兵动作、等事，静守为吉。

九离之内逢乙甲，此谓焚林一场凶，

守旧为宜固本美，毋须前进并争锋。

[注] 甲乙相加至九宫，名焚林格，因其木多成林，遇火自焚，故为凶

也。只可耐守，动必有伤。

丁丙同来离九宫，格名炎上气虚冲，

文书献策为最吉，用火乘风可进攻。

[注] 丙丁加九宫，名炎上格，以火之旺禄在午，故主宜文书、信息、献策、求名，行军火攻之事。

天盘之丙地盘丁，二物临于坎水庭，

掩目灭光为其号，溺身死地犯狱刑。

[注] 丙丁加坎一宫，名掩目灭光格，以其火被水灭，故凶，不宜动作。

丙丁二字齐见土，局是失光莫登程，

前进必然招脱耗，破财败产坏元精。

[注] 丙丁相加二五八宫，名为失光格，用其火生土，盗泄元精，故而宜静守为吉。

震三巽四丁与丙，格云增辉利飞腾，

文章显达功名进，本命火行勃然兴。（另注）举火出军勃然兴）

[注] 丙丁相加三四宫，名增辉格，以其火被木生之意，主求取功名之事。

丙丁皆在六七宫，斗力之占事不宁，

口舌兴词概因此，逢之迅速退步停。

[注] 丙丁相加六七宫，名斗力格，因其火克金，主口舌、词讼之事。

戊己忽临八五二，格名稼穑亦躬耕，

大利守边并下寨，安营乐业与雕甍。

[注] 戊己相加至二五八宫，名稼穑格，取其土行重重之意，主宜守边驻防、安居乐业等事。

己戊并来于坎北，所云迫水慎招刑，

田园致讼终耗力，交战出军损兵丁。

[注] 戊己相加至坎一宫，名迫水格，以其土来迫水宫，故耳主谋求费力无成。

三四宫中逢戊已，其占坏体利坚贞，

伤身损命犹劳力，退守为宜勿进兵。

[注] 戊已相加三四宫，名坏体格，以其土被木克，为凶，宜退不宜进。

若然戊已居乾兑，格谓绝精事不通，

耗散元气失本面，诸般谋作一场空。

[注] 戊已相加六七宫，名绝精格，主耗散元气，以其土去生宫，盗泄元气，故谋事无成之象。

戊已离宫忽俱到，名之变象乃元亨，

资生万物而成器，进步方能万里程。

[注] 戊已相加至九宫，名变象格，土逢火生为吉，所谋皆遂。

庚辛居于六七地，格名从革宜操矛，

教军演队当依此，劫敌发兵功最优。

[注] 庚辛相加至六七宫，名从革格，以其金逢比合、主宜冲锋、掠阵、劫敌之事。

庚辛坎地忽飞走，格谓泄津是总由，

此象须防人陷我，钱财败损又添忧。

[注] 庚辛相加至一宫，名泄津格，主他人陷我，我耗材、琐事。

庚辛八二游巡五，局属扬威利建侯，

兴兵练阵皆其吉，乐道采丹向此修。

[注] 庚辛相加至二五八宫，名扬威格，以其金逢土生，主演阵、发兵、炼丹等事。

震三巽四庚辛游，逢刃之占有凶咎，

伤其体兮败其形，口舌争斗命残朽。

[注] 庚辛相加至三四宫，名逢刃格，以其金来克木，而只宜耐时，不可妄动。

辛与庚兮至离九，结冤闭口招狱囚，

他人内赚伤于我，途道绝粮切勿谋。

[注] 庚辛相加离九宫，名闭口格，以其金被火克，主有小人阴谋，暗陷赚我。

　　壬癸并临坎北乡，格为润下宜含羞，
　　调河治水兼水战，斗智乘船向此游。

[注] 壬癸相加至坎一宫，名润下格，主行水路、宜平治水道、乘船、水战、斗智、水攻之事。

　　癸壬二五八宫留，绝迹之占命难守，
　　伤其形质坏其身，疾病官灾一时陡。

[注] 壬癸相加至二五八宫，名绝迹格，以其水受土之克，主驳杂、琐碎、忍耐为上。

　　震巽之宫见壬癸，败源格局有忧愁，
　　诸般谋作皆费力，归去空空似浮舟。

[注] 壬癸相加至三四宫，名败源格，以其水被木之盗泄，主求谋无成，徒劳往返也。

　　兑七乾六壬癸守，号曰通关利策筹，
　　迎锋见阵皆为吉，财利功名任所求。

[注] 壬癸相加至六七宫，名通关格，以其水受金之生，主计策迎敌，财禄功名相遂。

　　壬癸加来离下九，无荣灭润祸旋流，
　　私情淫荡为最乐，非灾即祸将身囚[举义扬威被幽囚]。

[注] 壬癸相加至离九宫，名灭润格，以其水来克火，主立私不利公。

　　又有一般旺动章，震三甲乙巽边傍。
　　丙丁相见于离九，戊己艮坤中五藏。
　　庚辛乾六七宫兑，壬癸同居在坎乡。
　　休临六七景三四，生死离宫及土场。
　　开惊土地与金地，伤杜水方合木方。
　　蓬星都旺于六七，英宿三四是威扬。

芮任禽星值土火，冲辅水木乃强梁。

心柱西金兼土处，朱腾震巽并南庄。

天阴最旺七与六，勾地致强土中央。

六合三四常居土，白虎兑乾武水旁。

值符旺处于离日。伏反逢之则不详。

时上临兮为旺动，用神宫命细较量。

[注] 旺动即本命身五行与宫中之五行相同是也。但伏吟反吟则不必然矣。如时临于坎宫，逢冲辅之星，则冲辅旺动也。若见天蓬则伏吟，不为旺动。其玄武、伤杜、壬癸值此亦然，余仿此。而旺动时干、三乙、用神、命宫者尤为最切。所以，甲乙、杜门、六合、天辅、临三宫皆谓旺动。既动，神必造其机，则当详以命宫、用、生克决之。至于非时干、三乙、用神、命宫而动者亦必与我事有关者，则亦当与命宫、用神生克详之，观其系属何相，并何亲而定？然其吉凶祸福而不昭昭于目，了然于胸中者，吾不信矣。

皆以天干时作主，生克相验论兴亡。

[注] 每卦皆以天盘时干为主宰，以诸宫之天盘奇仪、星、神、门、诸宫之五行为辅神，法干之生克以定六亲，法宫之生克以决休咎，而兴废成败必霎时而定矣。

生时干者为父母，克于时干作鬼方，

时干克者妻财位，时干生者子孙房，

若然皆与时干比，此乃兄弟一宫详。

[注] 假如时干为丁火，庚辛宫即其妻财也，戊己宫即其子孙也，甲乙之宫乃其父母也，壬癸之宫即其官鬼也，丙丁宫为弟兄，丙宫为兄，若丙火时干，丁为弟，余仿此。

父健文书与音信，严严椿树子欠康。

[注] 即如时干丁火，甲木宫旺动，主老父吉利，小儿欠康之事，故名父健格，若丙火时干，则仍以甲木为父也。注意：总以阳干生时为父。

母顺家中多喜乐，安安萱草庆高堂。

［注］即如时干属丁火，乙木宫旺动，主老母高寿，家中安乐之事，故名为母顺格。若丙火时，则仍以乙木为母。注意：总以阴干生时为母。

兄夺败财上凌下，

［注］即如时干属丁火，丙火宫旺动，主以上凌下，犯强夺竞争，并败财之事故名兄夺格。总以比和，时前为兄。

弟争散产下竟张。

［注］即如时干丙火，丁火宫旺动，主以下竟上，犯竞争并散产之事故名弟争格。总以比和，时干后之干为弟。

格遇财摇财最利，功名登榜姓飞扬。

［注］即如时干属丙火，庚金宫旺动，主财利顺心、求名夺魁之事，故名财摇格。

局逢妻动妻宫旺，女子持家家道荒。

［注］即如时干属丙火，辛金宫旺动，主妇人当权，家道荒废之事，故名妻动格。母鸡司晨之象也。

子任财兴身有脱，安居乐业祸消磨。

［注］即如时干属丙火，而己土宫旺动也，主家缘有理，祸凶消磨，名子任格。子孙福神，若居旺宫，则百祸消散，占病服药有愈，灵必得财。惟功名不遂。

孙作传流皆吉泰，后人绵远吉庆多。

［注］即如时干属丙火，戊土宫旺动，主事皆吉泰，后代绵绵福远，名孙作格。

官兴词讼功名就，

［注］即如时干属丙火，癸水宫旺动，主词讼得理、功名成就之事。故名官兴格。若丁火时，则壬水宫为官也。

鬼扰病灾兴口舌。

［注］即如丙火时干，壬水宫旺动。主疾病灾咎，是非口舌之事，故名鬼扰格。若丁火时以癸水为鬼也。

[**另注**] 以时干为主宰，生克比合定六亲。可知六亲之吉凶，明得失之休咎。

命宫值父苦奔波，值鬼灾病口舌结。

值财财顺广田禾，值子安然宜养拙。

值兄惹气伤财多，俱以天盘奇仪说。

[**注**] 此上言年命宫所值六亲，以决休咎焉。

[**释**] 以时干为主，看年命所值何神，以定平生之事矣。

子动财来功名克，父兴兄泰子孙绝。

财摇名就母疾病，兄发子怡财消折。

官鬼兴时可甲科，弟兄灾病身滴血。

此是时干妙理歌，浪言传秘神仙诀。

[**注**] 子动财吉而功名无就，父兴兄泰而子孙消亡，财摇名成，父母罹克，兄发子鞠，妻妾灾病；财消耗，官鬼兴；父病愈而姓字题，兄被刑而身见血。亦宜临时应断、随事参考，任洪荒虽大，而数理难逃。其忧虑休咎、消息盈虚莫不明著于其中，故临事开口取象，随时变易，则其机致神，岂一占而少诸是，以易曰：神而明之，存乎其人，其斯之谓乎？

夫以时干为主，阴阳生克、前后、正偏为定，阳干生时干为父、阴干生时干为母，时前之干比和者为兄、时后之干比和者为弟，正者克时干为官、时干克者为妻、时干生者为子，时干偏者克时干为鬼、时干克者为财、时生者为孙。又参以三乙用神、年命之值，而许以吉凶、悔吝、臧否之事以明，斯格之定，诚有所取焉。

蓬休坎水景离家，三震伤冲杜四宅。

乾六心开辅巽阶，禽中五位柱西陌。

任生艮八英九排，芮死坤宫惊兑泽。

癸癸庚庚己己谐，戊戊壬壬伏吟格。

静守为宜动不宜，叠来灾祸失灵魄。

蓬休加坎，英景加离，辛仪加辛，丙奇加丙，名伏吟格，宜于守静，不然必有重叠祸起，可不慎欤！？

蓬加九位生履坤，辛戊返吟神怨怨。

诸事逢之反复言，徘徊无定失筹策。

[注] 蓬加九，生加坤，死加艮，杜加乾，戊加辛，癸加庚之类，名返吟格，主事多无主，徘徊未决之象焉。

被迫开门加震地，祸从外入要防之。

[注] 凡门克其宫，谓之被迫格，主祸从外入。

受制休加八五二，重重内祸将人欺。

[注] 凡宫克其门，谓之受制格，主祸自内起。

交和原是伤加九，喜自外来情偏怡。

[注] 凡门生其宫，谓之交和格，主外喜来内。

结义景三开五位，内生佳气有谁知。

[注] 凡宫生其门，谓之结义格，主佳气内生。

右第五章，释奇仪之与宫、时干之与奇仪之义，谓之辅格者也。

第六章 奇格

乙逢犬马丙鼠猴，玉女丁奇跨龙虎。

得使只宜纳婢人，填房军旅须伏弩。

[注] 此谓乙奇加己辛、丙奇加庚戊、丁奇加壬癸，谓之三奇得使格。即坤纳乙而离巽辅之，兑纳丁而乾坤辅之，艮纳丙而坎震辅之，以与地支卦象符合之义也，故利阴私埋伏之事。

[释] 附《命理探原》命宫法：凡推命宫，先由子位起，正月向亥逆数，至所生月止。再以生之时，加在生月所临支位，依次顺数，至卯位为止，即以卯位所临，手掌定位之支为命宫。欲知某宫之干，再以年干遁之。

俞曲园《游艺录》云：欲求命宫，先从子上起，正月逆行十二辰，将所生之时，加于所生之月，顺行遇卯，即命宫。假如甲子年，三月酉时生，则卯在辰宫，仍随甲子年起，甲年正月丙寅，则辰上之干戊也，即以戊辰为命宫。

此法甲子由子上起，正月逆推，至三月为酉时，又由酉时起，顺数酉戌亥到辰宫，是卯位安命。

何谓戊辰？系甲己之年丙作首，丙寅、丁卯、戊辰，余仿此。

又法：丙午年　辛丑月　庚午日　甲申时

此格丑月生，乃节过大寒，算正月子位生时之申由子起申酉戌亥等，至未宫是卯位安命。然丙辛起庚寅，即知是乙未。余者类推。

此法若是生月交过中气即作次月推。立春节，雨水气。

起小限法：假如丙午命，以午字加未宫，以决逆数，午未申酉戌亥子丑寅卯止，至戌位是小限。再以乙卯起戊寅，即知为丙戌限也。余类推。

起胎元法：《游艺录》云：四柱外佐以胎元，胎元者受胎之月也，干前一位、支前三位即是。由月数，至十个月亦是胎元。逆数。

如己巳月生，胎元在庚申；壬午月生，胎元在癸酉。余仿此。

推息法：《渊海子平》云：起息取日主，天干合处地支合处即是。《星平会海》云：如甲子日，取天干甲己合，又取地支子与丑合，即己丑是息。余仿此。

三奇更有游六仪，大利交兵练营伍。

[注] 三奇加临本旬值符谓三奇游甲格，喜军旅之事。

太乙加于地丁位，号为玉女守门扉。

若作阴私和合事，传来皆道此精微。

[注] 值使加地盘丁奇，号玉女守门格，主利阴私、和合之事。

乙奇之上逢值使，日照门间要奋威。

作用偏多君子遇，交锋迎敌任来归。

[注] 值使加地盘乙奇，谓之日照门间格，主谋为多逢君子相助。

太乙丙奇同一处，当门月映满芳扉。

凡谋多得阴人助，妇女家中善化机。

[注] 值使加地盘丙奇，谓之月映当门格，主谋为多得阴人辅助。

太乙临来于戊字，青龙绕户喜行奇。

功名贵显家安泰，诸所谋为无不遂。

[注] 值使加地盘戊，谓之青龙缠户格，又叫天门分开格，主诸事称心。

地户蔽门使加己，行军不利教军宜。

遁亦藏形为最善，安常守分亦娱嬉。

[注] 值使加地盘己，谓之地户蔽门格。主隐遁遮藏、处静守旧为吉。

太白入门家有祸，地庚上值太乙司。

官事缠绵防贼盗，妇人口舌论离乖。

[注] 值使加地盘庚，谓之太白入门格，主官府琐碎、阴人口舌离乖。

白虎拦门辛字上，屠人柳市动刀枪。

旺则军机衰则赌，斗殴争讼入公堂。

[注] 值使加地盘辛，谓之白虎拦门格。主交锋战斗，诉讼殴斗，凶也。

玄武守门凶且厉，宅中病者已膏肓。

弗然必定招贼盗，刑狱官灾到身旁。

[注] 值使加地壬，谓之玄武守门格，主盗贼刑狱之灾、占病难愈，凶。

守门螣蛇休言美，罗网牵缠无处藏。

高则宜走低且守，须防缧绁祸萧墙。

[注] 值使加地癸，谓之螣蛇守门格，为罗网，看何宫以定高低。

六丙临丁门遇生，月精天遁可屯营。

耀武扬威从此数，升迁举业任游行。

[注] 丙加丁，丁加丙，乘生门三隐宫，名天遁格。

乙奇临己开门并，地遁紫云蔽日精。

田财交易与修筑，下塞逃形利出征。

[注] 乙加己，己加乙，乘开门三隐宫，名地遁格。

丁乙休门与太阴，号为人遁喜气临。

合伙求财皆遂意，旬空墓迫灾患深。

[注] 丁乙加休门见太阴，为人遁格，吉。若丁到艮，乙到乾，皆为入墓，休到离为迫，主凶。

丙乙开门六合兴，原来此格神遁宫。

祈福消灾并祭祀，烧丹隐匿妙无穷。

[注] 丙加乙，相乘开门三隐宫，名神遁格，宜祈禳祭祀，吉。

丁加丙字开门立，若见太阴鬼遁格。

纳妾私奔并六甲，伏兵劫盗任私公。

[注] 丁加丙，丙加丁，相乘开门，名鬼遁格。宜布谣惑军，探路侦贼，画符镇鬼事。

六乙丁开九天共，临巽即把风遁吟。

招安讨逆为决胜，捕捉逃亡要搜林。

[注] 乙加丁，丁加乙，乘开门三隐宫，或临巽宫，名风遁格，宜祭祀火攻，不利行舟。

乙与生门加在丙，九天并临云遁从。

神仙异路皆得吉，乍雨乍晴半途逢。

[注] 乙加丙，丙加乙，乘生门三隐宫，临九天，名云遁格，宜劫营。

甲丙休门归一路，九天共处遁为龙。

乘雨劫营并水战，造船应举利争锋。

[注] 甲加丙，丙加甲，乘休门、三隐宫，临九天，或落在坎宫，名龙遁格。宜祈而水战，冒雨劫营吉。

生门辛丙地来同，投武充军气象雄。

此局原名为虎遁，扬威布阵宜交兵。

[注] 辛加丙，丙加辛，乘生门三隐宫，临九地为虎遁格，宜祭风镇邪，驱鬼安宅。

乙丙休门丙乙朝，太阴六合应征召。

[格名天道赴云霄]，炼道修真玄妙窍。

[注] 丙加乙，乙加丙，乘休门、三隐宫，临太阴、六合，名为天道格，吉。

丁丙丙丁三隐交，相共休门地道妙。

隐伏埋兵上吉爻，逃刑造葬乃枢要。

[注]丁加丙,丙加丁,乘休门、三隐宫,名曰地道格。

丁乙乙丁生共邀,会同三隐来相照。

功名嫁娶无不超,人道精微任吟啸。

[注]丁加乙,乙加丁,乘生门、三隐宫,名为人道格。

三吉三奇太阴镇,名为真诈宜济贫。

隐遁求仙皆得顺,营求谋望任屈伸。

[注]开休生三吉门,逢乙丙丁三奇与太阴同位,名曰真诈格,主施恩,隐遁,祈祷、求仙,诸所谋求皆吉。

九地逢之是休诈,驱邪祈祷百福臻。

疗瘵救急皆为利,来者占财问婚姻。

[注]三吉会三奇,与九地同位,名休诈格,宜合药、法符、祈神、禳灾、祭祀,皆大吉。

六合加来重诈格,取财受爵与添人。

若非继室并生子,决定谒参礼圣神。

[注]三吉逢三奇,与六合同宫,名重诈格,宜收降添兵进人口,纳财袭爵、拜绶,吉。

六乙景门同六丙,九天相共天假神。

见贵求财皆顺利,谋生避难须更新。

[注]乙加丙,丙加乙,乘景门、三隐宫,名天假格。乙为天德,丙为天威,丁为太阴,凡三奇之灵,宜陈事便利。

六丙丁奇门遇杜,三隐逢之伏藏宜。

货物乘时当脱卖,寻人地假枉奔驰。

[注]丙加丁,丁加丙,乘杜门,三隐宫,名地假格,宜潜藏埋伏,遁迹藏修及遣人行问谋、探私事、避难等古。

伤门丙丁九天集,人假登坛是吉时。

捕捉逃亡为最利,求师学艺亦相宜。

[注]丁丙互加,乘伤门三隐宫,名人假格,宜捕捉逃亡犯、索债讨

账事。

惊门六丙丁奇比，三隐宫加一处移。

神假埋葬为大吉，兴师举武要扬麾。

[注] 丙丁相加，乘惊门三隐宫，名神假格。

丁加于丙死门位，九地太阴六合随。

鬼假求财合伙喜，偷营月下会佳期。

[注] 丁丙互加乘死门三隐宫，名鬼假格，利超亡荐度等事，吉。夫甲为青龙，为雷霆；乙为日奇，为风云，为蓬星；丙为月奇，为荧惑，为明堂；丁为星奇，为玉女，为朱雀；戊为天门，己为地户；庚为太白，为天庭；辛为白虎，为天狱；壬为天牢，为玄武；癸为华盖，为腾蛇；休为水为酒，为雨为露，为月户；死为土为布，为飞尘，为鬼路；伤为木为柴，为雷霆，为舟车；杜为木草，为飘风，为地户；开为金为玉，为圆圜，为雪霰，为天门；惊为金为瓷器，为神异，为冰雹；生为土为石，为人门，为云雾，为山岳；景为火为日，为文章，为信息，为电光。斯数者皆前贤取义，非后士妄为。故是格之著，以值使加三奇六仪为某之守门，三吉逢三奇为遁之风云，三隐分殊乘三奇三游为诈之休真，三奇互交，乘三隐，五避，为假之神鬼；因丙丁乙丙交而匿之休门，丁乙乙丁交而匿之生门，则定以三道。其龙遁用甲，虎遁用辛，不随入流俗之传，另定一规，而大有理致，又非臆度之命名，较之鱼鲁之论，何足道哉！

[释] 夫三隐宫者，太阴六合九地也。三奇互加三吉门，为诈。临五凶，为假。

右第六章，释三奇六仪之义，而定为奇格焉。

第七章 遍干

龙入云兮戊加乙，同人扶助事得全。

若或门宫逢迫制，定然彼我自招愆。

[注] 天盘戊加地盘乙为青龙入云格。

[释] 门吉事吉，门凶事凶。

戊加丙兮龙返首，门宫生合事更解。

文明显达多得利，被迫旬空亦忧煎。

[注]天盘戊加地盘丙为青龙返首格。

[释]动作大利。若逢迫制、入墓、击刑，吉事反凶。

青龙耀明戊加丁，贵人暗助可得安。

门宫相生为上吉，被迫交加事转难。

[注]天戊加地丁为青龙耀明格。

[释]此格主谒贵求名吉利，若迫墓招是非。

天盘戊加地盘戊，青龙入地伏吟盘。

来人辗转神未定，心意徘徊起波澜。

[注]天戊加地戊为青龙入地格。

[释]又天门重现格。凡事闭塞，静守为吉。

青龙比合戊加己，婚姻成就喜气迎。

内外生扶室家利，克战临来反震惊。

[注]天戊加地己为青龙比和格。

[释]主婚姻之喜，公私吉利，迫墓克制。及门凶，名贵人入狱，公私皆不利。

青龙失力戊加庚，谋事纷争难立名。

逢之伤损休怀怨，点点血光利操兵。

[注]天戊加地庚为青龙失力格。

[释]又青龙恃势，值符飞宫，灾祸出于不测，吉事不吉，凶事更凶。

戊与辛金同一处，青龙相侵是返吟。

占之遇此当自守，动作必然是祸淫。

[注]天戊加地辛，谓之青龙相侵格。

[释]又名青龙折足。吉门生助，尚可谋为，若逢凶门迫制，主招灾、失财、足疾。

龙入天牢戊加壬，诸谋耗散凶灾临。

口舌纷纭烟尘起，始终不利祸害深。

[注] 天戊加地壬为龙入天牢格。

[释] 又名青龙入网格。凡阴阳皆不吉利，诸事耗散。

戊若加癸青龙合，首尾相迎庆三多。

明显光辉宜主客，门宫迫制反奔波。

[注] 天戊加地癸为青龙和合格。又为青龙华盖格。

[释] 门合星吉则吉，招福，若伤死门凶，不美，多乖。

六己如然加在乙，地中掩日事蹉跎。

安常守分寻旧路，动作灾殃似电过。

[注] 天己加地乙为地中掩日格。

[释] 墓神不明，地户蓬星，凡事暧昧不明，主于蒙蔽侵犯，宜遁迹隐形为利。

地里生光己加丙，外非明象内已明。

别有洞天真乐境，创业兴工与凋薨。

[注] 天己加地丙为地户埋光格。

[释] 又火孛地户，恩中成怨，凡事阻屈难伸。

地户星辉己加丁，求谋诸事并经营。

暗中即有贵人助，入庙最宜祷神灵。

[注] 天己加地丁为地户星辉格。

[释] 又朱雀入墓格。词讼先曲后直。明堂贪生，诸事暗中生扶。

比和一气己加戊，明事不宜暗事宜。

占之男女约相会，暗地勾情起阴私。

[注] 己加戊为地户比和格，暗通格。

[释] 又明堂从禄格。万事大吉，喜乐重逢，犬遇青龙，谋望遂意，上人见喜。

天己若然加地己，伏吟逢鬼事堪悲。

进退难明意不决，守分安常须待时。

［注］己加己为伏吟逢鬼格。

［释］病者必死，百事不遂。明堂重逢，凡事勾屈难明，进退不决，宜守。

若夫己干加在庚，地户伏白有凶横。

诸事似宜终不益，占人不可不察情。

［注］己加庚为地户伏白格。

［释］又明堂生煞刑格。邢格反名、词讼，先动不利，门凶有阴私谋害之情。

己如加在辛金上，虎困穴中起斗争。

伤财惹气终难免，乘武谋为小有亨。

［注］己加辛谓之虎困穴中格。

［释］又天庭得势格。游魂入墓，大人鬼魅相侵，小人家先为祟。

地牢冲破己加壬，诸事无成有小侵。

格中参差多更变，门宫生合亦称心。

［注］己加壬为地牢冲破格。

［释］地网高张，百事无成，参商各别，须查门宫生旺，墓败狡童佚女，奸情杀伤。

己加六癸性沉沉，地穴张罗祸事临。

望喜求财皆不利，修方埋葬动哀音。

［注］己加癸为地穴张罗格。

［释］明堂合华盖，地刑玄武，男女疾病垂危，词讼有囚狱之灾。

太白贪合庚加乙，求谋婚姻分外奇。

合伙交游无不吉，安营下寨更相宜。

［注］庚加乙为太白贪合格。

［释］诸事大吉，所为皆顺。太白蓬星退吉，进凶。

太白入荧大不利，官刑口舌被人欺。

事属变迁多又复，家里贼来窃余资。

[注] 天庚加地丙为太白入荧格。

[释] 诸事虽吉，费力方成。占贼必来，为客进利，为主破财。

白入太阴庚加丁，谋为诸事若浮萍。

妇女阴私情搅扰，始终无益且息停。

[注] 天庚加地丁为太白入阴格。

[释] 太白受刑，凡事不利，为更改亭。亭，叮咛之象。因私匿起讼，门吉有救。

庚金如或加戊字，太白乘龙姓名馨。

捕亡见阵征凶胜，驾木村夫在野停。

[注] 天庚加地戊为太白乘龙格。

[释] 太白逢恩，太白天乙伏宫，百事不可谋为。

或如庚金加己土，太白经地做刀兵。

小为虽吉宜安静，退步方能至宠荣。

[注] 庚加己为太白经地格。

[释] 庚加己日，名为刑格。官司被重刑。

[按] 庚加己一条，张抄本无，据家传本补。

太白重重庚加庚，伏吟本属是原名。

谋多内乱难行动，灾害提防自起兵。

[注] 庚加庚为太白重现格。

[释] 太白重逢，太白同宫，官灾横祸，兄弟雷攻。

六庚加于地盘辛，太白乘虎宜骇神。

立心刚正伏柔弱，前进自然百福臻。

[注] 天庚加地辛为太白乘虎格。

[释] 太白重刑，两强相持，凡事必有争论。又为白虎干格。虎煞同宫，远行车折马死。

天盘六庚加地壬，太白坐牢内事钦。

人中少益多招损，谋作还须费苦心。

［注］天庚加地壬为太白坐牢格。

［释］太白退位，凡事多疑，只宜敛迹。远行，失迷道路，男女音信嗟呀。

庚若加临地下癸，寅申冲破不为祥。

太白投罗事蹇滞，人情悖逆要谨防。

［注］庚加癸为太白履网格。

［释］又太白刑格，诸事不宜，行人至，官词止，生产母子俱伤。门吉可救。

辛遇乙合虎猖狂，内中财破起灾殃。

功名不遂出军败，所卜官非兴与亡。

［注］天辛加地乙为白虎猖狂格。

［释］家败人亡，走失破财，远行多殃，尊长不喜，车船俱伤。

白虎逢朋格最良，天辛加在地丙乡。

宜掌权威讨账目，秉公最善收钱粮。

［注］辛加丙为白虎逢友格。

［释］天庭得明，干合孛师，荧惑出现，占雨无，占晴旱，占事因财致讼。

辛见丁兮虎受伤，无终有始事乖张。

家中耗散多竞闹，来问前程否共藏。

［注］辛加丁为白虎受伤格。

［释］又狱神得奇，经商获倍利，囚人逢赦宥。凡事有始无终，多耗散。

天辛加在地盘戊，格取虎龙两争强。

欲问求谋争夺事，兴威举武是妙方。

［注］辛加戊为虎龙争强格。

［释］诸事不和，求谋不通，困龙被伤，官司破败，屈抑守分，妄动祸殃。

穴中卧虎诚非益，辛字加于地己乡。

所求虽吉终劳力，聚草屯粮教武昌。

[注] 辛加己为虎卧穴中格。

[释] 虎坐明堂，诸事隆吉，费力方成，入狱自刑，奴仆背主，词讼难伸。

若或六辛加地庚，虎逢太白格不精。

凡事惊疑多反复，居官革职业难成。

[注] 辛加庚为虎逢太白格。

[释] 事主反复争论，进迫迟疑，白虎出力，主客相残，逊让退步，不可强进。

二虎争锋辛加辛，伏吟格局莫求伸。

有势难行皆自败，狐疑颠倒性非真。

[注] 辛加辛为二虎争锋格。

[释] 伏吟自刑，凡事自败，有势难行，进退猜疑。

虎入牢笼辛加壬，兴师不利被人擒。

隐昧忧生无美策，须防诡诈起奸淫。

[注] 辛加壬为虎入牢笼格。

[释] 天庭逢狱，凡事不利，所谋难成。防诈，凶蛇入狱，两男争女，先讼失理。

如或六辛加在癸，虎投罗网祸来侵。

逢之守旧为最善，安分待时遁山林。

[注] 辛加癸为虎投罗网格。

[释] 天牢华盖，日月失明，误入天网，动止乖张。

天牢囚贵壬加乙，谋事有惊孕生子。

动作营求口舌招，阴人得遇成燕喜。

[注] 壬加乙为天牢囚贵格。

[释] 不宜动作，日入九地，凡事不利。谋事多惊，占孕生子，禄马光华。

天壬加在地丙兮，玄武相同入月里。

谋动多凶惹词讼，皇宫慎备贼人起。

[注] 壬加丙为玄武入狱格。

[释] 天牢伏奇，水蛇入火，官灾刑禁，络绎不绝。凡事不利。

六壬若或会丁奇，玄武谒贵求贤士。

诸般得助利阴私，布阵埋兵须用诡。

[注] 壬加丁为玄武合贵格。

[释] 太阴破狱，干合蛇刑，文书牵连，贵人匆匆，谋为暗昧，利用阴私。

玄武还有化龙格，壬水临之戊土祠。

最宜官讼求名事，演队交兵建旌旗。

[注] 壬加戊为玄武化龙格。

[释] 小蛇化龙，男人发达，女产婴童。凡事有始无终。求名吉。

六壬忽又加于己，玄武深藏入穴时。

夫妇家中多不睦，隄防盗寇入房帷。

[注] 天壬加地己，为玄武入穴格。

[释] 天地刑冲，凶蛇入户，大祸时至，诸事不成，顺守斯吉，词讼理屈。

玄武倚势壬加庚，消化官非词讼平。

内里惊疑多复反，凡谋进步始能精。

[注] 壬加庚为玄武倚势格。

[释] 天牢倚势，太白擒蛇。刑狱公平，立剖邪正。诸事不利，虚耗难成。

若或壬辛同一位，玄武乘虎任纵横。

交军举武求名利，进禄加官衣锦荣。

[注] 壬加辛为玄武乘虎格。

[释] 纵得吉门，亦不能安。若有谋望，被人欺瞒。

玄武聚会伏吟格，原是壬壬归一营。

破败之占谋不得，阴人尽力苦相争。

[注] 壬加壬为玄武聚会格。

[释] 天牢自刑，蛇入地罗。外人缠绕，内事索索。吉门吉星，庶免蹉跎。

结义玄神格最亨，天壬加癸一宫行。

家中安乐人情顺，作用图谋事业成。

[注] 壬加癸为玄武结义格。

[释] 阴阳重地，凶迫刑制。幼女奸淫，家有丑声。凡事不宜图谋，计穷之象。

天罗蔽日灾横起，交战必然两地凶。

盗劫中途须谨备，癸同乙木一宫逢。

[注] 天癸加地乙为天罗蔽日格。

[释] 日沉九地，华盖逢星。吉门生助，诸事有益。阳贵相扶，贵人禄位，常人平安。

螣蛇侵月格最凶，癸加丙干是其宫。

须知大盗如蜂起，口舌牵连家败风。

[注] 天癸加地丙为螣蛇侵月格。

[释] 又明堂犯孛，华盖孛师。吉门和义，诸事称遂。贵贱逢之，上人见喜。

螣蛇妖矫癸加丁，官事失财家不宁。

火怪飞灾连络至，邪魔鬼祟闹门庭。

[注] 癸加丁为螣蛇妖矫格，凶格。

[释] 百事不吉，返凶无主意，文书官灾，火焚莫逃。

六癸如然加在戊，螣蛇格号交龙铭。

伏兵动作须持火，私合阴谋妙通灵。

[注] 癸加戊为螣蛇交龙格。

[释] 又天乙会合格。财喜婚姻成合，吉人赞助。若门凶被迫制，未免

怨官非口怨。

　　螣蛇入穴两相交，天癸加于地己巢。

　　凡谋不称心和意，守旧安常勿动敲。

　　[注] 癸加己为螣蛇入穴格。

　　[释] 又华盖入明堂，华盖地户。凡事虽吉，不无耗散，音信皆阻，躲灾避难吉。

　　网罗太白何言利，癸水庚金一度标。

　　先易后难其应事，格中暌阻不相聊。

　　[注] 癸水加庚金为网罗太白格。

　　[释] 又名太白入网，作事刑害，求谋无益，以暴争讼力平。

　　癸干若入辛金地，乘虎蛇神格最超。

　　诸事遂心康且乐，非灾横祸霎时消。

　　[注] 癸加辛为蛇神乘虎格。

　　[释] 又华盖受恩，网盖天牢。占讼占病，死罪莫逃。

　　六仪有个蛇入牢，癸至壬宫罪何逃。

　　事多反复妻停续，回脚行来法最高。

　　[注] 癸加壬为螣蛇入牢格。

　　[释] 又天网覆狱，复见螣蛇。凡谋不利，上下蒙蔽，暗昧不明，退守为吉。

　　天网同张癸癸来，重重关锁钥难开。

　　阴谋隐匿私通利，进退狐疑意徘徊。

　　[注] 癸加癸为天网重张格。

　　[释] 天网四张无走路，凡事闭塞，冤屈难伸，行人失伴，病讼皆伤。

　　乙奇若是加乙奇，两日同出地天离。

　　如非敌国来侵占，定是中华起军师。

　　[注] 乙加乙为两日同出格。

　　[释] 又为奇中伏奇、日奇伏吟。不宜谒贵求名，宜安守为吉。

乙日临来丙月兮，合明日月是其稽。

凡事虽然至顺遂，进前难免有惨悽。

[注] 乙加丙为日月合明格。

[释] 奇蔽明堂，奇仪顺遂，先明后暗，门宫相生，诸事显扬。吉星晋职，凶星别离。

日映太阴乙丁合，速中得迟意婆婆。

诸谋虽然君子助，亦难免去小消磨。

[注] 乙加丁为日映太阴格。

[释] 奇助玉女，奇仪相佐，有迟中得速之妙，阴人扶助之情。文书事吉，百事可为。

日奇升在天门坐，乙木加之戊土窝。

近尊辅贵多获吉，受制他人事始和。

[注] 天乙加地戊为日升天门格。

[释] 利见大人之局，依尊附贵之情。若星迫制，利阴害阳，门逢凶迫，财破人伤。

日入地户谓丧明，天乙加临地己行。

事主先明而后暗，两人并力相争衡。

[注] 乙加己为日入地户格。

[释] 日奇入雾，被土暗昧，门凶事凶，门吉事吉，得三吉门为地遁。

云覆太白乙庚映，以柔制刚事乃成。

内里偏宜妇人集，婚姻会合可称情。

[注] 乙加庚为云覆太白格。

[释] 日奇被刑，争讼财产，夫妻怀私。奇入太白为用柔刚之义，婚姻和合之情。

青龙逃走乙加辛，宫使相生雨露臻。

占课逃亡人口事，失去钱财门里邻。

[注] 乙加辛为青龙逃走格。

[释]奴仆拐逃，六畜皆伤，破财损失。

　　玄神捧日格祯祥，乙木临之壬水旁。

　　最好招安举大事，家庭和顺姓名扬。

[注]乙加壬为玄武捧日格。

[释]凶门迫制，日奇入地，尊卑悖乱，是非。奇神入狱，彼此宜固守。

　　乙日加临癸水乡，蛇神拱日利门疆。

　　占之教化为祥瑞，创业行师百事昌。

[注]乙加癸为螣蛇拱日格。

[释]奇逢罗网，华盖逢星，遁迹修道，隐匿藏形，躲灾避难为吉。

　　月明云白多康泰，天丙加于乙木场。

　　文章赫奕添喜色，龙凤呈祥好时光。

[注]丙加乙为月明云白格。

[释]月照沧海，日月并行，公私皆吉。

　　荧惑重重须稳步，丙奇加临丙奇乡。

　　势力辉煌宜举火，官灾口舌霎时昌。

[注]丙加丙为荧惑重现格。

[释]月奇字师，文书逼迫，破耗遗失。门星生合，二凤合鸣，有势辉煌，以文会友。

　　月光星灿格宜美，丙月丁星处一坊。

　　贵人生合功名遇，进步谋为事事康。

[注]丙加丁为月光星粲格。

[释]星月光辉，朱雀贵人，文书吉利，常人平静，得三吉门为天遁。

　　鸟跌穴分观丙戊，上书献策亦嘉祥。

　　求名谒贵无不利，学道修身最为良。

[注]丙加戊名飞鸟跌穴格。

[释]凡所谋求，百事洞澈，无不吉利。

　　荧惑入户丙交己，兴师我自犯惊虚。

主军不利客军吉，怨结恩消祸有余。

[注] 丙加己为荧惑入户格。

[释] 奇入明堂，火孛入刑。囚人刑杖，文书不行。吉门得吉，凶门转凶。

丙火来临庚字上，出军交战任卷舒。

安良戳暴尤其善，买卖经营意不遂。

[注] 丙加庚为荧入太白格。

[释] 门户破败，盗贼耗失。若门宫吉，可以谋动。

荧入合神丙见辛，病人沉重状词伸。

两恩互感成相济，同志情交气象新。

[注] 丙加辛为荧惑遇合格。

[释] 奇神生合，谋事成就。合财得位，病人不凶。

丙奇若遇壬仪会，月覆天牢祸患频。

妇人招惹风情事，口舌官非婉转轮。

[注] 丙加壬为月覆天牢格。

[释] 奇神游海，火入天罗，为客不利，是非颇多。诸事虽吉，但防不实。

鸟入罗网丙加癸，叠来祸事更相因。

潜居隐姓为良策，何必营营若染尘。

[注] 丙加癸为飞鸟入网格。

[释] 奇逢华盖，华盖孛师。阴人害事，灾祸频生。

玉女乘云丁遇乙，谋为吉利又相宜。

贵人迁职且高升，官讼消亡事事随。

[注] 天丁加地乙为玉女乘云格。

[释] 又入遁吉格。贵人加官进爵，常人婚姻财喜。诸事大吉。

玉女忽来游月下，丙奇偶见着丁奇。

缓缓施为多吉庆，贵人扶助受恩熙。

[注] 丁加丙为玉女游月格。

[释] 奇神合明，星随月转，贵人越级高升，常人乐里生悲。

天丁若是加地丁，朱雀叠来见火星。

君子知机先举动，如然遇却意难宁。

[注] 丁加丁为朱雀叠来格。

[释] 奇神相敌，奇入太阴，文书即至。诸事虽吉，恐有相争。喜事遂心，先动为利。

玉女乘龙须待聘，丁奇俄在甲公厅。

贵人迁职加级禄，立志清高勒姓铭。

[注] 丁加戊为玉女乘龙格。

[释] 又青龙转光格。官人升迁，常人威昌。诸事遂意，万事咸吉。

天丁加在己干边，玉女私奔自向前。

启户留情非素约，官司口舌如麻缠。

[注] 丁加己为玉女启户格。

[释] 又玉女施恩，火入勾陈。奸私仇冤，事因女人。

丁奇或与庚仪见，玉女持锋慎过愆。

凡事图谋难称意，是非颠倒祸牵连。

[注] 丁加庚为玉女持锋格。

[释] 又玉女制煞，凡事难以强图。年月日时格，文书阻隔，行人必归。

六丁若或加六辛，玉女骑之猛虎身。

求谋不利防刑狱，谋事艰难又损人。

[注] 丁加辛为玉女骑虎格。

[释] 又玉女伏虎，朱雀入狱，罪人释囚，贵人不利，求谋不遂。

勾和玉女丁壬撞，凡事皆遂无等双。

贵人相遇升迁喜，美乐私衷弄好情。

[注] 丁加壬为玉女勾和格。

[释] 又玉女乘龙，万事得吉。百福来迎，贵人和合。五神互合，贵人

恩诏，讼狱公平。

丁见癸兮雀投江，文书遗失觅明窗。

彼此惊疑心未定，敌军胜我不归降。

[注] 丁加癸为朱雀投江格。

[释] 文书口舌俱消，音信沉溺。

右干元遍加格，八十一条，乃备占验时参考吉凶，以作小补。虽不专主乎此，而格局多端，亦条有理致，非如俚本、《大全》诸书，硬派张李，颠倒吉凶者也。故余编此诀而载于斯，以备同志之士得览古人之真欤！

右第七章，释天地二盘之干作格之义也。

第八章　周游

坎一戊加龙归海，谋为守血亦悠哉。

坤二见田多不吉，震三登殿应三台。

巽四乘风上天去，功名得第仲英魁。

中五居都休出外，六宫受困被天灾。

兑七剥鳞凶立至，化蛟艮土进山埃。

九离逢火须脱骨，改面谋为是宏才。

此戊仪临九宫吉凶之格也。

己在一宫户渐开，乘机耐业福天来。

二宫渐闭休言顺，三震破门起祸胎。

巽四交冲防病疾，五黄守静宜祈谋。

乾天封户当收闭，敛户七宫聚宝财。

艮山开户多茂盛，进步谋为趁春栽。

九离内外皆通畅，进退屈伸任徘徊。

此己仪临九宫吉凶之格也。

太白坎宫谓不芒，逢之诸事宜潜藏。

坤二渐明稍可进，无辉震地宜忖量。

巽风渐晦何求利，守晦中黄不可扬。
乾六经天兴军武，七宫忙角进退良。
艮山养宝石中玉，离火灭光凶更张。
庚仪临九宫吉凶之验也。

白虎一宫之忍饥，二坤伸爪壮雄姿。
震三食素何言吉，巽四啖齐且耐时。
五宫伏穴宜高卧，乾六金毛有威仪。
七宫得鹿扬神武，艮土蹲山跳涧驰。
离南脱落容貌陋，回身静守潜林宜。
此辛仪临九宫吉凶之格也。

玄武一宫为结群，谋为进步要修文。
二坤被蔽难扬显，散伙震三宜星分。
巽四变民须固守，深藏中五要耕耘。
六宫撒马当前进，练党兑金统大军。
艮山被击遭官缧，离九梵身灾在煴。
此壬仪临九宫吉凶之格也。

螣蛇坎北变龙雄，脱角坤宫少威风。
震三惊动欠安稳，藏草巽兮失洞宫。
五黄穴内忍饮渴，足食乾天色泽融。
兑金腾跃多欢畅，受困艮山且困穷。
九宫身死形已灭，迅速归来要守中。
此癸仪临九宫吉凶之格也。

日奇坎水返阳天，进步谋为名利全。
坤二灭辉多悔吝，震三升殿必高迁。
巽四全阳须普照，养心中五利安眠。
乾六分尸有大险，灭光兑泽受阴缠。

艮八现仪为小吉，腾辉离九利招贤。

此乙奇临九宫吉凶之格也。

月奇坎一谓灭光，值晦二宫有忧亡。
东升雷震乾圆体，巽四阴生亦吉羊。
五宫不利失光矣，入墓乾天有祸殃。
兑金亏气防伤损，艮土脱弦小吉昌。
九宫明照八方映，吉庆之占福不量。

此丙奇临九宫吉凶之格也。

星奇坎水投江位，履地坤宫欠安康。
震三雷振宜谋起，巽四御风火辉煌。
五黄入狱无欢乐，亡命乾金失家乡。
七兑偷私有灾害，登山八艮当宝藏。
耀明离九文书美，从此谋为可名扬。

此丁奇临九宫吉凶之格也。

右三奇、六仪、临九宫格局，以备参考。正辅、奇格、诸章值年命、用神、时干之断验，其取类取象，并非意度，实述师傅之秘旨也。亦如干元之主也，设为筮人以作小补，云尔。

右第八章，释三奇六仪、周宫之得失也，故名曰周游章。

第九章　占法

休门和义值年命，财喜婚姻合伙言。
迫制阴私淫乱事，玩钱赌博戏声喧。
死门和义又临年，吊孝奔丧可趋前。
迫制哭哀声必动，行刑杀伐病来缠。
伤门和义命宫见，捕捉寻人并讨债。
迫制伤财并惹气，人物离散祸相牵。
杜门和义乘年命，避逃形难任盘桓。

迫制关东当固守，潜居乐业耐风寒。
中黄和义年命就，来卜灾殃保晏安。
迫制遭困无进路，莫如塞牖效神舟。
开门值命义还和，谒贵求名开铺宜。
迫制必然招讼事，输赢两字惹风波。
惊门和义命宫得，词讼虚惊胸内罗。
迫制斗殴并口舌，疾病凶灾眼前过。
生门和义利求财，蚕茧经营育婴孩。
迫制伤财多病苦，尤虚孕妇坠其胎。
景门和义行人问，音信文书彩象谈。
迫制失伤书信事，功名不第化尘埃。

[注] 右八门值命宫，并临时干旺动之断验也。每以和义作吉征，迫制作凶象决之是耳。大凡门来生宫为和合、宫来生门为结义格、门来克宫为被迫、宫来克门为受制格决之可耳。

九星乃是守门人，外事交来自不亲。
生宫克入名为进，克出宫生是退神。
与宫若或同相比，内外和合事最醇。
彼此反吟无定意，家奴迫主坏人伦。
谋为成败非以我，动作行止旁有因。
吉宿时干皆拱我，惟凭天助不依人。
生我凶星亦仿此，两般克我惹天瞋。
生吾克我能决矣，得失凭天是玉津。

[注] 九星乃是守门之人，主门外之事。非家内之事，详其生出、克出、生入、克入，而吉凶霎时可辨。若吉星临于年命，不受克制，事属天助其成，而凶宿值命乘之，旺相，欲行凶谋，亦其然也。如自己未动，而旁人已为我，作用其事矣，或值年命之星不第，而时干之宿，乘旺相生于我者，亦其天助成事，若克于我者，乃获怒于天，则不可以谋也，是以告

卜者知之。

　　原是九神观动作，可行可止以详说。

　　乘吉值神从吉铃，凶神乘得自凶强。

　　能以超吉而从凶，天地归来任我决。

[注] 以格局之吉凶，决作用之进退。其当进者，格虽属凶，宜乘其值神所主而进之也，而当退者，格虽属吉，宜乘其值神所主而退之也。如时值值符，当以富贵、功名决，腾蛇当以奇怪、烟火决，太阴当以妇女、阴私占，六合当以交游、和合断，勾陈当以系捕、争斗决，白虎当以武功、兵戈断，太常当以酒食、宴乐决，朱雀当以文词、游说，玄武当以偷盗、劫夺详，九地当以隐伏、机谋验，九天当以明正、扬威占是也。

　　内主近分外主远，内为家下外为邻。

　　阳遁内阳阴在外，阴宫阴内阳外巡。

　　内外能知明远近，乾坤到处都是春。

[注] 阳遁以坎艮震巽为内，为近，以离坤兑乾为外，为远；阴遁以离坤兑乾为内，为近，以坎艮震巽为外，为远。

　　吉格吉门得和义，谋为吉利事熙熙。

　　吉格吉门逢迫制，内中难免有其疵。

　　吉格凶门合义推，凶中而后为吉和。

　　吉格凶门迫制交，是非颠倒终无益。

　　凶格凶门和义施，个中仍属有灾累。

　　凶格凶门迫制特，大凶灾祸须防备。

　　凶格吉门和义制，反凶为吉乃祥瑞。

　　凶格吉门迫制欺，一公难掩众疑忌。

　　辨透神仙微妙决，洪荒虽广掌中记。

　　右言格局之吉凶，虽属有定，而与八门、星神配之，则不然也。八门之吉凶虽属有定，而与迫制、和义配之，则不然也。是故，吉格凶门、凶格吉门、吉格门迫制、凶门值和义、吉门值和义、凶门逢迫制，必须互相参考、轻重区别，则事之成败盈虚，用之进退，必倏然而决之于金石矣。

一时十格仔细详，五吉五凶半得失。

三格吉兮七格凶，凶多吉少事忧窒。

三格否兮七格藏，吉多凶少休惴慄。

所贵宜多要从宜，忌多言忌真法律。

皆凶乃应为巨凶，尽吉可云是纯吉。

一二之凶否勿言，二三小吉防疲疾。

[注] 一时之中，其格甚多，而吉凶虽定。但众寡当分，其吉凶相较，祸福互参，而以何者云吉，并以何者云凶，至大吉大凶，小吉小凶，当进当退，当行当止，则莫不昭昭之于目。

夫一时之说，即时干宫并诸宫之论也。然每宫之中，格局多端，须得吉凶参考，方可决定。假如阴八局壬乙巳时占，时干临五宫，得龙逃走一格，内乱一格，正冲一格，木冲一格，结义一格，进神一格，虎动一格，如斯七格，而凶五吉二，则事属凶状可说也。及年命之宫，格局盖仿此矣。

此原道一真端的，剖尽肝肠泄尽机。

叮咛学道诸君子，非是贤良莫语微。

右第九章，释八门星神错综之用，故命名占法篇。

[注] 以上九章，道一之传尽矣。学者若能勘破真机，则万物之盈亏，世道之隆替，会运之得失，与夫人事之祸福灾祥，兵家之胜负存亡，无不在斯矣。学者若能沉潜反复，熟读玩解，参透其中秘旨，六合虽广，身居斗室，靡不洞悉，乾坤于掌握之中矣！故上士得之，可以辅君王定世乱，以治盛世，故为将帅军师者，出奇制胜于千里之外，运筹帷幄之中；中士得之，亦能趋吉避凶，修道成身以出世；下士得之，均可乘幕市廛、指引迷津，以醒愚顽。呜呼，有志之士得是书者，非人勿示，不可轻泄焉，免获天谴，谨之慎之！严守秘之，切切！

是书成于 同治辛未仲冬五日

时在 民国贰拾壹年岁次壬申三月十二日戊申虚星指日抄完

河北省获鹿县振头镇张东海居士抄

288

第六章　奇门遁甲衍象诠释

辽东龙伏山人撰　刘金亮释

奇门遁甲衍象上卷

占晴雨

雨占壬癸蓬和柱，晴卜丙丁辅与英。

一三六七水来雨，二五九八火降晴。

[注] 占雨以壬癸为水神，天蓬为水宿，天柱为雨师。若水神、水宿、雨师三者临于一、三、六、七之宫或时干之上，其必有雨也。旺则滂沱，衰则濛濛而有所不免矣。占晴以丙丁为火神，天英为火宿，天辅为风伯。若火神、火宿、风伯三者临于二、五、八、九之宫及时干之上，其必能晴也。旺则明丽，衰则昏昏而有所不免矣。惟临巽宫水神旺相时则雨，火神旺相时则晴。如水火二神同冲则因雷而雨，因雷而晴。同英则因电而雨，因电而晴，同心则冬有霜雪，夏有甘露。同柱则秋有冰雹，春有膏雨。及蛇主虹霓，辅主飘风，禽主旱亢，蓬主霖逢。任主云布，芮主雾气。并占雨壬癸得地而英宿火神同之则晴雨不时。占晴丙丁得地而蓬宿头神同之，其应亦然。至水投火地必晴。火投水地必雨。晴之期以英星之下，雨之期以蓬星之临亦大有应也。

[释] 占雨的用神主要看五行属水及属金的奇仪、星、宫和时干宫，其中，壬癸为水神，天蓬为水宿，天柱为雨师。水神、水宿、雨师三者临于一、三、六、七之宫或时干之上，必有雨。雨之大小要看旺衰，旺则滂沱，衰则蒙蒙。

占晴主要看五行属火及属木的奇仪、星，属土或属火之宫，以及时干宫，其中，丙丁为火神，天英为火宿，天辅为风伯。若火神、火宿、风伯三者临于二、五、八、九之宫及时干之上，必晴。晴明程度要看旺衰，旺则明丽，衰则昏昏。

注意，以上占晴雨只提到一、三、六、七、二、五、八、九共八个宫，未提巽四宫。巽四宫属木，水神旺相临巽宫则雨，火神旺相临巽宫则晴。

天冲星为雷，天英星为闪电，天心星为霜雪或甘露，天柱星为冰雹或小雨。水火二神同天冲则因雷而雨，因雷而晴，同英则因电而雨，因电而晴，同心则冬有霜雪，夏有甘露，同柱则秋有冰雹，春有膏雨。

螣蛇主虹霓，天辅主飘风，天禽主干旱，天蓬主霖雨，天任主云布，天芮主雾气。

若代表晴、雨的用神混在一起，则晴雨不时，即占雨壬癸得地而英宿火神同之则晴雨不时，占晴丙丁得地而蓬宿水神同之，其应亦然。此时用这样的原则判断：水投火地必晴，火投水地必雨。

定晴雨应期，晴之期看英星之下所临之干，雨之期视天蓬星所临之干。

占阴地

窝钳九地蛇来脉，水口合神符祖宗。

天前阴后朱玄左，白虎勾陈右砂龙。

[注] 阴地以直符为祖山，螣蛇为来脉，九地为穴窝，九天为前案，太阴为后屏，朱雀玄武为左砂，勾陈白虎为右砂，六合为水口，太常为华表，总而最所贵者惟符、蛇、合、地四神。忌临死囚之地。其他屏案砂神以合于穴窝为佳。若值死囚仅可决其无力也。若衰墓而得吉格吉门，亦以有气许之，待时可用。惟衰墓而得凶格凶门，虽有形局可观，终属无气之论，何足取哉！

[释] 占阴地又称占阴宅。注意，矫先生秘传的取用神思路不同于市面上奇门的思路，市面上的奇门直接套用风水上的"前朱雀后玄武，左青龙右白虎"，以朱雀为前案、玄武为靠山、值符（又称青龙）为左砂、白虎为右砂。矫先生却是这样取用神：直符为祖山，螣蛇为来脉，九地为穴窝，

九天为前案，太阴为后屏，朱雀玄武为左砂，勾陈白虎为右砂，六合为水口，太常为华表。其中，九地所在之宫为穴窝，最为核心，符、蛇、合、地四神最为重要，忌临死囚之地，其他屏案砂神以合于穴窝为佳。四神得旺相、吉门、吉格为吉，死囚衰墓、凶门、凶格为不吉。衰墓而得吉格吉门，此为有气，可待时可用。惟衰墓而得凶格凶门，虽有形局可观，终属无气之论，不足取。

矫先生既是奇门遁甲大师，也是风水大师，他认为奇门风水比形局还重要。

占今岁收成

天任一星主禾稼，禾属甲乙豆丙丁。

戊己谷黍庚辛麦，壬癸甜瓜稻稗形。

[注] 欲审今岁当收何粮，须以天任星临天地二盘之奇仪决之，盖甲乙属禾稻，丙丁豆类，及荞麦戊己属谷黍，庚辛属二麦及粳糯，壬癸属麻及稻稗、甜瓜、芝麻。但天任星所值之宫不宜乘空入墓，死囚刑迫，及逢凶格凶门是矣。如值诸凶而总类神旺动，亦难丰收作论，夫卜田禾者不可忽之此也。

[释] 从事农业的人都很想知道今年种什么会丰收，奇门遁甲可以提供一些决策参考。农作物取天任星为用神，看天任星所在之宫，该宫得何奇仪则预示何种农作物较为适宜。甲乙为禾稻，丙丁为豆类及荞麦，戊己为谷黍，庚辛为二麦及粳糯，壬癸为麻及稻稗、甜瓜、芝麻。天任星所值之宫不宜乘空入墓，死囚刑迫，及逢凶格凶门。如值诸凶，即使类神旺动，亦难以丰收。

占一岁丰歉

太岁若然克任位，此年切莫望长种。

火旱水潦金霜早，土主蝗虫木主风。

[注] 一岁丰歉皆主于任，若任得天盘岁干生扶，则主丰收，如被克脱歉收必矣。所以逢金克主霜，火克主旱，水脱主潦，木脱主风，土克主虫。皆在太岁宫之与天任宫较之，不可胶柱于奇仪八门者矣！

[释]测一年丰歉，看天盘年干宫与天任星所在之宫的关系。若年干宫生天任星之宫，则主丰收，克脱则主歉收。以太岁所在之宫的五行属性定灾害类别，金克为霜灾，火克主旱灾，水克主水灾，木克主风灾，土克主虫灾。

五谷收成

任星乘水主收穗，火悬金萝有蔓藤。

戊己根类木茎类，一年五谷验丰登。

[注]悬萝根茎穗之五谷各有丰歉。惟在天任临奇仪详之。丙丁主悬，即桃李之类。庚辛主萝，即匏瓜之类。戊己主根，即菜葡之类。甲乙主茎，即粱栗之类。壬癸主穗，即谷黍之类是也。

[释]此段从植物形态预测农作物收成，亦看天任星所在宫之奇仪断。丙丁主悬挂，即桃李之类；庚辛主藤萝，即匏瓜、葫芦之类；戊己主根，即萝葡之类；甲乙主茎，即粱栗之类；壬癸主穗，即谷黍之类是也。

种田成败

天任生年耕种美，克侵我命定难兴。

[注]若问种田成败，须观天任星宫，而任星生扶我命，彼人虽属不收，我必得其丰稔。若夫克脱我命，彼人虽属丰稔，我必颗粒不收。是以种田之成败者固在于天命，不在于彼我也。其人之败而我之成亦皆素乎有命矣。

[释]丰歉最终还是要归结到个体求测人，同是种小麦，有人丰收而有人歉收，这就要看每个人的年命。天任星所在之宫若生我年命宫，其他人可能收获不大，但我却能有丰厚收益。若天任星所在之宫克脱我年命宫，即使他人丰收，我亦必歉收。

婚姻

客是婿家主是女，六合媒妁信相从。

男命为男女为女，八门所值稽形容。

[注]占婚姻，以天乙为婿家，以地乙为女家，以六合为媒妁，相生则

成，相克则破；若六合生扶两家，主成在媒妁，克制两家破在媒妁。而主客生合，太乙克脱两宫，主中间有破事小人。观其与时生克，即知亲疏内外之人而为间断。欲明男女之醇疵邪正，要察其命之所临八门决之。即值休主喜美，死主愚顽，伤主伤疾，杜主痴呆，中主沉静，开主明秀，惊主凶险，生主俊雅，景主美丽。惟死伤杜三门皆主貌陋形丑，若值和义，则不至大咎。如逢迫制则不可言状。其他六门逢和义，则愈加其善，值迫制而亦减其醇，如是定之未闻失之有几。

[释] 先看婚姻能成否，以天乙、地乙、六合宫所在之宫论，天乙为男家，地乙为女家，六合为媒妁，相生则成，相克则破；六合生扶两家，主成在媒妁，克制两家主破在媒妁。若主客相生相合，但太乙宫即值使所在之宫克脱两宫，主中间有小人从中说破，根据时干宫与太乙宫之生克，可知内外亲疏，时干所克者为疏、为外人，时干之宫所生者为内、为亲人。

男女相貌、性情以其年命宫之八门断。值休门主喜美，死门主愚顽，伤门主伤疾，杜门主痴呆，中门主沉静，开门主明秀，惊门主凶险，生门主俊雅，景门主美丽。死、伤、杜三门主貌陋形丑，若值和义，则不至大咎，如逢迫制则不可言状。其他六门逢和义为美上加美，值迫制而减其美。

功名

开门生命功名就，同参值符是真情。

太乙帘官地主考，文章是景论粗精。

[注] 年命乃求名之人，开门乃功名之神。开门生扶命宫，其名必就。若克命、脱命，终属难成。如我命克开及太乙、地乙，必属以财贿其帘官、主考、座师而名始得也。天乙如或旺动而脱盗名神之气，必主同场之人夺我标名，但开门生我，任其争竞，我终必有就矣。欲晓成名之年月，须看名神之临干。若问名次之远近，要别景门之内外，然景门生命，虽属名远，必不落榜。如为克命，虽属名近，亦是虚花。及景门旺相文章精粹。迫制文章粗陋。如斯决之，无论童乡会贡则万不失一焉。

[释] 古代功名指科举考试，大致相当于今天的公务员考试。影响考生命运的有主考和帘官。乡试主考是整个一省考试的总负责人，会试主考是

全国考试工作总负责人。帘官是负责考试事务和阅卷的工作人员，有内帘官、外帘官之别，统称帘官。公堂前后进之间有门，加帘以隔之，后进在帘内，称内帘；帘外为外帘。外帘官管事务，内帘官管阅卷。特别是内帘官，必须由科甲出身的人担任。内外帘官不相往来，有公事在内帘门口接洽。

年命乃求功名之人，开门为功名之神，太乙值使为帘官，地盘值符地乙为主考，天盘值符为同科其他参加考试之人，景门为文章又为名次。

开门宫生扶命宫，其名必就，若克命、脱命，终属难成。如年命克开门宫及太乙、地乙宫，必属以财贿赂帘官、主考、座师而始得名。天乙如或旺动而脱盗名神之气，必主同场之人夺我名次，但开门生我，任其争竞，我终必有就。

成名之年月，须看名神开门所临之干。

若问名次远近，须看景门所在宫之内外，在内为近、为排名靠前，在外为远、为靠后。若景门宫生命宫，名虽远必不落榜。如为克命，虽属名近，亦是虚花。

景门旺相则文章精彩，迫制则为文章粗陋。

升降

时值原来为帝王，开门生命定超升。

地乙上司厌克命，同僚太乙忌战竞。

[注]占升降以时干为帝王，开门为官星，太乙为同僚，地乙为上司。若太乙克命，主同僚妒忌。地乙克命，主上司参调。时干克命及克开门，主朝廷贬罚。三者有一生命及生开门者，主难以降职。如三者尽生开门，而开门宫又有吉格、吉星、吉神拥护，不被迫制，来生于命宫者，主官职高升，圣恩优宠。三者尽克盗开门，而开宫又躔凶格、凶星、凶神，被迫受制又盗泄命宫者，其降职、受罚、革名、除策则必立见。如一有生命，必得保奏，则毋以此断耳。

[释]占官职升降以开门为官星，时干宫为帝王，地盘值符地乙为上司，值使太乙为同僚。若太乙宫克年命宫，主同僚妒忌。地乙克命，主上

司参调。时干克命及克开门，主朝廷贬罚。三者有一生命及生开门者，难以降职。如三者尽生开门，而开门宫又有吉格、吉星、吉神拥护，不被迫制，来生命宫者，主官职高升，圣恩优宠。三者尽克盗开门，而开宫又有凶格、凶星、凶神，被迫受制，又盗泄命宫者，其降职、受罚、革名、除策则必立见。如一有生命，则必得保奏，不以降罚断。

同僚

太乙若然迫天乙，同僚参劾事不宁。

帝王生天岂有害，开宫扶命亦无刑。

[注] 太乙乃同僚之人，若或克命不免同人之参劾，及迫天乙亦然。其时干生扶天乙及命宫，而开门又生扶命宫，虽太乙来克，亦不必防其参矣。

[释] 年命宫为求测人，天盘值符天乙宫亦为求测人，值使太乙宫为同僚。若同僚宫克命宫，不免同人之参劾，克天乙宫亦然。若时干生扶天乙宫及命宫，而开门又生扶命宫，虽太乙宫来克亦无妨。

告假

主地客天已分明，主生于客谋必成。

告假之人须考此，太乙扶助赖中情。

[注] 天乙为客，地乙为主，业已明陈，但卜告假之者，亦为详是。其主生于客，所求必准。太乙又扶，同人犹为美全，更属有益。若主克其客，求假不准。太乙又克，同人间离则事愈不谐矣。或客生其主，太乙两合，主同人调和而假始赏也。

[释] 天盘值符天乙为客、为请假人，地盘值符地乙为主、为准假之人，值使太乙宫为同僚。主生于客，所求必准。值使宫又来生扶，主有同僚美言玉成，更属有益。若主宫克客宫，求假不准。若值使宫又来相克，主有同人离间，事更难成。或客生其主，太乙两合，主同人调和而假始赏也。

求财

生生于命财必有，值旺克年定厚丰。

我命生克于用去，求谋徒落一场空。

[注]求财以生门为用神，以年命为求财之人。若生门生克命宫，必主财来迅速。与命宫比和，亦主有财。及落空、入墓必待出空、冲墓之日而始能得也。在内者，宜静求于近地。在外者，宜动求及远地。与时令同旺，值和临义，则当以二盘奇仪之数加倍许之，与时有违，得迫制之宫，以减数许之。居不旺不衰之时，临不相不囚之地，以中数许之，或旺加两倍，相加一倍，没减一倍，死减两倍，胎休以平数许之。如我命去生克生宫，任生门总居旺相之地，得其吉星吉格亦属徒然。若生门生克命宫，总居休废之地，值凶星凶格，亦必求得。总之生乘吉格来生克者，求之易得。生乘凶格来生克者，求之难得。乘虎、雀、蛇、常、玄、勾，则多以口舌、争斗、怪异、酒食中得。乘符、合、太阴、天、地，则多以天助人扶，运筹、经纪中得，定之是也。

[释]求财以生门为用神，以年命宫为求财之人。若生门宫生克命宫，必主财来迅速。与命宫比和，亦主有财。注意，生门宫来生命宫为财来迅速，这是常理，但克命宫亦属来财迅速，这是占求财时要特别注意的。

如果年命去生、克生门宫，即使生门居旺相之地，得吉星吉格，亦属徒然。若生门宫生克命宫，总居休废之地，值凶星凶格，亦必求得。生门宫乘吉格来生克者，求之易得。生门宫乘凶格来生克者，求之难得。乘虎、雀、蛇、常、玄、勾，则多以口舌、争斗、怪异、酒食中得。乘符、合、太阴、天、地，则多以天助人扶、运筹、经纪中得。

生门落空、入墓必待出空、冲墓之日而始能得。生门宫在内盘者，宜静求于近地，在外者，宜动求于远地。

得财数目，生门宫与时令同旺，值和临义，则当以天地二盘奇仪之数相加；与时有违，得迫制之宫，以天地二盘奇仪相减。居不旺不衰之时，临不相不囚之地，以中数许之。或旺加两倍，相加一倍，没减一半，死减三分之二，胎休以平数许之，平数指天地盘两干之数相加。其中，奇仪数字一般以"太玄数"计算，即"甲己子午九，乙庚丑未八，丙辛寅申七，丁壬卯酉六，戊癸辰戌五，巳亥属四数"，意思是，遇到甲、己、子、午均记作九，乙庚丑未均记作八，等等。

借财

我去借财我为客，主生克我妙无穷。

主生生位生生我，相递生来更丰隆。

[注] 天乙为借财之人，地乙为出借之人，地乙生克天乙及生生门，生门又生天乙，虽值空、入墓，亦主借之有妥。若天乙生克地乙，而生门又盗泄客宫，或生生客宫，而地乙脱天乙者，则终徒然耳。

[释] 天盘值符天乙为客、为求借之人，地盘值符地乙为主、为出借之人。地乙生、克天乙及生生门宫，生门宫又生天乙，虽值空、入墓，亦主能借。若天乙生、克地乙，而生门又盗泄客宫，或生门宫虽然来生客宫，但地乙脱泄客宫天乙者，则借不成。

赊物

赊物亦如此之类，

[注] 赊物之占盖仿借财一端，故曰：如此之类也。

[释] 占赊物和占借财用同样思路。

放债

放债之说则不同。

客是借人主放者，当中太乙两成功。

客生于主宜出放，主受客克化飘风。

[注] 天乙为借者，地乙为放者。天乙生扶地乙及生太乙，太乙又生地乙而逢吉格吉门，任其放之，必克收功。若天乙克脱地乙，主借者无还债之心。或太乙克脱地乙，主中人无承保之诚，放债者戒之。

[释] 求借之人唯恐往借不成，面子上过不去，借出之人又担心有借无还，双方都需要预测。放债的预测思路与借财相同，天乙为借者，地乙为放者，太乙为中间担保人。天乙生扶地乙及生太乙，太乙又生地乙而逢吉格吉门，可安心放贷，必能收回。若天乙克脱地乙，主借者无偿还之心。或太乙克脱地乙，主保人无承保之诚，放债者戒之。

讨债

伤门若是克天乙，讨债何愁有变更。

[注] 讨债以伤门为讨者，以天乙为欠者，伤门克天乙，天乙生伤门，讨之必就，若乘吉格、吉门生伤宫，不讨而自来偿矣。伤宫生天乙，主讨者有怜悯之心。天乙克伤门，主欠者有图赖之意，二者俱难讨之象也，若天乙被迫、击刑，乘凶门、凶格，主欠者已被事窘迫，有意抵还，奈无门路。及临冲、空、季甲，是已出外，而寻之不得，讨之何必。

[释] 讨债以伤门所落之宫为讨者，以天乙所落之宫为欠者，伤门宫克天乙宫，天乙宫生伤门宫，讨之必就。若天乙宫乘吉格、吉门生伤门宫，不讨而自来偿。伤门宫生天乙，主讨者有怜悯之心，天乙宫克伤门宫，主欠者有赖账不还之意，二者俱为难讨之象。若天乙宫被迫、击刑，乘凶门、凶格，主欠者已被事窘迫，有意偿还，奈有心无力。天乙宫临冲、空、季甲，是已出外，而寻之不得，讨之何必。其中，季甲指甲辰、甲戌。

交易

主克客兮客脱主，地卖天买易交成。①

太乙牙人生主客，何须用力苦竞争。

[注] 交易以地乙为卖主，天乙为买主，太乙为牙人。地乙生克天乙，买者必成。或天乙生克地乙，卖者必就。太乙生天乙，牙人与客使力，生地乙，牙人与主使力。克主客者反此。若生合主客，主牙人发媒妁之心，启游说之口，令两家之交易成也。

[释] 交易以地乙为卖主，天乙为买主，太乙为牙人。所谓牙人，指中介、掮客。地乙所在之宫生克天乙宫，买者必成。或天乙生克地乙，卖者必就。注意，受生、受克皆为必就，不仅受生。

太乙宫生天乙宫，牙人为客使力，生地乙，牙人为主使力。克主客者反此。若生合主客，主牙人两厢说和，撮合两家之交易成功。

---

① 主生客脱主相就。

行市

生居旺相得时令，价市必然连益增。

时克即落日生长，① 月建生兮月内升。②

[注] 行市专观生门之宫旺相死囚而论。旺相则高升，死囚则低落，旺宫即生居火土，衰宫即生居水木，平气即生居六七宫。得时令即冬至之后，生居一，立春之后生居八，春分之后生居三，立夏之后生居四，夏至之后生居九，立秋之后生居二，秋分之后生居七，立冬之后生居六是也。斯则无论宫之旺衰，皆以高升定之。若被时干宫克，随时而落；时干宫生，随时而长。月建与生门宫生克概与时干仿之。③

[释] 占行市专看生门所在之宫旺相死囚而论。旺相则高升，死囚则低落。旺宫即生门居火土宫，衰宫即生居水木宫，平气即生居六七宫。得时令即冬至之后，生居一，立春之后生居八，春分之后生居三，立夏之后生居四，夏至之后生居九，立秋之后生居二，秋分之后生居七，立冬之后生居六。若生门在上述时间节点落在上述各宫，则无论生门与宫生克之旺衰，皆以高升定之。若被时干宫克，随时而落；被时干宫生，随时而长。日建、月建所在之宫与生门宫生克仿此。

利息

生门生我终有利，伤死何妨居命宫。

待时须决天干令，切忌偶逢地下空。

[注] 占利息之有无多寡，总以生门与年命详之。若生门生克命宫，其利必得。旺则利多，衰则利寡，任伤、死凶门值年命之宫，亦主无碍，其生门脱泄年命，则无利必也。有问何月利厚？须看天盘临生门之下而决之，但生门落空纵生克命宫亦主虚耗耳。

[释] 利息实际上指利润。占利息之有无多寡，以生门宫与年命宫详之。若生门宫生克命宫，其利必得。旺则利多，衰则利寡，纵然伤门、死

---

① 时克时落日生长。
② 月建生合月内升。
③ 其日辰、月建与生门宫生克，如时仿之。

门值年命宫，亦主无碍，若生门脱泄年命，则必无利。若问何月利厚？看生门宫天盘之干，但生门落空，即使生克命宫亦主虚耗，无利可言。

合伙

客为领事东人主，两地相生伙合成。

[注]地乙是东人，天乙是领事。主客相生，合伙必成。主客相克，合伙难就。欲知其双方两造虚实须观主客之宫。乘空、入墓、进退、迫义参之可矣。

[释]这里的合伙指一方出资，一方做事。出资人称为东人或东家、为主，做事方称为领事、为客。地乙宫是东人，天乙宫是领事。主客相生，合伙必成，主客相克，合伙难就。欲知其双方虚实，须观主客之宫，乘空、入墓、进退、迫义参之可矣。

谋事

三乙皆来扶本命，时干生我天助行。

凶审凶星吉审吉，所谋岂有不元亨。

[注]谋事一节，专察三乙及时干之宫，与命宫生克决之。如生扶命宫，事主必成。克脱命宫，终属无就。天乙生扶命宫，主速成。太乙生扶命宫，主缓成。地乙生扶命宫，主迟成。三乙皆脱克命宫，主无成。三乙皆生扶命宫，主立成。①若三乙脱克而时干生扶命宫，主事成虽迟而终必相就。若三乙生扶而时干脱克，主事成虽速而终必分离。及命与时干同宫皆事赖天助而无不成者也。至于所谋之事吉者而遇吉星同命，凶者而遇凶星同命，则皆主有就。而终必破坏。本人之命临吉星则吉，凶星则凶。

[释]占谋事，专察三乙宫及时干宫与命宫生克关系。如生扶命宫，事主必成。克脱命宫，终属无就。天乙宫生扶命宫主速成，太乙生扶命宫主缓成，地乙生扶命宫，主迟成；三乙皆脱克命宫，主无成；三乙皆生扶命宫，主立成。若三乙宫脱克而时干生宫扶命宫，主事成虽迟而终必相就。若三乙宫生扶而时干宫脱克，主事成虽速而终必分离。命宫与时干同宫，

---

① 而无有不成者也。

主事赖天助而无不成。至于所谋之事吉者而遇吉星同命，凶者而遇凶星同命，则皆主有就而终必破坏。本人之命临吉星则吉，凶星则凶。

按：上面的思路实际操作中有极大困难，例如，天乙宫生命宫，同时太乙宫克命宫、地乙宫比和命宫、时干宫生命宫，成乎还是不成？

托人

地乙翻来生值乙，托人之事满应声。

[注] 地乙生扶天乙，而托人谋事终必有就。若克脱天乙，则属难成，兼以地乙乘门决之而更无误矣。

[释] 天乙宫为请托之人，地乙宫为受托之人。地乙宫生扶天乙宫，托人谋事终必有就。若克脱天乙宫，则属难成，兼以地乙宫所乘之门决之，则更有把握。

谋馆

先生是客东人主，时干生宫弟子神。

三般如或值和义，学馆必成更相亲。

[注] 占谋馆以天乙为谋馆之人，地乙为立馆之人，伤食为弟子。地乙生扶天乙，学馆必成。若伤食生天乙更妙，不宜地乙克脱天乙，及伤食克脱天乙，主学生乘张，馆事无谋。其学生多寡，亦以伤食旺衰决之。及书修，以生门旺衰详之，二者旺则数多，衰则数寡。不离于奇仪之数属焉。

[释] 占谋馆指占教书先生应聘到某私塾或学堂任教如何。以天乙宫为谋馆之人，地乙宫为立馆之人，伤官、食神为弟子。伤官、食神指时干所生之天盘干所在之宫。地乙宫生扶天乙宫，学馆必成。若伤官、食神宫生天乙宫更妙，不宜地乙宫克脱天乙宫，及伤官食神克脱天乙，主学生乖张，馆事无谋。学生多寡，亦以伤官、食神宫旺衰决之，报酬以生门旺衰详之，二者旺则数多，衰则数寡，以奇仪之数参断。

延师

客值惊门多好斗，伤逢病困生粹纯。

休主浮华杜痴滞，景开文风死愚人。

[注] 延师惟看天乙一宫，值八门断之，馀不必赘也。

[释] 延师指聘请老师。只看天乙宫，以其宫中八门断之，馀不必赘也。若得惊门，主好斗，伤门疾病缠身，生门纯粹，休门浮华，杜门主拖拉缓慢，景门、开门有文采，死门愚蠢。

词讼

原告主兮被告客，开门官长是其真。

生客彼赢生原胜，克来必定惹官瞋。

太乙中证察彼我，景为呈词验疵醇。

大约旺生皆有理，景克原告主艰辛。

[注] 占词讼以地乙为原告，天乙为被告，开门为问官，太乙为干证，景门为呈词。主客相生，词讼难成。主客相克，词讼必兴。若六合旺动，生扶主客之宫，或克制主客之宫，其必有人阻拦调和，不动则不然。如开门宫克脱地乙，原败，生扶地乙原胜。克脱天乙，被败，生扶天乙，被胜。景门主呈词之吉凶，太乙主干证之非是。六合主吉人之臧否，三者生扶主宫，与原有益，克脱主宫，与原告有损。生扶客宫，与被告有益。克脱客宫，与被告有损，如是详之，则无不响焉。

[释] 占词讼以地乙宫为原告、为主，天乙宫为被告、为客，开门为问官，太乙为证人，景门为起诉书。主客相生，词讼难成。主客相克，词讼必兴。若六合旺动，生扶主客之宫，或克制主客之宫，必有人阻拦调和，不动则不然。如开门宫克脱地乙宫，原告败，生扶地乙宫原告胜。克脱天乙宫，被告败，生扶天乙宫，被告胜。景门主起诉书之吉凶，太乙主证人之是非，六合主吉人之臧否，三者生扶主宫，与原告有益，克脱主宫，与原告有损。生扶客宫，与被告有益。克脱客宫，与被告有损。

按：市面上奇门一般以惊门为讼师，即律师，可供参考。

占斗讼有否

惊门旺动欺年命，斗讼争词立刻伸。

[注] 如问口舌之起不起，词讼之成不成，盖详惊门之宫与年命相断。

若克脱命宫，事必速起；生扶命宫，词讼终难成，定之是也。

[释] 如问口舌起不起、官司是否打得起来，看惊门所在之宫与年命宫，惊门宫若克脱命宫，事必速起；生扶命宫，词讼终难成。

开铺

生宫旺相好生意，贸易开张尽遂心。

[注] 欲卜开铺之吉凶，须考生门之成败。若值旺相吉格，不空、不墓，而生意兴隆可知矣。如逢休囚迫制乘空入墓及脱盗命宫，任今眼下峥嵘，而异日之破败则所不免矣。

[释] 占开店铺，须看生门之成败。若生门宫值旺相吉格，不空、不墓，可知生意兴隆。如逢休囚迫制、乘空、入墓及脱盗命宫，即使今眼下欣欣向荣，异日破败在所不免。

按：一般市面上奇门以开门为断店铺，矫先生秘传则看生门。

灾患

时干凶格克年命，灾患提防似转轮。

[注] 防患惟时干与年命宫定之，然时干乘凶而来克命，则灾殃迅速，若脱命则耗散亦频。如为生命、扶命任总乘凶格，虽有齐天祸患，亦不至为忧焉，则计较何必。

[释] 占防患，只需看时干宫与年命宫，时干宫乘凶而来克命宫，则灾殃迅速，若脱命宫则耗散频发。如为生命、扶命，纵然乘凶格，虽有齐天祸患，亦不至为忧。

避乱

杜门生命速逃走，克我牵缠难匿身。

[注] 要避其乱，须以杜门宫与年命宫决焉。如生扶其命，及我命克杜，其乱可避。若克脱其命，事属留连而避之不暇，须择正时从六合、太阴下避之乃可耳。

[释] 避乱须以杜门宫与年命宫决之。如杜门宫生扶年命宫，及年命宫克杜门宫，其乱可避。若杜门宫克脱命宫，事属留连而避之不暇，须以正

时局中六合、太阴所在之宫避之乃可。

年运

月干太岁克身命，月内年中事遭迍。

合命生身皆吉利，临得三门百福臻。

[注] 欲卜年运与月令吉凶，而详年干、月干之宫，格局喜忌，值门休咎，与命宫生克而决焉。大凡生扶命宫皆为吉庆，克脱命宫，概主凶险，年干应年、月干应月、存心取决，百不失一。

[释] 欲卜年运与月令吉凶，需详年干宫、月干宫格局喜忌，所值之门休咎，与年命宫生克而决之。大凡生扶命宫皆为吉庆，克脱命宫，概主凶险，年干应年、月干应月。具体应验在哪方面，看各该宫所得之门而定。详见下一条歌诀。

休咎

日建之宫生克命，吉凶祸福一般陈。

[注] 欲问即日休咎，要详日干宫值门而与年命宫生克决定。夫休门生扶，婚姻喜美。克脱，败化伤风。死门生扶，忧反作喜。克脱，孝服死病。伤门生扶，伤中获利。克脱，失物损害。杜门生扶，困里得济。克脱，遭囚被系。中五生扶，静中获吉。克脱、静里招非。开门生扶，讼解名成。克脱，招官惹讼。惊门生扶，擒捕得宜。克脱，口舌惊悸。生门生扶，经营利倍。克脱，财来财去。景门生扶，文书新彩。克脱，丧明失契。总之，年月日时之忧虞，不外此临门之断验，万象百端之动静，不外此生克之一理。故曰：神而明之，存乎其人，其斯之谓欤！

[释] 欲问当日休咎，要详日干宫值门与年命宫生克决之。休门生扶，婚姻喜美，休门宫克脱则主败化伤风。死门宫生扶，忧反作喜，克脱则主孝服死病。伤门宫生扶，伤中获利，克脱则主失物损害。杜门宫生扶，困里得济，克脱则主遭囚被系。中五门所在之宫生扶，静中获吉，克脱则主静里招非。开门宫生扶，讼解名成，克脱则主招官惹讼。惊门宫生扶，擒捕得宜，克脱则主口舌惊悸。生门宫生扶，经营利倍，克脱则主财来财去。景门宫生扶，文书新彩，克脱则主丧明失契。总之，年月日时之忧虞，不

外此临门之断验，万象百端之动静，不外此生克之一理。

失物

伤门奋力克侵我，失物丢财无处寻。
一九庭堂乾庙宇，三七门户艮山林。
二主道途中室内，巽风市井及林深。
草木丛中皆主此，值玄被窃何须斟。

[注] 失物以伤门与年命相断，若伤门克泄命宫，终属难寻。生扶命宫，必然有觅。其伤在一九宫，庭堂内寻。六宫庙宇内寻，八宫山林高阜处寻。二宫道途上寻，四宫市井草木丛中杂处寻，三宫门庭邻里内寻，七宫户牖街坊处寻。五宫室内寻之是也。

[释] 占失物以伤门宫与年命宫相断，若伤门克泄命宫，终属难寻。生扶命宫，必然有觅。伤门落在一九宫，庭堂内寻。六宫庙宇内寻，八宫山林高阜处寻，二宫道途上寻，四宫市井草木丛中杂处寻，三宫门庭邻里内寻，七宫户牖街坊处寻。五宫室内寻之是也。

被窃

玄神克盗我为害，被窃何劳问频频。
开贵老年休美少，杜兮长妇僧道人。
吏役伤门死老妇，或然大腹厚醇身。
景为文士戴花女，惊是斗词赌博论。
生若临玄为商贾，五黄值用在空盆。
九星决断其颜面，木瘦水肥土厚敦。
金圆火锐当依此，只在九宫八卦存。
在内近兮在外远，中五延留不出村。

[注] 被窃惟玄武与命宫决之，若生扶命宫，终属有得。克盗命宫，无所可觅。如决贼属何等之人，须以八门察究。是故休主美丽及少年优人，杜主市内及长妇僧道。死主愚拙及大腹老妇。伤主役吏及瘸瞽刑伤。开主公门及官宦兵甲。惊主斗讼及巫女游侠。生主商贾及少男技艺。景主文谋

及士人花娘。中五空高及游闲浮荡。如决贼人面颜，须看九星，值玄蓬，主黑色而白。芮主黄色而黑。冲主青色而碧。辅主青色而绿。禽主黄而黄，心主白而白。柱主白色而赤。任主黄色而白。英主红色而紫。如决贼人像貌，亦看九星。值玄即水肥，火锐、木长、金圆、土方之类。如决贼人身体，须审玄临九宫：水肥矮，火尖高，木瘦长，金丰伟，土敦厚之类。如决贼人之衣服，须审玄乘二干。天干主上衣，地干主下衣，五行主颜色，旺衰主新旧。即如玄乘戊加壬，则知上衣主土黄色，下衣主黑色，（庚辛白色，戊己黄色，壬癸紫黑色，丙丁红白色，甲乙青白色）。临九宫则知上衣新及冠巾亦新，下衣旧及鞋袜亦旧。其方位、居处则以九宫论之，远近则以内外论之。所藏物处虚实高卑，则以正格兼九宫论之。其物之存亡变卖，则以生门宫和义迫制论之。其失之属何等物，则以时干宫值八门论之。如此一一详推，虽精蕴之细亦无不昭然于指掌也。

[释] 占被窃只需看玄武所在之宫与命宫决之，若生扶命宫，终属有得。克盗命宫，无处可觅。欲断贼属何等之人，须以玄武所在宫之八门察究。休门主美丽及少年优人，杜主市内及长妇僧道，死主愚拙及大腹老妇，伤主役吏及瘸瞽刑伤，开主公门及官宦兵甲，惊主斗讼及巫女游侠，生主商贾及少男技艺，景主文谋及士人花娘，中门主空高及游闲浮荡。欲决贼人相貌，须看九星，值天蓬，主黑色而白，芮主黄色而黑，冲主青色而碧，辅主青色而绿，禽主黄而黄，心主白而白。柱主白色而赤，任主黄色而白，英主红色而紫。此处"某色而某"有一条规律，"某色"是九星后天八卦的颜色，即天蓬坎卦属水为黑色，芮黄色、冲青色、辅青色、禽黄色、心白色、柱白色、任黄色、英红色。"而某"是紫白飞星的颜色，一白二黑三碧四绿五黄六白七赤八白九紫，于是，天蓬主黑色而白。至于把两种体系揉在一起，出现"黑色而白"之类的似是而非的说法，不知矫先生是怎样考虑的。

如决贼人像貌，亦看九星属性，水肥，火锐、木长、金圆、土方之类。如决贼人身体，须审玄临九宫：水肥矮，火尖高，木瘦长，金丰伟，土敦厚之类。如决贼人之衣服，须审玄武宫中所乘之天地盘二干。天盘干主上衣，地盘干主下衣，五行主颜色，旺衰主新旧。即如玄乘戊加壬，则知上衣主土黄色，下衣主黑色。临九宫则知上衣新及冠巾亦新，下衣旧及鞋袜亦旧，由于九宫属火，火生戊土，故上衣及冠巾亦新，而壬在九宫为相克，故鞋袜为旧。天干的颜色：庚辛白色，戊己黄色，壬癸紫黑色，丙丁红白色，甲乙青白色。

贼之方位、居处以玄武所在之九宫论，远近则以内外论，阳遁一八三四宫为内，九二七六宫为外，阴遁恰好相反。中五宫为自家内部。所藏物处虚实高卑，则以正格兼九宫论断。物之存亡变卖，则以生门宫和义迫制论断。所失之属何等物，则以时干宫所值八门论之。

占失物所在

六合生身终有见，内宫可许在街邻。

甲乙树木丙丁灶，戊己高岗路庚辛。

交来壬癸在沟涧，进茹返吟向回巡。

开马死牛休为豕，兑羊生狗猫并陈。

离景杜鸡伤驴类，方位皆以六合论。[①]

[注] 走失以六合所临之宫而断。值甲乙在树林及有木之所，丙丁在窑灶及明亮之所，戊己在山岗及高阜之所，庚辛在路径及廛市之所，壬癸在沟涧及积水之所。视其在内主近，在外主远。生命、命克，终属有得。克命、命生必为难见。值孟甲得迟，仲甲得缓，季甲得速。及进茹、返吟，必回。退茹、伏吟不归。乘空墓、击刑，必起官非。值和义生合，定获原物。依此判断，则毫厘不失矣。

[释] 占走失以六合所临之宫而断。六合宫值甲乙在树林及有木之所，丙丁在窑灶及明亮之所，戊己在山岗及高阜之所，庚辛在路径及市场之所，壬癸在沟涧及积水之所。六合宫在内主近，在外主远。六合宫生命宫、被命宫所克，终属有得。六合宫克命宫、命生六合宫必为难见。值孟甲得迟，仲甲得缓，季甲得速。进茹、返吟，必回。退茹、伏吟不归。乘空、墓、

---

① 方位皆观六合神。

击刑，必起官非。值和义生合，定获原物。欲断走失者为何物，开门为马、死门为牛、休门为豕、惊门为羊、生门为狗猫、景门杜门为鸡、伤门为驴。

逃亡

逃亡亦尽如是断，六合行年验游民。

[注] 其人逃走方位，归去远近，皆与卜人年命参看而仿走失决之，故曰如是断矣。

[释] 关于占卜逃亡，上面这两句歌诀意思是按六合宫和逃亡人年命宫断，但原注中没有提六合宫，只称按其人年命宫断。

捕逃

若夫六合生伤位，欲卜逃人向此寻。

[注] 欲捕逃人之者，以伤门与六合决之。伤门乃捕逃之人，六合乃逃亡之人，六合生扶伤宫，或被伤克，皆主有获。若被六合克脱，终无相见。其出门应验，以克应参定，则何失之有？

[释] 占捕逃人以伤门宫为捕逃之人，六合宫为逃亡之人。六合宫生扶伤门宫，或被伤门宫所克，皆主有获。若被六合宫克脱，终无相见。其出门应验，以克应参定，即查所往之方宫中象意。

官讼

开宫生我之年命，解释罪愆祸不侵。

[注] 官讼久被缧绁欲问何时解释，须以开门为断。若生扶年命，即以其乘干，及官星被冲之日而决之了期。如被其克而了期无定，必得待时自解。如被其脱，则以财贿官而始有解释，如弗则不然也。

[释] 官讼久被囚禁，欲问何时可得解脱，须以开门为官星。若开门所在之宫生扶年命宫，即以开门宫所乘之干，及官星被冲之日而决了结之期。如被开门宫克而了结之期无定，必得待时自解。如被开门宫脱泄，则以财贿官始能解脱，否则难矣。

出行

出行年命观所往，其地生我妙难量。

[注] 出行以年命与往方而断，其地生扶年命去之谐吉，如克脱年命毋往可矣。

[释] 出行以年命宫与所往方之宫而断，其方之宫生扶年命宫去之为吉，如克脱年命宫，则毋往。

行人

出外行人年作主，内来外止是其方。

孟丙延留丁季至，中途仲乙已思乡。

[注] 占行人来否，以其年命为主，在内则来，在外则止。临孟甲、丙奇不动，临仲甲、乙奇已动，临季甲、丁奇即至。如决其在外行止休咎，以行人之年命、乘格之位、值门而断。吉格、吉门为泰，凶格、凶门为否。和义安享，迫制窘急。孟甲、丙奇许之年月。仲甲、乙奇许之月日。季甲、丁奇许之日时是也。

[释] 占行人来否，以其年命宫为主，年命宫在内则来，在外则不来。年命宫临孟甲、丙奇不动，临仲甲、乙奇已动，临季甲、丁奇即至。如决其在外行止休咎，以行人年命宫所乘之乘格、所值之门而断。吉格、吉门为吉，凶格、凶门为凶，和义安享，迫制窘及急。孟甲、丙奇许之年月，仲甲、乙奇许之月日，季甲、丁奇许之日时是也。

音信

景门生我音信至，入墓乘空书荒唐。

[注] 占音信以景门与年命决之，不墓、不空，生扶命宫信必迟至；克制命宫，信必速至。若脱盗命宫，主渺无雁字，故曰荒唐也矣。

[释] 占音信以景门宫与年命宫决之，景门不墓、不空，其所在之宫生扶命宫，信必迟至；克制命宫，信必速至。若脱盗命宫，主渺无音讯。

访友

主客相生亦就访，克逢太乙小人藏。

[注] 访友以客为访者，主为被访者，太乙为传信者。主客相生而主又不空，不墓则必能相会。若太乙克客及客克地乙，则必犯间隔或家人不告，或主人畏见，或小人拦见，则晤面难矣。

[释] 访友以天乙宫为客、为访者，地乙宫为主、为被访者，太乙宫为传信者。主客宫相生而主又不空、不墓则必能相会。若太乙宫克客宫及客宫克地乙宫，则必犯间隔或家人不告，或主人畏见，或小人拦见，晤面难矣。

请客

其方若是生年命，请客何须苦奔忙。

[注] 请客以其方与主人年命生克相断。若生克主人年命宫，其心必速来，毋须再请。如脱盗主人年命宫，则终不能至，屡请亦不至。及乘孟甲不动，仲甲中途，季甲便来，定之是矣。

[释] 请客以其所来方之宫与主人年命宫生克相断。若生克主人年命宫，必速来，毋须再请。如脱盗主人年命宫，则终不能至，屡请亦不至。及乘孟甲不动，仲甲中途，季甲便来。

遇伴

太乙乘凶克盗我，途中遇者忌交相。

[注] 遇伴中途当以正时占之，太乙、白虎临凶格而克脱我命，速宜远避！不然必罹其害。吉格克脱命宫，然我虽不伤，而耗财惹气则未之能免，生扶命宫反斯断之是也。

[释] 此条不但路遇陌生人有用，网上有人搭讪亦可一断。当以正时局占之，太乙宫临白虎、凶格而克脱我命，速宜远避，不然必罹其害。若乘吉格克脱命宫，我虽不伤，亦不免耗财惹气，生扶命宫反之。

此条原注云"太乙、白虎临凶格而克脱我命，速宜远避"，恐怕有误，果如此言，则既需要看太乙宫，又需要看白虎宫，双重取用神，不免矛盾。原歌诀只云"太乙乘凶克盗我"，并未提白虎宫，"太乙乘凶"包括太乙宫中有白虎，当然有螣蛇、有太阴都属于乘凶，不能不防，螣蛇主虚诈、太阴主密谋和圈套。

投宿

彼我互生店可入，值年伤死患须防。

[注] 占投宿以地乙为店家，天乙为本身，二乙相生则为吉利，相克则为凶咎，但不宜年命临伤、死、杜、惊四门，及地乙克脱年命之宫，皆不吉也。

[释] 占投宿以地乙所在之宫为店家，天乙之宫本身。一方面，地乙宫和天乙宫相生则为吉利，相克则为凶咎。另一方面，不宜年命宫临伤、死、杜、惊四凶门，及地乙宫克脱年命宫，皆不吉。

乘船

休门生命登舟利，地乙克天船户狼。

[注] 乘船而休门生扶命宫，多主吉庆，克脱命宫，毋须前行。及地乙克脱天乙亦属非利，必主船主不仁，怀奸险之心，如为生扶则不必然矣。

[释] 乘船而休门宫生扶命宫，多主吉庆，克脱命宫，毋须前行。再从主客角度判断，地乙宫克脱天乙宫亦属不利，必主船主不仁，怀奸险之心，如生扶则不然。

路途

白虎之宫生比命，道途管许顺而康。

[注] 占道路吉凶须看白虎之宫与年命生扶、克脱决之。如生扶年命，虽凶格亦主为吉，克脱年命，虽吉格不掩其凶矣！

[释] 占道路吉凶，须看白虎所在之宫与年命宫生扶、克脱决之。如生

扶年命宫，虽凶格亦主为吉，克脱年命宫，虽吉格不掩其凶矣。

析居

生得时干是父母，时干克者妻财乡。

来比正时兄弟位，同居于内必同堂。

此在内兮彼在外，家缘不睦欲分房。

[注] 占能析居否，须观比肩之宫与年命宫在内在外，同在内宫，无分；同在外宫，亦无分。若此内彼外，此外彼内，是必分之兆也。

[释] 析居指一家人分家令过，如成年子女与父母分家。先占能析居否？先观比肩之宫与年命宫在内在外，同在内宫，必不分；同在外宫，亦不分。若此内彼外，此外彼内，是必分之兆也。

但是，如果不涉及兄弟姊妹分家，而是子女与父母分家，应该看时干宫与父母宫在内在外。

置产

地符出主天符置，主客相生是妙章。

生为田宅死田土，太乙中人两生良。

[注] 置产以地乙为出主，天乙为置主，太乙为中人。主客相生，事属必成。主客相克，事必难就，三乙递生，成在中人。而生门生克置主之命宫，终必其业。死门生克之亦然。如二者脱盗天乙、命宫，置主无就。生扶地乙、命宫，出主无顾，脱盗地乙、命宫，置者前顾而弃者出也，置者前伤而弃者产出也。

[释] 置产以地乙宫为卖方、为主，天乙宫为买方、为客，太乙宫为中人。主客相生，事属必成。主客相克，事必难就，三乙递生，成在中人。而生门宫生克买方之命宫，终必到手。死门宫生克亦然。如二者脱盗天乙宫、命宫，买主无就。生扶地乙宫、命宫，卖主无忧，脱盗地乙宫、命宫，买主前而者出也，买主前伤而弃者产出也。

家宅

太白入门家有祸，壬灾癸病己瘟瘴。
辛主官非戊为喜，日扶月拱乃吉祥。
丁是阴私家渐败，克椿制母长罹殃。
使害比肩兄弟害，刑妻伤子子妻凶。

[注] 在外占家宅之吉凶，须看守门之值神，于《鸣法·奇格篇》断之，则毫无疏失，但当看值使之宫而与六亲之何者损益，其克父者父损，制子者子亡，刑妻者妻害，生母者母强，伤兄者兄乖，欺弟者弟伤，一一推去，则何失之有也。财官父兄子宫，盖以时干六亲论之可也。

[释] 在外占家宅之吉凶，须看值使宫，用《鸣法·奇格篇》断之。须看值使宫与六亲各宫一一分析，值使宫克父宫者父损，制子宫者子亡，刑妻者妻害，生母者母强，伤兄者兄乖，欺弟者弟伤。六亲宫即用时干为我，与各宫天盘干之间定出的六亲关系。

回乡

地乙如生我之命，归家还井事事昌。
年命然而值伤死，劝君速返旧家乡。

[注] 占回乡吉凶，以地乙与年命相断。盖地乙为家乡，年命为己身，而命宫受地乙、中五克脱及临凶格，则归亦无益。若受其生扶，临其吉格，则何害之有矣？或年命值凶，亦宜速归才是，不然其身灾难免，恐备之不及。

[释] 占回乡吉凶，以地乙宫、中五宫与年命宫相断。地乙宫、中五宫为家乡，年命宫为己身。年命宫受地乙宫、中五宫克脱及临凶格，则归亦无益。若受其生扶、临吉格，则何害之有？若年命宫值凶，亦宜速归才是，不然其身灾难免，恐备之不及。

作保

二乙频频克太乙，主人逼勒客唐突。

[注] 占作保之者，以太乙、年命为我，天乙、地乙皆为他，若二乙克脱太乙，主主人逼勒不欢，客人唐突不逊，兼年命又值凶门、凶格，保者必陷其害，而伤财惹气所不能免，甚至招官致讼，身不得安，无拘人财，而其保，则终不可落也。

[释] 作保指担保，担保一般是三方关系，一方居中为另外两方做担保，担保方具有中间人的性质，所以，以代表中间人的太乙宫为我，年命宫亦为我，天乙宫、地乙宫皆为他。若天地二乙宫克脱太乙宫，主主人逼勒不欢，客人唐突不逊，兼年命又值凶门、凶格，保者必遭其害，而伤财惹气所不能免，甚至招官致讼，身不得安，切莫为其作保。

疾病

本命如然值天芮，缠身疾病不离床。
入墓绝亡无生路，中五化合辞炎阳。
芮值甲胆乙肝病，戊胃丁心丙小肠。
庚主大肠辛主肺，己脾癸肾壬膀胱。
开泻休淋生气症，杜番死塞痨在伤。
五隔惊痫景血衄，首乾二腹三足当。
耳坎目离七在口，手八股巽胸五黄。
木风金嗽水精泄，土痞火炎九宫详。
芮星大忌克本命，最喜生生服药强。

[注] 占病之轻重以病人命宫与天芮宫详之。病神克脱命宫，及得时干之生扶，协力争命，或时克脱命宫、三乙，递克递脱，及命临中五化合，乘空、入墓、迫制、击刑，死、伤、杜、惊之值，皆非吉兆，则当推死期为是。苟有来生者，或动而来生，脱盗病神之气者，则不必以此论矣。如决其症惟看天芮所临，即甲胆、乙肝、辛肺之。并休淋遗精，死塞关格，伤痛痨疾，杜膨呕吐，五胀噎膈，开虚泄泻，惊悸癫痫，生气蛊满，景衄失血之象。及值之九宫，木风，金嗽，水寒，火热，土痞，乾首，坤腹，震足之属，并芮在内内病，芮在外外症。死克主死，生生主生。死克之月

314

日为死期，死临之地干为死期。生生之月日为愈期，生临之地干为愈期，若余宫皆克命宫，惟生门宫生之，则只宜医药调理，而死愈之期暂不必决。

[释] 占病之轻重以病人年命宫与天芮宫详之。天芮为病神，天芮所在之宫克脱命宫，及得时干之生扶，协力争命，或时克脱命宫，三乙递克递脱，及命临中五、化合、乘空、入墓、迫制、击刑，宫中值死、伤、杜、惊，皆非吉兆，则当推死期。苟有来生者，或动而来生，脱盗病神之气者，则不以此论。

如决其症，看天芮宫中所临之奇仪，甲胆、乙肝、辛肺之。并休门主淋病遗精，死门主关格，伤门主疼痛痨疾，杜门主膨胀呕吐，中五主膨胀噎膈，开门虚弱泄泻，惊门主惊悸癫痫，生门主气胀蛊满，景门衄血失血之象。天芮星所落之宫，木为风，金为嗽，水为寒，火为热，土为痞（堵塞），乾首，坤腹，震足之类。芮在内则内病，在外外症。死门宫来克主死，生门宫来生主生。死门宫来克之月日为死期，死门宫之地盘干为死期。生门来生之月日为愈期，生门宫所临之地盘干为愈期。若余宫皆克命宫，惟生门宫生之，则只宜医药调理，而死愈之期暂不必决。

天花

传染天花英宿觅，生扶儿命保安康。

[注] 占天花吉凶惟凭英星与儿命相决，总以天英值旺相胎宫及和义为吉，若值休囚死宫及迫制而又招天芮之克，是必因痘作病，而花苗不秀，性命攸关，若得其吉格生扶年命，则其咎可免，而惊险之忧终恐有罹也。

[释] 天花是一种死亡率很高的疾病，至今仍无有效疗法，是靠疫苗来预防。1976年，全球推行天花疫苗接种，1980年5月，世界卫生组织宣布根除天花。矫先生的年代尚无天花疫苗，小儿得上天花凶多吉少。占天花吉凶，惟凭天英星所在之宫与小儿年命宫相决，总以天英所在之宫值旺相胎宫及其宫中之门义为吉，若值休囚死宫及迫制而又招天芮宫之克，是必因痘作病，而花苗不秀，性命攸关，若得吉格生扶年命宫，则其咎可免，但忧惊难免。

请医

生生病者妙非常，好手医人不是狂。

五凶无艺常好食，朱口螣邪虎风张。

[注] 占请医以生门为医人，病者年命为病人，生门宫生病人宫，其医可请。若克脱病人，则非吉也，其生门宫值五凶星，则主刁顽无艺之徒，及临常好食，螣好邪，朱玄讹诈，勾虎斗争，阴淫酒，合私赌，皆不宜请，如生病命，总请之亦不宜近，惟直符、天、地、乃正大光明，学多识广之医也，请之近之乃可。

[释] 占请医以生门所在之宫为医人，病者年命宫为病人，生门宫生病人宫，其医可请。若克脱病人宫，则非吉。若生门宫值五凶星，则主刁顽无艺之徒。若其宫中临太常主好吃，螣蛇好邪，朱雀玄武讹诈，勾陈白虎斗争，太阴好淫嗜酒，六合好赌，皆不宜请。如生门宫来生病人命宫，即使请之亦不宜近，惟其宫中有直符、九天、九地，乃正大光明，多学多识之医也，请之近之乃可。

孕产

妇人年命为产母，太乙临宫是老娘。

阴伤阳食胎元位，入墓旬空属渺茫。

[注] 占孕有无以伤食论之，阳时用食，阴时用伤是也。二者值死、囚、空、墓之乡，胎属无结。值旺相生扶之地，胎属已成。逢五凶、凶格终不为美，必有凶胎之象。占产则不然，以孕妇年命为母，以产母伤官、食神为胎，太乙为老娘，妇命克伤食之宫，主胎伤；胎神克妇命之宫，主母亡；太乙递生，主老娘稳重，太乙迫制，主老娘惊慌。如或克脱二者而母子必遭老娘之害，则以另聘为宜。及母子相生必顺产，母子相克必逆生。审其受克，即知其所损。如决男女，须以胎神在宫为定，在阳则男，在阴则女。至其降生，亦以胎神临者为定，或冲胎神之干，或冲其临干决之产期可耳。

[释] 占孕产分为占孕和占产两种情况。占孕有无以伤官、食神论之，所谓伤官食神即是六亲中的子孙。阳时用食神，阴时用伤官是。二者值死、囚、空、墓之乡，主未结胎。值旺相生扶之地，胎属已成。逢五凶、凶格终不为美，必有凶胎之象。

占产则不然，以孕妇年命为母，以产母伤官、食神为胎神，太乙为接生婆、助产士，孕妇命宫克伤食之宫，主胎伤；胎神克孕妇之命宫，主母亡；太乙递生，主接生婆稳重，太乙宫中之门迫制，主接生婆惊慌。如或克脱二者而母子必遭接生婆之害，则以另聘为宜。母子两宫相生必顺产，相克必逆生。审何宫受克，即知其所损。断男女，须以胎神所在之宫定，在阳则男，在阴则女。至其降生，亦以胎神临者为定，或冲胎神之干，或冲其宫中所临之干以决产期。

身命

偏财为父正印母，兄弟比肩杀子乡。
年干乃主我之命，正财为妻是纲常。
年是祖基月父业，时宫后世考兴亡。
太岁流年与本命，克生脱盗论灾祥。
日干乃应前半世，三乙三关大运场。
死冲至命为大限，顺逆九宫法阴阳。
一命二财三兄弟，四田五子六妻房。
七疾八官九父母，生年数起往来遑。

[注] 占身命，以偏财为父，正印为母，比肩为兄弟，七杀为子息，正财为妻室，皆以本命、时干为主，与他干生克详之，依是阳遁用顺，阴遁用逆以定一命宫，二财帛，三兄弟，四田宅，五男女，六妻妾，七疾厄，八官禄，九父母。亦以生年数起，再看年宫知祖基之旺衰，月宫审父业之隆替，前半世之成败，惟主于日。后半世之兴亡，所在惟时。三乙乃初中末三步大运，每运以二十年计之。又以月宫数去，上下二干合数定过宫之中运，即如壬加丙，主八年之应事是之。再以观年岁干与命宫参考，并稽

本岁盘太岁宫与命盘流年宫生克，则知小运之臧否，至月日之盘以定月内、日下之吉凶，则概仿诸此，但三限运中，逢之冲死二者，则是修短之候，乃大不幸事，务宜备之，如小限见此，仅疾病之候，疾则不至大咎。若中限与小限并见而越过者未闻有几人欤。

[释]《枢要》里以时干为我、与每宫中天盘干论六亲。生我者为父母、同行者为兄弟、我生者为子孙、克我者为官鬼、我克者为妻财。其中，我与他五行阴阳属性相异者为正，相同者为偏。例如同为生我者、为父母，若我为甲、为阳干，他为壬，则水生木，为父母、又称印绶、简称印，由于壬亦为阳干，与甲同属阳干，此为偏印；若来是癸水来生，则为阴阳相异，为正印。同样道理，与我比和者统称为兄弟，但阴阳相异而来比和我者为正、为劫财，阴阳相同而来比和我者为偏、为比肩；我生者统称为子孙，阴阳相异而我生之者为正、为伤官，阴阳相同者为偏、为食神；克我者统称为官鬼，阴阳相异而克我者为正、为正官，阴阳相同而来克我者为偏官、为七杀；我克者统称为妻财，阴阳相异而受我克者为正财，阴阳相同而受我克者为偏财。矫先生也用八字里的判断原则，占身命以偏财为父，正印为母，比肩为兄弟，七杀为子息，正财为妻室。

又以年命宫为命宫，依阳顺阴逆依次确定一命宫，二财帛，三兄弟，四田宅，五男女，六妻妾，七疾厄，八官禄，九父母。注意，这里矫先生在六亲之外，又引进了紫微斗数的十二宫，去掉了迁移宫、奴仆宫、福德宫。

再看年月日时四宫，年宫知祖基之旺衰，月宫审父业之隆替，日干宫主前半世之成败，时干宫主后半世之兴亡。

三乙乃初中末三步大运，每运以二十年计。

又从月干宫数去，上下二干合数定过宫之中运，即如壬加丙，主八年之应事是之。

再以观年岁干与命宫参考，并稽本岁盘太岁宫与命盘流年宫生克，则知小运之臧否。

大运、中运、小运又称大限、中限、小限，三限之中若逢天冲星、死门者，乃大不幸事，务宜备之，是人生向坏的大转折点。如小限见此，仅疾病之候，疾病无大碍，若中限与小限并见则有性命之忧，越过者罕有。

月日之盘以定月内、日下之吉凶，则概仿诸此。

寿元

寿元修短皆观此，小限一年一度量。

[注]小限阳顺阴逆，男女同行，一年一宫，亦观冲死二盘，如值大运、中运、小运、三限之宫，则寿元天数可前知也。

[释]小限不论男女，一律阳顺阴逆，从命宫开始，一年一宫，看小限中是否有天冲星、死门，若此二者值大运、中运、小运三限之宫，则寿元天数可前知。

求仙

若是天心生我命，求仙得遇道宏昌。

[注]占求仙以天心为用，年命为体。用生克体宫，神仙必遇。体生克用宫，求之无逢。若用临空墓、刑迫，总生克体宫，亦难得见。及见之者，则必诈称神仙之徒，勿须信矣。

[释]若天心所在之宫来生年命宫，求仙得遇。

自惊

耳热心惊与眼跳，须察本命合时干。

凶神共处皆不吉，否塞天宫亦艰难。

[注]自惊要察命宫与时干宫较看。命临五凶、凶格，皆非吉兆。及时干宫，乘凶，克脱命宫，更属艰难。若而乘凶生命，凶事宜为。乘吉扶命，吉事更宜。及命临三吉、吉格，必主喜兆之征，则何害之有也？

[释]无故自惊，如耳热、心惊、眼跳，要察命宫与时干宫。命宫临五凶、凶格，皆非吉兆。时干宫乘凶克脱命宫，更属艰难。若时干宫乘凶来生命宫，凶事将有利于己。乘吉来比扶命宫，行吉事更宜。及命宫临三吉、

吉格，必主喜兆之征，则何害之有？

闻声

是地来音侵本命，提防口舌祸多端。

［注］闻声与他方，而心有惊悚，即时课起，若其方克脱年命，必有凶咎。生扶年命，必有吉征。兼以值门相断，则何失之有？

［释］若听闻异常声音而心生惊悚，即以正时起课，若声响之方克脱年命宫，必有凶咎。生扶年命宫，必有吉征。兼以声响之宫所值之门断。

水溢

天蓬旺相时宫济，要备洪湍起波澜。

［注］占水溢出潮，独验天蓬之宫，如得旺相、凶格，并得时干生扶，其水溢之说，则未之能免，其死囚迫制，时克、格吉，则毋须计矣。

［释］水溢出潮指水库、水坝、堰塞湖、海潮等是否有水溢出之虞。占水溢出潮，独验天蓬星所落之宫，如该宫得旺相、凶格，并得时干生扶，水溢不能免，若该宫死囚迫制，时干宫克天蓬星之宫、得格吉，则毋须担心。

失火

螣蛇发动乘时生，制命须防火连烟。

［注］螣蛇旺动而又得时宫生扶、来克、脱命宫者，其火势必兴，有害于我，若不克脱我命则不然。如值死囚休废，总属克脱命宫则无大咎而火怪之何有？

［释］螣蛇所落之宫旺动而又得时干宫生扶、来克脱命宫者，其火势必兴，有害于我；若不克脱我命宫则不然。如值死囚休废，纵然克脱命宫亦无大咎。

博戏

主位如然克了客，赢钱未得返输钱。

［注］占博戏以主客为断，主被客来脱克，主败。客被主来克脱，客败是矣。

［释］博戏指赌博或有输赢之分的游戏。占博戏以主客为断，天乙所在之宫为客，地乙所在之宫为主。主被客来脱克，主败；客被主来克脱，客败。

酒食

太常生命当有酒，囚困临之食不鲜。

生死开惊休走兽，飞禽杜景伤鱼鳊。

［注］占酒食，以太常之宫为断，值开惊休死皆主走兽，杜禽、景鸟、伤鱼、生鹿。生扶命宫，绝好酒食，克脱命宫，不如其意，旺相鲜美，死囚臭烂是也。

［释］占酒食，以太常所落之宫为断，值开惊休死诸门皆主走兽，杜门为禽、景门为鸟、伤门为鱼、生门为鹿。太常宫生扶命宫，绝好酒食，克脱命宫，不如其意，该宫旺相则鲜美，死囚臭烂。

禽鸣

牝鸡喧唱禽星觅，克泄生年祸不延。

［注］占禽鸣，以天禽为主。凡克泄命宫多主不吉，生扶命宫他来之喜，欲观何吉何凶，同下雀噪章断之。

［释］此处鸡鸣指家禽怪异鸣叫。占禽鸡鸣，以天禽所落之宫为主。天禽宫克泄命宫多主不吉，生扶命宫主喜庆。欲观何吉何凶，见下条"占雀噪"。

雀噪

野雀临门忽叫喧，朱雀生我福绵绵。

景是书信休是喜，开为爵禄五忧煎。

生主田财灾害杜，悲声值死伤破钱。

惊门口舌难言利，克命凶横大似天。

[注] 雀噪以朱雀宫与命宫详断。其克脱命宫，主有灾咎。生扶命宫，主有喜庆。如景生则文书音信，克则男女阴私。生生则进财加禄，克则败产坠胎，惊生则酒食斗胜，克则口舌相击。开生则名成讼胜，克则招官失职。中生则安居乐业，克则囚困无策。杜生则生意得利，克则闭塞不通。伤生则讨就猎得。克则破盗伤财。死生则忧中获顺，克则孝服病死。休生则酒食姻喜，克则淫荡伤身是矣。

[释] 雀噪以朱雀所落之宫与命宫详断。朱雀宫克脱年命宫，主有灾咎，生扶命宫，主有喜庆。如朱雀宫有景生则主文书音信，克则男女阴私；宫中有生门来生则主进财加禄，克则败产坠胎；值惊门来生则酒食斗胜，克则口舌相击；得开门来生则名成讼胜，克则招官失职；挟中门来生则安居乐业，克则囚困无策；临杜门来生则生意得利，克则闭塞不通；临伤门来生则讨就猎得，克则破盗伤财；乘死门来生则忧中获顺，克则孝服病死；有休门来生则酒食姻喜，克则淫荡伤身。

梦疑

凶值螣蛇时上动，虚惊夜梦考行年。
天蓬盗至芮星病，冤解天冲辅遇贤。
大喜天禽祥瑞任，柱逢口角心逢仙。
英星血点火光闪，生命无忧高枕眠。

[注] 梦疑占之，盖观螣蛇所临之九宫九星，详其吉凶，本其原旨，但生命虽凶亦主无害，克脱虽吉而不免其咎。[1] 则论之始可。

[释] 螣蛇主梦，故占梦疑观螣蛇所临九宫所临之九星，但螣蛇宫来生扶命宫虽凶亦无害，克脱命宫虽吉而不免其咎。

物动

他方物动正时起，克命灾端到眼前。

---

[1] 克命虽吉不免其咎。

[注] 欲观他方物动，有振我心，必须依正时课起，验其方位，星、神、门、格四者何旺。星主天文、神主地理、门主人事、格主因革、不旺毋论。惟门乘旺者生扶于我，则知其方物动有益于我也。若克脱我命，择门之所主老少男女之人，喜忌邪正之事，必其方有伤于我也，其生事亦然。至星神二者，虽属旺动，只可验天文地理之事，与人事无关，若其星神所属五行有与我命星神生克者，则仅以星神属事断之可耳，不生克我值之星神者则不必然也。

[释] 某方有物异动使我震惊，须依正时起课，验其方位星、神、门、格四者何旺。星主天文、神主地理、门主人事、格主因革，不旺毋论。门乘旺者生扶我命宫，则知其物动有益于我。若克脱我命宫，必其方有伤于我，依该宫所得之门判断老少男女之人，喜忌邪正之事，其宫来生者亦仿此而断。

该方之宫星、神二者，虽属旺动，只可验天文地理之事，与人事无关。若其神所属五行有与我命宫之星、神生克者，则仅以星、神意象断之，不生克我值之星神者则不必然。注意，这里矫先生引入了一种新思路，不论两宫之生克关系，而是论两宫内星与星之生克、神与神之生克。这种思路后来在《遁甲括囊集》中得到充分发挥，几乎不再论宫与宫之生克关系，而是完全用两宫内之干支论生克冲合。

[按] 以下占脱货、占劳金、占渔猎、占筌蹄四占，家传本无，据营口本补入。

脱货

日干为人时干货，甲子戊宫见资本。

货脱货滞何以知，日时生克细推寻。

[注] 占脱货求财，以日干为人，时干为货，甲子戊为资本，生门为利息。日生时，主恋货不肯脱。时生日，主货滞不能脱。时生戊及生生门有利，反此不利。倘时干乘凶格、凶神来冲克日干者，主折耗。若日干克时干，虽欲急脱而货甚迟，若时干克日干，售之必迟矣。

[释]脱货指大批量卖货、趸售。占脱货求财，以日干所在之宫为人，时干所在之宫为货物，甲子戊为资本，生门为利润。日干宫生时干宫，货主恋货不肯脱手。时干宫生日干宫，货滞不能脱。时干宫生戊所在之宫及生生门所在之宫有利，反此不利。倘时干宫乘凶格、凶神来冲克日干宫者，主折耗。若日干宫克时干宫，虽欲急脱而甚迟，若时干宫克日干宫，售之必速。

劳金

如然主位来生客，所谋必成喜气临。

太乙生扶承荐力，生门迫制寡劳金。

[注]以天乙为谋生之人，地乙为立生之主，太乙为承荐之者，地乙生扶天乙，或生扶太乙，太乙递生天乙，谋之必成。若两相克战，或脱泄天乙，则无所为望。及地乙之宫值旺相为茂盛新建之业，值休囚为落泊旧立之基，生门生克命宫临旺相者劳金丰饶，脱盗命宫临休囚者，劳金罕少，一一详定，则无不应焉。

[释]"劳金"指谋生报酬。以天乙宫为谋生之人，地乙宫为立生之主，太乙为推荐人。地乙宫生扶天乙宫，或生扶太乙宫，太乙宫递生天乙宫，谋之必成。若两相克战，或脱泄天乙宫，则谋之不成。地乙宫值旺相为茂盛新建之业，值休囚为落泊旧立之基，生门宫生克命宫而临旺相者劳金丰饶，脱盗命宫而临休囚者，劳金罕少。

渔猎

死宫生助吾年命，渔猎临伤就手擒。

[注]卜网鱼、田猎，以死门为用，若临吉格生克命宫，主必能如获。我命克去，主招争斗，或与物交敌，始能就缚。如我命生用，漫说就缚而筌蹄不失则是真幸甚矣！

[释]卜网鱼、打猎，以死门所在之宫为用，若临吉格生克命宫，必能如愿。我命克去，主招争斗，或与猎物交战搏斗，始能就缚。如我命宫生

死门宫，不但不能有所捕获，捕猎工具不失已属幸运。若我命宫临伤门，则渔猎可手到擒来。

筌蹄

原来主客生惊下，筌蹄所在易可擒。

用神如若为克脱，焉能有获枉劳心。

[注] 原来主客皆来生扶惊门之宫，欲擒之何难之有。用神如被克脱，勿为勉力，待时而为，访觅则刻下无所擒焉。

[释] 捕鱼的工具为筌，捕兔的工具为蹄，筌蹄意思是捕鱼或野物。《庄子·外物》："筌者所以在鱼，得鱼而忘筌；蹄者所以在兔，得兔而忘蹄"。原歌诀意思是以惊门所在之宫为用神，与年命生克论收获，用神宫来生或来克年命宫为有收获，我去克他则需要费力，去生他则不但无所获，反而有遭受损失之忧，勿为勉力，需待时而为。

[按] 筌蹄也属于渔猎一类，应该以死门为猎物，怎么会用到惊门？而且用神克脱就"焉能有获枉劳心"吗？占渔猎克和脱是有区别的，若死门宫来克年命宫为收获之象，脱则当然不但不吉反而有损失。看渔猎是人主动进行狩猎而获得猎物，而筌蹄则是布下陷阱而待猎物自行入彀，或是用惊门的原因？备考。

奇门遁甲衍象下卷

何方兵起

元旦立春之正时，课占太岁验安危。
星天神地门人事，克迫岁干兵犯之。
甲乙丰年丙丁旱，癸壬水潦戊己饥。
庚辛贼起蓬玄盗，白虎兵生蛇火驰。
阴为谋篡合为聚，天地直符是乐时。
门逢三吉人民泰，如遇五凶百姓离。
芮主瘟神柱主斗，冲兵英旱辅心宜。

[注] 欲考九州何方起兵，须以元旦认局，加于立春正时之上课定，而与岁干参断，则祸福可前知矣。总以克脱岁干之宫为凶，生扶岁干之宫为吉。克脱之宫而逢吉星，虽凶不为致害，然天时得也。逢吉神而地利得也，而逢吉门，然人事和也。故虽克脱不致害论。其若乘凶星、凶神、凶门，又来克脱，则必寇兵侵界，流贼蜂起，乃不安之象云。生扶之宫而遇凶星，虽吉不致为泰，乃天时不得也，而遇凶神乃地理不利也，而遇凶门乃人事不和也。故虽生扶不致泰论。其若乘吉星、吉神、吉门，又来生扶，则必士民贡赋，年时丰收，康泰之象云。及所值之奇仪更主安危，参以星神门格断之犹妙。是故临天干甲乙者丰年。丙丁者亢旱。戊己者饥馑。庚辛者兵乱。壬癸者水盗。及篷者盗起，芮者瘟疫，冲者兵戈。辅者丰岁。禽者安泰。心者乐逸。柱者小乱。任者稔穗。英者炎旱。符天随，蛇火驰。阴为鬼谋。合平泰。虎刀兵，常饥荒，玄流贼，地丰收，天增益。休和美，死凶厉，伤败损，杜壅滞，五绝粮，开穆喜，惊兵险，生嘉岁，景祥瑞。

合而考之，其天时、地利、人和、物华未有不响应者也。①

[释] 欲考九州何方起兵须以正月初一当天的局数、用立春正时课定，看其岁干宫与各宫关系则祸福可前知。克脱岁干之宫为凶，生扶岁干之宫为吉。克脱之宫逢吉星，虽凶不为致害，为得天时，逢吉神而得地利，逢吉门则人事和，故虽克脱不致害；若乘凶星、凶神、凶门来克脱，则必寇兵侵界，流贼蜂起，乃不安之象。

生扶之宫而遇凶星，虽吉不致为泰，乃不得天时，遇凶神乃不得地理，遇凶门主人事不和。若乘吉星、吉神、吉门又来生扶，则必士民贡赋，年时丰收，康泰之象。

所值之奇仪更主安危，参以星、神、门、格断之犹妙。临天干甲乙者主丰年，丙丁者主亢旱，戊己饥馑，庚辛兵乱，壬癸者水盗。天蓬星主盗起，天芮瘟疫，天冲兵戈，天辅丰岁，天禽安泰，天心乐逸，天柱小乱，天任禾稼丰收，天英炎旱。值符天顺，螣蛇火攻，太阴鬼谋，六合平泰，白虎刀兵，太常饥荒，玄武流贼，九地丰收，九天增益。休门和美，死门凶厉，伤门败损，杜门壅滞，中五绝粮，开门穆喜，惊门兵险，生门丰收，景门祥瑞。奇仪、星、神、门合而考之，则天时、地利、人和、物华未有不响应者。

州县灾祥

八节交时为定伦，衍占课局考醋疵。

冬推室壁秋参觜，夏至星临冬至危。

春分在氐秋分昴，立夏居轸立春箕。

二十四般分野遍，州城府县祸福知。

---

① 华龄本注：蓬临瘟瘼，春做百姓流离，夏为飘没。奇神救之减半。芮临奇神加之，上又为灾。七分收成。若加凶宿，人瘟物死，五谷不登，有崩陷之灾。冲临奇神加之，五谷半成。人民安乐。加凶宿人物灾伤。辅临在吉处，五谷大成。人民安乐。加凶宿主大风、水盗、损伤。禽临吉宿，五谷丰登，人物繁盛。加凶宿主吏役，贵人移动忧惊瘟灾。心临吉宿，主秋熟长吏，贵人频受皇恩。加凶宿，春种虽多，夏秋水涝。柱临吉宿，半熟。人民瘟疫。加凶宿，有蝗虎流疾水为灾。秋冬尤甚。若有三奇制之，必有吉庆。任临大有吉庆。奇神加之，主生祥瑞及贤士。凶处五谷半熟，人虽灾而不死。英临以为祥瑞，福生旺瑞，五谷熟，人民吉，吏有恩庆。生克处凶宿。主旱。旱涝灾殃。春种更多枯死。天乙临其岁，多主贵。人或值天乙之年，必有上第一甲者。

[注] 占每州分野，以八节正时课起断之。即立春主兖。春分主青。立夏主徐。夏至主扬。立秋主荆。秋分主梁。立冬主雍。冬至主冀。年数中分，自立春迄大暑之日正时课起，主豫九州以分而每以其州为中宫，其他八宫则应其州之八方。至某省、某府之安危则以二十四气之正时各起一课以考所属之州县灾祥，祸福则立可以知之也。

[释] 数术中的分野指占断地域吉凶，奇门遁甲中一般用到，一是九州分野，二是二十八宿分野。占每州分野，以八节正时课起断之。八节指四立、二至、二分，即立春、立夏、立秋、立冬。九州分野是用古代九州的名称：兖州、青州、徐州、扬州、荆州、梁州、雍州、冀州、豫州。

九州所对应的九宫八卦是：

冀州：北直隶，山西，兼河南省彰德，卫辉，怀庆三府（坎）

兖州：今属山东兖州，东昌二府（艮）

青州：今属山东青州，济南，登州，莱州四府并辽东（震）

徐州：今属南直隶徐州（巽）

扬州：今属南直隶，浙江，江西，福建，广州五省（离）

荆州：今属湖广，广西，贵州三省（坤）

梁州：今属四川，云南二省，兼贵州省贵阳，思州，普安等州（兑）

雍州：今属陕西省（乾）

冀州：北直隶，山西，兼河南省彰德，卫辉，怀庆三府（坎）

豫州：今属河南省，兼湖广襄阳，郧阳二府（中）

立春主兖，春分主青，立夏主徐，夏至主扬，立秋主荆，秋分主梁，立冬主雍，冬至主冀。年数中分，自立春迄大暑之日正时课起，主豫九州以分而每以其州为中宫，其他八宫则应其州之八方。

立夏：徐州	夏至：扬州	立秋：荆州
春分：青州	中宫：豫州	秋分：梁州
立春：兖州	冬至：冀州	立冬：雍州

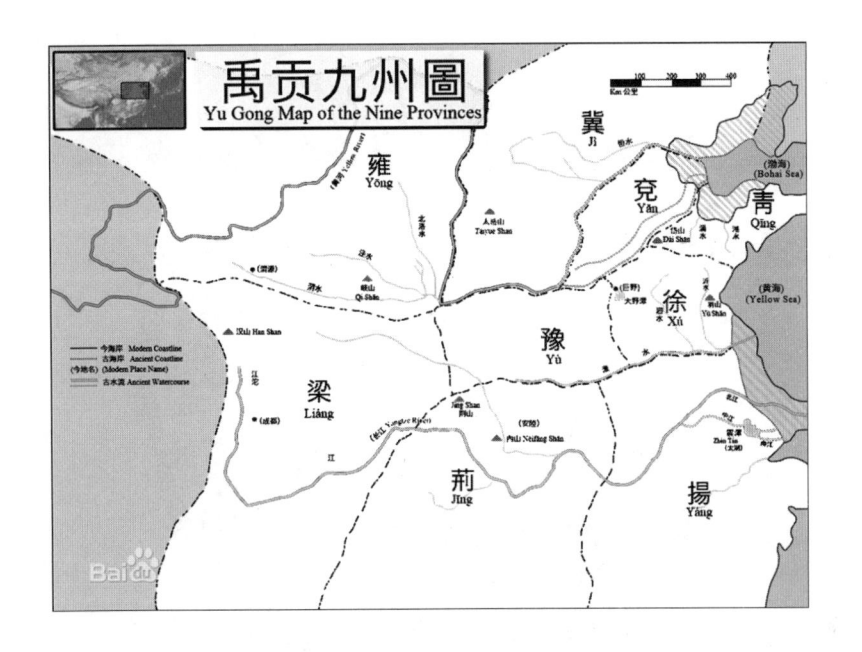

二十八宿分野指以天上的二十八宿对应中国古代二十八个地域。

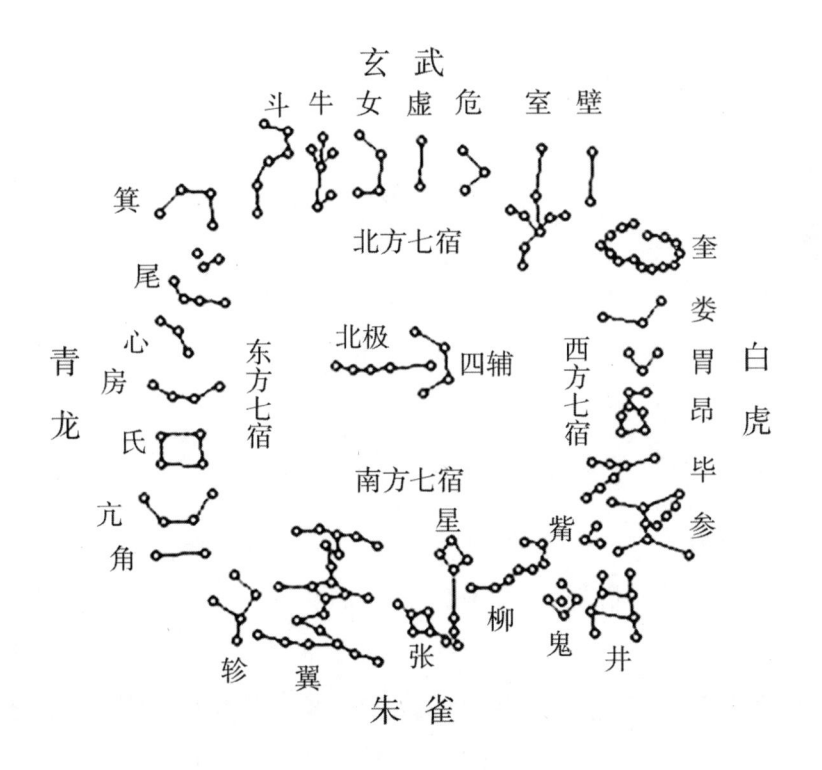

第六章 奇门遁甲衍象诠释

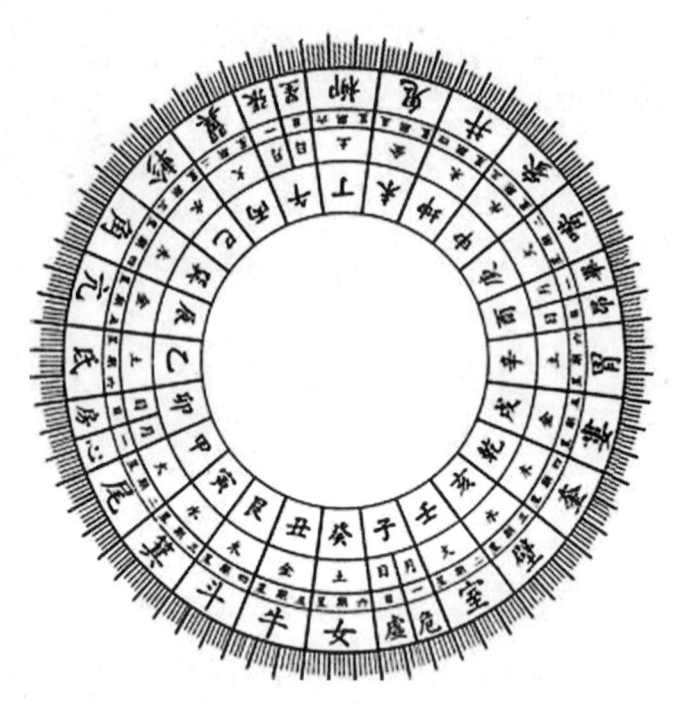

从上面右图中可以看到，二十四山中除子午卯酉四正方各有两宿之外，其他二十山每山中有一宿，共二十宿，加上四正方里面的八宿，一共是二十八宿。

选将

天禽主帅蓬客帅，庚是客士丙主士。
帅乘旺相帅为利，士值吉神士事禧。
九天威武名声重，九地权谋乃英奇。
合宜韬略阴谋好，虎主雄猛雀文姿。
太常好酒蛇好色，直符权衡貌威仪。

[注]选将一章惟以禽庚蓬丙攸分，然禽为主帅，蓬为客帅。丙为主士，庚为客士。以各乘之神断其上下。为主者观主，为客者观客是矣。所以值天者威武名重。值地者权谋异奇。值合者长于韬略。值阴者长于机谋。虎主威猛，雀主文才。符主有权而又有衡。如有值者则可选矣，但逢太常、螣蛇二者终无所用。必酒色之徒，戒甚！戒甚！其选将看禽、蓬。选士看丙庚，分而占之更为妙也。

[释] 选将以天禽星所在之宫为主帅，天蓬之宫为客帅。丙为主士，庚为客士。各宫所乘之神断其高下。宫中值九天者威武名重，值九地者权谋异奇，值六合者长于韬略，值太阴者长于机谋，值白虎主威猛，值朱雀主文才，得值符主有权而又有衡，但逢太常、螣蛇二者终无所用，必酒色之徒，戒甚戒甚！

练士

丙冲皆来生将命，何愁练士不能随。

开则无难生更易，休成杜破五无为。

[注] 占练士以天冲、丙奇二者与谋练士之将命断之。二者有一生扶将命，练士必成。若克脱将命则终无就矣。然二者值开、休、生门多主容易成就。值死、伤、杜门多主破败无成。惟五主无起练士之由。① 景主无主定之。例二者皆以见机而作。惊则士怀疑计，主藏诡计亦难以练就者也。

死离伤败惊诡计，遇景见机是根基。

[释] 练士指训练士卒。占练士以天冲、丙奇所落之宫与谋练士之将年命断之。二者有一生扶将命，练士必成。若克脱将之年命则终不成。然二者值开、休、生门多主容易成就，值死、伤、杜门多主破败无成。惟中五主无起练士之由。又一版本指出：值开门则易，生门就来，休门则合，杜门则塞，中五则无由，伤门则败，惊门怀疑计，死门终难成，景门为无主、见机而作。

择吉

三甲值开交战利，阖乘毋动守城池。

九地掠地当前进。九天扬兵以立麾。

六合伏藏阴劫寨，虎须死战始获宜。

螣蛇举火雀游说，建号直符常酒色。

---

① 值开则易，生门则就来，休门则合，杜则塞，五则无由，伤则败，惊怀疑计，死终则难成。

三吉门逢兴师去，五凶时值要卷旗。

[注]择吉要看本旬天乙值阳宫阴宫，盖值阳宫为开，值阴宫为阖。又看本旬地乙临阳星为开，临阴星为阖。开则宜动，阖则宜守。其半开半阖，以地乙为主。及时干宫临九天以扬兵，九地以掠地，六合以埋伏，太阴宜劫寨，白虎以死战，螣蛇以火攻，朱雀以游说，太常以酒食，直符以建号，明正以此备。如若急当以神运用，方能获吉，若值吉门乘旺相之宫亦无不利，而胎休次之，死囚大凶，没废次凶，兼决之可矣。遇急作用其乘吉门亦为大利，五凶则宜避之可耳。

[释]择吉要看本旬天乙值阳宫阴宫，盖值阳宫为开，值阴宫为阖。又看本旬地乙临阳星为开，临阴星为阖，开则宜动，阖则宜守。其半开半阖，以地乙为主。并需看时干宫所临之神，九天利以扬兵，九地利掠地，六合利埋伏，太阴宜劫寨，白虎以死战，螣蛇以火攻，朱雀以游说，太常以酒食，直符以建号。若情势危急，当以神运用，方能获吉。若值吉门乘旺相于害宫亦无不利，而胎休次之，死囚大凶，没废次凶，兼决之可矣。遇急运用法术，若乘吉门亦为大利，五凶则宜避之。

克择

旺相胎休我军吉，死囚废没何所怡。

[注]旺相胎没死囚废休何定也？即八节之本宫为旺，对宫为死。依帝出乎震之文，前一为相，后一为休，前二为胎，后二为废，前三为没，后三为囚是矣。所以立春艮旺，震相，巽胎，离没，坤死，兑囚，乾废，坎休。春分震旺，巽相，离胎，坤没，兑死，乾囚，坎废，艮休。立夏则巽旺，离相，坤胎，兑没，乾死，坎囚，艮废，震休。夏至离旺，坤相，兑胎，乾没，坎死，艮囚，震废，巽休。立秋则坤旺，兑相，乾胎，坎没，艮死，震囚，巽废，离休。秋分兑旺，乾相，坎胎，艮没，震死，巽囚，离废，坤休。立冬则乾旺，坎相，艮胎，震没，巽死，离囚，坤废，兑休。冬至则坎旺，艮相，震胎，巽没，离死，坤囚，兑废，乾休是之。挨次旺相到废休，一一数去，毫无失矣。

或问曰：春木旺而用艮，夏火旺而用巽，秋金旺而用坤，冬水旺而用乾何谓也？曰："艮有寅木，巽有巳火，坤有申金，乾有亥水，乃四立所寄，故谓之旺也。"① 况奇门家本巳艮震属木，巽离属火，坤兑属金，乾坎属水，土居中宫，寄于四隅，旺同四立，权衡八节，所谓旺者，诚有本欤？"

是故八门九星同有所旺衰，六仪三奇各有所否泰，但非是归一作用者焉。然则旺者革故鼎新，相者更改交易，胎者生产孕育，没者沉溺淹没，死者僵直不仁，囚者缧绁稽留，废者位失权脱，休者分散别离。及旺喜创作，相喜建立，胎喜安业，没忌渡河，死忌卜病，囚忌词讼，废宜守旧，休宜退步，而与事参合之，则克择吉时循其进退，定其行止，必卓然而著矣。②

[释] 克择指我军吉凶，我军为客则看天乙宫，为主则看地乙宫。落旺相胎休宫为吉，落死囚废没宫为凶。

旺落宫主新事、革故鼎新，落相宫主吉庆、更改交易，落胎宫生产孕育，落没宫主沉溺淹没，落死宫主死、僵直不仁，落囚宫主官刑、囚禁、稽留，落废宫主废弃改易、位失权脱，落休宫主分散别离。又，旺宫喜创作，相宫喜建立，胎宫喜安业，没宫忌渡河，死宫忌卜病，囚宫忌词讼，废宫宜守旧，休宫宜退步。

又要论开阖，以天乙值宫论开阖，地乙以值星论开阖，开则宜动，阖则宜守。天乙开则客当举兵，地乙开则主当兴师。

原注中详细讲解了旺相胎没死囚废休如何确定，本书在基础知识部分已经有详细讲解，兹不赘述。

出师

天乙九天当来往，诈三假五云犹然。

---

① 华龄本注：立春何云艮旺？曰："艮中有艮木，值立春之节也，可以八节之中，以艮震为木，巽离属火。坤兑属金，乾坎属水，土居中宫，寄于二八，是故中宫之气数验看，盖同于此两者耳。其六亲以旺相囚死胎没休废依次云矣，而八气之八气亦仿此也，但看作用者哉。

② 华龄本注：又谓天乙值宫论开阖，地乙以值星论开阖，开则宜动，阖则宜守也。天乙开客当举兵，地乙开主当兴师是也。旺相胎没囚死休废，旺主新事，相主吉庆，胎主生产事，没主忧沉溺事，死主死葬，囚主忧官刑、囚禁事，休主疾病事，废主弃改易事也。

吉门偶遇合三奇，三隐宫逢更可施。

游甲逢三兼九遁，生扶将命毋须疑。

[注] 占出师之方，宜以正时决定，得三隐、三门、三奇、天乙、九天、直符之方而生扶将命，去乃可。天蓬加而生扶命去之可也，至于三诈、五假、九遁，三道得使、游甲等等吉格，而值方上与主客、丙庚将士之命有益，则去之犹妙。及吉格亦不为利，存心究详，则无不验也。

[释] 占出师之方，须以正时起局，得三隐、三门、三奇、天乙、九天、直符之方而生扶主将之年命宫，出师乃吉。天蓬所加之宫而生扶年命宫出师亦可。至于三诈、五假、九遁，三道得使、游甲等等吉格，而值所往之方上，与主客、丙庚将士之命有益，则去之犹妙。及吉格亦不为利，存心究详，则无不验也。

作用

甲乙丙丁戊阳时，乘奇天上是法师。

庚辛壬癸己阴象，地下之奇要先为。

阳宜为客阴宜主，所取现时之地支。

庚格地乙不须遇，直符悖丙毋要随。

格见地符主遭乱，地乙逢格主士危。

勃逢天乙客罹疵，格侵地乙客军利。

格制其宫客土吉，格招宫迫客失时。

格被宫制客失阵，勃被宫克主破阵。

两般中五逢太乙，外战城郭内战帷。

外分客土多祥瑞，内也主兵莫不宜。

亭亭等煞中何用，最要时宫我利师。

[注] 作用一法大宜本乎时干，阳时从天上奇去，阴时从地下奇去，而为主者必获宜也。阳时从地下奇去，阴时从天上奇去，而为客者必获宜也。三奇若临地盘五阳干，其为客者利。三奇若临五阴干，其为主者利。如俱

临阴，俱临阳，则主客平平，争之何必？况庚本为格，不宜居地乙之宫。丙本为悖，岂宜临天乙之地，然地乙亦见庚，而主宫难守，天乙见丙而客宫不安。夫庚丙二者，本属至刚，而受制之宫凶犹可解，所制之宫凶岂可防？若格临所制之地，及格临受制之地，主客之安危，则必随时而分矣，但中五太乙之宫不宜逢斯二者，至于二者，亦不宜相见，如为相见而交战之说终不免也，在外野战，在内帷战，庚落丙上客胜，丙落庚上主胜，随时胜之，各为作用，何必则乎亭亭白奸之星煞而失正义者也。

[释]"作用"指做法之后往某方向行军。作用须要看时干之阴阳，甲丙戊庚壬为阳，乙丁己辛癸为阴，阳时从天上三奇之宫去，阴时从地下三奇之宫去，为主者必获宜。反之，阳时从地下三奇去，阴时从天上三奇去，为客者必获宜。天盘三奇若临地盘五阳干为客者利，临五阴干为主者利。如俱临阴，俱临阳，则主客平手，何必争之？庚为格不宜见乎地乙之宫，地乙见庚则主宫难安；丙为悖，岂宜临天乙之地，见则客宫不安。庚丙二者，本属至刚，落受制之宫凶犹可解，落其所制之宫则凶难防。若庚丙临所制之地及临受制之地，主客之安危已明。庚落离宫为受制，利主不利客，庚落震三巽四宫为落所制之宫，利客不利主。丙落乾六兑七宫为落所制之宫，利客不利主，落坎宫为受制，利主不利客。中五宫及太乙所在之宫不宜逢此二者。二者本身亦不宜相见于同宫之中，相见则交战终不能免，所落之宫在外野战，在内帷战。落同宫之时，天盘为客、地盘为主，庚所在之方胜，故庚落丙上客胜，丙落庚上主胜。最重要的是时干宫来生我宫方为吉，不必论乎亭亭白奸格。

防奸

癸为地耳丁天目，法以暗干旬首依。

劫寨偷营难外此，隄防埋伏是兵机。

五不遇兮勿要往，兴师值此去不归。

[注]天目可以知客藏，地耳可以知主方，故为客者以塞地耳，而为主者以塞天目，及五不遇宫、克制时干之天干者，皆以防之可也，其定耳目

之法，宜从本旬直符数之，阳遁则顺，阴遁则逆，其方宜备人、防奸、捉细作，探敌情者也，故曰耳目所重在此。及出军而不宜以时干克日干者也，但数耳目之方，宜据本旬值符去之。

[释] 占防奸主要看天目地耳所在之方，以及克时干之干所在之宫，可到各该方去抓奸细。具体地讲，天目所在之宫可以知客方奸细所藏，地耳可以知主方奸细所藏，故为客者到地耳方去抓奸细为塞地耳，为主者到天目方去抓奸细塞天目。定耳目之法，找到暗干癸所在之宫，天目为暗干丁所在之宫。其方宜备人、防奸捉细作，探敌情者也，故曰耳目所重在此。时干克日干之时为五不遇时，此时不宜出军。若某宫之干克制时干，亦不宜往该方出军，只宜往该方去捉奸细。

兵将所居

军门暗戊辛判断，士卒明堂乙鼓旗。
大将军帐旬甲位，伏兵丁上宜妙微。
斩罚庚宫癸府藏，粮储天牢己指挥。
若然旬甲克将命，斯地安营恐受围。

[注] 阳遁顺数，阴遁逆数，自旬首而数至癸终，则知大将居甲，旗鼓居乙，士卒居丙，伏兵居丁，军门居戊，斩罚居庚，判断居辛，粮储居壬，小将居己，府藏居癸，同于大将者也，如此九宫排定所备坚固，则其犯营一节何能有也，此乃十时一移之法，毋以飞跳奇仪认之则是。

[释] 此条为安营之时，依奇门安排布置各将领及职能部门位置。起局之后，排定天盘暗干，大将居甲，旗鼓居乙，士卒居丙，伏兵居丁，军门居戊，斩罚居庚，审理判断居辛，粮储居壬，小将居己，府藏居癸。由于癸与甲必然同宫，所以府藏与大将同居一处。如此九宫排定，所备坚固，则不必担心敌人来犯营。若值符宫克主将年命宫，此地安营恐遭敌人包围。

粮草

生门军饷粮草任，被迫击刑运难持。

最忌蓬庚玄武克，犹嫌空墓五凶时。①

[注] 占蓄饷，生门为饷银，天任为粮草。如为运动，须看庚宫克与不克，及武蓬脱与不脱，若三者有一克脱生与任者，其被劫之患终不免也。庚为敌将，蓬为大盗，武为小盗，皆随正时而定之。如任生值旺相之地，得时干宫克脱三者，乃任其运用则毋须论也。

[释] 生门为饷银，天任为粮草。如需转运粮草饷银，须看庚宫克与不克粮草、饷银宫，及玄武、天蓬星所在之宫脱与不脱，若三者有一克脱生门宫与天任星所在之宫者，其被劫之患终不能免，因为庚为敌将，天蓬为大盗，玄武为小盗。如过天任星所在之宫、生门宫值旺相之地，得时干宫克脱三者，则可放心转运。

野宿

将命乘吉当野宿，墓空迫制丧军储。

芮备阴谋蓬防盗，辅禽心任野宜居。

柱斗冲兵英犯火，五凶不利三吉舒。

第一非安囚死地，逢之没废意难如。

旺相胎宫无不喜，值休野宿毋惊虚。

[注] 凡野宿，须察将命，将命临吉，终属无咎，临凶灾患立至。及值旺相之宫，犹为大利，胎休之地亦是平安。惟死囚二者大非吉兆，如或临之危不待言，苟天乙乘吉，中五值美，则无妨云云。

[释] 凡占野宿，须察为将者之命宫，命宫临吉，终属无咎，临凶则灾患立至。若值旺相之宫，犹为大利，胎休之地亦是平安，惟临死囚二者大非吉兆，危不待言。但是，若天乙宫乘吉，中五宫吉利，则无妨。

登舟

将军若得休门扶，水路乘船可进途。

---

① 入墓劫出备劫师。

乙奇白虎克休位，振起狂风莫忙手。

[注] 水路登舟及水战要看休门与将命何如。若为生扶将命，必属吉利，克脱将命必属不吉！及休宫受白虎、乙奇之克而狂风鼓荡，则舟颠船覆患不能疗，宜慎避之为是。

[释] 水路登舟及水战要看休门所在之宫与主将命宫何如。若休门宫来生扶主将命宫，必属吉利，克脱必属不吉。若休门宫受白虎宫、乙奇宫之克，则狂风鼓荡，舟颠船覆，患不能免，宜慎避之为是。

观风

观风白虎天辅下，乘空入墓风不噓。

[注] 观风之有无大小，顺逆狂否，皆从虎辅下定之。盖辅主顺逆南北，虎主有无大小，若乘空、入墓皆主无风，总有亦小。其旺相胎宫皆大，死囚没宫皆小，休废之宫皆轻风焉。至虎旺动，应虎方来风。辅旺动应辅方来风。虎克辅宫，风起于虎。辅克虎宫，风从于辅。日生扶虎则风从虎，日生扶辅则风起辅。日若两生或南或北，日若两克，或起或伏，依是定之，无不验矣！其乘旺值相，必属狂大可知也，而逆风之说必矣。

[释] 观风之有无大小，顺逆狂否，皆从白虎宫、天辅星所在之宫定之。天辅所落之宫主顺逆南北，白虎宫主有无大小。若乘空、入墓皆主无风，总有亦小。旺相胎宫皆大，死囚没宫皆小，休废之宫皆属轻风。若白虎旺动，应虎方来风，天辅星旺动则应辅方来风。白虎宫克天辅宫，风起于白虎宫，天辅宫克白虎宫，风从于辅。日干宫生扶白虎宫则风从虎，日干宫生扶天辅宫则风起天辅宫。日若两生则或南或北，日若两克，或起或伏。

胜负

客克主宫主生客，我师不利彼师虞。

若也时干亲地乙，主军大胜客军输。

[注] 凡观胜负，先察此时利主利客。盖时宫生扶地乙之宫，即属利

主，生扶天乙之宫，即属利客。利主者，主宜先动；利客者，客宜先动；客生扶主宫，主必胜；主生扶客宫，客必胜；总以先有者为主，后有者为客，两家分定，祸福昭彰。其他飞门为客，流宫为主，先来为客，后来为主，等等泛辞则毋从之也。①

[释] 凡占胜负，先察此时利主利客。时干宫生扶地乙之宫利主，生扶天乙之宫利客。利主者，主宜先动；利客者，客宜先动。注意，市面上奇门一般先动者为客，后动者为主，矫先生却是另有定主客方法，他以先有者为主，后有者为客，两家分定，祸福昭彰。主客确定之后，再确定应该先动还是后动，而不是根据先动后动定主客。客宫生扶主宫，主必胜；主宫生扶客宫，客必胜。一般市面上奇门定主客时还有飞门为客、流宫为主，先来为客、后来为主，矫先生认为都不可取。

迎敌

庚士如然克丙士，主军惟恐命呜呼。

[注] 迎敌惟考二士，庚脱克丙宫，客士必强，丙脱克庚宫，主士必胜是之。

[释] 庚所在之宫为客方士卒，丙所在之宫为主方士卒。庚宫脱克丙宫，客士必强，丙脱克庚宫，主士必胜。

三胜

九天生门天乙处，我军乘胜宜攻屠。

[注] 九天、生门、天乙为三胜宫，凡出军遇急，不暇选择，须乘此三胜宫，或分三队而击其冲者，则我军必获大胜，故曰乘胜者此也。

[释] 九天、生门、天乙为三胜宫，凡出军遇急，不暇选择，须乘此三胜宫，或分三队而击其对冲之宫，则我军必获大胜。

---

① 其受克者，尤属不吉而论。

五不击

天乙九地九天道，六丁生门击切毋。

[注] 天乙、九地、九天、丁奇、生门为五不击宫，务宜避之，故曰：不击者此也。

[释] 天乙、九地、九天、丁奇、生门为五不击宫，务宜避之，不可向此五方进兵。

投军

为客如逢为主助，投军之士履云衢。

[注] 占投军以客宫为投军之士，或以天冲为投军之士，主宫为主帅，总以相生者以见即合，相克者终无有益，毋须往投之也。又以天冲为武士，禽蓬为主帅，以待考验也。

[释] 占投军以客宫为投军之士，或以天冲星所在之宫为投军之士，主宫为主帅，两宫相生者以见即合，相克者终无有益，毋须往投。又有以天冲为武士，禽蓬为主帅一说，有待考验。

攻城

禽丙中五开门遇，攻城何必自惊虚。

禽丙全为守城将，被蓬克脱守岂如。

至使庚蓬临太乙，正时课起备毋徐。

[注] 欲攻其城，课定正时，得丙、禽、开门三者入于中五或观其城上有赤白黑气及霾雾交加则攻之必克。及攻营破寨，则察太乙、天乙、地乙之宫临不临此，若临此则攻之亦克。如不值此，则不必然矣。二者若偶被庚蓬来克，及庚蓬入太乙、地乙，中五之宫，贼人必来侵我，宜慎防，故曰：备毋徐也。①

---

① 及禽丙为守城之将，而被庚蓬克害，其攻之必克，禽丙若克庚蓬，或夺贼人所侵占之城，或劫贼人之营寨，禽丙入中五、太乙、地乙之宫，其贼城难守，必为我破之也，卜攻城破寨者如此详。

[释]占攻城以正时起课，若甲申庚、天禽、开门三者入于中五宫，或观其城上有赤白黑气及霾雾交加，则攻之必克。攻营破寨与攻城不同，应察太乙、天乙、地乙之宫是否得庚、天禽、开门，得此三者则攻之亦克，否则未必。庚、天蓬入太乙宫、地乙宫、中五宫，贼人必来侵我，宜慎防。天禽星、丙奇所在之宫为守城之将，若此两宫被庚所在之宫、天蓬所在之宫来克害，攻之必克。禽、丙若克庚、蓬，则利于夺贼人所侵占之城，或劫贼人之营寨。禽、丙入中五、太乙、地乙之宫，其贼城难守，必为我攻破。

守城

丙禽二神克庚蓬，攻者遭诛守者舒。

[注]主占守城以禽、丙为用，客占守城以蓬庚做主。四者临中五之宫，城必坚固。临太乙、地乙，主塞无攻。临太乙、天乙，客塞无破，及禽丙被克，主将被擒，庚蓬被克，客将遭诛。一一详推，则无忧可保。①

[释]守城也要分主客，为主者占守城以天禽、丙奇所在之宫为用，为客占守城以天蓬、庚所在之宫为用。四者临中五之宫，城必坚固，临太乙、地乙则为主者城池坚固难攻，临太乙、天乙则为客者城池坚固难破。禽丙被克，主将被擒，庚蓬被克，客将遭诛。一一详推，则无忧可保。②

贼去留

占卜贼军去与留，庚金原是其总由。
居在内兮终不去，在于外地莫来由。
地乙四宫贼勿处，天符四位丙毋投。
总然太乙两般忌，彼此相占法自优。

[注]占贼军去留须看庚金之位，在内在外，在内终属难去，值外未能

---

① 而禽丙临中五之宫，又克制庚蓬其守之必坚。守寨则看禽丙临太乙、地乙为妙。别守营寨则看庚蓬临太乙、天乙，守城则看庚蓬临中五而克害禽丙，则终不遭主军破矣，慎之详之。
② 而禽丙临中五之宫，又克制庚蓬其守之必坚。守寨则看禽丙临太乙、地乙为妙。别守营寨则看庚蓬临太乙、天乙，守城则看庚蓬临中五而克害禽丙，则终不遭主军破矣，慎之详之。

前来。① 及地乙宫并地乙四宫，皆不宜见之为吉，如或见之，速备则是。课丙者反此。② 夫四宫之法，即如天乙在坎，地乙在巽，而巽以下至兑是地乙四宫，坎以下至震并乾是天乙四宫。若天乙在艮，地乙在震，则天乙以后至兑，是天乙四宫。地乙以前至坤是地乙四宫，其同居内者，同居外者必当如此区分。其各居内者，各居外者，则止以内外定之，而不必然也。若值伏吟，则以左者为地乙四宫，右者为客四宫而内外之分，更不必然也。③

[释]占贼军去留须看庚金所在之宫在内在外，在内终属难去，值外未能前来。但地乙所临之宫，毋见庚金为宜。及地乙宫并地乙四宫，皆不宜见之为吉，如或见之，速备则是。丙者反此，天乙所临之宫及天乙四宫，毋见丙火为宜。太乙乃门户之由，不宜见庚丙者仿此。所谓四宫，简单的推算方法是，从地乙宫开始顺时针数四宫为地乙四宫，其余为天乙四宫。如天乙在坎，地乙在巽，从巽宫开始顺时针数，1巽、2离、3坤、4兑是地乙四宫；其余乾、坎、艮、震四宫是天乙四宫。若天乙在艮，地乙在震，从震开始，顺时针数四个宫—震、巽、离、坤为地乙四宫，其余兑、乾、坎、艮是天乙四宫。若值伏吟，仍按此规律，从值符宫开始，顺时针数四宫为地乙四宫，其余为天乙四宫。天乙四宫我为外，地乙四宫为内。所谓同居内者，同居外者指是否同居天乙四宫或同居地乙四宫。注意，矫先生这种论内外之法与市面上的方法不同。市面上以阳遁坎艮震巽四宫为内，其余四宫为外；阴遁以离坤兑乾为内，其余为外。

贼藏处

敌兵预晓藏何处，禽丙庚蓬仔细筹。

[注]主占客军④之藏处，以庚蓬为断。客卜国兵之在方，以丙禽而决。即如蓬在九宫，庚在八宫，可知正南藏一队，东北藏一队也，余仿此。

[释]主占客军所藏之处，以庚、天蓬为断。客卜国兵之在方，以丙、

---

① 课丙亦然，但地乙所临之宫，毋见庚金为宜，天乙所临之宫，毋见丙火为宜。
② 天乙在外亦然，太乙乃门户之由，不宜见庚丙者仿此。
③ 必当如此攸分，若内外以内外定矣，则不然伏吟在右定之，仍以内外为准。
④ 贼军。

禽而决。如蓬在离九宫，庚在艮八宫，可知正南藏一队，东北藏一队，余仿此。

虚实

敌势虚实察庚丙，旺相情真空墓囚。

[注] 卜敌势虚实，以庚丙为断，临旺相之地，得生扶吉格皆为确真。值死囚废没之地，受克脱、空墓，尽是虚诈。若在非旺非衰之地，或虚中得生，囚裹得济，空中得冲，墓下得拔，然刻下虽虚，终必有实。其待时而动，不可不备也者。至卜他人之虚实，知年命观年命，不知年命观主客决之，亦仿是。夫彼势盛而我势衰，宜坚兵待之，我势强而彼势弱，宜进兵攻之，占此者惟在趋避为宜也。

[释] 卜敌势虚实，以庚、丙所落之宫为断，临旺相之地、得生扶吉格皆为确真。值死囚废没之地，或受克脱、空、墓，尽是虚诈。若在非旺非衰之地，或虚中得生，囚裹得济，空而得冲，墓而得拔，则刻下虽虚，终必有实，须待时而动，不可不备也。若卜他人之虚实，知其年命则观年命宫，不知其年命观主客决之，亦仿此。彼势盛而我势衰，宜坚兵待之，我势强而彼势弱，宜进兵攻之，占虚实者惟在趋避为宜。

强弱

金星得令贼扬武，荧惑失时主力柔。

[注] 占两军强弱，以庚丙决之。庚得生扶旺相，主敌势威，丙得生扶旺相，主宫势强，二者落陷反斯。

[释] 占两军强弱，以庚、丙决之，庚所落之宫为贼兵，丙所落之宫为主军。庚宫得生扶旺相，敌势猖獗，丙宫得生扶旺相，则主军势强。落陷则反此而断。

两军动静

旺者动兮衰者静，时干克去兵已抽。

阳宫必起阴宫灭，占验须从庚丙搜。

[注] 占两军之动静，亦以庚丙断。旺相得生于阳宫，时干佐之，则必起焉。死囚受制于阴宫，时干克之，则必灭焉。起则动于此也，灭则静于此也，必矣！

[释] 占两军动静，亦以庚丙断，庚为贼兵，丙为主军。旺相、得生于阳宫，又有时干宫来生扶，则必起焉。死囚受制于阴宫，时干宫来克，则必灭焉。起则动于此宫，灭则静于此宫。

两军勇怯

甲申值空彼怀怯，月奇入墓我心愁。

[注] 占两军之勇怯，皆以庚丙为观，其有乘空、入墓，可知情怯，逢旺、遇生，定然勇敢。

[释] 占两军勇怯，皆以庚丙为观，庚所落之宫为贼兵，丙所落之宫为主军。乘空、入墓者，必然情怯，逢旺、得吉格、时干宫来生扶，定然勇敢。

伏兵有无

太阴之下伏兵有，空墓绝兮旺动忧。

[注] 占伏兵之有无，须以太阴为断，值墓、乘空、及死囚没废，皆主无有，遇生得扶，旺相胎休，其必有也。

[释] 占伏兵之有无，须以太阴所落之宫为断，若此宫值墓、乘空、及死囚没废，皆主无伏兵，若遇生得扶，旺相、吉格，必有伏兵。

埋伏前后

时干前一在前走，后一时干在后游。①

[注] 占敌军埋伏在我军之前后，以庚丙决之，伏兵则以太阴为断，在

---

① 在时干后知在后。

时干前宫，知必在前。在时干后宫，知必在后，如与时干同宫，知在咫尺之地，左右之间耳。

[释] 占敌军埋伏在我军之前后，以庚、丙所落之宫决之，伏兵则以太阴所在之宫为断。在时干宫之前，埋伏必在前，在时干宫之后，则必在后。如与时干同宫，知埋伏必在咫尺之地、左右之间。

偷营有无

玄武天蓬克我塞，临时谨慎彼来偷。

[注] 占偷营之有无，以天蓬、玄武断之，若克地乙之宫，必主有偷营者也。不克则不然，容占者详而是矣。

[释] 占偷营之有无，以天蓬、玄武所落之宫断之，若此二宫有一宫来克地乙之宫，主必有偷营者来，不克则不然。

潜兵

六丁之下好潜卒，偶值太阴宜伏矛。

时干若然克二者，怎忍苍天苦按头。

[注] 六丁者，即天目也。但天目之下，最宜潜卒为宜，而太阴之下伏矛，则亦未有不利也，然而两处虽宜伏兵，亦不宜被时干之克脱也。既时干以作我害，是天按其头，事不容为，任能潜卒亦非所利也。

[释] 六丁所在之宫，即天目宫，但天目之下，最宜潜卒，而太阴宫中伏矛，亦未有不利。此两处虽宜伏兵，但不宜被时干之宫克脱。时干宫来克，是天按其头，事不容为，尽管天目宫、太阴宫能潜卒亦非所利。

军心顺逆

天冲如或克主客，侵制害乱内防谋。
返吟不定心神变，开动生阳起在休。
临惊士卒怀疑计，死死伤伤杜逗留。
中五无门景有象，太常酒食欲相酬。

[注]占军心之顺逆，须观天冲之生克，为主者以地乙与论，为客者以天乙与较。其克脱主客，意必反背，若被主客二宫刑克，是将军法严，激变士卒。但天冲值侵、制、害、乱，返伏诸格，或击刑、乘空，皆非吉兆，宜速施恩惠、德庇士卒为宜，不然必至招变。及兼所值之八门，验其军士之心，亦无不响应。

[释]占军心顺逆，须观天冲星所在之宫与地乙宫、天乙宫而论，为主者以地乙与论，为客者以天乙相较。克脱主客二宫，意必反背象。若天冲所在之宫被主客二宫刑克，是将军法严，而士有激变。若天冲值侵、制、害、乱，返、伏诸格，或击刑、乘空，皆非吉兆，宜速施恩惠、德庇士卒，不然必至招变。天冲所落之宫所值之门皆有所应验，开门为动，生门为阳，休门为起，惊门主士卒心怀疑计，死门主死，伤门主伤，杜门主逗留，中五无门，景门有象。得太常为酒食欲款待。

将心安否

禽蓬内乱将心变，脱去克来主客忧。

暗变凶兮明变吉，英雄不可不察由。

[注]占将心之安否，须以禽蓬而察究，若夫二者克脱主客，及乘内乱、内害、返吟诸格，将心必变。值三吉门则明谋，值五凶门则暗算，如或生扶主客及吉格，则不必然也。

[释]占将心安否，须以禽蓬所落之宫而察究。若此二者克脱主客，及乘内乱、内害、返吟诸格，将心必变。值三吉门则明谋，值五凶门则暗算，如或此二宫来生扶主客及乘吉格，则将心不必有变。

差委将士

庚丙都来生扶帅，差委何须犯策筹。

二者空兮终懈怠，吉逢法令遇凶仇。

[注]欲差委将士，惟主庚丙二者，主士生扶主帅者，主得其宜。凭其差委。客士生扶客帅者，客得其宜，凭其差委。二者克脱主客，或值空墓、

五凶之乡，皆主不宜差委，另选则是。帅也者，乃主将年命之谓尔。

[释] 欲差委将士，看庚丙二者所落之宫与主帅年命宫生克，庚为客士，丙为主士。主士生扶主帅年命宫者，主得其宜，凭其差委。客士生扶客帅年命宫者，客得其宜。二者克盗其委派之人年命，或值空墓、五凶之乡，皆主不宜差委，另选则是。

分旅

主将一宫两情约，分军别旅法不超。

此在内兮彼居外，两师行来万里遥。

[注] 占分旅以主将为断，主与将同居于外，或同居于内，则不必分之。如主在于内，将在于外，分之始可。主者即地乙也，以禽为将，客者即天乙也，以蓬星为将是矣。

[释] 分旅指分兵驻扎或分兵进军。占分旅先要分清主客，若自己是主军，则以地乙宫、天禽星两者为断，两者一在内一在外则当分，若两者同在内或同在外则不宜分。若客军占，则以天乙、天蓬两宫断，亦遵循"两者一在内一在外则当分，两者同在内或同在外则不宜分"的原则。

遣使

太乙乃为我之使，生扶于主两情调。

[注] 遣使以太乙为用，若生扶两乙，遣之为吉，若克脱两乙，遣之无益矣。两乙，即天乙，地乙也。

[释] 占遣使以太乙所在之宫为用神，若生扶天乙宫或地乙宫，遣之为吉，若克脱两乙宫，遣之无益矣。到底看天乙宫还是地乙宫，以自己是主军还是客军而定，主军看地乙宫，客军看天乙宫。

敌使

如然奋力攻击客，来使凶狂切莫饶。

[注] 敌使前来克脱主客，或乘庚辛凶格，及白虎、螣蛇，必有叵测，

定非吉兆，决为奸细，宜屠之可也，若生扶两乙，值吉神、吉门，使来实属佳事，宜款为上宾可也。

[释] 敌方使者前来，以太乙宫为用神，若太乙宫克脱天乙、地乙宫，或太乙宫乘庚辛凶格，及白虎、螣蛇，必有叵测，定非吉兆，决为奸细；若生扶两乙，值吉神、吉门，使来实属佳事，宜款为上宾。到底看天乙宫还是地乙宫，以自己是主军还是客军而定，主军看地乙宫，客军看天乙宫。

来降

客克主兮降不吉，我空被脱亦虚飘。

惊疑死斗五心定，杜愠伤争景多谣。

开门荡散休情确，① 实意生门赐锦标，②

[注] 来降之者，务审客宫为是，客生其主，降者必实。值惊怀疑诈。死怀战斗。五怀诚意。伤怀争竞。杜怀恼恨。景多诡谲，开怀散乱，休怀真情确，生无疑，断之可也，若相克制，则必主情伪，宜慎防之。

[释] 占来降者之真伪，务审主、客两宫，天乙宫为客、地乙宫为主。客生其主，降者必实。若相克制，则必主情伪，宜慎防之。天乙宫值惊门怀疑诈，死门怀战斗，中五怀诚意，伤门怀争竞，杜门怀恼恨，景门多诡谲，开门怀散乱，休门怀真情，生门则真诚勿疑。

追兵

太白乘权克害主，追兵迅速卷征镳。

[注] 追兵在后，主以察庚，客以审丙。丙旺克客，客必被杀。庚旺克主，主必戮也。

[释] 追兵在后，为主者以察庚宫，为客以审丙宫。丙宫旺而来克客宫，客必被杀。庚宫旺而克主宫，主必戮也。

---

① 开主中散休情确。
② 生门无疑心毋劳。

失将

失亡之将年命考，生我必归脱我逃。

[注] 失将不知其来否，以本人年命为考，如不知年命，以庚丙详究。凡生克两乙，其必能归。脱盗两乙必不能回。如逢凶格，凶门、凶神、凶星，知其已亡，则何必留念。以孟甲不动，仲甲中途，季甲即来断之可也。

[释] 失将不知其来否，看其本人年命，如不知年命，以庚宫、丙宫用神。凡用神宫生克天地两乙宫，其人必归。若脱盗两乙宫必不能回，如逢凶格，凶门、凶神、凶星，知其必有险阻，则何必留念。又以孟甲不动，仲甲中途，季甲即来断之可也。

迷途

迷途不辨开乡找，速速寻来法最高。

[注] 行路崎岖，不辨正路，以迷途为体，专寻开门而去，如其方不得开门，而休生亦谓之吉也。

[释] 行路崎岖，难辨正路，可从开门所在之方而去，如开门之方不可用，休门、生门所在之方亦吉。

被困

若夫六合扶年命，被困何须胆气消。

六丁之下亦当走，生我命宫任飘飘。

[注] 被困于重围之中，无所逃匿，须速觅六合及时六丁之下，去之乃可。若克我命，则寻时干之方，及就生命之宫，为皆善矣。

[释] 若被困于重围之中，无所逃匿，须速觅六合及暗丁所在之方，去之乃可。若六合宫、丁奇所在之宫克我年命，则寻时干之方及生我年命之宫皆可。

逃围

三奇三隐三门下，罹众围时须解袍。

[注] 凡逃围者，三奇三隐三门之下皆可以逃也，惟生扶命宫者为宜。要解袍矣。

[释] 凡欲逃围者，三奇宫、三隐宫、三吉门宫皆可以逃走，惟生扶命宫者为宜，要解袍矣。

急从神

急从神也寻生命，① 唤字呼名背负刀，毋须回首算为高。

[注] 然吉方虽吉，不能生命，其生命之方又属凶格，只得呼其名字背负刀，如乘蓬则呼子禽，乘芮则呼子成，乘冲则呼子翅，乘辅则呼子卿，乘禽则呼子公，乘心则呼子襄，乘柱则呼子惠，乘任则呼子韦，乘英则呼子然，宜背负刀大呼而去之也。而毋须回顾是也。

[释] "急则从神"是奇门法术之一，具体用法是，急切之下，若吉方虽吉，不能生我命宫，生命之方又属凶格，只得从生命宫之方而去，此时宜呼九星名字、背负刀而出。奇门遁甲的九星都是拟人化的，各有字号，如天蓬星字子禽。若所往之方乘天蓬则呼"子禽"，乘天芮则呼"子成"，乘天冲则呼"子翅"，乘天辅则呼"子卿"，乘天禽则呼"子公"，乘天心则呼"子襄"，乘天柱则呼"子惠"，乘天任则呼"子韦"，乘天英则呼"子然"，须背负刀大呼而去，切勿回头。

月建

月建戌加履禹步，天罡指处整戎韬。

[注] 将戌加于月建之上，禹步自贪至破而去，则万恶潜藏，无不如意，兹其所以神也。假如月建在寅，以戌加寅上用亥时，则罡星指卯是之。

[释] 将戌加于月建之上，数至当时正时止，所落地支即成为罡星所指。然后禹步自贪至破而去，则万恶潜藏，无不如意。假如月建在寅、正时是亥，寅上是戌，卯上是亥，亥是正时故到此为止，则罡星指处是卯。

奇门遁甲九星另有一套名称，天蓬星又名贪狼星，天芮星又名巨门星，

---

① 另本作：急从门兮寻生路。

天冲星又名禄存星，天辅星又名文曲星，天禽星又名廉贞星，天心星又名武曲星，天柱星又名破军星，天任星又名左辅星，天英星又名右弼星。

三私门

太阴常合地私道，遇吉皆能令萧骚。

[注] 太阴、六合、太常三神又为地私门，遇急去之亦吉。

[释] 太阴、六合、太常三神又为地私门，此三方若有吉门遇急去之亦吉。

天马方

暗卯之宫乃天马，如山剑戟亦徒劳。

[注] 暗卯之宫为天马之方，遇急毋须畏忌，乘便出之，犹宜即以旬首起支是矣。

[释] 天马方的确定方法，取暗卯之宫即可。天马之方宜逃亡。

大难

甲作青龙乙蓬应，明堂是丙太阴丁。
六戊天门地户己，庚为天狱辛天庭。
壬主天牢华盖癸，阳孤面背阴虚灵。
皆从旬首青龙起，挨次排来可藏形。
步自青龙履向乙，丙过戊出己公厅。
归来返步太阳下，折草藏身逴癸回。
不须回顾意敬诚，齐天灾祸若浮萍。
折首一中乖人经，随口传来诵真言。
天覆地翻其一句，九遁皆塞二句要。
有追迫我乃三句，至此而绝四句哃。

见我者死为第五，追我者亡六句诵。

吾奉九天玄女旨，道母元君律令高。

步自青龙履接乙，遇丙出戊入己策。

返步归至太阴宫，折首须向天藏跳。

回顾不许意宜诚，齐天灾病立时消。

[注] 凡遇大难，须行青龙一法，自六甲旬首起青龙，遇乙蓬星、丙明堂、出戊天门、入己地户，返丁太阴，折草一茎，藏身向癸天藏而去，不履庚辛壬三致凶位，但不须回顾则可。

此节验与不验，毫无可辨，只得照旧录出，以公同好。苟有良善君子，总不以此避难，则天亦不降其祸。其他凶顽小人，总演此术而欲避患，未闻逃出有几人也。是以仅告诸公，临事先揣自心，不可以此术混耳。

天网

天网隄防一二向，伏身三四可避藏。

六七八九何足畏，散步从之任回逞。

[注] 天网者癸也，一二至凶，三四伏身而去，六七八九任所往矣。天网当分三段，一二三宫网低，可以出入，四五六不可出入，名天网拦身，七八九宫网高过人，可以出行。《经》云："天网四张无路走，一二网低有路通，三至四宫行入墓，八九高强任西东。"

[释] 天网在奇门遁甲中指出行或逃走时的障碍、罗网，看癸落在何宫，该宫即有天网。天网落在哪一宫有讲究，并非落在任意一宫都不可出行。市面上奇门一般用这首歌诀确定天网方是否可行："天网四张无路走，一二网低有路通。三至四宫行入墓，八九高强任西东"。其中，天盘癸加地盘癸为天网四张格，此路不通，切不可往此方而去。癸落在一宫或二宫为天网低，可以跨过去，此方可行；若落三、四宫可以伏身而去，八、九宫则天网高，不碍我事，畅通无阻。这句口诀没有讲癸落六宫如何。天网当分三段，一二三宫网低，可以出入，四五六不可出入，名天网拦身，七八九宫网高过人，可以出行，经云，天网四张无走路，一二网低有路通。四

至六宫行入墓，八九高强任西东。（此处引文或有误，天网四张无路走，一二网低有路宗，三至四宫行入墓，八九高强任西东）

孤虚

又有孤虚一般法，甲子之旬戌亥乡。

甲戌酉申为正位，甲申午未作空方。

甲午辰巳乃孤地，甲辰寅卯是其疆。

甲寅子丑孤神位，孤者冲宫虚所藏。

亚圣天时称最妙，须知地利更高强。

背孤击虚只此法，乘柔制刚亦金章。

[注] 孟子曰"天时不如地利"，盖乘旺击衰，背孤击虚者也。古云：万人用年孤，千人用月孤，百人用日孤，十人用时孤者，仅此法耳。但年月二孤多属失气，日时二孤而交锋之者岂可以弃之不用乎？然则日孤十日，时孤十时，方属递换为是。

[释] 背孤击虚法是古代军事战争中一种择地利之法，选择自己朝哪个方向进攻，孟子所谓"天时不如地利"。《景祐遁甲符应经》云：黄石公曰"背孤击虚，一女可敌十夫"。自己背对空亡方，攻击对冲方，即为背孤击虚。空亡方在前面基础知识部分已经讲过，甲子旬中戌亥空，甲戌旬中申酉空，甲申旬午未空，甲午旬中辰巳空，甲辰旬中寅卯空，甲寅旬中子丑空。至于用时孤、日孤，还是月孤、年孤，要看用兵规模。古云：万人用年孤，千人用月孤，百人用日孤，十人用时孤者。

把孤虚法的原理理解成背旺击衰则令人费解，因为孤虚与旺衰是两回事。例如，现在是秋季，在此一个季度之内申酉方均为旺方，但按孤虚法推算，只有甲戌旬中此方才是孤方，可背而击其对冲，每逢甲辰旬此方即为虚，属可击之方。总之，孤虚法与旺衰法推算体系完全不同，双方有时推算结果恰巧相同，有时完全相反，二者不能混为一谈。此法记作"背空击虚"就比较容易记忆、理解。先找出空亡所在之方，此方为孤，其对冲之方即为虚。自己坐空亡方，使对方向空亡方攻击，不得力、难以取胜。

觅水

蓬星壬癸之神下，觅得涌泉水汪洋。

[注] 觅水专以蓬星壬癸为用，三者有一值旺相即向其方觅之可也，为将者不可不知也。

[释] 领兵在外经常需要找水，觅水以天蓬星、壬、癸为用神，三者所在之宫有一值旺相，即向其方觅之可也。

劫粮

任生我士生克命，前去劫粮任翱翔。

[注] 天任、生门二者生扶我士，或克我年命，我去劫粮，则必探囊而取物者也。

[释] 天任、生门二者所在之宫为粮草，若此二宫生扶我方军士之宫，或克我年命宫，我去劫粮，则必如探囊取物。我方军士之宫指丙或庚所在之宫，丙为主方军士，庚为客方军士。

回军

丙庚退墓兼刑迫，速速回军可免殃。

[注] 回军以丙庚为主，若值退茹、神入墓、击刑、被迫、凶格，宜速速回军，其庚被丙克，及地乙克丙，丙被庚克，及天乙克者亦然。

[释] 回军以丙、庚、天乙、地乙宫为用神，若丙宫、庚宫值退茹、神入墓、击刑、被迫、凶格，宜速速回军；庚宫被丙宫克，及地乙宫克丙宫，丙宫被庚宫克，及被天乙宫克者亦然。

定约

彼将空兮客负约，景门迫制亦虚惶。

[注] 定约之准否，以主客二宫断之，主空、退神，及被脱盗主背约。客空、退神，及被脱盗，客负约。若景门空墓，必约期无定，或两约俱

负也。

[释] 定约之履行兑现否，以主客二宫断之，主宫落空、得退神、被脱盗，主方背约；客空、退神、被脱盗，客方负约。若景门落空或入墓，必约期无定，或双方俱负约。

战期

白虎临之战期定，退茹入墓忌交锋。

主临白虎主宜动，客值勾陈客要扬。

主客之宫庚丙见，交兵期限已择良。

[注] 占战期于何日，须以白虎临天干决之。若值退茹、退神、入墓，定难交兵。击刑、凶格必战。及地乙临白虎，宜主先动，天乙临白虎，宜客先举。主客二宫，庚丙皆见，其交兵之论必矣。

[释] 占交战日期，须以白虎宫所临天干决定。若白虎宫值退茹、退神、入墓，定难交兵，得击刑、凶格则必战。及地乙宫临白虎，宜主先动，天乙宫临白虎，宜客先举。主客二宫，庚丙皆见，交兵不可避免。

察机

若或二宫值暗甲，青龙旺处旌旗门。

精兵暗乙明堂锐，丁主阴谋慎敌来。

戊势坚强己势守，庚辛死斗血浮埃。

危气天牢盗贼至，被罗六癸要遭灾。

内侵害制他将乱，死杜伤惊被含哀。

开主勇兮生主壮，休门巧智景文才。

五宫相遇无生路，其势已穷意徘徊。

[注] 察机之法，贵于暗甲，故客欲察主则自天乙起去，从甲至癸，阳顺阴逆，看地乙之临。主欲察客，则自地乙起去，从甲至癸，阳顺阴逆，看天乙之临。至庚蓬皆详。地乙暗干，禽丙皆详。天乙暗干每十时一换，

则两军之情弊，景况之顺逆可知也。[①]

[释]察机指占察敌军形势，客欲察主则自天乙宫起去，从甲至癸，阳顺阴逆，看地乙宫得何干，亦可看天禽星所在之宫得何干、丙宫得何干；主欲察客，则自地乙起去，从甲至癸，阳顺阴逆，看天乙宫所临之干，也可看庚落何宫、蓬宫得何干。天乙暗干每十时一换，则两军之情弊，景况之顺逆可知。

一些版本中，矫先生又提出，无论主客，独以天乙上起去，看时干、庚、蓬禽各宫所临。

若宫中得甲，主势大气旺，乙主精兵，丙主勇敢，丁主阴谋、宜慎防敌来，戊势坚强，己为守势，庚凶猛，辛杀气腾腾，壬乃死气、盗贼之属，癸主被网蒙、要遭灾。得内侵、害、制诸格主自乱。得惊、死、伤、杜各门主乖乱，开门主勇敢，生门主强壮，休门巧智，景门文才，中门为穷途末路任我俘获。

军中见异

虎乌龙蛇军帐见，异奇报事信来音。

飞布正时观仔细，太阴六合伏兵攻。

白虎刀戈武盗至，太常酒食献元戎。

螣蛇火起阴谋地，兵困九天符夺雄。

[注]凡军中见异，即以正时课起，看临何神而断。如九地主阴谋，螣蛇主火炮，九天主兵困，直符主争夺，白虎主凶斗，玄武主盗窃，六合主伏兵，太阴主奸细，太常主酒食。及克者来速，生者来迟，脱盗者主阴谋陷害，务须备之。

[释]凡军中见怪异现象，即以正时课起，看临何神而断。见九地主阴谋，螣蛇主火炮，九天主兵困，直符主争夺，白虎主凶斗，玄武主盗窃，

[①] 每日旬首起之，阳顺阴逆无差矣，惟主客之干，独以天乙上起去，观其临时可也，余则十时一移，又有察庚之临者，并蓬禽之临者不可，必天乙起去一近理也，然察其所之暗干，即怼情之顺逆，势景之勇之怯，见正文是。

六合主伏兵，太阴主奸细，太常主酒食。克者来速，生者来迟，脱盗者主阴谋陷害，务须备之。

原注未指明看何宫，愚意以为当看怪异发生之方。

旗摆

旗摇麾摆占依此，杆折亦须考来风。

[注] 至于旗麾摆之占，亦仿上。

[释] 旗麾摇摆，亦仿上"军中见异"占之。旗杆折断有大凶。

备窃

备窃惟详于雀武，克来脱去杜天蓬。

[注] 欲占贼人来否，但看玄武脱克，若生扶命宫，不必为计，克脱命宫，必定前来，须于天蓬处备之妙甚。

[释] 欲占贼人来否，看玄武所落之宫，若其来生扶命宫，不必为计，克脱命宫则必定前来，须于天蓬处备之妙甚。

[按] 以下四占，据华龄线装本补入。

省候分野

再将八节交气时，随局课起考醇疵。

冬至室壁秋参觜，夏至星宿冬至女。

春分在氐秋分昴，立夏居轸立春箕。

省候分野皆定已，灾祥祸福立知之。

[注] 占省候分野，以八节正时课起断之，即立春主兖，春分主青，立夏主徐，夏至主扬，立秋主荆，秋分主梁，立冬主雍，冬至主冀。年数中分，自立春迄大暑之日，正时课起主豫，九州以分，而每以其州为中宫，其他八宫则应其州之八主。所属之州县灾祥凶福祸亦可知矣。

[释]占每州分野，以八节正时课起断之。①即立春主兖。春分主青。立夏主徐。夏至主扬。立秋主荆。秋分主梁。立冬主雍。冬至主冀。年数中分，自立春迄大暑之日正时课起，主豫，九州以分而每以其州为中宫，其他八宫对应其州之八方。至某省、某府之安危则以二十四气之正时各起一课以考所属之州县灾祥，祸福则立可以知之也。

军数

丙值没休主士寡，庚乘旺相客师稠。

[注]占其军数多寡，以丙庚为验。丙值克脱、死囚之地，主士必寡，旺相者反此。庚乘生扶旺相之宫，客士必多，死囚者反此而论。

法留候论云，主客有先后之分，凶吉明动静之机，若陈原野，旗鼓相对，先动为客，后动为主，若安居于世，先起为主，后应为客是也，如占外国动静，必中国为主，外国为客，则主客之法可以明矣，若天下一统，君其独为之主，领兵深入异域为客士也，占兵不明乎此，未免以主为客，以客为主，而欲取胜者鲜矣，为主者视主宫，为客者视客宫。

[释]欲占军数多寡，以丙所落之宫为主军，庚所落之宫为客军。丙宫值克脱、死囚之地，主士必寡，旺相者反此。庚宫乘生扶旺相之宫，客士必多，死囚者反此。

此处原注有关于如何区分主客之论，其内容与市面奇门有较大差异。两军对阵，先动为客，后动为主，此点与市面奇门所论相同；若安居于世，先起为主，后应为客，此论与市面奇门恰好相反，市面奇门总是先动者为客、后应者为主；如占外国动静，必以中国为主，外国为客，此点市面奇门语焉不详；若天下一统，我军深入异域则为客。分清主客才能在奇门局面中加以模拟，以观各自强弱胜负。

远近

在内近兮居外远，窥来皆在丙庚求。

---

① 占省候分野，以八节正时课起断之。

[注] 占两军之远近，惟在丙庚而断，在内四宫者近，在外四宫者远也。

[释] 占两军之远近，依丙、庚而断，庚所落之宫为贼兵，丙所落之宫为主军。在内四宫者近，在外四宫者远。

风来何方

天辅白虎乘旺相，空动值来风更高。

[注] 风来何方，须以天辅定之，即迫起与不起，则看白虎，然白虎亦有应风之来处，盖以乘旺空动而迫天辅者，若辅迫虎，则从辅定之。

[释] 占风来何方，一般以天辅所在之宫定之，但若白虎所在之宫乘旺、空动而迫来制天辅宫者，称为迫起，则风从白虎方来。

占天象

雷雨风云及地动，冲天五气验时宫。
宫制其时乃不吉，时生宫下祸冲冲。
九星详辨空刑墓，所主察来理自穷。
彗珥琉星侵日月，占从乙丙与飞丁。
克制时干皆不吉，脱欺太岁亦凶刑。

[注] 有感于风云雷雨，流彗孛星，蚩尤冠珥，地动山崩，日蚀、月蚀、流星现者，天裂川竭，物异人变，烟雾气冲，种种怪异，皆以所见所闻之正时课算，有方者观方，有用者观用，无方无用者观时干。如风辅、云任、雷冲、雨蓬、日乙、月丙、星丁、山生、水休、气芮、蛇恠异惊，地以九地，天以九天等等临宫而与时干宫生克决之。凡生扶时干者属之为吉，克脱时干者，克去云之皆凶。及生扶脱克太岁者亦然。参以其宫之星较者，即如蓬盗，芮疫，冲兵，辅风，禽瑞，心仙，柱乱，任贵，英旱之类也。并蓬见霖雨，芮见霾雾，冲见闪电，辅见飘风，禽见天昏，心见霜雪，柱见雨泽，任见云霓，英见晴朗。任克脱时干而其凶亦解也。若不然

则其凶危不可以不防备矣。①

[释] 凡有感于风云雷雨，流彗孛星，蚩尤冠珥，地动山崩，天裂川竭，物异人变，烟雾气冲，种种怪异，日蚀、月蚀、流星现者，皆以所见所闻之正时课算，有方者观方，有用者观用，无方无用者观时干。如异风看天辅所在之宫，简称风辅，以此类推，风辅、云任、雷冲、雨蓬；太阳有异观天盘乙奇所在之宫，因为乙为日奇，简称日乙，以此类推，日乙、月丙、星丁；山异看生门所在之宫，即所谓山生、水休、气芮，惊恐看惊门，螣蛇宫看蛇怪，地变观九地，天异观九天，各以所临之宫与时干宫生克决之。凡生扶时干宫者为吉，克脱时干宫者皆凶，生扶脱克太岁者亦然。参以其宫之星较者，即如蓬盗、芮疫、冲兵、辅风、禽瑞、心仙、柱乱、任贵、英旱之类。蓬见霖雨，芮见霾雾，冲见闪电，辅见飘风，禽见风暗，心见雾露，柱见雨泽，任见云霓，英见晴朗。任克脱时干而其凶亦解也。若不然则其凶危不可以不防备矣。

年时灾祥

太岁乘星考否泰，六仪不备三奇全。
蓬星水道英星旱，芮主瘟疫柱流连。
冲是刀兵任丰稼，禽安辅泰心赖天。

[注] 欲占年时灾祥，须考所临九星及格局吉凶．炎上、润下相验为是．然值蓬主水盗、英主亢旱、任主丰收、柱主饥荒、心主天年、禽主国泰、辅主民泰、冲主寇兵、芮主瘟灾，占处而定，则毫无差失。

[释] 占年时灾祥，须考各方所临九星及格局吉凶、炎上、润下相验为是。值蓬主水盗、英主亢旱、任主丰收、柱主饥荒、心主天年、禽主国泰、辅主民泰、冲主寇兵、芮主瘟灾。

---

① 如有其方，则以方断，不有其方，则风观辅宫，云观任宫，电观冲宫，雨观风宫，地动观九地宫，日见者观日宫，月见者观月宫，星见者观星宫，以天盘定之，而与时干宫生克决之，凡生扶时干者为之吉，克制为之凶，以格局定之可也。

占国运

三乙若迫太岁位，必然国运连变迁，五凶入墓国运怨。

[注] 占国运之修短，以太岁而验看，临死囚废休，值迫制空墓、退神、退茹、伏吟、反吟，皆非吉兆，犹兼三乙、时干四宫凶格克脱，祸不旋踵，末劫数至。若三乙克脱，时干生扶，而年运虽乖，耐天数未尽，亦不至大咎。其旺动来克，观之在内在外，内在权臣辖主，外在妖气陡起。亦不断数尽。如三乙有生扶，时干来克脱，可言天数将尽，小限仍存一宫生者，十年运限，两宫生者，廿数气满，三乙全生世竭方罢其得旺相胎宫进茹、进神，种种吉格，虽三乙来克脱，仅言小疵，亦不致大害。并不得时生，则宏远气象而运限一概不论，必赘法以元旦午前或情感意疑方许叩卜，否则不必然也。[来克盗，尤甚，若值宫中，总临败气，亦当以两旬气罢方终断之可也，如逢时同，虽属败气仍为绵长而尘气难扫矣，其得旺官吉格，盛令进神，虽三乙来克，亦不至大害，而又得时生，则天数未尽也，占法必以元旦，或情感意疑，方许卜之，否则不宜。]

[释] 占国运之短长只能在一个朝代处在风雨飘摇之危急关头才适用，当国家蒸蒸日上之时，占国运必然不准确，徒然使奇门蒙羞，自致其辱，不可不慎。在一个朝代处在风雨飘摇之时，以正月初一起正时局，或在心有疑惑时起局。注意，原注讲的是"元旦"，在民国以前，元旦指春节，即阴历正月初一、新一年的开始，民国才把元旦与春节分开，元旦为阳历1月1日，春节指阴历正月初一。矫先生写《衍象》的时候还没有到民国，故其所言元旦指阴历正月初一。起出局面之后，看太岁所在之宫，若临败气与空墓、迫、制、凶格、退神，皆非吉兆，而三乙、时干四宫来克盗尤甚。若太岁所值之宫临败气，亦当断以两旬之气结束才是国运终止之时。如太岁与时干同宫，虽属败气而仍为国运绵长，其得旺宫吉格，盛令进神，虽三乙宫来克，亦不至大害，而又得时干宫之生，则天数未尽。

占帝星

乙奇旺动帝出世，禽辅生扶出大贤。

［注］问帝星之出世否，则察乙奇之临宫，如乘旺、阳宫、吉门、吉格，得时干生扶，又与值符、六合、九天、九地、白虎、太阴见于同宫，主已生于世也。而辅、禽又旺相胎，时来生其宫，则将星亦必并出，其安邦定国之年，即太岁所值地干为是。而所起则详时干临者定之为是。若时宫克制禽辅不动及禽辅无情则不必然矣！古有问谣而卜帝星、将星出现否者仿斯！［安邦定国之年即时干者为是，而辅禽又生其宫，将星亦必并产，但斯生世而时干未有不生扶者也，及或临时干非此，则终属不确，勿以是。］

［释］占帝星出世指下一个皇帝是否已经出世，一般在天下大乱之时，人们期盼新统治者出现才会占帝星是否已经出世，在封建时代这是敏感话题，弄不好要招来杀身之祸。今天这种预测没有意义，因为不需要预测，在任何一个时点上下一任最高领导人肯定已经出世了，一个人要登上最高领导人的大位最起码要在50岁之后，若到今天下一任领导人还没有出世，现任领导人岂不是还要继续在位50年？但为了保持原书原貌，我们仍予保留。问帝星之出世否，则察乙奇所落之临宫，乙奇落乘旺相宫，得吉门吉格、得生扶，又有值符、九天、九地、六合、太阴见于同宫，主帝星已生于世。此人安邦定国之年即时干者为是。若天辅星、天禽星所在之宫又来生其宫，将星亦已经出生。但乙奇宫一定要得时干宫来生扶方属帝星已经出世，否则终属不确。

帝星何方

欲知产于何方所，惟卜乙奇是的传。
一冀二荆三青地，四徐五豫六雍边。
七凉八兖九扬处，是处兵兴紫帝躔。

［注］然则卜帝星已出世，又当卜生于何方是矣，即以乙奇临九州之宫定矣。

［释］帝星在何方出世，即以乙奇所临之九宫定之，用这句简单的口诀即可"一冀二荆三青地，四徐五豫六雍边，七凉八兖九扬处"，意思是乙奇在坎一宫则在冀州，坤二宫在荆州，等等，尤其此地若有举兵造反者，极

有可能这个地方出了帝星。

天后产

天后生时乃丙动，王师产也六丁坚。

[注] 丙火值旺相胎宫及旺动，则知后妃、贵人出世也。[1]

[释] 占天后产，指未来的皇后是否已经出世。占天后以丙火为用神，占王师以丁火为用神。丙火值旺相胎宫及旺动，则知后妃、贵人出世。

王师生

天后生时乃丙动，王师产也六丁坚。

[注] 丁火值旺相胎宫及旺动，则知王师、王佐出世也。

[释] 占王师生，指未来的帝王之师是否已经出世。丁火值旺相胎宫及旺动，则知王师、王佐出世。

二者生处

问处寻方须另卜，九州定位占依前。

[注] 二者问生于某处，亦以九州断之，欲知生于州属何方，[2] 以九州为中，外八宫为方，[3] 用神临处详之。及姓氏则以九星五音审之名讳，则以字形五行决之，再递推至胎宫定之生年。天地干合数准之花甲，其妍媸优劣稽之八[4]，出世年限考之时宫及旺动之宫生扶之年参之则是。[5]

[释] 问天后、王师生于某处，须另起一局，以九州分野断之。欲知生于州之某方，以州省为中宫，八方用神临处断之。至于星之门字刑某方之九宫，以所值八门断之。

---

[1] 华龄本作：天后产时而丙火动，丙火值阳宫，则知后妃生矣。
[2] 州之某方。
[3] 外为八方。
[4] 门。
[5] 至于星之门字刑某方之九宫，以所值八门断之。

九神

九神地理物之应，虎畜蛇虫雀飞升。

庙天地坎神符鬼，常祭阴坟圻合陵。

[注] 克应以九神应地理之物。盖虎者六畜、野兽，雀者家禽、飞鸟，二者以内外定者。及螣蛇虫怪、邪祟，直符神祇、鬼魂；九天主庙宇，九地主坑坎，太常主祭祝坛场，六合主圻陵、山岗，太阴主坟墓、幽境是之。

[释] 此处占九神指风水中的克应。宫中有白虎主六畜、野兽，朱雀主家禽、飞鸟，螣蛇虫怪、邪祟，直符神祇、鬼魂，九天主庙宇，九地主坑坎，太常主祭祝坛场，六合主圻陵、山岗，太阴主坟墓、幽境。要分内外以定之。

九星

九星天上蓬为雨，芮宿岚烟雾气腾。

辅风冲雷禽神鸟，雪雹天心柱霜凝。

任主云霓英主火，八门人物要稽征。

[注] 时干乘九星以克天文之应者也。故蓬主霖雨、芮主烟岚、冲主雷震、辅主风暴、禽主神鸟、心主雪雹、柱主泽霖、任主云霓、英主电光之也。及兵家择时得蓬见青黄云气者主胜，黑白赤云气者客胜。得芮见青白云气者主吉，黑赤黄黄云气者客吉。得冲辅见赤白云气者客胜，青黑黄云气者主胜。得禽任见赤黄云气者主利，黑青白云气者客利。得心见赤黑云气者客吉，青白黄云气者主吉。得柱见赤黑云气者主利，青白黄云气者客利。得英见黑黄云气者主胜，青白赤云气者客胜。此概行军之用以验天时也者。其以蓬见盗贼、芮见师巫、冲见兵武、辅见技艺、禽见善人、心见仙道、柱见斗打、任见农圃、英见文儒，则人事之应也。而与天文、兵家无[1]而贵于运用、合参，不可胶柱板版则是。

---

[1] 关。

[释] 此处占九星指时干宫所乘九星之气象、天候克应。故蓬主霖雨、芮主烟岚、冲主雷震、辅主风暴、禽主神鸟、心主雪雹、柱主泽霖、任主云霓、英主电光之也。

原注中还在原歌诀基础上加了两项内容，一是兵家择时得九星及望气所见以判断主客胜负，二是路途所见人物克应。兵家择时克应：蓬见青黄云气者主胜，黑白赤云气者客胜。得芮见青白云气者主吉，黑赤黄黄云气者客吉。得冲辅见赤白云气者客胜，青黑黄云气者主胜。得禽任见赤黄云气者主利，黑青白云气者客利。得心见赤黑云气者客吉，青白黄云气者主吉。得柱见赤黑云气者主利，青白黄云气者客利。得英见黑黄云气者主胜，青白赤云气者客胜。此概行军之用以验天时也者。

路遇人物克应：蓬见盗贼、芮见师巫、冲见兵武、辅见技艺、禽见善人、心见仙道、柱见斗打、任见农圃、英见文儒。

此两项与天文、兵家无关，贵在合参运用，不可胶柱鼓瑟。

八门

开为富贵休为美，景是插花女子行。

死云老妇伤瞽哑，杜乃塞壅路遭横。

惊门口舌好争斗，生主儒流及显荣。

孝服悲声多应死，技艺杜兮五安平。

须将七三一二五，九宫相配里外明。

[注] 以八门而克应人物。即如休主眉清目秀，举止骄奢，惟情清爽，权谋术之人也。数并婚姻、嫁娶、玩则筵乐风流，喜美歌舞，庆贺、牧猪持鱼、携酒游赏之事也．及中年阳象之属。

死主蠢拙厚重、举止迟怠、性情痴柔，鄙吝、农圃之人也，并孝服、哭泣、送丧、埋葬、行屠宰、牧牛、畋猎之事也，及老年阴象之属。

伤主凶恶魁伟、举止踊跃、性情动作将兵豪暴之人也。并捕捉逃亡、寻失财物、遭伤致损、讨债网鱼之事也，及长年阳象之属。

杜主俗薄技艺、举止轻佻、性情顽钝、商贾工匠之人也。并逃形隐迹、经营交易、荷柴负薪、捕鸡塞关之事也。及长年阴象之属。

五主威严敦厚、举止端重、性情笃实、高贵下愚之人也。并筑台、建宫、茸屋、厌镇、整垣平途、修桥、上梁之事也。及中年阳象之属。

开主面圆色洁、举止端庄、性情刚正、豁达大度之人也，并皇恩垂召、显职迁官、词讼功名、拔突①牧马之事也。及老年阳象之属。

惊主异险媚黛、举止狡猾、性情喜悦、僮仆乐工之人也。并口舌争斗、师巫作祟、出差擒讼、牵羊歌唱之事也，及少年阴象之属。

生主威仪笃实、举止雅静、性情简默、道学医术之人也。并耕耨蚕桑、兑换银钱、疗病生子、造宅育狗之事也。及少年阳象之属。

景主姿容秀丽、举止清朗、性情峻急、文明儒士之人也。并书写图画、结彩旌铭、赋诗献策、问信妆饰之事也。及中年阴象之属。

右将八门属数配九宫属数，以定几里而见其应。如休加二宫应之三里是矣，余仿此。

[释] 八门克应，休门主眉清目秀，举止骄奢，性情清爽，善权谋术之人，及中年阳象之属。在事主婚姻、嫁娶。在玩则主筵乐风流，携酒游赏，喜美歌舞，庆贺，牧猪持鱼。

死门主蠢拙厚重、举止迟怠、性情痴柔，鄙吝、农圃之人，及老年阴象之属。在事主孝服、哭泣、送丧、埋葬、屠宰、牧牛、畋猎之事。

伤门主凶恶魁伟、举止踊跃、性情动作、将兵豪暴之人，及长年阳象之属。在事主捕捉逃亡、寻失财物、遭伤致损、讨债网鱼之事。

杜门主俗薄技艺、举止轻佻、性情顽钝、商贾工匠之人，及长年阴象之属。在事主逃形隐迹、经营交易、荷柴负薪、捕鸡塞关之事。

中五主威严敦厚、举止端重、性情笃实、高贵下愚之人也，及中年阳象之属。在事主筑台、建宫、茸屋、厌镇、整垣平途、修桥、上梁之事。

开门主面圆色洁、举止端庄、性情刚正、豁达大度之人也，及老年阳象之属。在事主皇恩垂召、显职迁官、词讼功名、勇士牧马之事。

惊门主异险媚黛、举止狡猾、性情喜悦、僮仆乐工之人也，及少年阴象

---

① 拔都：1. 亦作"拔突"。蒙古语。意为勇士。

之属。并口舌争斗、师巫作祟、出差擒讼、牵羊、歌唱之事。

生门主威仪笃实、举止雅静、性情简默、道学医术之人也，及少年阳象之属。并耕耨蚕桑、兑换银钱、疗病、生子、造宅、育狗之事。

景门主姿容秀丽、举止清朗、性情峻急、文明儒士之人也，及中年阴象之属。并主书写图画、结彩旌铭、赋诗献策、问信妆饰之事。

数字以八门之数配九宫数，以定几里而见其应。如休门加二宫应三里，因休门数一，二宫数二，1+2=3，余仿此。

十干

甲乙为林单见树，丙丁窑灶与高崇。

戊己墩台陂陇下，庚辛道路半途中。

壬癸湾河及沟涧，或然担水一山僮。

[注] 甲乙相见为林，单见为树。丙则窑，丁则灶。戊则山岗、己陂陇。庚主大路，辛主小径。壬主江河河海，癸主溪涧或担水山僮是之。

[释] 十干克应，指看所往之方得何干以定路途所见。甲乙相见为林，单见为树。丙为窑，丁为灶，戊山岗，己陂陇，庚主大路，辛主小径，壬主江河湖海，癸主溪涧或担水山僮。

德刑

德若在门多君子，刑临门上小人迎。

[注] 德者，冬至卯，夏至酉，秋分子，春分午。立春辰，立秋戌，立冬未，立夏丑，刑则反此。皆在暗支定之。如直使遇德谓之天德格，主逢正直君子，遇刑谓之天刑格，主逢邪僻小人。及德逢阳星谓之尽开，逢阴星谓之半开。刑逢阳星谓之半阖，逢阴星谓之尽阖。尽开宜扬兵，半开宜施谋。半阖宜小举，尽阖宜固守，亦兵家之一小补云！

[释] 德、刑是两个数术概念，德按八节推算，二分、二至走子午卯酉四仲，春分从午开始顺行，四立走辰戌丑未四季，立春从辰开始逆行。具

体而言，春分午，夏至酉，秋分子，冬至卯，立春辰，立夏丑，立秋戌，立冬未。德之对冲为刑。皆在暗支定之。例如，现在是 2014 年 9 月 22 日，明天才交秋分，那么现在按八节划分时段尚处在立秋范围之内，即德在戌，刑在对冲之宫辰。

如直使遇德谓之天德格，主逢正直君子。遇刑谓之天刑格，主逢邪僻小人。及德逢阳星谓之尽开，逢阴星谓之半开。刑逢阳星谓之半阖，逢阴星谓之尽阖。尽开宜扬兵，半开宜施谋。半阖宜小举，尽阖宜固守。

射覆八门取象

坎艮震巽天性质，离坤兑乾原假工。
开圆铜铁金钱玉，休菓屈卷并外空。
死土形方砖瓦布，包函是五纸相蒙。
缺口惊金兼石类，生为磁石覆钟同。
伤主仰盂多活动，折伤草木在其中。
杜形下断轻飞象，布帛丝绳竹叶蓬。
里中空响皆推景，字画诗书彩文风。

[注] 射覆以坎艮震巽为生物，离坤兑乾为造作，皆以来方定之。在中则看五宫，但有动静二占。动者即外来之人，有方位可据；静者即个中之人，无方位可察。而专察时干与中宫者也，须考其所值之门。

如休主内实外虚，曲屈之物。静而为水，带子，带核、弓轮矫鞣，酒器、水具之物。动而水生，鱼豕狐鼠之物。饮食酒鱼豕肉、淹卤滴血、宿食羹汤，海味、冷凉，盐卤多骨之物。五味咸而苦，五色黑而白。加一为水具、水晶。加二为五谷士成。加三为木桶鲜菓。加四为飘杓香蕈。加五为瓦盆。加六为酒器。加七为口中吃物。加八为土石。加九为磁具，水火交媾而成之物也。

死主内外中通方形之物。静而直方布帛，五丝绵、舆、药、瓦瓶、衣裳、冠带之物。动而畜牛牝马、蜘蛛蟾蜍蚯蚓昆虫之物。饮食萝卜五谷芋笋、牛肉脏腑土中之物。五味甘而甜，五色黄而黑。加一为瓦磁器皿。加二为布帛衣缕。加三为俯仰声响，加四为瓦柏①。加五为圭璧土块。加六为刚硬圆满。加七为缺口翠玉。加八为石皿磁盒。加九为砖瓦釭瓮之物也。

伤主上尖下小、动荡、仰口之物。静而竹木萑苇、斗斛筐篮、琴瑟、筝笙、笛箫、花草蕃鲜之物。动而蛟龙、鱼鳖、蛇虺、鳅鲵物。饮食馒首、面食、山林野禽、蹄肉、新鲜花菓蔬菜之物。五味酸而涩，五色青而碧。加一为水桶、断纸。加二为权杓柄。加三为竹木萑苇。加四为工巧技艺。加五为香炉。加六为钟鼓有音之物。加七为金削伤木之物。加八为俛仰石磬盆筊。加九为花朵枯木腐朽之物也。

杜主上长下短、上实下虚之物。静而直长，斧柄、竹木、棹橙、麻线绳棉工雕之物。动而飞鸟百兽、羽虫善鸣之物。饮食麸面粉羹、鸡鸭鹰鹅、蔬菜木菓之物。五味酸而涩，五色青而绿。加一为舟楫木盏、花木、油漆。加二为土产、棉纸、布丝、羽衣。加三为羽毛、草木。加四为羽扇、蔬菓。加五为柜为盒。加六为金刀削断。加七为刀切吃食。加八为木石相兼。加九为花草灰炭之物也。

五主中正沉实、纸布包函之物。静而湿土厚泥、中正尊贵、不偏不易、水器包裹之物。动而虫蚪穴藏、蟋蟀蝼蚁，百虫之物。饮食脏腑、五谷黄粱、鸡鸭之卵、土中生成之物。五味甘而甜，五色黄而澹。加一为泥土。加二为方布。加三为草木鸣虫。加四为花菓轻风。加五为土函包裹。加六为土中金钱。加七为鸡卵吃食。加八为玉石。加九为琉璃之物也；

开主两分圆满之物。静而金玉珠宝、冠簪镜钱、销钥首饰、监贵、刚圆之物。动而天鹏、龙马、麒麟狮象之物。饮食马肉、干肉、肺肝、珍馐、猪首、大果、圆形多骨之物。五味辛而辣，五色玄黄、大赤而白。加一为沉溺瓜菓。加二为布土衣蒙。加三为动而有音被削金木。加四为木而兼金。惧刀花草。加五为金铺。加六为珠玉。加七为斫破剑锋。加八为瓦石金矿。加九为火链之金，光辉之玻，卵壳之物也。

惊主缺口、尖锐、吃食之物。静而金刀斧钺、铅锡、铜石、瓜菓、梁粟、废缺、乐器、弩矢之物。动而羔羊泽中之物。饮食包裹羊肉葱韭、菱

① 不。

蒜、腥膻之物。五味辛而辣，五色白而赤。加一为吃食水菓，盛水器皿。加二为土生金瓦硑布帛。加三为刀斧削伤之金。加四为箭簇切磋之石。加五为铅铁。加六为金刚。加七为损坏吃食。加八为金石病器。加九为金钗镞钳、妇人妆饰之物也。

生主上尖下大，覆口、生活之器。静而圭璧、盘盂、土石、瓜菓、金矿银母、砚石、骨角之物。动而虎豹猫狗、麋鹿猿豺、蚕茧、百兽、山中生长之物。饮食山珍野味、宝栗蚕虫、狗肉鹿脯之物。五味甘而甜，五色黄而白。加一为河涧、砖石。加二为瓦磁、粟谷。加三为璧笼之木。加四为炭石之灰。加五为坚石。加六为刚硬。加七为毁复之石。加八为铜铁之矿。加九为硑瓦器皿之物也。

景主内虚外实、文质彩色之物。静而文书、甲胄、毛发、丝缨、槁木干戈、烟花烛灯、网罟、干燥、炉冶、陶镕、一焚檄笔墨、窑灶梯棚之物。动而龟雉蟹鳖、鹤凤蛤蚌、鸣蝉飞鸟、甲虫螫蝇之物。饮食烧炙烹饪、雉肉、馄饨、干脯、蟹鳖、煎炒、朱雀之物。五味苦而咸，五色红而紫。加一为革带。加二为盒盆。加三为甲胄矛戈。加四为花笔文书。加五为砚墨。加六为金印。加七为煅炼响器。加八为碗盆皿。加九为蠃蚌、虫蚧、花草、字画之物也。

右八门所属之物，在随时取断，临宫攸分，方能以作验要，兼以星神奇仪乃可。

[释] 射覆以坎艮震巽为生物，离坤兑乾为人工造作之物，皆以来方定之。在中则看中五宫，分动静二占，动者即外来之人，有方位可据，此时观其所来之方；静者即个中之人，无方位可稽，此时专察时干宫与中宫，须考其所值之门。

休门主内实外虚，曲屈之物。静而为水，带子、带核、弓轮矫鞣，酒器、水具之物。动而水生，鱼豕狐鼠之物。饮食酒鱼豕肉、淹卤、滴血、宿食、羹汤、海味、冷凉、盐卤、多骨之物。五味咸而苦，五色黑而白。休门加在坎一宫为水具、水晶，加二为五谷土成，加三为木桶鲜菓，加四为飘构香蕈，加五为瓦盆，加六为酒器，加七为口中吃物，加八为土石，加九为磁具,水火交媾而成之物。

死门主内外中通方形之物,静而直方布帛、丝绵、舆、药、瓦瓶、衣裳、冠带之物。动而畜牛牝马、蜘蛛、蟾蜍、蚯蚓、昆虫之物。饮食为萝卜、五谷、芋笋、牛肉、脏腑、土中之物。五味甘而甜,五色黄而黑。死门加一宫为瓦磁器皿,加二为布帛衣缕,加三为俯仰声响,加四为瓦柏[①],加五为圭璧土块,加六为刚硬圆满,加七为缺口翠玉,加八为石皿磁盒,加九为砖瓦缸瓮之物。

伤门主上尖下小、动荡、仰口之物。静而竹木萑苇、斗斛、筐篮、琴瑟、筝笙、笛箫、花草蕃鲜之物。动而蛟龙、鱼鳖、蛇虺、鳅鲵之物。饮食为馒首、面食、山林野禽、蹄肉、新鲜花菓蔬菜之物。五味酸而涩。五色青而碧。加一宫为水桶、断纸,加二宫为权杓柄,加三宫为竹木萑苇,加四宫为工巧技艺,加五为香炉,加六宫为钟鼓有音之物,加七宫为金削伤木之物,加八宫为俯仰石磬盆笺,加九宫为花朵、枯木、腐朽之物。

杜门主上长下短、上实下虚之物。静而直长、斧柄、竹木、桌凳、麻线、绳棉、工雕之物。动而飞鸟百兽、羽虫善鸣之物,饮食则为麸面、粉羹、鸡鸭鹰鹅、蔬菜、木菓之物。五味酸而涩,五色青而绿。加一宫为舟楫木盏、花木、油漆,加二宫为土产、棉纸、布丝、羽衣,加三宫为羽毛、草木,加四宫为羽扇、蔬菓,加五宫为柜、为盒,加六宫为金刀削断,加七宫为刀切吃食,加八宫为木石相兼,加九宫为花草灰炭之物。

中五门主中正沉实、纸布包函之物。静而湿土厚泥、中正尊贵、不偏不易、水器、包裹之物。动而虫蚧、穴藏、蟋蟀蝼蚁、百虫之物。饮食则为脏腑、五谷黄粱、鸡鸭之卵、土中生成之物。五味甘而甜,五色黄而澹。加一宫为泥土,加二宫为方布,加三宫为草木鸣虫,加四宫为花菓轻风,加五宫为土函包裹,加六为宫土中金钱,加七宫为鸡卵吃食,加八宫为玉石,加九宫为琉璃之物;

开门主两分圆满之物。静而金玉珠宝、冠簪、镜、钱、锁钥、首饰、珍贵、刚圆之物。动而天鹏、龙马、麒麟、狮象之物。饮食则为马肉、干肉、

---

① 不。

肺肝、珍馐、猪首、大果、圆形、多骨之物。五味辛而辣，五色玄黄、大赤而白。加一宫为沉溺瓜菓，加二宫为布土衣蒙，加三宫为动而有音、被削金木，加四宫为木而兼金、惧刀花草，加五宫为金铺，加六宫为珠玉，加七宫为斫破剑锋，加八宫为瓦石金矿，加九宫为火炼之金、光辉之玻、卵壳之物。

惊门主缺口、尖锐、吃食之物。静而金刀斧钺、铅锡、铜石、瓜菓、粱粟、废缺、乐器、弩矢之物。动而羔羊泽中之物。饮食则为包裹、羊肉、葱韭、菱蒜、腥膻之物。五味辛而辣，五色白而赤。加一宫为吃食、水菓、盛水器皿，加二宫为土生金、瓦、瓶、布帛，加三宫为刀斧削伤之金，加四宫为箭簇切磋之石，加五宫为铅铁，加六宫为金刚，加七宫为损坏吃食，加八宫为金石病器，加九宫为金钗、鐷钳、妇人妆饰之物。

生门主上尖下大、覆口、生活之器。静而圭璧、盘盂、土石、瓜菓、金矿银母、砚石、骨角之物。动而虎豹猫狗、麋鹿猿豺、蚕茧、百兽、山中生长之物。饮食山珍野味、宝粟、蚕虫、狗肉鹿脯之物。五味甘而甜，五色黄而白。加一宫为河涧、砖石，加二为瓦磁、粟谷，加三宫为璧笼之木，加四宫为炭石之灰，加五宫为坚石，加六宫为刚硬，加七宫为毁复之石，加八宫为铜铁之矿，加九为瓶瓦器皿之物。

景门主内虚外实、文质彩色之物。静而文书、甲胄、毛发、丝缨、槁木、干戈、烟花烛灯、网罟、干燥、炉冶、陶镕、一焚檄、笔墨、窑灶、梯棚之物。动而龟雉蟹鼈、鹤凤、蛤蚌、鸣蝉、飞鸟、甲虫、螢蝇之物。饮食烧炙烹饪、雉肉、馄饨、干脯、蟹鼈、煎炒、朱雀之物。五味苦而咸，五色红而紫。加一宫为革带，加二宫为盒盆，加三宫为甲胄矛戈，加四宫为花笔文书，加五宫为砚墨，加六宫为金印，加七宫为煅炼响器，加八宫为碗盆皿，加九宫为螺蚌、虫蚧、花草、字画之物。

上列八门所属之物，在随时取断，临宫攸分，方能以作验要，兼以星神奇仪乃可。

射覆九神取象

太常嗜食菓之类，符贵蛇奇天冶镕。

地是暗幽阴是美，偶来六合外包封。

虎为兵刃雀书字，甲木直长茂且丛。

[注] 射覆以八门应物之动静、生死、方圆、曲直、锐钝、精粗、长短、肥瘦。九神应物之所属，故太常主吃食、果物、土象；直符主贵货、火象；太阴主美物、金象；九地主砖瓦、土象；九天主银钱、金象；螣蛇主奇货、火象；六合主交合、木象；白虎主刀刃、金象；朱雀主文、主书、火象是也。

[释] 射覆以八门应物之动静、生死、方圆、曲直、锐钝、精粗、长短、肥瘦，九神应物之所属类别。太常主吃食、果物、土象；直符主贵货、火象；太阴主美物、金象；九地主砖瓦、土象；九天主银钱、金象；螣蛇主奇货、火象；六合主交合、木象；白虎主刀刃、金象；朱雀主文、主书、火象是也。

射覆十干取象

乙草反钩弓曲象，上尖下大丙间空。
正钩丁火火中造，戊主内虚生土中。
有口湾湾皆属己，庚金刀剑与铁铜。
辛辣瓦金石之属，壬咸中满两头穷。
癸是水成双首物，五行都本十干通。
须将合冲排定就，弃衰用旺是神功。

[注] 射覆取应多端，只在学者之会悟。故动者用旺，静者用死，亦随机之良法，此理神而明之存乎其人，诚不误矣。

[释] 甲为木、直且长、茂且丛，乙为草、反钩、弓曲象，丙为间空、上尖下大，丁火正钩、火中造，戊主内虚、土中生，己为有口、弯弯状，庚金刀剑与铁铜，辛为辣味、瓦、金石，壬主咸、中满、两头穷，癸是水成、双首物。

射覆取应多端，只在学者之会悟。故动者用旺，静者用死，亦随机之良法。

射覆九星取象

蓬心天任皆白色，柱赤英红辅绿容。
芮黑禽黄颜色主，或青或碧在天冲。

[注] 九星以断颜色，从其旺衰而定。旺本色、相子色、休母色、囚鬼色、死妻色是也。如蓬主水，旺在水、相在金、休在木、囚在火、死在土。旺黑、相青、休白、囚黄、死赤是矣。其以旺本相母休子囚财死鬼之色亦多有应验，以待参考则是。又以蓬主葡萄水果水物、芮主砖瓦、土块、土物。冲主物转，木器、木物。辅主草果、花菜、木物。禽物砖瓦壁石、土物。心主钱财、药材、金物。柱主缺口，锡铅、金物。任主谷梁、山石、土物。英主文字、花纸、火物，亦间有应也，惟在随时运用是耳。

[释] 以九星断颜色，从其旺衰而定，遵循这样的原则"旺本相子休母囚鬼死妻"，即旺则为本色、相为子色、休为母色、囚为鬼色、死为妻色。例如，如天蓬主水，旺在水为黑色，相为水之子即木色、青色，休则应水之母色即五行属金之白色，囚则应水之官鬼即五行属土之黄色，死则应在水之妻财即五行属火之红色，旺黑、相青、休白、囚黄、死赤是矣。但矫先生又说，"旺本相母休子囚财死鬼之色亦多有应验，以待参考则是"。"旺本相子休母囚鬼死妻"与"旺本相母休子囚财死鬼"两相比较，旺则应在本色，即水应黑色、木应青色等等，这一点在两种方法中是相同的，相和休有时应子色，有时应母色，囚和死有时应财色，有时应鬼色。

又以蓬主葡萄水果水物，芮主砖瓦、土块、土物，冲主转物、木器、木物，辅主草果、花菜、木物，禽主砖瓦壁石、土物，心主钱财、药材、金物，柱主缺口、锡铅、金物，任主谷梁、山石、土物，英主文字、花纸、火物，亦间有应也，惟在随时运用。

结　语

人情泄在三分墨，物理推凭七寸筇。

秘密天机全在此，通玄入妙是真宗。

[注] 此尽作者之意，以告学者，要认此为真宗，方能不谬。

[释] 筇是一种实心竹子，"七寸筇"指矫先生秘传奇门所用的60根竹签，每根竹签约长约七寸。这首歌诀的意思是，笔墨所记只能传达三分，另外七分奥妙全在起局之后临机把玩、全面合参。